高等教育房地产类专业系列教材

房地产策划与开发

赵延军　李　寓　薛文碧　赵　琰　编著
蔡学礼　武东潮　党　斌

机械工业出版社

本书系统地介绍了房地产策划、开发及经营管理的有关理论知识和实务。主要内容包括：房地产导论、房地产投资、房地产市场、房地产项目策划、房地产项目可行性研究、房地产项目开发主要程序及前期工作与建设管理、房地产营销、房地产运作经营、房地产金融与房地产新发展等。

本书反映了房地产策划与开发及经营管理在理论和实践中的新发展，可作为高等院校工程管理、房地产经营管理、工程造价、土木工程、建筑学等专业相关课程的本科与研究生教材，亦可作为房地产策划与开发经营管理人员的参考用书。

图书在版编目（CIP）数据

房地产策划与开发 / 赵延军等编著. -- 北京：机械工业出版社，2025.2. --（高等教育房地产类专业系列教材）. -- ISBN 978-7-111-77933-9

Ⅰ.F293.3

中国国家版本馆 CIP 数据核字第 2025J1A499 号

机械工业出版社（北京市百万庄大街22号　邮政编码100037）
策划编辑：马军平　　　　　　责任编辑：马军平　张大勇
责任校对：张爱妮　李　杉　　封面设计：张　静
责任印制：邓　博
北京中科印刷有限公司印刷
2025年5月第1版第1次印刷
184mm×260mm · 18.25 印张 · 452 千字
标准书号：ISBN 978-7-111-77933-9
定价：59.80 元

电话服务　　　　　　　　　　网络服务
客服电话：010-88361066　　　机　工　官　网：www.cmpbook.com
　　　　　010-88379833　　　机　工　官　博：weibo.com/cmp1952
　　　　　010-68326294　　　金　书　网：www.golden-book.com
封底无防伪标均为盗版　　　机工教育服务网：www.cmpedu.com

前　言

我国房地产在经历近二十年的高增长发展之后，在 2022 年进入消化盘整期。近两年来各市场需求端对小宗消费积极而对大宗消费保守，住房购买力放缓，而深层次多元化住房需求有待释放；供给端处于深度调整期，开发企业多年来的高杠杆、高周转、高负债的"三高"典型模式，在创造快速扩张规模与业绩的同时，其蕴含的过度金融风险在市场变化导致销售收入遇阻时显现，出现大量债务违约危机，在国家、企业及相关各方协同中赢得破局机遇。随着我国住房改善需求增加的变化，以及国际政治金融等复杂变化，我国房地产面临从规模化增量开发向集约化品质开发与存量智能经营的升级转型。基于房地产市场重大变化的新形势，我国提出构建房地产发展新模式，这是促进房地产市场平稳健康发展的治本之策，坚持"房住不炒"的定位，实施保障房与商品房运行机制，注重住房品质，以需定产，优化全生命周期管理，推动"三大工程"，进一步激发市场活力，迎来创新引领的发展新阶段。2022 年 10 月党的二十大胜利召开，为行业高质量发展指明了方向。2024 年 7 月党的二十届三中全会胜利举行，指出房地产发展新模式的重要内容，部署房地产发展改革路径，形成顶层政策设计。基于房地产市场的发展变化，同时融入党的二十大精神和二十届三中全会精神及相关政策文件指引，本书在《房地产策划与开发（第 2 版）》的基础上进行完善，以适应人才培养需求和专业发展。

本书根据近年来国家对房地产业的最新政策法规和房地产市场的最新发展进行了修订，主要增加了 2016—2024 年的房地产市场发展综述、新时期城市更新、房地产发展新模式、土地储备新变化、集体经营性建设用地"入市"、居住物业管理服务的早期介入、前期管理与通常管理，以及住宅专项维修资金、业主的建筑物区分所有权的新变化。《民法典》2021 年 1 月 1 日起施行，《婚姻法》《继承法》《民法通则》《收养法》《担保法》《合同法》《物权法》《侵权责任法》《民法总则》同时废止。据此，本书进行了相关内容的全面修订。同时，根据近年最新政策法规，对全书进行了有关修订，主要涉及 2019 年修正的《土地管理法》和《房地产管理法》、2021 年修订的《土地管理法实施条例》、2020 年修订的《城市房地产开发经营管理条例》、2022 年修正的《房地产开发企业资质管理规定》、2018 年修订的《土地储备管理办法》和 2024 年的《土地储备管理办法》（征求意见稿）、2024 年修订的《不动产登记暂行条例》和修正的《不动产登记暂行条例实施细则》、2018年修订的《物业管理条例》等法律法规及相关政策文件。本书在相关章节，融入党的二十大精神中的高质量发展、文化自信自强、提高人民生活品质、人与自然和谐共生等重要思想，同时以党的二十届三中全会精神中的房地产发展改革指引为方向。

全书主要阐述房地产策划与开发经营的相关内容，包括第1章房地产导论，主要叙述了房地产的相关概念和房地产业及其历史沿革；第2章主要从投资角度介绍了房地产的特征；第3章叙述了房地产市场的规律及市场调控方法；第4章和第5章作为本书重点，系统地介绍了房地产项目策划与可行性研究的概念、方法及案例；第6章和第7章，分别叙述了房地产项目开发程序、前期工作、建设管理及房地产营销有关内容；第8章和第9章，探讨了基于系统科学角度的房地产运作经营，展现了房地产金融发展、行业互联网化、新时期城市更新及房地产发展新模式的构建与推进。

本书由长安大学经济与管理学院赵延军统筹并作为主要编写者，其中第1章1.1、1.2、1.3节与第7章7.1、7.2节由赵延军撰写与修订；第4章，第5章5.4、5.5、5.6、5.8、5.9、5.10、5.11节由赵延军与长安大学建筑工程学院李寓撰写与修订；第5章5.1、5.2、5.3、5.7节由长安大学经济与管理学院薛文碧撰写与修订，并与赵延军共同撰写与修订第2章与第6章6.3节及其他相关章节；第8章8.2、8.3、8.4节由河北科技大学建筑工程学院赵琰撰写与修订，并与赵延军共同撰写与修订第8章8.1、8.5节；第1章1.4节，第9章9.1、9.2节，第6章6.1节由赵延军与西安财经大学管理学院蔡学礼撰写与修订；第3章，第7章7.3、7.4节由赵延军与西安市住房和城乡建设局武东潮撰写与修订；第6章6.2节，第9章9.3、9.4、9.5节由赵延军与商洛学院城乡规划与建筑工程学院党斌撰写与修订，党斌同时参与其他相关修订工作。本书在编写过程中得到了相关部门和企业的支持与帮助，同时参考了有关作者的论著、研究成果等书籍文章资料，在此表示诚挚的谢意。

鉴于作者水平有限，书中定会存在缺点和错误，敬请广大读者批评指正。

编 者
2024年7月

目 录

前言
第1章　房地产导论 ·············· 1
1.1　房地产及其特性 ············· 1
　1.1.1　房地产概念 ············ 1
　1.1.2　房地产特性 ············ 5
1.2　房地产开发及其特性 ·········· 7
　1.2.1　房地产开发概念 ·········· 7
　1.2.2　房地产开发特性 ·········· 9
1.3　房地产业及其历史沿革 ········ 11
　1.3.1　房地产业的基本认识 ······· 11
　1.3.2　房地产业的形成与发展 ····· 13
1.4　房地产专业体系 ············· 37
　1.4.1　房地产行业主要活动 ······· 37
　1.4.2　房地产知识体系 ·········· 39
复习思考题 ····················· 40

第2章　房地产投资 ·············· 41
2.1　投资概述 ··················· 41
　2.1.1　投资基本概念 ············ 41
　2.1.2　投资与投机 ·············· 42
　2.1.3　我国投资体制改革与发展 ···· 42
2.2　房地产投资基本概念 ·········· 43
　2.2.1　房地产投资含义 ··········· 43
　2.2.2　房地产投资形式 ··········· 43
2.3　房地产投资的特征 ············ 44
　2.3.1　房地产投资的收入能力 ····· 44
　2.3.2　房地产投资的风险 ········· 45
　2.3.3　房地产投资的安全性 ······· 45

2.3.4　房地产投资的流动性 ········ 45
2.3.5　房地产投资的市场性 ········ 45
2.3.6　房地产投资的财务杠杆利益 ·· 46
2.3.7　房地产投资的税收受益 ······ 46
2.3.8　房地产投资的其他特征 ······ 46
2.4　房地产投资风险与风险管理 ···· 46
　2.4.1　房地产投资的风险 ········· 46
　2.4.2　房地产投资风险的管理 ····· 49
复习思考题 ····················· 52

第3章　房地产市场 ·············· 53
3.1　房地产市场基本认识 ·········· 53
　3.1.1　房地产市场概念 ··········· 53
　3.1.2　房地产市场类型 ··········· 54
　3.1.3　房地产市场主要指标 ······· 55
3.2　房地产市场的特征 ············ 57
　3.2.1　房地产市场的系统性和开放性 ·· 57
　3.2.2　房地产市场的不完全竞争性 ·· 57
　3.2.3　房地产市场的地区性 ······· 57
　3.2.4　房地产市场的供求特殊性 ··· 58
　3.2.5　房地产市场的交易特殊性 ··· 58
　3.2.6　房地产市场发展的阶段性 ··· 59
　3.2.7　房地产市场的政策法规影响性 · 59
　3.2.8　房地产市场的其他特征 ····· 59
3.3　房地产市场的规律 ············ 59
　3.3.1　房地产市场需求与供应 ····· 59
　3.3.2　房地产市场的周期 ········· 66
3.4　房地产市场的调控 ············ 68

3.4.1 房地产市场调控基本概念 …………… 68
3.4.2 房地产市场调控基本方法 …………… 69
复习思考题 ……………………………………… 72

第4章 房地产项目策划 …………… 73

4.1 房地产开发项目策划概述 ……………… 73
  4.1.1 房地产开发项目策划的概念 ……… 73
  4.1.2 房地产开发项目策划的主要
        内容 …………………………………… 75
  4.1.3 房地产开发项目策划的主要
        工作 …………………………………… 76
4.2 市场调查 …………………………………… 76
  4.2.1 房地产市场调查概述 ……………… 76
  4.2.2 房地产市场调查程序 ……………… 78
  4.2.3 房地产市场调查内容 ……………… 81
  4.2.4 房地产市场调查方法 ……………… 84
  4.2.5 房地产市场分析与预测 …………… 86
4.3 市场细分与目标市场 …………………… 89
  4.3.1 房地产市场细分的概念 …………… 89
  4.3.2 房地产市场细分的依据 …………… 90
  4.3.3 房地产市场细分的方法 …………… 91
  4.3.4 选择房地产目标市场 ……………… 92
4.4 房地产开发项目定位 …………………… 94
  4.4.1 房地产开发项目定位的概述 ……… 94
  4.4.2 目标市场定位 ……………………… 94
  4.4.3 开发产品定位 ……………………… 94
  4.4.4 项目形象定位 ……………………… 100
  4.4.5 项目推广定位 ……………………… 101
4.5 初步开发方案 …………………………… 102
  4.5.1 初步开发方案概念 ………………… 102
  4.5.2 初步开发方案主要内容 …………… 102
复习思考题 ……………………………………… 103

第5章 房地产项目可行性研究 ………… 104

5.1 可行性研究概述 ………………………… 104
  5.1.1 可行性研究的含义 ………………… 104
  5.1.2 可行性研究的发展历史 …………… 105
  5.1.3 可行性研究的作用 ………………… 105
  5.1.4 可行性研究的工作阶段 …………… 106
5.2 可行性研究步骤和内容 ………………… 107
  5.2.1 可行性研究步骤 …………………… 107
  5.2.2 可行性研究内容 …………………… 108
  5.2.3 可行性研究的准确性与前瞻性 …… 110
5.3 房地产项目经济评价基本知识 ………… 111
  5.3.1 现金流量 …………………………… 111
  5.3.2 资金的时间价值 …………………… 112
  5.3.3 资金等值计算 ……………………… 114
  5.3.4 名义利率和实际利率 ……………… 122
5.4 房地产项目投资与成本费用 …………… 123
  5.4.1 一般建设项目投资估算 …………… 123
  5.4.2 房地产项目投资与成本费用
        估算 …………………………………… 127
  5.4.3 房地产项目资金使用计划 ………… 133
5.5 房地产项目收入估算与资金筹措 ……… 134
  5.5.1 房地产项目收入估算 ……………… 134
  5.5.2 房地产项目经营税费 ……………… 136
  5.5.3 房地产项目资金筹措 ……………… 140
  5.5.4 房地产项目还本付息 ……………… 141
5.6 房地产项目财务评价 …………………… 145
  5.6.1 房地产项目财务评价概述 ………… 145
  5.6.2 静态盈利分析 ……………………… 146
  5.6.3 动态盈利分析 ……………………… 149
  5.6.4 清偿能力分析 ……………………… 155
  5.6.5 资金平衡分析 ……………………… 157
5.7 房地产项目不确定性分析 ……………… 158
  5.7.1 盈亏平衡分析 ……………………… 159
  5.7.2 敏感性分析 ………………………… 161
  5.7.3 概率分析 …………………………… 164
5.8 房地产项目方案比选 …………………… 166
  5.8.1 房地产项目方案比选的
        概念 …………………………………… 166
  5.8.2 方案比选的方法 …………………… 166
  5.8.3 关于开发决策 ……………………… 168
5.9 房地产项目综合评价 …………………… 168
  5.9.1 房地产项目综合评价的概念 ……… 168
  5.9.2 综合评价的效益和费用 …………… 169
  5.9.3 盈利能力分析与社会影响分析 …… 169
5.10 房地产项目可行性研究报告 ………… 171
  5.10.1 可行性研究报告格式与构成 …… 171

5.10.2 可行性研究报告应注意问题 …… 172
5.11 案例——某住宅区项目可行性研究
　　　（经济评价部分） ………… 172
　5.11.1 总论 ………………………… 172
　5.11.2 项目投资环境（略）………… 173
　5.11.3 项目市场分析研究（略）…… 173
　5.11.4 项目开发条件（略）………… 173
　5.11.5 项目建设开发方案 ………… 173
　5.11.6 项目节能、环境影响及劳动安全
　　　　与消防（略） ……………… 174
　5.11.7 组织机构与人力资源
　　　　配置（略） ………………… 174
　5.11.8 投资估算及资金筹措 ……… 174
　5.11.9 项目销售收入估算 ………… 176
　5.11.10 财务评价 …………………… 176
　5.11.11 不确定性分析 ……………… 178
　5.11.12 社会评价（略）…………… 178
　5.11.13 结论及建议 ………………… 178
　5.11.14 计算表 ……………………… 179
复习思考题 ……………………………… 184

第6章　房地产项目开发主要程序及前期工作与建设管理 ………… 186

6.1 房地产开发的主要程序与阶段 …… 186
　6.1.1 建立开发程序的原因 ………… 186
　6.1.2 房地产项目开发的主要程序 … 186
6.2 前期工作阶段的主要内容 ………… 188
　6.2.1 前期工作基本程序 …………… 188
　6.2.2 土地使用权的获得 …………… 190
6.3 建设管理 …………………………… 196
　6.3.1 质量管理 ……………………… 196
　6.3.2 进度管理 ……………………… 197
　6.3.3 成本管理 ……………………… 198
　6.3.4 合同管理 ……………………… 199
　6.3.5 安全生产管理 ………………… 200
　6.3.6 收尾管理 ……………………… 201
复习思考题 ……………………………… 202

第7章　房地产营销 ………………… 203

7.1 概述 ………………………………… 203
　7.1.1 房地产营销与销售 …………… 203
　7.1.2 房地产销售方式 ……………… 204
　7.1.3 房地产销售分析 ……………… 205
7.2 房地产销售面积 …………………… 206
　7.2.1 商品房销售的计价方式 ……… 206
　7.2.2 商品房销售的面积测算 ……… 206
7.3 房地产定价策略与方法 …………… 208
　7.3.1 房地产项目定价目标 ………… 208
　7.3.2 房地产项目定价策略 ………… 209
　7.3.3 房地产项目定价方法 ………… 210
7.4 房地产促销组合与销售实务 ……… 212
　7.4.1 房地产促销组合 ……………… 212
　7.4.2 房地产销售管理 ……………… 212
　7.4.3 房地产销售有关问题 ………… 213
复习思考题 ……………………………… 215

第8章　房地产运作经营 …………… 216

8.1 概述 ………………………………… 216
　8.1.1 房地产运作经营基本概念 …… 216
　8.1.2 经营思想与性格理论 ………… 217
　8.1.3 房地产运作经营的分类与体系 … 219
8.2 居住物业管理 ……………………… 222
　8.2.1 物业管理与居住物业管理 …… 222
　8.2.2 居住物业管理的相关各方 …… 225
　8.2.3 居住物业管理服务内容 ……… 228
　8.2.4 居住物业管理服务的早期介入、
　　　前期物业管理服务与通常物业
　　　管理服务 ……………………… 229
　8.2.5 住宅专项维修资金 …………… 230
　8.2.6 业主的建筑物区分所有权 …… 230
8.3 居住物业交易 ……………………… 232
　8.3.1 居住物业交易概述 …………… 232
　8.3.2 居住物业转让 ………………… 234
　8.3.3 居住物业抵押与租赁 ………… 235
8.4 写字楼物业与工业物业经营 ……… 237
　8.4.1 写字楼物业与工业物业 ……… 237
　8.4.2 写字楼物业经营 ……………… 238
　8.4.3 工业物业经营 ………………… 241
8.5 商业物业经营 ……………………… 242

8.5.1 商业物业经营概述 …………… 242
8.5.2 社区商业物业经营 …………… 245
8.5.3 购物中心的经营 ……………… 249
8.5.4 商业物业经营的风险 ………… 253
复习思考题 …………………………… 255

第9章 房地产金融与房地产新发展 …… 256

9.1 房地产金融 ……………………… 256
 9.1.1 房地产金融概述 ……………… 256
 9.1.2 房地产信贷 …………………… 257
 9.1.3 房地产信托 …………………… 260
 9.1.4 房地产证券化 ………………… 262
 9.1.5 房地产项目融资 ……………… 264
9.2 房地产经营管理的互联网化 …… 267
 9.2.1 房地产经营的互联网化 ……… 267
 9.2.2 房地产管理的互联网化 ……… 272

9.2.3 虚拟房地产的经营管理 ……… 274
9.3 新时期城市更新 ………………… 274
 9.3.1 城市更新的发展 ……………… 274
 9.3.2 城市更新的概念 ……………… 275
 9.3.3 城市更新的主要实施内容 …… 275
 9.3.4 城市更新的绩效指标体系 …… 276
9.4 房地产发展新模式 ……………… 277
 9.4.1 房地产发展新模式的提出 …… 277
 9.4.2 房地产发展新模式的提出背景、总体思路与主要方面 …………… 278
 9.4.3 房地产发展新模式的推进与实践 …………………………… 279
9.5 辩证与展望 ……………………… 281
复习思考题 …………………………… 283

参考文献 …………………………… **284**

第1章

房地产导论

导读

从事房地产策划、开发及经营管理，首先需要对房地产相关基本知识和行业发展等背景情况进行了解，这有利于决策者在房地产运作中以全局观来分析和处理问题。本章主要介绍房地产、房地产开发的概念与特性，以及房地产业发展历程与房地产专业体系。

1.1 房地产及其特性

1.1.1 房地产概念

1. 房地产的定义

根据中华人民共和国行业标准《房地产业基本术语标准》（Standard for Basic Terminology of Real Estate Industry）（JGJ/T 30—2015），房地产的定义为：可开发的土地及地上建筑物、构筑物，包括物质实体和依托于物质实体上的权益。需要注意的是，在物质存在形态方面，对房地产的定义应细致理解，即房地产不仅指土地、房屋，还有附着于土地、房屋的附属设施、设备等，如水电、卫生、通风、电梯等设施和物质。因此，从物质实体角度，房地产可以理解为可开发的土地、建筑物（含附属设施设备）及其他地上定着物。

房地产在英文中常用 Real Estate 和 Real Property 来表示，前者表现物质实体，后者则强调依托于物质实体上的权益。房地产也称不动产（Immovable Property），是指依自然性质或法律规定不可移动的土地、地上定着物、与土地尚未脱离的土地生成物、因自然或人力添附于土地并且不能分离的其他物，包括物质实体和依托于物质实体上的权益。房地产还可称作物业，中国香港通常使用"物业"（Property）来表示房地产。

房地产概念是本行业的重要理论基石，具有一定的复杂性，下面对房地产概念中的土地、建筑物、地上定着物、权属、区位等分层次予以详细说明。

2. 土地

房地产概念中的土地（Land）是指地球表层的陆地部分及其以上、以下一定幅度空间范围内的各自然要素，以及人类社会生产生活活动作用于空间的某些结果所组成的自然—经济综合体，是具有自然属性和社会经济属性的一种资源和资产，主要包括农用地、建设用地和未利用地。

土地是房地产的一种原始形态，也是房地产的一个重要资源和重要形式。房地产的本质属性源自土地，土地在整个房地产运作中起着举足轻重的作用。对土地的理解应分以下几个方面：

（1）土地的物质概念　对土地物质性的认识主要有：① 土地就是地面；② 土地是地球上陆地的表面，包括水域在内；③ 土地是自然物、自然力或自然资源；④ 土地是指从地球中心开始，越过地球表面一直延伸到一定空间的锥形立体区域。

在房地产中，土地主要是第四种情况，它分为三个层次：① 地球表面；② 地面以下空间；③ 地面以上空间。在美国，土地相应的权利分别为地面权、次地面权和空域权。对于一块特定的土地，可以一个人拥有它的表面使用权（地面权），另一人拥有它的地下开采权（次地面权），还有一人拥有它的空中使用权（空域权）。在我国，企业或个人可以通过政府出让方式获得土地一定年限的使用权，进行土地开发和经营，但获得的土地使用权中不包括地下资源、埋藏物和市政公用设施。

（2）土地的权利　土地的权利和利益主要分为三种类型：政府对土地的权利、完整所有权和土地使用权、他项权利。

1）政府对土地的权利：政府对土地的权利主要表现在依法征税权（国家依法收取土地使用税、房地产税等的权利）、依法征用权（国家依法征用农民集体土地及国有使用土地的权利）、收归国有权（国家依法将有关土地无偿收归国家的权利）、土地使用管制权（国家为了城市发展、公共秩序、安全、健康、道德，依法对土地的开发利用进行限制的权利）。另外，我国政府对土地所有权实行国有和农民集体所有，政府对开发用地控制着源头。

2）完整所有权和土地使用权：在美国产权私有制下，政府拥有税收权、征用权、治安权及收归国有权，剩余的一族权力称为完整所有权，归私人所有。产权可以理解为完整所有权，其权利包括占有、使用、收益、处分等。不论何时，抽走完整所有权权利束中的一项权利，该项权利都会对所有权自由使用形成障碍，或者说减损其价值。

需要说明的是，《土地管理法》（2004年修正），区分了土地征收和土地征用。"征收主要是所有权的改变，征用只是使用权的改变"；可通俗地理解为，征收了就不再归还，征用了在特殊或紧急情况结束后应归还。以前提到的征用，大多数情况实质是征收含义，此后规范了两者的使用情况。在我国，长期以来农民集体土地不能进入市场（除非征为国有），《土地管理法》（2019年修正）明确，集体经营性建设用地在满足规定条件后可以进入市场，但是其所有权是不能进入市场的，国有土地所有权同样也不能进入市场。为实现土地所有权价值，促进土地合理利用，将土地所有权中的使用权能和收益权能从所有权中分离出来，形成新的财产权。这就是具有相对独立性的土地使用权，是我国新的土地使用制度下产生的新的土地产权。

3）他项权利：所有权是自物权，他项权利是他物权。自物权是权利人对自己的物享有的权利，他物权是在他人的物上设定的权利。我国实行土地所有权和使用权分离，土地使用权可以单独出让、转移，这决定了我国的土地他项权利是土地所有权和使用权以外的各项土地权利。

土地的他项权利是土地利用的社会性、广泛性和多重性的具体体现。

土地他项权利主要有地役权、空域权、抵押权、租赁权等。这里说明一下地役权，它是指一方拥有的为了特殊目的使用他人土地的权力，但其使用目的应与土地一般用途相同。例如：通行权（人们走过或驶过他人土地的地役权）。其他还有用水地役权、引水地役权、电线架设地役权、观望地役权、日照地役权等。

（3）地块的基本认识　对地块的基本认识主要了解以下内容：

1）自然状况：土地的自然状况主要包括坐落位置、面积大小、形状、四至、周围环境、景观、基础设施完备程度、土地平整程度、地形、地势、地质、水文状况等。

2）利用现状和规划限制条件：利用现状主要了解土地是否为耕地、蔬菜生产基地、林地、草地及具体情况等，是否存在建筑物、其他附着物及具体情况等。

规划限制条件主要了解土地性质（即土地用途）、建筑容积率、建筑密度、绿地率、建筑高度限制、建筑后退距离、建筑风格要求、出入口方位要求、停车场建设要求及其他常规规范要求等。

3）权属状况：权属状况主要了解土地是国有土地，还是农民集体土地；是划拨土地，还是通过市场方式获得的出让、转让土地；是学校、军队等事业单位的划拨土地，还是企业单位的划拨土地；是开发企业进行项目开发的土地，还是单位准备自建项目的土地等。

3. 建筑物

建筑物是指人工建筑而成，由建筑材料、建筑构配件和建筑设备（如给水排水、电气等设备）等组成的整体物，包括房屋和构筑物。房屋是供人们生产、居住或者作其他用途的建筑物的总称；构筑物是建筑物中除房屋以外的部分，人们一般不直接在里面进行生产和生活活动，如水塔等。

对建筑物的基本认识，主要了解以下内容：

（1）基本状况　主要包括建筑物的名称、坐落位置、各种面积（如建筑面积、使用面积、公摊面积等）、层数、平面布置结构、建筑结构、设备设施、装修情况、公共配套设施完备程度等。

（2）建成及使用情况　主要包括建成年月、工程质量、利用现状、维护、保养、使用情况等。

（3）权属状况　主要了解房屋所有权类型：全民所有房屋所有权（包括直管房和自管房）、集体所有房屋所有权、私有房屋所有权、外产所有权、合资和股份制房屋所有权等；了解房屋产权类型：标准价产权、成本价产权、微利房产权、市场价房屋产权等。

4. 地上定着物

地上定着物是理解房地产非常关键的一个概念，有利于区分什么是房地产，什么不是房地产。

当以前是动产的物体被附着在土地或建筑物上，而其目的是变成不动产（房地产）的一部分，这种动产则被称为地上定着物或固定附着物。其与土地、建筑物不能分离，分离后会破坏土地、建筑物的完整性、使用价值或功能，如埋设在地下的管线、设施；或虽然可以分离，但分离不经济，如种植在地上的树木、花草等。

一般来说，当土地及房地产转让给新业主时，地上定着物自动包括在转让之中。在涉及房地产税收、抵押贷款、租赁终止及保险时，有时会出现一个物体是否属于地上定着物或固定附着物的问题，这也就是区分什么是房地产，什么不是房地产的问题。

借鉴美国房地产的做法，一个物体是否属于地上定着物应取决于该物体粘贴或安装的意图是否是永久性的改进土地，可用四种方法来检验：

（1）附着方式　指物体怎样附着在土地上。如果以前是动产的物体使用水泥、钉子、螺栓等置入土地或附着在土地表面上，则其成为地上定着物。例如，木材、电线、管道、门等成为建筑物一部分时，从动产变成了不动产。

（2）物体的适应性　考虑物体的适应性，如果某物体是专门为该建筑物或其某一部分制作配套的，或者专门为该地块配置的，则其属于地上定着物。

（3）协议约定　当一件物品不太容易确定是动产还是不动产，是地上定着物或者不是地上定着物，应使用书面协议加以明确，可以减少和避免今后产生矛盾。

（4）区分当事方关系　一般认为，如果租户是进行营业，租户所属的营业用固定附着物不可以变成业主财产，但必须在租约到期前移走，并不能对建筑物造成损坏。

对于树木、多年生植物一般认为是土地的一部分，而盆栽一般认为是动产。

5. 房地产权属

房地产的权属是房地产概念中非常重要的一方面，因为房地产实际交易的是其权益。在房地产所有权中附加他项权利，其交易价格会降低；而在进行交易时，未进行产权登记，则其不受法律保护。在现实生活中，有人像买其他商品一样，一手交钱，一手交房，没有办理产权变更登记，结果往往造成上当受骗或纠纷。

从房地产概念认识和理解来看，权属的主要类别有两类：① 房屋所有权、土地使用权、房地产他项权；② 房地产专有所有权、房地产共有权、房地产附带权利。第一种类型前面有关内容已叙述，现对第二种类型予以说明。

房地产专有所有权是指一栋建筑物，有多个房屋产权人共同拥有时，各房屋产权人对建筑物在构造上能明确区分的专有部分所享有的所有权。

房地产共有权是指两个或两个以上的权利主体共有一宗房地产或一宗房地产某一部分的权益。例如，住宅小区中一栋住宅楼的楼梯为该栋住户所共同拥有和使用；住宅小区中的公共道路、绿化等为该小区住户共同拥有和使用。

在一些房地产产权理论中，还引入了"建筑物区分所有权"概念，其含义指多个区分所有权人共同拥有一栋区分所有建筑物时，各区分所有权人对建筑物专有部分所享有的专有所有权与对建筑物共用部分所享有的共用部分持份权，以及因区分所有权人之间的共同关系所产生的成员权的总称。根据这一理论，房地产专有所有权和房地产共有权将衍生出相关的成员权。

房地产附带权利是指一项房地产所附带的相关权利。在转让房地产中，包括需要转让的附带权利或附带物权利，如地役权、通行权、共有公寓楼停车位停车权。应该说，房地产附带权利也是房地产专有所有权和房地产共有权所衍生的权利。

需要说明的是，《中华人民共和国民法典》（2021年1月1日起施行）新增"居住权"，规定居住权人有权按照合同约定，对他人的住宅享有占有、使用的用益物权，以满足生活居住的需要。设立居住权，当事人应当采用书面形式订立居住权合同。居住权无偿设立，但是当事人另有约定的除外。设立居住权的，应当向登记机构申请居住权登记。居住权自登记时设立。居住权不得转让、继承。设立居住权的住宅不得出租，但是当事人另有约定的除外。居住权期限届满或者居住权人死亡的，居住权消灭。居住权消灭的，应当及时办理注销登记。以遗嘱方式设立居住权的，参照适用《中华人民共和国民法典》的有关规定。故此，在房地产交易中，应注意交易的住宅是否设立居住权，其将影响住宅交易价格和交易后住宅的使用情况。

6. 房地产区位

房地产开发中有句格言："第一重要的是地段，第二重要的是地段，第三重要的还是地段。"这点从一个方面说明了地段或区位的重要性。在项目实际开发中，地段或区位的选择是开发商最重要的决策之一，影响着项目的成败。

区位是某一空间的几何位置，同时也是自然界的地理要素和人类社会经济活动之间的相互联系和相互作用在空间位置上的反映。房地产的区位反映了一个立体的全方位的房地产概念，对于一个住宅小区，业主对所购置的物业享有的专有所有权、房地产共有权及附带权利等是法律所规定，区位则赋予业主对所购置的物业的另一种权利。一个业主购置了一个物业单元，不仅买了其套内面积，拥有公摊面积相应权利，同时也买了本套房屋的楼层朝向环境、本栋楼的周边环境、本小区的周边环境、该城市甚至是该国家的社会经济环境。在现代房地产营销中，一些项目开始应用区位立体化概念进行操作，例如运用地区营销、片区营销、区位营销的组合，充分反映大的房地产项目运作，不仅是在推广一个项目，还是在推广一个片区，甚至推广一个城市。

通常，影响房地产区位的主要因素有：

（1）影响开发地块的主要因素

1）基本因素：如地区地理位置与自然条件、人口、行政区划、社会经济状况、城市规划、土地利用规划、房地产制度及相关政策法规。

2）周边因素：如该地段繁华程度、通达程度、基础设施及公共配套设施完备程度、自然环境条件、区域土地使用限制等。

3）自身因素：自然条件、基础设施条件、地块形状、临街条件及临街深度、规划限制条件等。

（2）影响一套住宅的主要因素

1）小区中的位置：作为住宅，一般临街则条件差一些，临近中央花园则好一些。

2）楼层：多层住宅（不带电梯）一般以三四层为好，高层住宅一般层数较高为好，但顶层需区分平屋顶和坡屋顶及其不同的保温、隔热、防水处理。

3）朝向：一般南向为好，采光充足。但有些地区和项目需考虑景观。写字楼及工业和商业项目需要具体分析。

1.1.2 房地产特性

从房地产的概念来看，房地产可以有很多特性。但房地产主要特性取决于土地的特性，土地赋予房地产本质特征。同时，房地产特性还涉及建筑物有关特性。综合起来，房地产特性主要有：

1. 不可移动性

不可移动性是房地产最重要的特性，该特性源于土地。房地产是土地及建于土地上的建筑物及地上定着物，一般情况下是不可移动的、无法移动的。对于某些活动房屋、可移动房屋甚至由于某种原因短距离移动的建筑物，严格地分析，无论从房地产的完整性，还是从其存在的微小数量来看，都不是完整意义的房地产。

基于不可移动性，房地产市场是一个地区性市场。例如，北京的房地产市场旺销不能够组织西安、兰州等地的房地产去销售，由此才形成了每个城市各具特色的房地产市场。

在房地产开发操作中，房地产的不可移动性要求开发商在进行投资决策时，对于地块的选择要慎重考虑。从某种意义上说，位置选对了，项目就成功一半。位置选得不好，购买的土地则无法移动。通常，为了选好地，在进行看地决策时，一是要通过各种途径充分了解和分析城市规划，以便有预见性地选择投资地块，获得土地与房地产的较大增值；二是要结合具体物业类型及区位未来变化，分析投资地块。

2. 独一无二性

独一无二性又称各异性，是指房地产市场上不可能有两宗完全一样的房地产，它是房地产不可移动特性派生出的特性。有的房地产虽然建筑物一模一样，但它们坐落的位置或朝向不同，则其地形、地势、周围环境、景观等不同。即使在同一栋楼内相同户型，由于楼层、朝向等的差别，也没有完全一样的两个户型单元房地产。故此，每一个房地产在这个世界上只此一个，独一无二。

房地产的独一无二性使不同房地产不能实现完全替代，因而房地产市场不能实现完全竞争，市场价格千差万别、跌宕起伏。

另一方面，尽管房地产是各异的，但很多房地产之间具有一定的替代性。例如，同一地段的同档次住宅楼，同一高层住宅的同朝向邻近几层的单元，其均有一定程度的替代性。正是因为这种替代性，使得同类房地产开发具有竞争性，要求开发商认真进行市场调查，开发出适合市场、具有竞争力的房地产产品。

3. 价值高大性

价值高大性主要指房地产商品相对于其他一般商品显示出价值很大的特性。对于一个普通家庭来说，住宅一般是最大的一份资产，价格数十万元；对于公司经营来说，房地产投资开发一般需要几百万元、上千万元，一些项目更多至数亿元。

房地产的这种特性使很多家庭在购买住宅时需要分期付款和按揭贷款，也使开发商在开发项目时通常需要银行的开发贷款。正因为如此，房地产市场又是一个与金融高相关的市场。

4. 相互影响性

相互影响性是指房地产价值不仅与自身状况有关，而且还受其周边物业、城市基础设施与市政公用设施和环境变化的影响。例如，在某住宅小区旁边建一座工厂，可使小区住宅价格下降；如果在其旁边修建一个城市花园，则可使小区住宅价格上升。同样，政府建设城市道路或火车站，通常使周边商业房地产价值大幅度增加。但值得注意的是，修建高架桥等类似道路不一定会增加商业房地产价值，有时是负面的影响。

5. 易受限制性

易受限制性是指由于房地产不可移动、相互影响，而在其整个存续期间受到国家规定的各种限制。例如，为了城市整体规划及公众安全、健康，限制项目建筑高度、容积率、建筑密度等；房地产受到政府的相关征税；政府为了公共利益，强制取得任何单位和个人的房地产（通常给予当事人经济补偿）。另外，由于房地产不可移动、也无法隐藏，其始终受到所在地区的政治、经济、制度、政策的限制和影响。

6. 用途多样性

房地产的用途多样性表现为土地和建筑物的用途多种多样。

首先，用途多样性主要是空地具有的。就一块土地而言，其可以用于居住、商业、工业、林业、农业等。从经济角度看，土地利用选择的顺序一般为：商业、办公、居住、工业、耕地、牧场、放牧地、森林、不毛荒地等。土地用途多样性受到城市规划、土地用途规划等的制约，土地利用应符合国家规定。

其次，建筑物表现出一定的用途多样性。如果在空地上建造了建筑物，房地产用途就被很大程度限定，但仍具有一定变化空间。例如，将生意不好的餐馆改装为酒吧、咖啡屋等；将效益不好的工厂办公楼进行装修后改造为写字楼。

7. 寿命长久性

通常，土地在地球上作为场所和空间是永存的。在我国，投资者拥有有限的土地使用权，但年限一般也在40年以上，故其寿命是长久的。建筑物的寿命通常数十年，甚至有很多百年建筑。房地产的地上定着物一般情况下具有较好的耐久性。

房地产在其整个存续期间具有自然寿命和经济寿命。自然寿命是指房地产从建成使用开始，直至不能安全使用所持续的时间。经济寿命指房地产在正常市场条件下，经营收益大于经营成本所持续的时间。一般情况下，自然寿命大于经济寿命。如果房地产的经济寿命到期，意味着不能再经营下去。那么，面对其剩余的自然寿命，或者说，对于在物理状态上仍可使用的房地产，应该怎么办？在这种情况下，应该重造经济寿命。由于房地产具有用途多样性的特点，一种经济寿命到期，只是说明作为多种用途中的一个用途的经济寿命到期。如果改变用途，可以获得另一种经济寿命。通过适时的对建筑物等进行更新改造，改变房地产的使用性质和目标客户类型，使房地产可以在一个自然寿命中获得几个经济寿命。例如，随着交通、周围环境等的变化，将效益不好的工厂厂房更新改造为写字楼、超级市场等。需要指出的是，重造经济寿命受到两个方面的影响：一是要对比更新改造的重造与重新购置或开发新的房地产的成本效益。一般情况下，适当的更新改造，充分利用原房地产，获得效益较可观。二是更新改造中涉及的审批内容，应当及时办理相关手续。例如，前者提到的将厂房改造为超市，涉及工业用途改变为商业用途，应到相关部门办理审批手续。

房地产除具有上述主要特性外，还具有一些其他特性，如供给有限性、流动性差及保值增值等。

1.2 房地产开发及其特性

1.2.1 房地产开发概念

1. 房地产开发定义

房地产开发（Real Estate Development）是指按照国土空间规划和社会经济发展的要求，

在依法取得国有土地使用权的土地上进行基础设施建设、房屋建设的行为。通常，广义的房地产开发活动还包括转让房地产开发项目或者销售、出租商品房及售后服务等。

目前的房地产开发一般都是综合开发，它是城市建设综合开发的组成部分。

2. 房地产开发的类型

从不同角度来划分，房地产开发的类型主要有：

1）根据开发的深度不同，可分为：

① 土地开发：是将生地或毛地开发成三通一平、五通一平、七通一平的熟地。

② 项目前期开发：是指项目在完成生地转化为熟地的同时，进行了项目立项、规划设计方案及项目报批等有关前期工作，即完成了项目开发前期，有的甚至完成了项目±0.00。一些地区将其称为楼花，对此不同国家有不同限制和规定，在我国应符合我国的相关政策法规。

③ 在建工程开发：是指项目已进展到建设施工阶段，建筑物已部分生成，由于各种具体情况，项目需要进行转让、抵押等交易。同样，这种情况下涉及问题较多，实际操作应符合相关政策法规。

④ 房屋开发：是在土地开发基础上进行房屋建设的综合开发。

⑤ 房地产开发：是土地开发和房屋开发的综合。

⑥ 项目改造再开发：随着社会经济的发展，旧的建筑物功能过时或部分功能过时，需要对其更新改造而进行的开发，有时甚至是拆除重建。

2）根据开发的规模不同，可分为：

① 零星地段房地产开发：在旧城区的某一地段上进行单一功能的房地产开发，同时应符合城市规划，一般多为写字楼、商业项目。

② 成片小区开发：指在较大面积的土地上，以主要用地功能进行开发建设，同时综合配套其他基础设施和公共设施等，如居住小区、工业园区、旅游度假区等。

3）根据开发的位置不同，可分为：

① 旧城区开发：其特点是多位于城市中心，区位优越，适合开发商业、办公、娱乐、餐饮等类型项目。但旧城区人口密集、建筑密度高，拆迁安置成本高，而且规划限制条件较多。

② 新区开发：其特点是一般远离闹市区，自然环境较好，适合开发别墅、高级住宅和公寓等项目。新区开发的拆迁安置补偿费相对较低，城市规划条件限制较少，但存在开发用地一般为生地的问题，缺乏必需的上下水、煤气（天然气）、电力、电信、供热等市政配套管线。

4）根据物业的使用功能，可分为：

① 居住房地产开发：一般主要包括开发建设普通住宅、公寓、别墅等。该类开发市场潜力巨大，投资风险相对较小。在1998年货币化房改之前，居住房地产中的团购比例还比较大，但目前其购买人群主要为个人消费者，一般单笔交易额相对较小。

② 商业房地产开发：商业房地产有时亦称收益性物业、投资性物业，该类开发包括酒店开发、写字楼开发、零售商业用房（如商铺、超市、购物中心等）开发、出租商住楼开发等。商业房地产开发一般表现出高风险、高收益。

③ 工业房地产开发：主要开发建设工业厂房（如重工业厂房、轻工业厂房）、高新技术

产业用房、研究与发展用房（工业写字楼）、仓储用房等。一般来讲，重工业厂房需要定向开发；高新技术产业用房适应性较强，可根据市场要求在调查策划基础上开发；工业写字楼由于成本优势，在一些经济发达的开发区发展较快；仓储用房随着近年物流业的发展，其功能除了自用，越来越多用于自营和出租经营，其开发也逐渐受到更多重视。

④ 特殊房地产开发：主要指高尔夫球场、车站、汽车加油站、码头等的开发，因为该类物业的经营内容一般要得到政府的特殊许可。由于这些房地产在市场中一般很少交易，故此类开发建设多为长期投资，通过经营，收回投资，获取收益。

另外，还有一些其他类型房地产开发，如综合功能类型房地产开发等。至于非收益性的房地产，包括政府办公楼、私人宅邸、公益房地产等，严格地说，一般运作不属于房地产开发范畴。

5）根据具体的开发方式，可分为：

① 定向开发：在开发建设之前，已确定了最后的销售对象。这种开发基本没有市场风险，但利润率一般较低，新成立的开发公司较多采用此模式。

② 联合开发：一般为几个开发公司共同出资开发项目，按投资比例分担风险，获取利益。实际操作中，此类开发形式变化较多。

③ 合作开发：原指一方出地，另一方出资，开发后按协议进行利润分成。现广义地包括政府与企业、企业与企业及其他形式的双方或多方按照一定协议进行的开发。

④ 独立开发：开发公司独家出资开发建设房地产，进行销售经营等活动。这种形式一般适用于资金雄厚、经验丰富的成熟开发公司。

另外，还有其他一些形式的房地产开发，例如，在联合开发与合作开发中融进公司治理结构的运作及资本运作，演变出多种开发方式，但应注意符合相关政策法规。

1.2.2　房地产开发特性

房地产开发具有如下特性：

1. 具有较高的收益水平

在房地产开发中，大多数房地产投资的股本收益率可以在20%以上。如果通过银行借贷，充分利用财务杠杆，项目各方面运作成功，股本收益率可能超过100%。从2002年以来的几年中，中国房地产市场持续升温，房地产开发投资劲增，从资本运动的特征看，正是房地产开发市场的较高利润空间导致。值得注意的是，2005年国家对房地产市场的调控力度继续加大，通过房贷政策、税收政策等的调整，使市场降温。在部分过热地区，不仅使房价增幅回落，更一度使过高房价产生较大跌幅。

2. 投资量大

房地产本身具有价值高大性，这决定了房地产开发投资需要巨大的资金投入量。开发的这种特性意味着房地产开发市场具有较高的门槛，没有一定的资金实力是无法进入的。同时，《房地产开发企业资质管理规定》（2000年修订）规定，一级资质的开发企业注册资本不能低于5000万元，四级资质的开发企业注册资本不能低于100万元。2015年，中华人民共和国住房和城乡建设部根据新的《中华人民共和国公司法》，取消了各级资质最低注册资本的限制，并取消了验资证明和验资报告。这主要是为了激发市场活力，提高市场效率，而房地产开发实际运作中资金实力仍是关键要素。2022年3月住建部令第54号第三次修正了《房地产开发企业资质管理规定》，房地产开发企业按照企业条件分为一、二两个资质等级，取消三级和四级资质，简化行业资质标准，进一步激发市场主体发展活力。

通常，房地产项目的投资动辄几千万元，甚至数亿元。房地产项目的巨大投资量使大多数企业都无法仅靠自有资金完成项目全程开发，往往需要向银行借贷，这使得房地产市场与金融资金市场息息相关。当资金宽松时，贷款利率下降，融资较易，房地产市场趋向景气；当银根趋紧时，利率上升，融资困难，房地产市场趋向收缩。

在房地产项目资金运作中，一般采取1/3来自自有资金，1/3来自银行贷款，1/3来自预售回款。具体到每个项目时，需要根据当时当地的市场状况和政策环境。例如，当估计未来市场销售乏力，则应考虑主要通过自有资金和银行贷款解决资金问题。如果是政策制度改变，亦需要随之变化。《城市房地产开发经营管理条例》（1998年、2011年根据国务院相关规定修订，2018年至2020年进行第二、三、四、五次修订）规定，房地产开发项目应当建立资本金制度，资本金占项目总投资的比例不得低于20%。这一比例在市场调控中通常动态调整，2004年国家将房地产开发项目（不含经济适用房项目）的资本金比例由20%以上提高到35%及以上；2009年的调整中，保障性住房和普通商品住房项目的最低资本金比例为20%，其他房地产开发项目的最低资本金比例为30%；2015年的调整中，房地产开发项目最低资本金比例：保障性住房和普通商品住房项目维持20%不变，其他项目由30%调整为25%。

3. 投资周转慢

房地产开发投资从购置土地使用权开始，经过规划设计、审批、拆迁安置、土地开发、建筑施工、竣工验收等过程，最后还需要通过销售和出租等才能收回投资，获取回报。如果是进行销售，一般项目需要3~5年完成这一过程，大的项目时间更长；如果是进行出租，回收投资通常在6年以上，而获取预定的投资回报往往需要10年以上时间。房地产开发的这种特性意味着房地产开发具有较大的风险，投资开发者应对此有充分的认识。

4. 市场具有地区性

由于房地产具有不可移动性，所以一个地区的商品紧缺、供不应求不能由另一个地区来调拨平衡。不同地区的房地产市场具有不同的特征，表现在市场供求关系、价格、交易方式、制度等多方面。这种特性使房地产开发必须选择在哪个城市开发，在哪个片区开发，以及不同的项目定位策略、定价策略等。

5. 需求具有稳定性

房地产开发的市场需求具有较大的稳定性。

首先，住是人的最基本需求之一，人们学习、工作、休闲和娱乐需要房地产开发提供必要的活动空间。其次，随着社会进步，人民生活水平提高，人们的居住水平需要不断提高，需要对原有住宅、办公等房地产进行更新换代。例如，从小户型住宅换为较大户型，从普通住宅换为智能住宅等。再有，房地产具有保值、增值作用，许多消费者将购买房地产作为一种投资，这使其需求前景更为看好。

6. 开发过程涉及面广、综合性强

房地产的整个开发过程涉及面很广。其涉及的部门有土地、房产、计划、规划、勘察、设计、施工、市政、供电、供水、电信、商业、人防、文教、园林、卫生、环卫、金融等；

涉及的协作企业有设计院、建筑公司、监理公司、策划公司、销售代理公司、广告公司、估价公司等；涉及的专业知识有房地产经营、城市规划、建筑学、结构设计、施工、经济、管理、法律、心理学、社会学、市场学等；涉及的法律法规有宪法、民法、公司法、城市房地产管理法、土地管理法、建筑法、城市规划法、合同法、继承法、婚姻法以及国家和地方颁布的各种税法和相关规定条例等。

房地产开发的这种特性要求开发商在开发活动中应厘清关系，抓住主要工作。一个开发公司不可能把涉及的每个工作内容都设立相应部门去完成，而是应该抓住核心，打造自身核心竞争力。就项目而言，开发公司的核心工作应该是关系与资源的协调、决策项目方案、融资。

7. 具有较高风险性

通常，投资的收益和风险是成比例的，收益越大，风险越高（需要注意，在某些非普遍领域，风险与收益表现有非线性关系）。房地产开发具有较高的收益水平，也存在较大的投资风险。房地产开发的风险一般来自两个方面，一是开发系统本身，对于这类风险，只要开发公司进入市场进行开发活动，就不可避免地存在，例如，通货膨胀的风险、市场供求变化的风险。这类风险是永远存在的，开发商只能通过经营运作增强抵御风险的能力。二是来自开发者自身的风险，例如，是否选择合适的时间、地点进行开发所带来的风险。对于这类风险，可以通过开发者运用投资组合等手段来降低。

进行房地产开发投资，一定要清醒地认识其风险性，这个市场不再是初期的开发即盈利。面对日益成熟的市场，把握好宏观经济，认真研究消费者，科学分析和规避风险，才能使投资产生较高的效益。

1.3 房地产业及其历史沿革

1.3.1 房地产业的基本认识

1. 概念与分类

房地产业是进行房地产投融资、开发、经营、管理、服务的行业，是现代国民经济中的一个重要行业，属第三产业。2009 年，联合国的《所有经济活动的国际标准行业分类》（修订本第 4 版）中房地产活动列为第 L 门类，并有房地产的其他相关门类。我国《国民经济行业分类》（GB/T 4754—2011）中将房地产业列为第 K 门类，包括房地产开发经营、物业管理、房地产中介服务、自有房地产经营活动、其他房地产业等五个类别，具体见表 1–1。

表 1–1　国民经济行业分类和代码表（房地产业）

代码				类别名称	说明
门类	大类	中类	小类		
K				房地产业	本门类包括 70 大类
	70			房地产业	
		701	7010	房地产开发经营	房地产开发企业进行的房屋、基础设施建设等开发，以及转让房地产开发项目或者销售、出租房屋等活动

(续)

代码				类别名称	说明
门类	大类	中类	小类		
		702	7020	物业管理	物业服务企业按照合同约定,对房屋及配套的设施设备和相关场地进行维修、养护、管理,维护环境卫生和相关秩序的活动
		703	7030	房地产中介服务	房地产咨询、房地产价格评估、房地产经纪等活动
		704	7040	自有房地产经营活动	除房地产开发商、房地产中介、物业公司以外的单位和居民住户对自有房地产(土地、住房、生产经营用房和办公用房)的买卖和以营利为目的的租赁活动,以及房地产管理部门和企事业、机关提供的非营利租赁服务,还包括居民居住自有住房所形成的住房服务
		709	7090	其他房地产业	

2. 特征

房地产业具有基础性、先导性、带动性、风险性、受约束性、地域性、周期性等特征。另外,值得指出的是,我国房地产业是否具有支柱性,是否是支柱产业,在经过十几年的发展后,已经明确。国发〔2003〕18号文件《国务院关于促进房地产市场持续健康发展的通知》中指出:"房地产业关联度高,带动力强,已经成为国民经济的支柱产业。"

3. 细分行业

房地产业可分为房地产投资开发业和房地产服务业。房地产服务业又分为房地产中介服务业和物业管理等,其中,房地产中介服务业是指房地产咨询、房地产价格评估、房地产经纪。故房地产业的细分行业主要包括:

(1) 房地产投资开发业 房地产投资开发包括房地产开发,以及购买房屋后出租、出租后转售、购买后转售等。房地产投资开发业在整个房地产业中占据着举足轻重的地位。

(2) 房地产咨询业 房地产咨询业可以为房地产投资者提供包括政策咨询、决策咨询、工程咨询、管理咨询等在内的各种咨询服务,也可以为房地产市场交易行为中的客户提供信息咨询、技术咨询等相关服务。一般来讲,其具体业务包括房地产市场调查、开发项目可行性研究、开发项目策划等。

(3) 房地产价格评估业 房地产价格评估是指对房地产进行测算,评定其经济价值和价格的经营活动。因为房地产具有独一无二性和价值高大性的特征,所以其需要专业的评估。现实中对房地产估价的需要表现在多方面,例如,房地产买卖、租赁需要估价;房地产抵押、典当需要估价;房地产保险和损害赔偿需要估价;房地产税收需要估价;房地产纠纷调解处理和有关司法鉴定需要估价;房地产管理需要估价等。

(4) 房地产经纪业 房地产经纪是指为委托人提供房地产信息和居间代理业务的经营活动。一般来讲,其具体业务包括接受房地产开发公司委托销售和出租新建商品房、代理二手房销售和租赁及其他等。

(5) 物业管理业 根据《物业管理条例》(2018年修订),物业管理是指业主通过选聘物业服务企业,由业主和物业服务企业按照物业服务合同约定,对房屋及配套的设施设备和相关场地进行维修、养护、管理，维护物业管理区域内的环境卫生和相关秩序的活动。物业管理具有社会化、专业化、市场化的基本特征。物业管理的基本内容包括常规性公共服务、针对性专项服务和委托性特约服务等。

4. 作用

房地产是国民经济发展的基本生产要素，任何行业的发展都离不开房地产业，房地产业是发展国民经济和改善人民生活的基础产业之一。从辩证的观点来看，房地产业的适度发展可以带动国民经济发展，起到积极作用，而房地产业的滞后或过度发展则会阻碍和破坏国民经济发展。

适度的房地产业发展可以为国民经济的发展提供重要物质条件，可以促进社会发展，可以改善人们的居住生活条件，可以改善投资环境，可以带动相关产业（如上游产业：建材业、建筑设备工业、冶金、化工、机械、仪表等，下游产业：装饰、装修、电器、家具、旅游、运输、商业等），可以促进社会就业等。

房地产业的不良发展会对国民经济产生阻碍和破坏作用。例如，1991 年日本房地产泡沫经济破灭，地价大幅下跌，银行呆账率大幅上升，对国民经济产生了极大的负面影响，是后来日本经济长期低迷的主要原因之一。我国台湾在 20 世纪 80 年代因泡沫经济出现地价飞涨，房屋空置等，带来了社会、经济和金融等问题。我国大陆在 1992 年的房地产热中也造成银行的大量坏账、呆账，进行治理规范之后才逐渐走上正轨。

1.3.2 房地产业的形成与发展

1. 1949 年以前的中国房地产

中国的房地产业古老而年轻。早在三千多年前，中国就出现了田地的交换和买卖。在漫长的封建社会时期，大多数房地产是自建、自住、自用的，但存在一定规模的土地和房屋的租赁、买卖等经济活动。

在明清时代，官府没有设立专门的房地产交易管理机构，民间房地产买卖一般由中间人引介。房地产承买人需要按官府规定的申报期限向契税部门纳税，官府在买契的左边粘贴验契税纸并盖上骑缝的大红官章，有的地方俗称"红契"。民国时期的民间房地产买卖很大程度沿袭了明清旧习。

从 19 世纪中叶到 20 世纪中叶，旧中国房地产业的资本主义经营方式基本经历了三个阶段。第一阶段从 19 世纪中叶到 20 世纪 20 年代初，是旧中国房地产资本主义经营方式的萌芽和初步发展时期；第二阶段从 20 世纪 20 年代初到 30 年代末，是其蓬勃发展时期；第三阶段从 20 世纪 30 年代末到新中国成立前夕，是其缓慢发展和走向衰落的时期。

2. 1949—1955 年的中国房地产

这个时期的房地产工作主要是接收旧政府的房地产档案、确认产权归属、代管无主房屋、没收敌伪房地产、打击房地产投机和非法活动，以及建立房地产管理机构、制定相关政策规定、开展大规模房地产清查登记、建立房地产管理秩序，并且对旧社会遗留下的棚户区和贫民窟进行了改造。

3. 1956—1965 年的中国房地产

这个时期，在保留极少数私有房主的自住用房前提下，通过公私合营、定息赎买等方式将大量私有房产转变为公有房产，实现了城市房地产公有制，建立了以公有制为主体的城市房地产经营模式和管理体制。对于生产性房地产，政府有计划投资建设，无偿拨给企业使用，而对非生产性房地产及职工住宅，也由国家统一建设和统一分配使用。

4. 1966—1978 年的中国房地产

在这十几年中，房地产管理机构几起几落，产权管理混乱，住宅建设停滞不前，中国房地产发展步入低谷。

5. 1979—1991 年的中国房地产

这个时期是中国房地产的复苏和成长阶段，也是新时期社会主义房地产业的萌生阶段。1987 年 10 月 25 日，党的第十三次全国代表大会《沿着有中国特色的社会主义道路前进》的报告提出"社会主义的市场体系，不仅包括消费品和生产资料等商品市场，而且应当包括资金、劳务、技术、信息和房地产等生产要素市场；单一的商品市场不可能很好发挥市场机制的作用。"这是我国第一次提出了建立房地产市场，确立了房地产市场的地位，宣告了中国社会主义房地产市场的诞生。

中国现代房地产业的形成主要取决于三个条件：城镇住房制度改革、城市土地使用制度改革和房地产生产方式改革。住房制度改革为房地产业开辟了广阔的市场；城市土地使用制度改革为住房商品化铺平了道路，并为房地产开发提供了必不可少的空间资源；综合开发为房地产开发奠定了基本模式。

6. 1992—1993 年的中国房地产

1992 年是中国房地产发展的一个历史转折点。1992 年，邓小平同志发表南方谈话，提出了大改革、大开放的战略思想，使房地产发展进入新的阶段。在这个时期，房地产开发投资高速增长，土地批租量和开发量比前几年大幅度上升，各类开发区纷纷成立，房地产开发公司迅速发展，房地产价格快速攀升，市场十分活跃。市场呈现出多样化（住宅、办公楼、商住楼、购物中心、酒店、工业厂房等多样开发）、国际化（大量外资涌向中国房地产业）、区域化（房地产热主要集中在沿海、沿边等经济热点地区）等特点。

这个时期，一方面房地产业得到了空前的大发展，另一方面，由于市场机制不健全，市场规则不完善，出现了"房地产热"。从 1993 年 6 月，国家对国民经济加强宏观调控，严格土地出让审批，控制和压缩固定资产投资规模，房地产开发过速增长得到了有效控制。

7. 1994—1997 年的中国房地产

这几年，是中国房地产的理性发展期和消化盘整期。《中华人民共和国城市房地产管理法》在 1994 年 7 月 5 日由党的第八届全国人民代表大会常务委员会第八次会议通过，并于 1995 年 1 月 1 日起实施，并且随后一系列配套政策法规相继出台，有效地抑制了市场的不规范行为。

在这个时期，房地产市场低迷，空置商品房量不断上升。如何消化空置房，如何使房地产业良性发展，成为新的经济增长点，是政府、理论界和企业界探讨的热点。

8. 1998—2001 年的中国房地产

1998 年我国住房制度改革到了最后的突破阶段，开始了实质性的住房分配货币化。在这项政策的影响下，房地产市场开始走出低迷。之后，随着国家住房信贷政策的逐步完善，积极财政政策的实施,西部大开发战略的实施,以及申奥成功、WTO 的加入等有利的国际政治经济局势,中国国民经济持续快速增长,房地产业开始复苏和景气回升,部分地区房地产出现强劲增长态势。

9. 2002—2007 年的中国房地产

在这个时期,中国房地产随着国民经济的快速发展,呈现出繁荣景象,同时政府进行着不断的宏观调控。

2002 年,在住房制度改革及其相关政策的推动下,居民住房消费得到有效启动,房地产市场日趋活跃。但 2002 年下半年以来,部分地区开始出现房地产投资增幅过高、商品房空置面积增加、房价上涨过快以及低价位住房供不应求和高档住宅空置较多等结构性问题。同时,市场不规范的问题在一些地区也比较突出。2002 年 5 月 23 日,建设部、国家计委、国家经贸委、财政部、国土资源部、国家工商行政管理总局、监察部联合下发《关于整顿和规范房地产市场秩序的通知》(建住房〔2002〕123 号),重点整治违规开发、虚假广告、面积"缺斤短两"、中介市场混乱、物业管理不规范等问题。

2003 年的房地产市场,走向微妙,牵动业界。面对持续升温的市场,中国人民银行下发银发〔2003〕121 号文件《中国人民银行关于进一步加强房地产信贷业务管理的通知》,严格房地产信贷政策,防范金融风险。例如"对未取得土地使用权证书、建设用地规划许可证、建设工程规划许可证和施工许可证的项目,不得发放任何形式的贷款。""商业银行对房地产开发企业申请的贷款,只能通过房地产开发贷款科目发放,严禁以房地产开发流动资金贷款及其他形式贷款科目发放。""商业银行发放的房地产贷款,只能用于本地区的房地产项目,严禁跨地区使用。""商业银行只能对购买主体结构已封顶住房的个人发放个人住房贷款。对借款人申请个人住房贷款购买第一套自住住房的,首付款比例仍执行 20% 的规定;对购买第二套以上(含第二套)住房的,应适当提高首付款比例。""借款人申请个人商业用房贷款的抵借比不得超过 60%,贷款期限最长不得超过 10 年,所购商业用房为竣工验收的房屋。对借款人以商住两用房名义申请银行贷款的,商业银行一律按照个人商业用房贷款管理规定执行。""对借款人申请个人住房贷款购买房改房或第一套自住住房的(高档商品房、别墅除外),商业银行按照中国人民银行公布的个人住房贷款利率(不得浮动)执行;购买高档商品房、别墅、商业用房或第二套以上(含第二套)住房的,商业银行按照中国人民银行公布的同期同档次贷款利率执行。"等。"121 号文件"一度使很多开发商担心国家对房地产的政策取向。几个月后,"18 号文件"说明政府持续健康发展房地产市场的态度。国发〔2003〕18 号文件《国务院关于促进房地产市场持续健康发展的通知》中指出,"充分认识房地产市场持续健康发展的重要意义。房地产业关联度高,带动力强,已经成为国民经济的支柱产业。""进一步明确房地产市场发展的指导思想。要坚持住房市场化的基本方向,不断完善房地产市场体系,更大程度地发挥市场在资源配置中的基础性作用。"

总体来看,2003 年的中国房地产市场在发展中调控,在调控中发展,市场表现非常景气,部分地区出现过热。

2004 年,围绕着对市场的判断引发了房地产泡沫之争。有的学者认为,国内房地产业挟持着中国经济,如果让国内房地产的泡沫任意地吹大,泡沫的破灭不可避免,而最后承担这种泡沫破灭的只能是国内各银行。一些国际经济学家也把中国划入房地产市场出现泡沫的地区。如何客观辩证地看待市场,建设部政策研究中心 10 月份对外公布《怎样认识当前房地产市场形势》的课题报告，通过对目前中国房地产市场所做的分析和判断，得出了这样的结论：在有真实需求支撑的前提下，即使局部地区可能出现房地产过热或结构性过剩现象，也不能就此判断房地产已经是"泡沫经济"。

2004年的土地使用权招标、拍卖、挂牌出让制度的进一步实施是业内关注的又一重点。3月31日由国土资源部、监察部联合下发的《关于继续开展经营性土地使用权招标拍卖挂牌出让情况执法监察工作的通知》（国土资源部71号令），要求各地"在2004年8月31日前将（《招标拍卖挂牌出让国有土地使用权规定》实施前的）历史遗留问题界定并处理完毕"，此后"不得再以历史遗留问题为由采用协议方式出让经营性土地使用权"。业内称之为"8·31大限"。由此，开发商进行项目开发意味着可能的地价上升、成本提高、启动资金加大及市场门槛提高，从而带来开发投资的风险增加，但会迫使开发商精心运作，由粗放型开发转为集约型开发。

为了进一步巩固宏观调控成果，进一步发挥经济手段在资源配置和宏观调控中的作用。中国人民银行决定，从2004年10月29日起上调金融机构存贷款基准利率并放宽人民币贷款利率浮动区间和允许人民币存款利率下浮。金融机构一年期存款基准利率上调0.27个百分点，由现行的1.98%提高到2.25%，一年期贷款基准利率上调0.27个百分点，由现行的5.31%提高到5.58%。其他各档次存、贷款利率也相应调整，中长期上调幅度大于短期。同时，进一步放宽金融机构贷款利率浮动区间。中国人民银行的加息给市场的供求均产生了相当的震动，许多中小开发商纷纷退出市场，因资金压力，一些"8·31大限"前已过关项目寻求转让。

整个2004年，一方面市场依旧非常景气，另一方面政府一直关注房地产市场发展动态，在土地、信贷、制度等多方面做好宏观调控，如提高房地产准入门槛，将房地产开发（不含经济适用房项目）的资本金比例由20%及以上提高到35%以上，采取措施控制由城市大拆大建引起的非正常的被动性房地产需求等。

2005年在房地产市场持续景气情况下，国家进一步采取措施防止市场过热，在许多地区收到了良好效果。为促进房地产业健康持续发展，中国人民银行决定，从2005年3月17日起，调整商业银行自营性个人住房贷款政策：一是将现行的住房贷款优惠利率回归到同期贷款利率水平，实行下限管理，下限利率水平为相应期限档次贷款基准利率的0.9倍，商业银行法人可根据具体情况自主确定利率水平和内部定价规则。以5年期以上个人住房贷款为例，其利率下限为贷款基准利率6.12%的0.9倍（即5.51%），比现行优惠利率5.31%高0.20个百分点。二是对房地产价格上涨过快城市或地区，个人住房贷款最低首付款比例可由现行的20%提高到30%；具体调整的城市或地区，可由商业银行法人根据国家有关部门公布的各地房地产价格涨幅自行确定，不搞"一刀切"。

2005年3月26日，国务院办公厅下发《关于切实稳定住房价格的通知》，八项要求控制房价涨幅过快，提出省级人民政府对本地区稳定住房价格工作负总责，同时要落实市、县人民政府的责任。4月27日，国务院提出加强房地产市场引导和调控八项措施。5月12日，中华人民共和国建设部、国家发展和改革委员会、中华人民共和国财政部、中华人民共和国国土资源部、中国人民银行、国家税务总局、中国银行业监督管理委员会七部门出台《关于做好稳定住房价格工作的意见》，为加大对投机性和投资性购房等房地产交易行为的调控力度，规定自2005年6月1日起，对个人购买住房不足2年转手交易的，销售时按其取得的售房收入全额征收营业税；个人购买普通住房超过 2 年（含 2 年）转手交易的，销售时免征营业税；对个人购买非普通住房超过 2 年（含 2 年）转手交易的，销售时按其售房收入减去购买房屋的价款后的差额征收营业税。同时，明确享受优惠政策的普通住房标准，在今后长期发挥作用。文件指出，为了合理引导住房建设与消费，大力发展省地型住房，在规划审批、土地供应以及信贷、税收等方面，对中小套型、中低价位普通住房给予优惠政策支持。享受优惠政策的住房原则上应同时满足以下条件：住宅小区建筑容积率在 1.0 以上、单套建筑面积在 120m^2 以下、实际成交价格低于同级别土地上住房平均交易价格 1.2 倍以下。各省、自治区、直辖市要根据实际情况，制定本地区享受优惠政策普通住房的具体标准。允许单套建筑面积和价格标准适当浮动，但向上浮动的比例不得超过上述标准的 20%。

2005 年的房地产市场总体表现繁荣和一定程度的高涨，政府对市场的调控力度进一步加强。进行房地产信贷、税收等调控的同时，对建设用地供应政策采取从严从紧，以及收紧房地产信托等。2005 年房地产市场还出现诸多热议问题，如是否取消商品房预售，2005 年 8 月的《2004 中国房地产金融报告》提出考虑取消房屋预售制度，之后，建设部指出，国家近期不会取消商品房预售制度，以及房价成本是否公开问题和个人集资建房问题等。

2006 年，为促进房地产市场健康发展，控制房价过快增长，政府对房地产市场的调控力度持续加大。2006 年 5 月 17 日，国务院出台《关于促进房地产业健康发展的六点意见》，包括住房供应结构、税收、信贷、土地、廉租房和经济适用房建设等方面政策。5 月 24 日，国务院办公厅转发建设部等部门《关于调整住房供应结构稳定住房价格的意见》，对六点意见进行细化，主要包括：① 调整住房供应结构，要求重点发展满足当地居民自住需求的中低价位、中小套型普通商品住房，规定自 2006 年 6 月 1 日起，凡新审批、新开工的商品住房建设，套型建筑面积 90m^2 以下住房（含经济适用住房）面积所占比重，必须达到开发建设总面积的 70% 以上；② 保证中低价位、中小套型普通商品住房土地供应，优先保证中低价位、中小套型普通商品住房（含经济适用住房）和廉租住房的土地供应，其年度供应量不得低于居住用地供应总量的 70%；土地的供应应在限套型、限房价的基础上，采取竞地价、竞房价的办法，以招标方式确定开发建设单位。继续停止别墅类房地产开发项目土地供应，严格限制低密度、大套型住房土地供应；③ 调整住房转让环节营业税，从 2006 年 6 月 1 日起，对购买住房不足 5 年转手交易的，销售时按其取得的售房收入全额征收营业税；个人购买普通住房超过 5 年（含 5 年）转手交易的，销售时免征营业税；个人购买非普通住房超过 5 年（含 5 年）转手交易的，销售时按其售房收入减去购买房屋的价款后的差额征收营业税；④ 有区别地适度调整住房消费信贷政策，从 2006 年 6 月 1 日起，个人住房按揭贷款首付款比例不得低于 30%。考虑到中低收入群众的住房需求，对购买自住住房且套型建筑面积 90m^2 以下的仍执行首付款比例 20% 的规定；⑤ 严格房地产开发信贷条件，对项目资本金比例达不到 35% 等贷款条件的房地产企业，商业银行不得发放贷款；⑥ 加快城镇廉租住房制度建设、规范发展经济适用住房等内容。政府在这次调控中从供应侧和需求侧同时着力，建立新的供求结构，综合运用税收、信贷、土地等多种调控工具，同时对住房保障制度提出新要求。之后，各部委制定了具体措施。

2006 年，为进一步巩固宏观调控成果，中国人民银行两次加息。4 月 28 日起上调金融机构贷款基准利率，其中 5 年期以上的贷款基准利率由 6.12% 上调至 6.39%；8 月 19 日起上调金融机构人民币存贷款基准利率，其中 5 年期以上的贷款基准利率由 6.39% 上调至 6.84%。

在其他方面，2006 年 7 月 6 日，中华人民共和国建设部、国家发展和改革委员会、中华人民共和国国家工商行政管理总局发布关于《进一步整顿规范房地产交易秩序的通知》，要求房地产开发企业取得预售许可证后，应当在 10 日内开始销售商品房；未取得商品房预售许可证的项目，房地产开发企业不得非法预售商品房，也不得以认购（包括认订、登记、选号等）、收取预定款性质费用等各种形式变相预售商品房。同时，加强房地产广告发布管理，未取得商品房预售许可证的房地产项目，不得发布商品房预售广告。7 月 11 日，建设部、商务部、发改委、人民银行、工商总局、外汇局发布《关于规范房地产市场外资准入和管理的意见》，规范外商投资房地产市场准入，加强外商投资企业房地产开发经营管理，严格境外机构和个人购房管理。7 月 18 日，国家税务总局发布《关于个人住房转让所得征收个人所得税有关问题的通知》，加强个人所得税征管。8 月 1 日起试行《招标拍卖挂牌出让国有土地使用权规范（试行）》和《协议出让国有土地使用权规范（试行）》。

2007 年的房地产市场发展达到历史高点，政府的调控政策密集出台，并且对调控思路进行转变与优化。2007 年 8 月 7 日，国务院发布《国务院关于解决城市低收入家庭住房困难的若干意见》，要求把解决城市低收入家庭住房困难作为维护群众利益的重要工作和住房制度改革的重要内容，作为政府公共服务的一项重要职责，加快建立健全以廉租住房制度为重点、多渠道解决城市低收入家庭住房困难的政策体系。这是我国自 1995 年开始实施安居工程、1998 年建立经济适用住房制度，经历多年保障住房的启动、发展、争议与变化后，再次确定保障性住房的重要地位。这也意味着今后我国房地产市场的调控，除面向市场化运作层面外，保障性住房将成为重要内容。

2007 年 3 月 18 日、5 月 19 日、7 月 21 日、8 月 22 日、9 月 15 日、12 月 21 日，中国人民银行连续 6 次上调金融机构人民币存贷款基准利率，但每次加息幅度不大，属于微调，对市场影响不是太大，但多次累积对市场产生放大效应，市场投资与投机受到一定程度抑制。

2007 年 9 月 27 日，中国人民银行与原中国银行业监督管理委员会联合发布《关于加强商业性房地产信贷管理的通知》，严格房地产开发贷款管理，对项目资本金比例达不到 35% 或未取得土地使用权证书、建设用地规划许可证、建设工程规划许可证和施工许可证的项目，商业银行不得发放任何形式的贷款。另外，对购买首套自住房且套型建筑面积在 90 m^2 以下的，贷款首付款比例不得低于 20%；对购买首套自住房且套型建筑面积在 90 m^2 以上的，贷款首付款比例不得低于 30%；对已利用贷款购买住房、又申请购买第二套（含）以上住房的，贷款首付款比例不得低于 40%，贷款利率不得低于中国人民银行公布的同期同档次基准利率的 1.1 倍，而且贷款首付款比例和利率水平应随套数增加而大幅度提高，具体提高幅度由商业银行根据贷款风险管理相关原则自主确定，但借款人偿还住房贷款的月支出不得高于其月收入的 50%。同时规定，商业用房购房贷款首付款比例不得低于 50%，期限不得超过 10 年，贷款利率不得低于中国人民银行公布的同期同档次利率的 1.1 倍，具体的首付款比例、贷款期限和利率水平由商业银行根据贷款风险管理相关原则自主确定；对以"商住两用房"名义申请贷款的，首付款比例不得低于 45%，贷款期限和利率水平按照商业性用房贷款管理规定执行。

2007 年国家还修改了《中华人民共和国房地产管理法》，公布了《中华人民共和国物权法》，发布了《中华人民共和国土地储备管理办法》，并实施了其他政策法规。

10. 2008 年的中国房地产

2007 年的"9·27 房贷新政"对市场降温发挥了作用,至 2008 年初,部分城市出现量缩价跌,但之后开始反弹。基于房地产市场的高涨状态,2008 年我国货币政策从 2007 年的稳中适度从紧,改变为开始实施从紧的货币政策。2008 年下半年,随着美国次贷危机的蔓延和全面深化,出现全球金融危机和世界经济衰退形势,我国经济也面临困难和巨大挑战,房地产市场在次贷危机的经济实体与金融的传导作用下,开始出现量价齐跌。基于国内外形势的重大变化,国家开始实施扩张性财政政策和适度宽松的货币政策,采取积极有效的措施应对国际金融危机冲击。对于房地产市场,更是采取了许多新举措来力保市场稳定健康发展。

2008 年 9 月 16 日～12 月 22 日,中国人民银行 5 次降息,4 次下调存款准备金率。2008 年 10 月 17 日,国务院常务工作会议提出的稳定和刺激经济发展的十条措施中指出,要"加大保障性住房建设规模,降低住房交易税费,支持居民购房"。10 月 22 日,财政部、国家税务总局、中国人民银行联手推出刺激楼市的一揽子新政策,从 11 月 1 日起,对个人首次购买 90m^2 及以下普通住房的,契税税率暂统一下调到 1%;对个人销售或购买住房暂免征收印花税;对个人销售住房暂免征收土地增值税。中国人民银行决定,10 月 27 日起,对居民首次购买普通自住房和改善型普通自住房提供贷款,贷款利率的下限扩大为贷款基准利率的 0.7 倍;最低首付款比例调整为 20%。同时,下调个人住房公积金贷款利率,各档次利率分别下调 0.27 个百分点。2008 年 12 月 21 日,国务院办公厅发布《关于促进房地产市场健康发展的若干意见》(国办发〔2008〕131 号),提出加大保障性住房建设力度,进一步鼓励普通商品住房消费,支持房地产开发企业积极应对市场变化,强化地方人民政府稳定房地产市场的职责,加强房地产市场监测,积极营造良好的舆论氛围。12 月 29 日,财政部与国家税务总局发布《关于个人住房转让营业税政策的通知》,规定自 2009 年 1 月 1 日至 12 月 31 日,个人将购买不足 2 年的非普通住房对外销售的,全额征收营业税;个人将购买超过 2 年(含 2 年)的非普通住房或者不足 2 年的普通住房对外销售的,按照其销售收入减去购买房屋的价款后的差额征收营业税;个人将购买超过 2 年(含 2 年)的普通住房对外销售的,免征营业税。

11. 2009—2010 年的中国房地产

2009 年,为应对全球金融危机,各级政府出台了一系列促进房地产市场健康发展的政策,提振了信心,活跃了市场,房地产市场由低迷迅速回暖,由萧条转变为繁荣,但是到下半年开始出现一些城市房价上涨过快等问题,国家再次采取措施调控。2009 年初,各地方政府和各商业银行积极贯彻国办发〔2008〕131 号文件,制定细则进行落实。2009 年 5 月 25 日,国务院发布《关于调整固定资产投资项目资本金比例的通知》(国发〔2009〕27 号),规定保障性住房和普通商品住房项目的最低资本金比例为 20%,其他房地产开发项目的最低资本金比例为 30%。2009 年 12 月 14 日,国务院召开常务会议,研究完善促进房地产市场健康发展的政策措施,会议指出,重点是在保持政策连续性和稳定性的同时,加快保障性住房建设,加强市场监管,稳定市场预期,遏制部分城市房价过快上涨的势头。提出四条具体措施:增加普通商品住房的有效供给;继续支持居民自住和改善型住房消费,抑制投资投机性购房;加强市场监管;继续大规模推进保障性安居工程建设。12 月 22 日,财政部与国家税务总局发布《关于调整个人住房转让营业税政策的通知》(财税〔2009〕157号)，规定自2010年1月1日起，个人将购买不足5年的非普通住房对外销售的，全额征收营业税；个人将购买超过5年（含5年）的非普通住房或者不足5年的普通住房对外销售的，按照其销售收入减去购买房屋的价款后的差额征收营业税；个人将购买超过5年（含5年）的普通住房对外销售的，免征营业税。国家不再延长2008年年底出台的二手房营业税减免优惠政策，将个人住房转让营业税免征期限由2年恢复到5年，遏制炒房现象。

2010年的中国房地产市场持续高涨，国家实施了有史以来最为严厉的调控政策。2010年1月7日，国务院办公厅发布《国务院办公厅关于促进房地产市场平稳健康发展的通知》（国办发〔2010〕4号），要求加大差别化信贷政策执行力度，金融机构在继续支持居民首次贷款购买普通自住房的同时，要严格二套住房购房贷款管理，合理引导住房消费，抑制投资投机性购房需求；对已利用贷款购买住房、又申请购买第二套（含）以上住房的家庭（包括借款人、配偶及未成年子女），贷款首付款比例不得低于40%，贷款利率严格按照风险定价；以及其他措施共十一条。由此，市场整体表现出积极变化。但之后部分城市房价、地价又出现过快上涨势头。2010年4月17日，国务院发布《国务院关于坚决遏制部分城市房价过快上涨的通知》（国发〔2010〕10号），主要内容：各地区、各有关部门要切实履行稳定房价和住房保障职责；坚决抑制不合理住房需求；增加住房有效供给；加快保障性安居工程建设；加强市场监管；具体措施共十条。通知要求，实行更为严格的差别化住房信贷政策。对购买首套自住房且套型建筑面积在90 m^2 以上的家庭（包括借款人、配偶及未成年子女），贷款首付款比例不得低于30%；对贷款购买第二套住房的家庭，贷款首付款比例不得低于50%，贷款利率不得低于基准利率的1.1倍；对贷款购买第三套及以上住房的，贷款首付款比例和贷款利率应大幅度提高，具体由商业银行根据风险管理原则自主确定。并且提出要严格限制各种名目的炒房和投机性购房，商品住房价格过高、上涨过快、供应紧张的地区，商业银行可根据风险状况，暂停发放购买第三套及以上住房贷款；对不能提供1年以上当地纳税证明或社会保险缴纳证明的非本地居民暂停发放购买住房贷款。同时提出，地方人民政府可根据实际情况，采取临时性措施，在一定时期内限定购房套数；对境外机构和个人购房，严格按有关政策执行。另外，要求财政部、税务总局要加快研究制定引导个人合理住房消费和调节个人房产收益的税收政策；税务部门要严格按照税法和有关政策规定，认真做好土地增值税的征收管理工作，对定价过高、涨幅过快的房地产开发项目进行重点清算和稽查。这次调控政策提出了"限购"和"限贷"，尤其是"限购"，之后在各大城市具体落实而形成各地"限购令"，对今后我国房地产市场产生着深刻的影响。

《国务院关于坚决遏制部分城市房价过快上涨的通知》（国发〔2010〕10号）的调控政策实施后，房地产市场迅速遇冷，成交出现冷淡，价格出现下跌。但到8月份，市场再次回暖反弹。2010年9月29日，为进一步贯彻落实《国务院关于坚决遏制部分城市房价过快上涨的通知》（国发〔2010〕10号）精神，国家有关部委分别出台措施，巩固房地产市场调控成果，促进房地产市场健康发展。要求各地要加大贯彻落实房地产市场宏观调控政策措施的力度，要立即研究制定贯彻落实《国务院关于坚决遏制部分城市房价过快上涨的通知》（国发〔2010〕10号）文件的实施细则；已印发实施细则的地区，要根据最近国家有关部委出台的政策措施进行调整和完善；房价过高、上涨过快、供应紧张的城市，要在一定时间内限定居民家庭购房套数；严格实行问责制，对政策落实不到位、工作不得力的，要进行约谈，直至追究责任。同时要求，完善差别化的住房信贷政策，各商业银行暂停发放居民家庭购买第三套及以上住房贷款；对不能提供一年以上当地纳税证明或社会保险缴纳证明的非本地居民暂停发放购房贷款；对贷款购买商品住房，首付款比例调整到30%及以上；对贷款购买第二套住房的家庭，严格执行首付款比例不低于50%、贷款利率不低于基准利率1.1倍的规定。另外，还包括调整住房交易环节的契税和个人所得税优惠政策、切实增加住房有效供给、加大住房交易市场检查力度等相关政策。这次调控实质上是对《国务院关于坚决遏制部分城市房价过快上涨的通知》（国发〔2010〕10号）的深化。2010年10月19日，中国人民银行宣布自2010年10月20日起存贷款基准利率上调0.25个百分点，这是中国人民银行在时隔3年后进行的首度加息。随后，政策效应在市场中逐渐显现出来。

12. 2011年、2012年的中国房地产

2011年，"限购"等调控政策全面深化，房地产市场大幅降温，房价抑制作用显著，市场表现遇冷，一些大型开发企业开始进军二三线城市。2011年1月27日，国务院办公厅发布《关于进一步做好房地产市场调控工作有关问题的通知》（国办发〔2011〕1号），在合理引导住房需求方面提出，各直辖市、计划单列市、省会城市和房价过高、上涨过快的城市，在一定时期内，要从严制定和执行住房限购措施。原则上对已拥有1套住房的当地户籍居民家庭、能够提供当地一定年限纳税证明或社会保险缴纳证明的非当地户籍居民家庭，限购1套住房（含新建商品住房和二手住房）；对已拥有2套及以上住房的当地户籍居民家庭、拥有1套及以上住房的非当地户籍居民家庭、无法提供一定年限当地纳税证明或社会保险缴纳证明的非当地户籍居民家庭，要暂停在本行政区域内向其售房。在强化差别化住房信贷政策方面，对贷款购买第二套住房的家庭，首付款比例不低于60%，贷款利率不低于基准利率的1.1倍。在调整完善相关税收政策及加强税收征管方面，调整个人转让住房营业税政策，对个人购买住房不足5年转手交易的，统一按其销售收入全额征税。同时，包括其他方面具体措施共八条。之后，各大城市出台限购令，有效抑制了购房投机和不合理需求。2011年，中国人民银行3次上调金融机构人民币存贷款基准利率，6次上调存款类金融机构人民币存款准备金率，1次下调存款类金融机构人民币存款准备金率，整体的货币政策和信贷政策从紧。同时，国家在2011年加大保障房建设力度，调整市场预期，缓解供求矛盾。2011年9月29日，国务院办公厅发布《关于保障性安居工程建设和管理的指导意见》（国办发〔2011〕45号），全面推进保障性安居工程建设，进一步加强和规范保障性住房管理。

2012年的房地产市场，在经历年初的冷淡后，开始逐渐回暖，并不断向好发展。2012年房地产市场的调控主要表现为，国家坚持调控政策不动摇的同时，大力支持保障房建设。2012年年初、年中和年末，国务院及各部委多次发文并表示，继续坚持房地产调控政策不动摇，保持从严从紧调控基调。并且，组织督查，向通过放松住房限购条件等方式刺激住房消费的有关地方政府提出整改意见，强调各地不得以任何理由变相放松调控。在保障房建设方面，发布了《关于鼓励民间资本参与保障性安居工程建设有关问题的通知》，重新制定了《中央补助廉租住房保障专项资金管理办法》，以及《住房保障档案管理办法》等文件，并采取各项措施，推动保障房建设顺利开展。2012年，中国人民银行2次下调金融机构人民币存贷款基准利率，2次下调存款类金融机构人民币存款准备金率。在国家采取稳中有进的宏观经济政策及相关货币政策情况下，以及自住需求不断释放，2012年房地产市场回暖，并且总体房价基本运行平稳。

13. 2013年的中国房地产

2013年的房地产市场总体呈现出景气繁荣景象。同时，一、二线城市和三、四线的市场表现出一定程度的分化。许多大型房地产企业重回一线城市，一线城市成交强劲复苏，市场表现非常景气。2013年，国家采取各项措施，继续对房地产市场进行调控，并表现出新思路和新格局，政府为主提供基本保障，市场为主满足多层次需求，建立房地产稳定健康发展的长效机制，同时，区域调控差别化、优化供应。2013年2月20日，国务院召开常务会议，研究部署继续做好房地产市场调控工作，提出五条政策措施，促进房地产市场平稳健康发展。3月1日，国务院办公厅发布《关于继续做好房地产市场调控工作的通知》（国办发〔2013〕17号），在坚决抑制投机投资性购房方面，继续严格执行商品住房限购措施，限购区域应覆盖城市全部行政区域，限购住房类型应包括所有新建商品住房和二手住房；继续严格实施差别化住房信贷政策，对房价上涨过快的城市，人民银行当地分支机构可根据城市人民政府新建商品住房价格控制目标和政策要求，进一步提高第二套住房贷款的首付款比例和贷款利率；充分发挥税收政策的调节作用，对出售自有住房按规定应征收的个人所得税，通过税收征管、房屋登记等历史信息能核实房屋原值的，应依法严格按转让所得的20%计征。同时，还包括完善稳定房价工作责任制、增加普通商品住房及用地供应、加快保障性安居工程规划建设、加强市场监管和预期管理等方面政策。2013年3月27日，国务院召开常务会议，提出要继续搞好房地产市场调控，加快建立房地产稳定健康发展的长效机制，加强保障性安居工程建设。2013年7月5日，国务院办公厅发布《关于金融支持经济结构调整和转型升级的指导意见》（国办发〔2013〕67号），在进一步发展消费金融促进消费升级方面提出，积极满足居民家庭首套自住购房等服务消费领域的合理信贷需求；在严密防范金融风险方面提出，认真执行房地产调控政策，落实差别化住房信贷政策，加强名单制管理，严格防控房地产融资风险。2013年10月29日，中央政治局就加快推进住房保障体系和供应体系建设进行第十次集体学习，习近平总书记主持学习并讲话，指出加快推进住房保障和供应体系建设，要处理好政府提供公共服务和市场化的关系、住房发展的经济功能和社会功能的关系、需要和可能的关系、住房保障和防止福利陷阱的关系；同时强调，从我国国情看，总的方向是构建以政府为主提供基本保障、以市场为主满足多层次需求的住房供应体系。这为我国住房政策构架的完善进一步指明了方向。

2013年11月15日，党的十八届三中全会《中共中央关于全面深化改革若干重大问题的决定》发布，针对房地产行业，体现出从深化户籍、土地、金融多要素改革促进建立健全房地产长效机制。12月17日，中央经济工作会议提出，努力解决好住房问题，探索适合国情、符合发展阶段性特征的住房模式，加大廉租住房、公共租赁住房等保障性住房建设和供给，做好棚户区改造；特大城市要注重调整供地结构，提高住宅用地比例，提高土地容积率。在支持保障房和优化供应的同时，国家在2013年对房地产市场的各地不同表现进行有差别的调控，在多个方面各城市根据具体情况出台相应的调控政策。

14. 2014年、2015年的中国房地产

2014年的房地产市场，年初开始遇冷，虽然部分主要城市价格略涨，但成交量下降。一些开发企业开始降价，以价换量，到5月之后，商品住宅均价持续下降，市场成交不景气，市场表现较低迷。国家及地方政府以新的思路进行市场调控，采取区别化调整"限购"

与"限贷"等政策措施，第四季度房地产市场开始回暖，房价环比跌幅持续收窄，成交量环比上升。2014年3月5日，政府工作报告在完善住房保障机制中指出，以全体人民住有所居为目标，坚持分类指导、分步实施、分级负责，加大保障性安居工程建设力度；针对不同城市情况分类调控，增加中小套型商品房和共有产权住房供应，抑制投机投资性需求，促进房地产市场持续健康发展。2014年4月开始，各地开始放宽限购措施，到下半年逐渐扩大，至年末，大部分城市取消限购或放宽限购，北京、上海、广州、深圳、三亚的限购政策未做调整。2014年9月30日，中国人民银行和原中国银行业监督管理委员会发布《关于进一步做好住房金融服务工作的通知》，在积极支持居民家庭合理的住房贷款需求方面，对于贷款购买首套普通自住房的家庭，贷款最低首付款比例为30%，贷款利率下限为贷款基准利率的0.7倍；对拥有1套住房并已结清相应购房贷款的家庭，为改善居住条件再次申请贷款购买普通商品住房，银行业金融机构执行首套房贷款政策；在已取消或未实施"限购"措施的城市，对拥有2套及以上住房并已结清相应购房贷款的家庭，又申请贷款购买住房，银行业金融机构应根据借款人偿付能力、信用状况等因素审慎把握并具体确定首付款比例和贷款利率水平；银行业金融机构可根据当地城镇化发展规划，向符合政策条件的非本地居民发放住房贷款。另外，还包括加大对保障性安居工程建设的金融支持、增强金融机构个人住房贷款投放能力、继续支持房地产开发企业的合理融资需求等方面政策。同时，中国人民银行在2014年两次定向下调存款准备金率，一次下调金融机构人民币存贷款基准利率。2014年国家发改委办公厅发布《关于创新企业债券融资方式扎实推进棚户区改造建设有关问题的通知》，以及廉租房与公共租赁房并轨运行，共有产权房试点等，推进保障房建设。国家对房地产市场的调控表现出市场化、差别化、建立长效机制与加强保障房建设等特点。

2014年，国家还公布了《不动产登记暂行条例》（自2015年3月1日起施行），发布了《国家新型城镇化规划（2014～2020年）》，同时，互联网渗透房地产，开发企业纷纷"触网"，2014年成为房地产互联网元年。

2015年的房地产市场，销售回升，总体复苏，并且区域市场加剧分化，一线和部分二线城市房地产市场复苏力度较大，部分二线城市和大部分三、四线城市复苏力度较弱或仍疲软，同时房地产开发投资增速、房屋新开工面积增速及房地产企业土地购置面积增速回落，市场在回暖中呈现出多元化与转型特征。2015年3月5日，政府工作报告在加快培育消费增长点中指出，促进养老家政健康消费，壮大信息消费，提升旅游休闲消费，推动绿色消费，稳定住房消费，扩大教育文化体育消费。并且要求，加大城镇棚户区和城乡危房改造力度。同时提出，坚持分类指导，因地施策，落实地方政府主体责任，支持居民自住和改善性住房需求，促进房地产市场平稳健康发展。2015年3月30日，财政部与国家税务总局发布《关于调整个人住房转让营业税政策的通知》（财税〔2015〕39号），个人将购买不足2年的住房对外销售的，全额征收营业税；个人将购买2年以上（含2年）的非普通住房对外销售的，按照其销售收入减去购买房屋的价款后的差额征收营业税；个人将购买2年以上（含2年）的普通住房对外销售的，免征营业税。2015年3月30日，中国人民银行、住房和城乡建设部与原中国银行业监督管理委员会发布《关于个人住房贷款政策有关问题的通知》，对拥有1套住房且相应购房贷款未结清的居民家庭，为改善居住条件再次申请商业性个人住房贷款购买普通自住房，最低首付款比例调整为不低于40%；缴存职工家庭使用住房公积金委托贷款购买首套普通自住房，最低首付款比例为20%；对拥有1套住房并已结清相应购房贷款的缴存职工家庭，为改善居住条件再次申请住房公积金委托贷款购买普通自住房，最低首付款比例为30%。2015年3月27日，国土资源部与住房和城乡建设部发布《关于优化2015年住房及用地供应结构促进房地产市场平稳健康发展的通知》，在优化住房供应套型结构方面，对于在建商品住房项目，各地国土资源、城乡规划主管部门在不改变用地性质和容积率等必要规划条件的前提下，允许房地产开发企业适当调整套型结构，对不适应市场需求的住房户型做出调整，满足合理的自住和改善性住房需求；在促进房地产用地结构调整方面，房地产供应明显偏多或在建房地产用地规模过大的市、县，国土资源主管部门、住房和城乡建设部门、城乡规划主管部门可以根据市场状况，研究制订未开发房地产用地的用途转换方案，通过调整土地用途、规划条件，引导未开发房地产用地转型利用，用于国家支持的新兴产业、养老产业、文化产业、体育产业等项目用途的开发建设，促进其他产业投资。2015年，中国人民银行5次下调金融机构人民币存贷款基准利率，4次下调金融机构人民币存款准备金率，5次定向降低存款准备金率。2015年11月10日，中央财经领导小组第十一次会议提出，要化解房地产库存，促进房地产业持续发展。12月14日，中央政治局会议强调，要化解房地产库存，通过加快农民工市民化，推进以满足新市民为出发点的住房制度改革，扩大有效需求，稳定房地产市场。12月18日，召开中央经济工作会议，提出2016年经济社会发展五大任务，其中之一是去库存，会议指出要按照加快提高户籍人口城镇化率和深化住房制度改革的要求，通过加快农民工市民化，扩大有效需求，打通供需通道，消化库存，稳定房地产市场。同时指出，要落实户籍制度改革方案，允许农业转移人口等非户籍人口在就业地落户，使他们形成在就业地买房或长期租房的预期和需求；要明确深化住房制度改革方向，以满足新市民住房需求为主要出发点，以建立购租并举的住房制度为主要方向，把公租房扩大到非户籍人口；要发展住房租赁市场，鼓励自然人和各类机构投资者购买库存商品房，成为租赁市场的房源提供者，鼓励发展以住房租赁为主营业务的专业化企业；要鼓励房地产开发企业顺应市场规律调整营销策略，适当降低商品住房价格，促进房地产业兼并重组，提高产业集中度；要取消过时的限制性措施等。2015年底，我国房地产库存结构也表现出分化特征，一、二线城市库存压力相对较小，三、四线城市库存压力偏大，各地根据实际情况相继制定去库存具体措施。

2015年房地产企业不断寻求升级转型，开发企业探索互联网模式与金融业务，布局深耕社区服务市场，实现从开发商到服务商的转变，以及谋求物流地产、商业地产、旅游地产、写字楼等的创新模式。同时，房地产中介企业在与互联网结合中取得重要发展和规模扩张，我国房地产资产证券化进程加快。

15. 2016—2021年的中国房地产

2016～2021年的房地产市场总体呈现景气繁荣景象，在经历2014年遇冷，2015年探底后，2015年底2016年初，房地产市场开始强劲回升，除2020年初因疫情而市场出现低谷外，以及个别小幅起落，直至2021年底市场表现较为高涨。

2016年初，房地产市场总体升温，一线城市和部分二线城市表现明显，其在经历三四月的调整后，至年中及七八月基本呈现景气旺盛景象。直至九月，房地产市场仍保持高位运行。进入10月份以后，受政府调控措施的影响，房价增幅环比下落。各地调控政策也表现出了差别化，部分一二线城市开始实施严格的调控政策，部分二三四线城市实施去库存的鼓励优惠政策。

为进一步支持合理住房消费，促进房地产市场平稳健康发展，2016年2月1日，中国人民银行与原中国银行业监督管理委员会发布《关于调整个人住房贷款政策有关问题的通知》，在不实施"限购"措施的城市，居民家庭首次购买普通住房的商业性个人住房贷款，原则上最低首付款比例为25%，各地可向下浮动5个百分点；对拥有1套住房且相应购房贷款未结清的居民家庭，为改善居住条件再次申请商业性个人住房贷款购买普通住房，最低首付款比例调整为不低于30%。对于实施"限购"措施的城市，个人住房贷款政策按原规定执行。2016年2月17日，财政部、国家税务总局与住房和城乡建设部发布《关于调整房地产交易环节契税营业税优惠政策的通知》，自2016年2月22日起执行。

（1）关于契税政策

1）对个人购买家庭唯一住房（家庭成员范围包括购房人、配偶以及未成年子女），面积为90平方米及以下的，减按1%的税率征收契税；面积为90平方米以上的，减按1.5%的税率征收契税。

2）对个人购买家庭第二套改善性住房，面积为90平方米及以下的，减按1%的税率征收契税；面积为90平方米以上的，减按2%的税率征收契税。

（2）关于营业税政策

个人将购买不足2年的住房对外销售的，全额征收营业税；个人将购买2年以上（含2年）的住房对外销售的，免征营业税。

（3）关于实施范围　北京市、上海市、广州市、深圳市暂不实施第一条第二项契税优惠政策及第二条营业税优惠政策，上述城市个人住房转让营业税政策仍按照《财政部 国家税务总局关于调整个人住房转让营业税政策的通知》（财税〔2015〕39号）执行，上述城市以外的其他地区适用通知全部规定。2016年3月5日，政府工作报告在深入推进新型城镇化中指出，一是加快农业转移人口市民化。二是推进城镇保障性安居工程建设和房地产市场平稳健康发展，其中提出，完善支持居民住房合理消费的税收、信贷政策，适应住房刚性需求和改善性需求，因城施策化解房地产库存；建立租购并举的住房制度，把符合条件的外来人口逐步纳入公租房供应范围。三是加强城市规划建设管理。在全面实施营改增方面指出，从2016年5月1日起，将试点范围扩大到建筑业、房地产业、金融业、生活服务业，并将所有企业新增不动产所含增值税纳入抵扣范围，确保所有行业税负只减不增。在存款准备金方面，中国人民银行决定，自2016年1月25日起，对境外金融机构在境内金融机构存放执行正常存款准备金率政策；自2016年3月1日起，普遍下调金融机构人民币存款准备金率0.5个百分点。

2016年12月14日至16日，中央经济工作会议在北京举行。针对房地产市场过热及抑制泡沫问题，将房地产市场调控提升到国家宏观经济全局的高度。会议提出，促进房地产市场平稳健康发展。要坚持"房子是用来住的、不是用来炒的"的定位，综合运用金融、土地、财税、投资、立法等手段，加快研究建立符合国情、适应市场规律的基础性制度和长效机制，既抑制房地产泡沫，又防止大起大落。要在宏观上管住货币，微观信贷政策要支持合理自住购房，严格限制信贷流向投资投机性购房。至此，"房住不炒"定位成为促进房地产市场平稳健康发展的一项总原则。

2017年房地产市场持续处于较高区位的适度景气水平。随着政府调控政策不断密集出台和市场自身深入发展，各城市市场分化明显。一线城市商品住宅交易规模锐减，降温显著，三四线城市在宽松的政策环境以及棚改货币化支持下，楼市全面回暖，成交占比持续上升，而二线城市市场分化严重，重庆、青岛、西安、沈阳等二线城市强势崛起并形成量价齐升之势，部分二线城市成交量急剧萎缩。总体上，房价快速上涨的势头也得到遏制。

2017年3月，政府工作报告提出，因城施策去库存。针对实际情况指出，目前三四线城市房地产库存仍然较多，要支持居民自住和进城人员购房需求。坚持住房的居住属性，落实地方政府主体责任，加快建立和完善促进房地产市场平稳健康发展的长效机制，健全购租并举的住房制度，以市场为主满足多层次需求，以政府为主提供基本保障。加强房地产市场分类调控，房价上涨压力大的城市要合理增加住宅用地，规范开发、销售、中介等行为，遏制热点城市房价过快上涨。2017年7月18日，住房和城乡建设部、国家发展和改革委员会、公安部、财政部、国土资源部、中国人民银行、国家税务总局、国家工商行政管理总局、证券监督管理委员会联合印发了《关于在人口净流入的大中城市加快发展住房租赁市场的通知》，这个重要通知是贯彻落实"房子是用来住的，不是用来炒的"这一定位的重要举措，是加快房地产市场供给侧结构性改革和建立购租并举住房制度的重要内容，对未来房地产市场产生了深远影响。主要内容包括培育机构化、规模化住房租赁企业；建设政府住房租赁交易服务平台；增加租赁住房有效供应；创新住房租赁管理和服务体制。2017年10月18日，党的十九大报告指出，坚持"房子是用来住的，不是用来炒的"定位，加快建立多主体供给、多渠道保障、租购并举的住房制度，让全体人民住有所居。这为房地产市场的未来发展指明了方向。

2017年，"限售"成为房地产调控一大亮点，自3月份厦门率先落地个人限售令。2017年，在传统的"限购、限价、限贷"上，新增了"限售、限商"内容，全国楼市多地开启"五限时代"。"限商"通常指限制商服类房地产项目的开发、建设、销售、使用，未经批准不得改变为居住用途，限制最小单元面积，限制销售对象等。在"限"字令下，精确打击投机，充分落实"房住不炒"定位。同时，在"分类调控、因城施策"的房地产市场调控政策积极作用下，到12月70个大中城市中15个热点城市新建商品住宅环比价格均在平稳区间内变动，房地产市场总体继续保持稳定。

2018年中国房地产市场仍处在高位的适度景气水平，上半年除4月份出现销量下跌态势外，基本保持快速增长，下半年销量增速回落，市场降温明显，热点城市房价过快上涨的势头得到遏制。

2018年上半年，多地楼市调控政策不断收紧，但仍有部分城市出现过热现象，房价上涨过快，投资投机需求增多，需要理性的市场预期。2018年3月全国两会重申"房住不炒"政策主基调。一方面，支持居民自住购房需求；另一方面，加强金融机构风险内控，着力抑制投资、投机性购房需求。住建部在2018年5月份约谈了12个城市，重申坚持房地产调控目标不动摇、力度不放松。2018年5月19日，住建部发布《住房城乡建设部关于进一步做好房地产市场调控工作有关问题的通知》，指出近一段时间以来，部分城市房地产市场出现过热苗头，投机炒作有所抬头，风险不容忽视，为促进房地产市场平稳健康发展，毫不动摇地坚持"房子是用来住的，不是用来炒的"定位，支持刚性居住需求，坚决遏制投机炒房，因地制宜，精准施策，等等。2018年6月，部分城市暂停企业购房，以及上半年多地实施限售政策，遏制房价与投机行为。2018年7月31日，中共中央政治局会议提出，下决心解决好房地产市场问题，坚持因城施策，促进供求平衡，合理引导预期，整治市场秩序，坚决遏制房价上涨。加快建立促进房地产市场平稳健康发展长效机制。在中央和地方政府调控政策作用下，市场逐渐回归理性。2018年8月开始，全国多数地区市场观望情绪增强，投资投机下降，2018年8月住建部又约谈了5个城市，再次强调"房住不炒"。2018年9月后市场出现明显降温，打折促销及降价的项目开始增多，市场"秋凉"感受明显。部分地方政府在四季度出现调控政策略有松动的迹象，一些城市局部放松限价，下调房贷利率上浮比例，以及取消限售政策。部分城市对调控进行弱化、优化，根据自身市场运行情况进行局部的优化，本质上是为了保持市场稳定运行，并非全面放松，是因城施政指导思想的深度体现。2018年底中央经济工作会议继续强调，坚持"房住不炒"定位，因城施策、分类指导，夯实城市政府主体责任。市场从局部过热到整体降温及回归理性，是国家进行有效监管和精准调控的效果体现。

2019年房地产市场维持高位的适度景气水平运行，年初稍下探后即逐渐回升。年初随着国际局势的复杂变化，市场调控政策适度宽松，二三季度收紧，四季度再趋于缓和。2019年3月国务院政府工作报告提出，改革完善房地产市场调控机制，落实城市主体责任，改革完善住房市场体系和保障体系，促进房地产市场平稳健康发展。2019年4月中共中央政治局会议指出，要坚持"房子是用来住的，不是用来炒的"定位，落实好一城一策、因城施策、城市政府主体责任的长效调控机制。2019年7月30日中共中央政治局会议指出，坚持"房子是用来住的，不是用来炒的"定位，落实房地产长效管理机制，不将房地产作为短期刺激经济的手段。加快建立多主体供给、多渠道保障、租购并举的住房制度。2019年10月党的十九届四中全会通过的《中共中央关于坚持和完善中国特色社会主义制度 推进国家治理体系和治理能力现代化若干重大问题的决定》提出，加快建立多主体供给、多渠道保障、租购并举的住房制度。2019年12月中央经济工作会议提出，要加大城市困难群众住房保障工作，加强城市更新和存量住房改造提升，做好城镇老旧小区改造，大力发展租赁住房。要坚持"房子是用来住的，不是用来炒的"定位，全面落实因城施策以及稳地价、稳房价、稳预期的长效管理调控机制，促进房地产市场平稳健康发展。

2019年8月26日，党的第十三届全国人大常委会第十二次会议审议通过《中华人民共和国土地管理法》《中华人民共和国城市房地产管理法》修正案，自2020年1月1日起施行。2019年修正的《中华人民共和国土地管理法》删除了原法第四十三条关于"任何单位和个人进行建设，需要使用土地，必须使用国有土地"的规定，允许集体经营性建设用地在符合规划、依法登记，并经本集体经济组织三分之二以上成员或者村民代表同意的条件下，通过出让、出租等方式交由集体经济组织以外的单经或者个人直接使用。同时，使用者取得集体经营性建设用地使用权后还可以转让、互换或者抵押。这一规定是重大的制度突破，它结束了多年来集体建设用地不能与国有建设用地同权同价同等入市的二元体制，为推进城乡一体化发展扫清了制度障碍，是2019年修正的《中华人民共和国土地管理法》最大的亮点。同时，首次对土地征收的公共利益进行界定，首次将2004年国务院28号文件提出的"保证被征地农民原有生活水平不降低、长远生计有保障"的补偿原则上升为法律规定，并以区片综合地价取代原来的年产值倍数法，在原来的土地补偿费、安置补助费、地上附着物和青苗补偿费的基础上，增加农村村民住宅补偿费用和将被征地农民社会保障费用的规定，从法律上为被征地农民构建更加完善的保障机制。其他方面，包括完善农村宅基地制度等。

2019年8月17日，中国人民银行公告决定，改革完善贷款市场报价利率（LPR）形成机制，并将于8月20日起实施。自2019年8月20日起，每月20日（遇节假日顺延）9时前，LPR报价将根据中国人民银行对最优质客户的贷款利率，以公开市场操作利率加点形成的方式，向全国银行间同业拆借中心提交报价，全国银行间同业拆借中心按去掉最高和最低报价后算术平均，向0.05%的整数倍就近取整计算得出LPR，于当天9时30分公布。LPR是贷款定价的参考利率，借款人实际支付的利率要在LPR的基础上，综合考虑信用情况、抵押担保方式、期限、利率浮动方式和类型等要素，由借贷双方协商确定。

进入2019年，原中国银行保险监督管理委员会、中国人民银行等部门密集表态须加强房地产金融风险防范。原中国银行保险监督管理委员会官方网站发文指出继续遏制房地产泡沫化，控制居民杠杆率过快增长。中国人民银行召开银行业金融机构信贷结构调整优化座谈会，强调合理控制房地产贷款投放，加强对存在高杠杆经营的大型房企的融资行为的监管和风险提示。坚决落实"房住不炒"定位，严格执行授信集中度等监管规则，严防信贷资金违规流入房地产市场，持续遏制房地产金融化、泡沫化。

2020年房地产市场年初在疫情影响下短暂受挫后快速复苏，全年行业销售规模再创新高。从全年数据变化来看，全国商品房销售面积、销售金额两条曲线呈"深V"走势，其中新房销售额从2020年8月开始回正，销售面积则在2020年10月回正。一季度在疫情冲击下各城市房地产市场处于低谷。为保障市场稳定健康，有关政策相应出台，另外，部分城市采取补贴税费、发放补贴等方式鼓励购房。二季度房地产市场迅速升温，特别是一二线城市，市场需求稳定，反弹迅猛，热点城市房价、地价的升幅超出预期。在下半年，为抑制房价地价上涨，调控政策收紧，多地加强调控。同时为限制资金违规流入房地产，金融监管也呈现收紧态势。

2020年，受到内外部双重因素冲击，经济发展的不确定性增强，国家对房地产市场的调控在强调灵活适度的同时，仍坚持"房住不炒"定位不变，从2020年国务院政府工作报告到中共中央政治局会议再到十四五规划建议、中央经济工作会议，均重申着"房住不炒"这一定位。2020年5月22日，2020年国务院政府工作报告中没有提出全年经济增速具体目标，主要因为全球疫情和经贸形势不确定性很大，我国发展面临一些难以预料的影响因素。这样做，有利于引导各方面集中精力抓好"六稳""六保"。同时提出积极的财政政策要更加积极有为，稳健的货币政策要更加灵活适度，坚持"房子是用来住的、不是用来炒的"定位，因城施策，促进房地产市场平稳健康发展。2020年7月24日中央召开房地产工作座谈会，面对市场过热现象，提出牢牢坚持"房子是用来住的、不是用来炒的"定位，坚持不将房地产作为短期刺激经济的手段，坚持稳地价、稳房价、稳预期，因城施策、一城一策，从各地实际出发，采取差异化调控措施，及时科学精准调控，确保房地产市场平稳健康发展。要实施好房地产金融审慎管理制度，稳住存量、严控增量，防止资金违规流入房地产市场。2020年12月16日至18日，中央经济工作会议提出，要坚持"房子是用来住的、不是用来炒的"定位，因地制宜、多策并举，促进房地产市场平稳健康发展。要高度重视保障性租赁住房建设，加快完善长租房政策，逐步使租购住房在享受公共服务上具有同等权利，规范发展长租房市场。土地供应要向租赁住房建设倾斜，单列租赁住房用地计划，探索利用集体建设用地和企事业单位自有闲置土地建设租赁住房，国有企业和民营企业都要发挥功能作用。要降低租赁住房税费负担，整顿租赁市场秩序，规范市场行为，对租金水平进行合理调控。

货币金融方面，2020年中国人民银行三度降准释放流动性，两度下调1年期和5年期以上LPR，5月份以后利率保持不变。其中三次降准、两度LPR下调都集中在2020年上半年。2020年8月20日，住建部和中国人民银行召开了重点房地产企业座谈会，明确提出要实施好房地产金融审慎管理制度，增强房地产企业融资的市场化、规则化和透明度。同时也宣布了房地产企业融资的"三道红线"，即红线一：房地产企业剔除预收款后的资产负债率大于70%；红线二：房地产企业的净负债率大于100%；红线三：房地产企业的现金短债比小于1.0倍。根据"三道红线"的触线情况，将房地产企业分为"红、橙、黄、绿"四档。如踏三道红线，为"红色档"，不得新增有息负债，如踏两道红线，为"橙色档"，有息负债规模年增速不得超过5%，如踏一道红线，为"黄色档"，有息负债规模年增速不得超过10%，全部达标，为"绿色档"，有息负债规模年增速不得超过15%。

2021年，面对复杂国内外局势，房地产市场经历了从上半年高热到下半年深度调整的转变，全年规模仍保持较高水平。2021年全年商品房销售规模超过18万亿元再创新高，全年基本呈现出"前高后低"的态势。房地产行业的企业整体销售表现为先扬后抑的走势，二季度之后企业销售增速持续放缓，特别是下半年市场降温明显，12月，70个大中城市商品住宅销售价格环比总体延续四季度以来的下降态势，同比涨幅回落。

房地产调控政策进行逆周期调节，呈现明显的"先缓后松"特征。为增强银行业金融机构抵御房地产市场波动的能力，防范金融体系对房地产贷款过度集中带来的潜在系统性金融风险，提高银行业金融机构稳健性，中国人民银行、原中国银行保险监督管理委员会决定建立银行业金融机构房地产贷款集中度管理制度，2021年1月1日起实施。银行业金融机构（不含境外分行）房地产贷款余额占该机构人民币各项贷款余额的比例和个人住房贷款余额占该机构人民币各项贷款余额的比例满足中国人民银行、原中国银行保险监督管理委员会确定的管理要求，即不得高于中国人民银行、原中国银行保险监督管理委员会确定的房地产贷款占比上限和个人住房贷款占比上限，开发性银行和政策性银行参照执行。2021年2月，自然资源部要求22个重点城市住宅用地实现"两集中"：一是集中发布出让公告，且2021年发布住宅用地公告不能超过3次；二是集中组织出让活动。全国部分城市自主加入集中供地，之后此政策进行了优化及相关变化。2021年3月，国务院政府工作报告指出，保障好群众住房需求，坚持"房子是用来住的、不是用来炒的"定位，稳地价、稳房价、稳预期。解决好大城市住房突出问题，通过增加土地供应、安排专项资金、集中建设等办法，切实增加保障性租赁住房和共有产权住房供给，规范发展长租房市场，降低租赁住房税费负担，尽最大努力帮助新市民、青年人等缓解住房困难。2021年4月30日，中共中央政治局会议召开，强调坚持"房子是用来住的、不是用来炒的"定位，增加保障性租赁住房和共有产权住房供给，防止以学区房等名义炒作房价。2021年7月2日，国务院办公厅发布《关于加快发展保障性租赁住房的意见》（国办发〔2021〕22号），提出需加快完善以公租房、保障性租赁住房和共有产权住房为主体的住房保障体系，明确了指导思想、基础制度、支持政策及组织实施等，对行业影响深远。2021年11月，住建部办公厅发布《关于开展第一批城市更新试点工作的通知》，旧改向城市更新升级。2021年11月22日，中国人民银行授权全国银行间同业拆借中心公布，当月贷款市场报价利率（LPR）为：1年期LPR为3.85%，5年期以上LPR为4.65%，这是自2020年5月以来，LPR连续19个月保持不变。2021年12月8日至10日，中央经济工作会议提出，要坚持"房子是用来住的，不是用来炒的"定位,加强预期引导,探索新的发展模式,坚持租购并举,加快发展长租房市场,推进保障性住房建设,支持商品房市场更好满足购房者的合理住房需求,因城施策促进房地产业良性循环和健康发展。2021年12月15日,中国人民银行下调金融机构存款准备金率0.5个百分点,释放长期资金约1.2万亿元。2021年12月20日,中国人民银行公布1年期LPR降至3.8%,下调5个基点,5年期以上LPR仍保持4.65%不变。

16. 2022—2024年的中国房地产

2022年至2024年6月,中国房地产在经历多年高增长后进入消化盘整与转型升级期。

2022年,多地疫情反复、购房需求偏弱、叠加部分项目停工及复杂的国内外经济环境等因素,使得2022年房地产市场整体呈现适度景气水平与较低景气水平。统计数据显示,全国房地产开发投资与房地产开发企业房屋施工面积、商品房销售面积等指标出现下降。

虽然2022年在疫情连续影响与不利因素作用下,国内外形势严峻复杂,房地产市场处于深度调整期,但2022年初以来调控政策及信贷环境不断优化,2022年商品房销售额仍超过13万亿元,同时长效机制进一步完善。

2022年1月20日,中国人民银行宣布年内首次降息,1年期LPR为3.7%,5年期以上LPR为4.6%,1年期LPR下调10个基点,5年期LPR下降5个基点。2022年3月5日,国务院政府工作报告指出,坚持房子是用来住的、不是用来炒的定位,探索新的发展模式,坚持租购并举,加快发展长租房市场,推进保障性住房建设,支持商品房市场更好满足购房者的合理住房需求,稳地价、稳房价、稳预期,因城施策促进房地产业良性循环和健康发展。2022年3月16日,国务院金融稳定发展委员会召开专题会议,研究当前经济形势和资本市场问题,关于房地产企业,要及时研究和提出有力有效的防范化解风险应对方案,提出向新发展模式转型的配套措施。此后,中国人民银行、国家外汇管理局、中国证券监督管理委员会、原中国银行保险监督管理委员会和财政部安排部署,配合相关部门有效化解房地产企业风险,促进房地产业良性循环和健康发展。2022年4月29日召开的中共中央政治局会议提出,要坚持房子是用来住的、不是用来炒的定位,支持各地从当地实际出发完善房地产政策,支持刚性和改善性住房需求,优化商品房预售资金监管,促进房地产市场平稳健康发展。2022年5月20日,5年期LPR下调15个基点,创历史以来最大降幅。2022年7月28日,中共中央政治局召开会议强调,要稳定房地产市场,坚持房子是用来住的、不是用来炒的定位,因城施策用足用好政策工具箱,支持刚性和改善性住房需求,压实地方政府责任,保交楼、稳民生。国庆节假期之前,国家连发三条重磅楼市支持政策。2022年9月29日,中国人民银行、原中国银行保险监督管理委员会发布通知,部分城市可阶段性放宽首套住房商业性个人住房贷款利率下限。财政部、国家税务总局9月30日发布,自2022年10月1日至2023年12月31日,对出售自有住房并在现住房出售后1年内在市场重新购买住房的纳税人,对其出售现住房已缴纳的个人所得税予以退税优惠。同日,中国人民银行决定自2022年10月1日起,下调首套个人住房公积金贷款利率0.15个百分点。

2022年10月16日至22日,中国共产党第二十次全国代表大会在人民大会堂开幕,习近平总书记代表第十九届中央委员会向大会作报告,回顾总结了过去五年的工作和新时代十年的伟大变革,阐述了开辟马克思主义中国化时代化新境界、中国式现代化的中国特色和本质要求等重大问题,对全面建设社会主义现代化国家、全面推进中华民族伟大复兴进行了战略谋划,对统筹推进"五位一体"总体布局、协调推进"四个全面"战略布局作出了全面部署，为新时代新征程党和国家事业发展、实现第二个百年奋斗目标指明了前进方向、确立了行动指南。其中，针对住房市场提出，坚持房子是用来住的、不是用来炒的定位，加快建立多主体供给、多渠道保障、租购并举的住房制度。为房地产市场的高质量健康可持续发展确定了大政方针。

2022年11月，中国人民银行、原中国银行保险监督管理委员会发布关于做好当前金融支持房地产市场平稳健康发展工作的通知，通知在保持房地产融资平稳有序、积极做好"保交楼"金融服务、积极配合做好受困房地产企业风险处置、依法保障住房金融消费者合法权益、阶段性调整部分金融管理政策、加大住房租赁金融支持力度6个方面，提出了16条具体事项，即"金融16条"。之后，房地产企业融资"三支箭"实现了快速落地，"三支箭"是指房地产企业融资支持政策，分别对应信贷、债券、股权融资支持。2022年12月15日至16日，中央经济工作会议提出，要确保房地产市场平稳发展，扎实做好保交楼、保民生、保稳定各项工作，满足行业合理融资需求，推动行业重组并购，有效防范化解优质头部房地产企业风险，改善资产负债状况，同时要坚决依法打击违法犯罪行为。要因城施策，支持刚性和改善性住房需求，解决好新市民、青年人等人群的住房问题，探索长租房市场建设。要坚持房子是用来住的、不是用来炒的定位，推动房地产业向新发展模式平稳过渡。

2023年一季度房地产市场升温明显，受疫情后需求集中释放的带动，一季度新房成交量加速攀升，3月份到达全年峰值，销售迎来"小阳春"，年中量价出现回落，"金九银十"表现出一定程度回暖，进入11月，新房市场成交出现"退热"现象，成交规模小幅回落。二手房市场表现为一季度跟随市场复苏步伐，房价稳步回升，二季度房价止升转降，三四季度呈进一步下行趋势，挂牌量攀升，供应增速大于需求，而部分一二线城市二手房价格稳健上升，韧性特征凸显。2023年，房地产市场总体处于较低景气水平，市场深度调整，并积极进行升级转型。同时，调控政策密集出台，促进市场平稳健康发展。

2023年1月10日，中国人民银行、原中国银行保险监督管理委员会联合召开主要银行信贷工作座谈会，会议强调，要配合有关部门和地方政府扎实做好保交楼、保民生、保稳定各项工作，运用好保交楼专项借款、保交楼贷款支持计划等政策工具，积极提供配套融资支持，维护住房消费者合法权益。要落实好"金融16条"支持房地产市场平稳健康发展的政策措施，用好民营企业债券融资支持工具（"第二支箭"），保持房地产企业信贷、债券等融资渠道稳定，满足行业合理融资需求。要因城施策实施好差别化住房信贷政策，更好地支持刚性和改善性住房需求，加大住房租赁金融支持，做好新市民、青年人等人群的住房金融服务，推动加快建立"租购并举"住房制度。2023年1月17日，全国住房和城乡建设工作会议在北京以视频形式召开。对于房地产市场提出三个重要方面，即稳预期、防风险、促转型。要牢牢坚持房子是用来住的、不是用来炒的定位，增强政策的精准性协调性，以更大力度精准支持刚性和改善性住房需求，提升市场信心，努力保持供需基本平衡、结构基本合理、价格基本稳定，同经济社会发展相协调，同住宅产业发展相协调，严控投机炒房，以及防范风险与促进转型。2023年3月5日，政府工作报告指出，有效防范化解优质头部房地产企业风险，改善资产负债状况，防止无序扩张，促进房地产业平稳发展。加强住房保障体系建设，支持刚性和改善性住房需求，解决好新市民、青年人等人群的住房问题，加快推进老旧小区和危旧房改造。2023年4月27日，住建部和市场监管总局为规范房地产经纪服务，加强房地产经纪行业管理，促进房地产市场健康发展，发布《关于规范房地产经纪服务的意见》，提出房地产经纪服务收费由交易各方根据服务内容、服务质量，结合市场供求关系等因素协商确定。房地产经纪机构要合理降低住房买卖和租赁经纪服务费用。鼓励按照成交价格越高、服务费率越低的原则实行分档定价。引导由交易双方共同承担经纪服务费用。

2023年7月24日，中共中央政治局会议指出，要切实防范化解重点领域风险，适应我国房地产市场供求关系发生重大变化的新形势，适时调整优化房地产政策，因城施策用好政策工具箱，更好地满足居民刚性和改善性住房需求，促进房地产市场平稳健康发展。要加大保障性住房建设和供给，积极推动城中村改造和"平急两用"公共基础设施建设，盘活改造各类闲置房产。要有效防范化解地方债务风险，制定实施一揽子化债方案。要加强金融监管，稳步推动高风险中小金融机构改革化险。房地产市场供求关系发生重大变化是对市场新形势的科学判断，对市场未来发展具有重要影响。适时调整优化房地产政策，指明各部门各地实施政策调控举措。

2023年7月27日，住建部召开企业座谈会强调，稳住建筑业和房地产业两根支柱，对推动经济回升向好具有重要作用。要继续巩固房地产市场企稳回升态势，大力支持刚性和改善性住房需求，进一步落实好降低购买首套住房首付比例和贷款利率、改善性住房换购税费减免、个人住房贷款"认房不用认贷"等政策措施；继续做好保交楼工作，加快项目建设交付，切实保障人民群众的合法权益。

2023年7月31日国务院常务会议提出，要调整优化房地产政策，根据不同需求、不同城市等推出有利于房地产市场平稳健康发展的政策举措，加快研究构建房地产业新发展模式。2023年8月25日，住房和城乡建设部表示，已联合中国人民银行、国家金融监管总局印发通知，推动落实购买首套房贷款"认房不用认贷"政策措施，居民家庭（包括借款人、配偶及未成年子女）申请贷款购买商品住房时，家庭成员在当地名下无成套住房的，不论是否已利用贷款购买过住房，银行业金融机构均按首套住房执行住房信贷政策。此项政策作为政策工具，纳入"一城一策"工具箱，供城市自主选用。

2023年8月31日，中国人民银行、国家金融监管总局联合发布《关于调整优化差别化住房信贷政策的通知》和《关于降低存量首套住房贷款利率有关事项的通知》，对现行差别化住房信贷政策进行了调整优化，支持各地因城施策用好政策工具箱，引导个人住房贷款实际首付比例和利率下行，更好地满足刚性和改善性住房需求。两则通知主要内容一是统一全国商业性个人住房贷款最低首付款比例政策下限。不再区分实施"限购"城市和不实施"限购"城市，首套住房和二套住房商业性个人住房贷款最低首付款比例政策下限统一为不低于20%和30%。二是将二套住房利率政策下限调整为不低于相应期限贷款市场报价利率（LPR）加20个基点。首套住房利率政策下限仍为不低于相应期限LPR减20个基点。各地可按照因城施策原则，根据当地房地产市场形势和调控需要，自主确定辖区内首套和二套住房最低首付款比例和利率下限。对于符合条件的存量住房贷款（指2023年8月31日前金融机构已发放，已签订合同但未发放的，以及借款人实际住房情况符合所在城市首套住房标准的存量住房商业性个人住房贷款），自2023年9月25日起，可由借款人主动向承贷银行提出申请，也鼓励银行以发布公告、批量办理等方式，为借款人提供更为便利的服务。调整方式上，既可以变更合同约定的住房贷款利率加点幅度，也可以由银行新发放贷款置换存量贷款。具体利率调整幅度由借贷双方协商确定，但调整后的利率，不能低于原贷款发放时所在城市的首套住房贷款利率政策下限。新发放贷款只能用于偿还存量贷款，仍纳入商业性个人住房贷款管理。

2023年9月底，自然资源部给各省市自然资源主管部门下发文件，建议取消土地拍卖中的地价限制、建议取消远郊区容积率1.0限制等。全国多个城市先后取消土地出让中的地价上限，恢复执行"价高者得"规则，形成了土地市场的新趋势。

2023年10月30日至31日，中央金融工作会议提出，促进金融与房地产良性循环，健全房地产企业主体监管制度和资金监管，完善房地产金融宏观审慎管理，一视同仁满足不同所有制房地产企业合理融资需求，因城施策用好政策工具箱，更好支持刚性和改善性住房需求，加快保障性住房等"三大工程"建设，构建房地产发展新模式。

2023年11月17日，中国人民银行、国家金融监管总局、中国证券监督管理委员会三部门召开金融机构座谈会，研究近期房地产金融、信贷投放、融资平台债务风险化解等重点工作。在房地产金融领域，三部门要求各金融机构坚持"两个毫不动摇"，一视同仁满足不同所有制房地产企业合理融资需求，对正常经营的房地产企业不惜贷、抽贷、断贷。继续用好"第二支箭"支持民营房地产企业发债融资，支持房地产企业通过资本市场合理股权融资。加大保交楼金融支持，推动行业并购重组，积极服务保障性住房等"三大工程"建设。据悉，金融机构座谈会上，监管部门还向金融系统提出了"三个不低于"的要求，即各家银行自身房地产贷款增速不低于银行行业平均房地产贷款增速，对非国有房企对公贷款增速不低于本行房地产增速，对非国有房企个人按揭增速不低于本行按揭增速。

2023年12月11日至12日，中央经济工作会议在北京举行，会议提出，持续有效防范化解重点领域风险。要统筹化解房地产、地方债务、中小金融机构等风险，严厉打击非法金融活动，坚决守住不发生系统性风险的底线。积极稳妥化解房地产风险，一视同仁满足不同所有制房地产企业的合理融资需求，促进房地产市场平稳健康发展。加快推进保障性住房建设、"平急两用"公共基础设施建设、城中村改造等"三大工程"。完善相关基础性制度，加快构建房地产发展新模式。

2023年国家提出的构建房地产发展新模式，是促进房地产市场平稳健康发展的治本之策。住建部提出，对于房地产市场而言，过去在解决"有没有"时期追求速度和数量的发展模式，已不适应现在解决"好不好"问题、高质量发展阶段的新要求，房地产亟须构建新的发展模式。在理念上，要始终坚持房子是用来住的、不是用来炒的定位，以满足刚性和改善性住房需求为重点，努力让人民群众住上好房子。在机制上，一是建立"人、房、地、钱"要素联动的新机制，以人定房、以房定地、以房定钱；二是建立房屋从开发建设到维护使用的全生命周期管理机制，包括改革开发方式、融资方式、销售方式，建立房屋体检、房屋养老金、房屋保险等制度。在抓落实上，要实施好规划建设保障性住房、城中村改造和"平急两用"公共基础设施建设"三大工程"。

2024年上半年，全国新房市场整体延续调整态势，二手房市场"以价换量"，成交保持一定规模，市场总体处于较低景气水平，但6月份的数据显示出市场正在逐步企稳回升。新建商品房销售面积在年初探底后，3月稍回升，之后波动，6月显示回升趋势。二手住宅表现好于新房，成交规模整体处于较高水平，主要基于以价换量与政策优化带动下，二手房市场整体较为活跃。

房地产市场调控进行跨周期与逆周期调节。2024年1月5日，住建部与金融监管总局发布《关于建立城市房地产融资协调机制的通知》，明确协调机制根据房地产项目的开发建设情况及项目开发企业资质、信用、财务等情况，按照公平公正原则，提出可以给予融资支持的房地产项目名单，向本行政区域内金融机构推送。同时，对存在重大违法违规行为、逃废金融债务等问题的房地产开发企业和项目，要提示金融机构审慎开展授信。在筛选确定支持对象后，满足合理融资需求。金融机构按照市场化、法治化原则评估协调机制推送的支持对象，对正常开发建设、抵押物充足、资产负债合理、还款来源有保障的项目，建立授信绿色通道，优化审批流程，缩短审批时限，积极满足合理融资需求；对开发建设暂时遇到困难但资金基本能够平衡的项目，不盲目抽贷、断贷、压贷，通过存量贷款展期、调整还款安排、新增贷款等方式予以支持。同时，加强贷款资金封闭管理，严防信贷资金被挪用于购地或其他投资。之后，全国众多城市建立了城市融资协调机制，对提出的房地产项目，商业银行快速进行项目筛选和审批贷款。

根据国务院专题会议部署，2024年2月29日，住房和城乡建设部、金融监管总局联合召开城市房地产融资协调机制工作视频调度会议。会议指出，融资协调机制是当前一视同仁满足不同所有制房地产企业合理融资需求、破解房地产融资难题的创新举措，长远看是构建房地产发展新模式、加快"人房地钱"要素联动的有力抓手，资金跟着项目走，项目实施封闭管理，有利于促进房地产市场健康发展。同时强调，各地要扎实做好融资协调机制有关工作，抓项目"白名单"质量、抓工作进度、抓项目建设、抓宣传引导。按照协调机制"应建尽建"原则，2024年3月15日前，地级及以上城市要建立融资协调机制，既要高质量完成"白名单"推送，又要高效率协调解决项目的难点问题。

2024年3月5日，2024年国务院政府工作报告在更好统筹发展和安全，有效防范化解重点领域风险方面，提出坚持以高质量发展促进高水平安全，以高水平安全保障高质量发展，标本兼治化解房地产、地方债务、中小金融机构等风险，维护经济金融大局稳定。关于稳妥有序处置风险隐患，对房地产方面提出，优化房地产政策，对不同所有制房地产企业合理融资需求要一视同仁给予支持，促进房地产市场平稳健康发展。关于健全风险防控长效机制，对房地产方面提出适应新型城镇化发展趋势和房地产市场供求关系变化，加快构建房地产发展新模式。加大保障性住房建设和供给，完善商品房相关基础性制度，满足居民刚性住房需求和多样化改善性住房需求。

2024年3月22日，国务院常务会议指出，要进一步优化房地产政策，持续抓好保交楼、保民生、保稳定工作，进一步推动城市房地产融资协调机制落地见效，系统谋划相关支持政策，有效激发潜在需求，加大高品质住房供给，促进房地产市场平稳健康发展。要适应新型城镇化发展趋势和房地产市场供求关系变化，加快完善"市场＋保障"的住房供应体系，改革商品房相关基础性制度，着力构建房地产发展新模式。

2024年4月30日，中共中央政治局召开会议，强调要持续防范化解重点领域风险。继续坚持因城施策，压实地方政府、房地产企业、金融机构各方责任，切实做好保交房工作，保障购房人合法权益。要结合房地产市场供求关系的新变化、人民群众对优质住房的新期待，统筹研究消化存量房产和优化增量住房的政策措施，抓紧构建房地产发展新模式，促进房地产高质量发展。

2024年5月17日，全国切实做好保交房工作视频会议强调，深刻认识房地产工作的人民性、政治性，继续坚持因城施策，打好商品住房烂尾风险处置攻坚战，扎实推进保交房、消化存量商品房等重点工作。当天下午，国务院新闻办公室举行国务院政策例行吹风会，住建部、自然资源部、中国人民银行、金融监管总局有关领导介绍切实做好保交房工作配套政策有关情况,并答记者问。同时,2024年5月17日,发布《中国人民银行 国家金融监督管理总局关于调整个人住房贷款最低首付款比例政策的通知》《中国人民银行关于下调个人住房公积金贷款利率的通知》《中国人民银行关于调整商业性个人住房贷款利率政策的通知》,对于贷款购买商品住房的居民家庭,首套住房商业性个人住房贷款最低首付款比例调整为不低于15%,二套住房商业性个人住房贷款最低首付款比例调整为不低于25%;自2024年5月18日起,下调个人住房公积金贷款利率0.25个百分点,5年以下(含5年)和5年以上首套个人住房公积金贷款利率分别调整为2.35%和2.85%,5年以下(含5年)和5年以上第二套个人住房公积金贷款利率分别调整为不低于2.775%和3.325%;取消全国层面首套住房和二套住房商业性个人住房贷款利率政策下限。

国务院政策例行吹风会上,住建部明确表示,一是打好商品住房项目保交房攻坚战,防范处置烂尾风险。按照市场化、法治化原则,分类处置在建已售未交付的商品住房项目,推动项目建设交付,切实保障购房人合法权益。二是进一步发挥城市房地产融资协调机制作用,满足房地产项目合理融资需求。城市政府推动符合"白名单"条件的项目"应进尽进",商业银行对合规"白名单"项目"应贷尽贷",满足在建项目合理融资需求。三是推动消化存量商品住房。城市政府坚持"以需定购",可以组织地方国有企业以合理价格收购一部分存量商品住房用作保障性住房。四是妥善处置盘活存量土地。目前尚未开发或已开工未竣工的存量土地,通过政府收回收购、市场流通转让、企业继续开发等方式妥善处置盘活,推动房地产企业缓解困难和压降债务,促进土地资源高效利用。中国人民银行拟设立3000亿元保障性住房再贷款,鼓励引导金融机构按照市场化、法治化原则,支持地方国有企业以合理价格收购已建成未出售商品房,用作配售型或配租型保障性住房,预计带动银行贷款5000亿元。保障性住房再贷款规模是3000亿元,利率1.75%,期限1年,可展期4次。以及前述中国人民银行三个通知的有关首付款比例、公积金利率、商业房贷利率调整政策。自然资源部准备出台妥善处置闲置土地、盘活存量土地的政策措施,具体概括为:一是支持企业优化开发。主要是要消除开发建设障碍,合理免除因自然灾害、疫情导致的违约责任,允许企业按照程序合理调整规划条件和设计要求,更好地适应市场需求。二是促进市场流通转让。主要是发挥土地二级市场作用,支持预告登记转让和"带押过户",鼓励转让或者合作开发。三是支持地方以合理价格收回土地。主要是支持地方按照"以需定购"原则,以合理价格收回闲置土地,用于保障性住房建设。允许地方采取"收回—供应"并行方式来简化程序,办理规划和供地手续,更好地提供便利化服务。国家金融监督管理总局表示,近期与住建部发布《关于进一步发挥城市房地产融资协调机制作用 满足房地产项目合理融资需求的通知》,建立健全城市房地产融资协调机制,深刻认识房地产工作的人民性、政治性,继续坚持因城施策,以城市为主体、以项目为中心,全力支持应续建项目融资和竣工交付,切实做好保交房工作,保障购房人合法权益。同时进一步介绍,融资协调机制是由城市政府主要负责同志任组长,分管城建住房和金融的副市长为副组长,相关部门及金融机构为成员单位,组建工作专班,开展集中办公。城市协调机制主要是汇总辖内房地产项目情况,按照条件和标准审核"白名单"项目,对于暂时不符合条件与标准的项目,要督促有关各方加大整改力度,切实解决相应问题,使其符合"白名单"的项目条件和标准。"白名单"由房地产项目公司自愿申报,所在城市的区县预审并提出名单。城市协调机制组织甄别审查，符合条件与标准的纳入"白名单"，不符合条件与标准的要实施整改，推动问题解决，形成闭环管理机制。另外，城市协调机制要负责优化预售资金监管流程，合理确认预售监管资金的额度。同时，要压实房地产企业和房地产项目公司的责任。由此，业内称为"5·17一揽子"。新政明显提升了市场活跃度，6月成交量与成交额上升。

2024年6月7日召开国务院常务会议，会议指出房地产业发展关系人民群众切身利益，关系经济运行和金融稳定大局。要充分认识房地产市场供求关系的新变化，顺应人民群众对优质住房的新期待，着力推动已出台政策措施落地见效，继续研究储备新的去库存、稳市场政策措施。对于存量房产、土地的消化、盘活等工作既要解放思想、拓宽思路，又要稳妥把握、扎实推进。要加快构建房地产发展新模式，完善"市场＋保障"住房供应体系，改革相关基础性制度，促进房地产市场平稳健康发展。

2024年7月15日至18日，党的二十届三中全会在北京举行，《中国共产党第二十届中央委员会第三次全体会议公报》和《中共中央关于进一步全面深化改革推进中国式现代化的决定》提出，要统筹好发展和安全，落实好防范化解房地产、地方政府债务、中小金融机构等重点领域风险的各项举措。加快建立租购并举的住房制度，加快构建房地产发展新模式。加大保障性住房建设和供给，满足工薪群体刚性住房需求。支持城乡居民多样化改善性住房需求。充分赋予各城市政府房地产市场调控自主权，因城施策，允许有关城市取消或调减住房限购政策、取消普通住宅和非普通住宅标准。改革房地产开发融资方式和商品房预售制度，完善房地产税收制度。房地产改革相关方面还包括构建城乡统一的建设用地市场、健全推进新型城镇化体制机制、深化土地制度改革等。党的二十届三中全会为推动中国进一步全面深化改革提供了重要指引，绘制出中国高质量发展蓝图，影响深刻，意义深远。在房地产改革中坚持稳中求进、先立后破，用改革的办法解决前进中的问题，加快新旧发展动能转换，为高质量发展提供多元而强劲的动力支撑，为当前和未来发展指明了方向。

2024年7月22日，中国人民银行授权全国银行间同业拆借中心公布，2024年7月22日贷款市场报价利率（LPR）为：1年期LPR为3.35%，5年期以上LPR为3.85%。1年期和5年期贷款市场报价利率（LPR）分别下调10个基点，加大经济逆周期调节力度，降低消费和投资成本，支持经济回升向好。同时深化利率市场化改革，健全市场化利率调控机制。

2024年，融资支持房地产项目、新的去库存措施及推进房地产发展新模式等方面，对房地产市场平稳健康发展具有重要意义。面对房地产企业出现的债务违约危机，为使市场主体的开发企业激发活力，满足不同所有制房地产企业合理融资需求，促进金融与房地产良性循环，2024年国家进一步加强支持力度，多部门及地方政府联合建立并落实城市房地产融资协调机制，更加精准支持房地产项目合理融资需求。对于严格审核后的"白名单"项目，建立绿色通道，要求银行优化贷款审批和发放流程。同时应贷尽贷，对于不同所有制房企的"白名单"项目一视同仁，在控制风险的前提下，采取新增贷款、存量贷款展期，以及发放并购贷款等多种方式。这为开发企业度过债务危机、投资运营和升级转型赢得了时间，提供了及时有力的支持。

在去库存促进市场运行方面，国家重要会议和文件多次提出消化存量商品房和存量土地，并且中国人民银行明确设立3000亿元保障性住房再贷款，鼓励引导金融机构按照市场化、法治化原则，支持地方国有企业以合理价格收购已建成未出售商品房，用作配售型或配租型保障性住房，预计带动银行贷款5000亿元。近期，住建部召开收购已建成存量商品房用作保障性住房工作视频会议，将收储范围扩大至市县，推动县级以上城市有力有序有效开展收购已建成存量商品房用作保障性住房工作。当前，收储模式主要包括国企收储未售新房（指由国企直接收购开发企业已建成未出售的商品房房源，改作配售型或配租型保障房）、以旧换新（指在政策支持下，业主利用名下的二手房去置换新房的一种模式）、非居改租（指针对闲置和低效利用的非住宅项目，将其转变为租赁用途的房屋）等模式。消化存量土地方面，自然资源部提出处置闲置土地、盘活存量土地的政策措施，包括允许企业按照程序合理调整规划条件和设计要求；促进土地二级市场流通转让，支持预告登记转让和"带押过户"，鼓励转让或者合作开发；支持地方按照"以需定购"原则，以合理价格收回闲置土地，用于保障性住房建设。并且研究通过地方政府专项债券支持收回收购土地用于保障性住房，同时区分土地闲置原因，采取不同处置方法。相关去库存措施还包括供需端金融、税收等调整。去库存措施和效果对促进房地产市场运行影响至深，有利于行业的健康可持续发展。

房地产行业升级转型的关键与核心是房地产发展新模式，在系统构建基础上进一步推进与深化，这是国家多次重要会议提出的。升级转型尤为重要的新模式之"好房子"更多被提及，"满足居民刚性住房需求和多样化改善性住房需求""加大高品质住房供给""要结合房地产市场供求关系的新变化、人民群众对优质住房的新期待""顺应人民群众对优质住房的新期待"等。当前，我国房地产市场供求关系发生重大变化，户均住房已达1.1套，住房从"有没有"时期追求速度和数量的发展模式，已转向现在解决"好不好"问题、高质量发展阶段。实践中的先进企业不在少数，表现在持续深耕细分领域、产品精细化、品质创新、物联网+、智能科技赋能、智慧养老与大健康等方面。房地产发展新模式在供应体系、运营方式、调控政策及安全监管等多方面进行改革、优化和完善，是促进房地产平稳健康发展的治本之策，对于当前和未来房地产市场具有重要意义。

新时期我国房地产市场表现出商品房交易结构中增量市场在满足刚需和改善需求的同时，二手房占比提高、存量市场权重加大，城市间房地产市场进一步分化，保障房建设供给力度加大，并不断提升质量品质及适配性。房地产开发企业在逆境中新生，在新变化形势下谋求新的市场战略，在发展新模式中探索定位，实现升级转型；房地产中介企业在市场由增量交易为主，步入增量与存量交易并重并逐步迈向存量为主的过程中，迎来新的发展机遇。中国房地产市场在发展变化中，进行有效调控，在危中寻机，坚持"房住不炒"定位，建立长效机制，防范化解风险，理顺市场供求，构建房地产发展新模式，完善"市场+保障"住房供应体系，推进了房地产市场平稳健康发展，市场将会体现出品质化、集约化、新机制、新动力、双轨制、信息化、金融创新与科技赋能等新特征。

1.4 房地产专业体系

1.4.1 房地产行业主要活动

在整个房地产行业，主要进行的活动大致可以划分为房地产开发、房地产置业投资与经营、房地产交易、物业管理、不动产登记等行政管理。

1. 房地产开发

房地产开发生成房地产产品，其运作过程需要庞大的资金、先进的管理和关系运作能力，市场门槛较高，风险较大。整个开发过程在有关政府部门的指导下，众多公司参与其中，而开发公司居于主导地位，起整合作用，其他公司（如策划公司、设计公司、建筑公司等）需要从开发公司获得业务。

2. 房地产置业投资与经营

房地产置业投资与经营是指投资者购买新竣工的商品房或旧有物业，用来自用、自营或出租给使用者，在不愿持有物业时或市场高涨时，对房地产进行转售。

3. 房地产交易

1）房地产转让：房地产转让是房地产权利人通过买卖、赠予或其他合法形式将其房地产转让给他人的行为。根据转让的方式，房地产转让可分为有偿转让和无偿转让。有偿转让主要包括房地产买卖、房地产作价入股、以房地产抵债等；无偿转让主要包括房地产赠予、房地产继承等。人们常见的房地产转让行为主要是房地产买卖，如新房买卖（开发公司或受委托的代理公司将房屋卖给消费者）、二手房买卖（房地产权利人或受委托的经纪人公司将房卖给新的房地产权利人）等。

2）房地产抵押：房地产抵押是抵押人以其合法的房地产以不转移占有的方式向抵押权人提供债务履行担保的行为。当债务人不履行债务时，抵押权人有权依法以抵押的房地产拍卖所得的价款优先受偿。这项交易活动主要涉及的单位是商业银行等抵押权人、房地产公司或其他单位及个人等房地产权利人、政府管理部门等。

3）房地产租赁：房地产租赁是房屋所有权人作为出租人将其房屋出租给承租人使用，由承租人向出租人支付租金的行为。房屋租赁双方应签订书面合同，约定租赁期限、租赁用途、租赁价格、修缮责任等条款，以及双方其他权利和义务，并向房地产管理部门登记备案。这项交易活动主要涉及房主与委托的经纪人公司、承租单位或个人、政府管理部门等。

4）房地产中介：房地产中介活动主要包括房地产咨询、房地产价格评估、房地产经纪等，其市场运作的主要机构是咨询策划公司、估价公司、租售代理公司（经纪人公司）。一般情况下，中介服务公司是智力密集型企业，并且其业务的获得需要受到委托。

5）其他：随着时代的发展，房地产交易越来越多元化。例如具有相当市场潜力的房地产金融及其衍生商品交易（房地产股票交易、房地产抵押贷款证券交易、房地产回购回租交易等）、房地产典当等。

4. 物业管理

根据物业类型及特点的不同，物业管理可以分为居住物业管理、公共物业管理和收益性物业管理。对于居住物业管理，在业主委员会成立后由其代表业主与业主大会选聘的物业服务企业签订物业服务合同，在此之前，由建设单位（开发公司）选聘物业服务企业；公共物业管理和收益性物业管理一般由其业主或其代表选聘物业服务企业。需要说明的是，收益性物业管理（包括写字楼物业管理、零售商业物业管理、酒店物业管理、工业及货仓物业管理等）的主要目标是使其所持有的物业的净经营收入最大化，这使得在选择物业服务企业时极大地不同于非收益性物业管理。各类物业服务企业在规模、档次、业务范围、效益等方面也差别较大。

5. 不动产登记等行政管理

不动产登记是指不动产登记机构依法将不动产权利归属和其他法定事项记载于不动产登记簿的行为。这里的不动产是指土地、海域以及房屋、林木等定着物。不动产登记包括首次登记、变更登记、转移登记、注销登记、更正登记、异议登记、预告登记、查封登记等，国家实行不动产统一登记制度。下列不动产权利，依照《不动产登记暂行条例》（2024 年修订）的规定办理登记：① 集体土地所有权；② 房屋等建筑物、构筑物所有权；③ 森林、林木所有权；④ 耕地、林地、草地等土地承包经营权；⑤ 建设用地使用权；⑥ 宅基地使用权；⑦ 海域使用权；⑧ 地役权；⑨ 抵押权；⑩ 法律规定需要登记的其他不动产权利。国务院自然资源主管部门负责指导、监督全国不动产登记工作。2013 年 3 月 14 日批准通过的《国务院机构改革和职能转变方案》明确提出建立不动产统一登记制度，2015 年 3 月 1 日起施行《不动产登记暂行条例》，不动产权证逐渐替代以前的房产证、土地证及房地产证，登记机构、登记簿册、登记依据和信息平台"四统一"已全面实现。

房地产行政管理工作主要包括：指导规范房地产市场，制定住宅建设与房地产业的中长期规划和科技发展战略、产业政策和规章，拟定住宅建设、国有土地上房屋征收、房地产开发、房地产市场、房地产评估、物业管理的规章制度并监督执行等，以及地方房地产行政主管部门的贯彻执行国家有关房地产方面的法律、法规和政策，办理各类房地产开发、交易的具体手续，制定具体规则，维护市场交易秩序，查处违法行为等。在土地管理及权属管理方面，履行国土空间用途管制职责，负责建立空间规划体系并监督实施，制定土地使用权划拨、出让、租赁、作价出资和土地储备政策，负责土地的合理开发利用等，以及制定不动产统一确权登记、权籍调查、不动产测绘、争议调处、成果应用的制度、标准、规范，建立健全不动产登记信息管理基础平台，指导监督全国不动产确权登记工作等。

根据《中华人民共和国房地产管理法》，国务院建设行政主管部门、土地管理部门依照国务院规定的职权划分，各司其职，密切配合，管理全国房地产工作。县级以上地方人民政府房产管理、土地管理部门的机构设置及其职权由省、自治区、直辖市人民政府确定。

1.4.2 房地产知识体系

从事房地产开发，虽然是专攻一个领域，但需要与房地产的各个细分行业打交道，不但需要了解房地产各行业活动的基本工作内容，还需要建立整个房地产行业的知识体系。只有做到点面结合、视野宽广，才能获得开发运作优势。

下面通过专业课程的形式，简要介绍房地产知识体系框架。

1. 主要专业基础课

"房地产经济学"是房地产专业的基础课，是根据房地产属性研究房地产经济运行规律和产业发展规律的科学。其应用经济学的基本理论，即微观经济学理论是房地产市场运行和交易的基础理论，宏观经济学理论是协调房地产业与国民经济关系以及房地产市场宏观调控的理论工具。"房地产经济学"课程内容一般包括房地产的概念与属性及房地产业的作用与地位、地租理论、区位理论、房地产价格理论、房地产市场运行、产权理论、土地与住房制度及房地产税收等。

另外，"房地产经济学"的另一种版本是将其作为房地产专业的概论课，内容涵盖了房地产经济、开发、经营、投资、估价、金融、物业管理及行政等内容。

2. 主要专业课

房地产专业的主要专业课包括"房地产政策法规""房地产投资分析与开发""房地产估价""房地产经纪",以及"房地产金融""房地产会计""房地产行政"与"物业管理"等。

房地产专业具有很强的政策法规性,从事房地产相关行业,应首先修习"房地产政策法规"。"房地产投资分析与开发"主要讲述了从萌生开发意向到项目立项、前期研究、规划设计、报建、建设施工、竣工及销售的整个过程的科学方法。由于价格是市场的核心,在房地产市场中需要了解和把握房地产价格的形成、影响因素及估价方法等,故修习"房地产估价"非常重要。"房地产经纪"主要介绍房地产策划、新建商品房与二手房租售以及其他房地产交易等的理论方法与技巧。

由于房地产与金融联系紧密,而且金融机构也积极参与房地产市场,不断推出新的房地产金融商品,从事相关工作人员应修习"房地产金融"。"房地产会计"主要是针对开发企业会计的,但项目可行性研究人员及高层管理人员应对其有所了解。"房地产行政"则主要针对房地产政府管理部门,但开发项目前期人员与企业高层管理者应对其熟悉。"物业管理"包括内容很多,根据不同性质、不同阶段,其已经分化出多门单列课程。

3. 相关课程及知识

什么是好的房地产产品,它是如何设计和建造的,这需要学习"城市规划""建筑学""工程项目管理""施工技术"等规划建筑专业和工民建专业相关课程或教材。如何开发出市场需求的房地产产品,则需要学习"市场营销学"等课程。如何把握市场动向,则需要经常关注宏观经济发展、政治乃至国际局势的变化。

复习思考题

1. 房地产的定义是什么?应如何理解?并对地上定着物进行解释。
2. 房地产的特性有哪些?
3. 简述房地产开发的概念与特性。
4. 试述房地产业的含义、特征,在我国《国民经济行业分类》中的门类及其所包括的主要类别。
5. 房地产行业的主要活动包括哪些?

第2章

房地产投资

导读

本章从投资角度探讨房地产开发与经营管理的基本规律，阐述房地产投资的基本概念，主要介绍针对房地产直接投资（包括开发投资与置业投资）的特征表现和风险管理。同时，房地产投资还包括涉及证券金融市场的房地产间接投资，对此本章仅进行简要分析。房地产投资有时理解为房地产活动的其中环节，即将资金投入房地产领域，而全面的理解则是指房地产投资活动全程。至于将房地产投资作为一定投资金额的理解，则视具体使用情况的需要。

2.1 投资概述

2.1.1 投资基本概念

1. 投资的含义

通常，投资可分为广义投资和狭义投资。广义的投资指人们的一种有目的的经济行为，即投资者为了获取未来收益而垫付货币或其他资源于某项事业的经济活动；而狭义的投资是指投入到再生产的基本单位，即建设项目中的资金额。本章讨论广义的投资。

2. 投资主体

投资主体就是投资者，可以是国家、企业和个人，它是组织投资活动、筹集投资资金、进行投资决策并实施投资的行为主体。严格的投资主体应具备的基本条件是：具有相对独立的投资决策权；具有自行筹措和自主运用投资资金的能力；拥有对投资形成资产的所有权和经营权；承担投资风险并享有投资收益。

3. 投资资源

投资资源就是投资付出，可以是货币资金，也可以是实物，或者是其他稀缺资源。市场经济下，各种资源均可折算成一定货币价值量，故投资资源（或狭义的投资）的最一般表现形式是投入的货币资金。

4. 投资客体

投资客体就是投资对象，可以是房地产、汽车、厂房、设备等实物的有形资产，也可以是期货、股票、债券等金融资产，还可以是商标、专利等无形资产。

5. 投资目标

投资目标就是投资活动所要达到的目的，也可以说是预期收益，它包括经济效益（盈利性目的）、社会综合效益（社会性目的）、环境效益（环境性目的）及其他，甚至是任何"好处"。一般情况下，盈利性目的是投资行为的动力源泉，是最基本的投资目标。

6. 投资方式

投资方式就是投资过程的运行方式，通常分为直接投资和间接投资。直接投资是指将资金直接投入建设项目，形成实物资产或投入社会生产经营活动的投资。间接投资是指通过购置有价证券等金融资产进行的投资。

2.1.2 投资与投机

更广义的投资在一定程度上包含投机，尤其是适度的投机。投机可理解为一种特殊的投资。一般地，二者的区别是：投资注重长期的时间介入，强调理性分析和评估，包含合理的风险和收益；投机则注重短期的时间介入，欠缺理性分析评价，凭直觉或非正规渠道信息作判断，带有冒险性质，包含非正常风险和收益。同时，有学者提出，投机有时时间介入会延长，博取小概率的非正常收益，从而有投机关注时点的价差，投资关注时间段的价差之说。在某些情况下，投资与投机很难严格区分。通常，投机的做法不被主流接受。

2.1.3 我国投资体制改革与发展

根据国发〔2004〕20号文件《国务院关于投资体制改革的决定》（以下简称《决定》），我国深化投资体制改革的目标为：改革政府对企业投资的管理制度，按照"谁投资、谁决策、谁收益、谁承担风险"的原则，落实企业投资自主权；合理界定政府投资职能，提高投资决策的科学化、民主化水平，建立投资决策责任追究制度；进一步拓宽项目融资渠道，发展多种融资方式；培育规范的投资中介服务组织，加强行业自律，促进公平竞争；健全投资宏观调控体系，改进调控方式，完善调控手段；加快投资领域的立法进程；加强投资监管，维护规范的投资和建设市场秩序。通过深化改革和扩大开放，最终建立起市场引导投资、企业自主决策、银行独立审贷、融资方式多样、中介服务规范、宏观调控有效的新型投资体制。《决定》同时提出深化投资体制改革的指导思想：转变政府管理职能，确立企业的投资主体地位；完善政府投资体制，规范政府投资行为；加强和改善投资的宏观调控；加强和改进投资的监督管理等。之后，《国务院办公厅转发发展改革委等部门关于创业投资引导基金规范设立与运作指导意见的通知》（国办发〔2008〕116号）、《国务院关于创新重点领域投融资机制鼓励社会投资的指导意见》（国发〔2014〕60号）、《国务院办公厅关于创新投资管理方式建立协同监管机制的若干意见》（国办发〔2015〕12号）、《国务院办公厅关于进一步做好民间投资有关工作的通知》（国办发明电〔2016〕12号）等政策相继实施。

2016年，《中共中央国务院关于深化投融资体制改革的意见》（中发〔2016〕18号）发布，在沿袭审批制、核准制、备案制的总体框架下，改进和规范政府投资项目审批；坚持企业投资核准范围最小化，原则上由企业依法依规自主决策投资行为；及时修订并公布政府核准的投资项目目录，实行企业投资项目管理负面清单制度，除目录范围内的项目外，一律实行备案制，由企业按照有关规定向备案机关备案。在一定领域、区域内先行试点企业投资项目承诺制，探索创新以政策性条件引导、企业信用承诺、监管有效约束为核心的管理模式。对极少数关系国家安全和生态安全、涉及全国重大生产力布局、战略性资源开发和重大公共利益等项目，政府从维护社会公共利益角度确需依法进行审查把关的，应将相关事项以清单方式列明，最大限度缩减核准事项。2017年2月1日起施行《企业投资项目核准和备案管理条例》，规定对关系国家安全、涉及全国重大生产力布局、战略性资源开发和重大公共利益等项目，实行核准管理。具体项目范围以及核准机关、核准权限依照政府核准的投资项目目录执行。对规定以外的项目，实行备案管理。2019年7月1日起施行《政府投资条例》，规定政府投资资金应当投向市场不能有效配置资源的社会公益服务、公共基础设施、农业农村、生态环境保护、重大科技进步、社会管理、国家安全等公共领域的项目，以非经营性项目为主。政府采取直接投资方式、资本金注入方式投资的项目，项目单位应当编制项目建议书、可行性研究报告、初步设计，按照政府投资管理权限和规定的程序，报投资主管部门或者其他有关部门审批。这些政策法规的实施，有效促进了我国投资领域健康发展格局的形成。

2.2 房地产投资基本概念

2.2.1 房地产投资含义

房地产投资（real estate investment）是指法人或自然人等投资主体，直接或间接地投入资金用于房地产开发、经营、管理和服务的行为。房地产投资是以房地产为投资对象的投资，是借助房地产来获取收益的投资行为。

从物理形态上看，房地产投资对象可以分为土地（包括生地、毛地和熟地等）、建成后物业（包括居住物业、商业物业、工业物业和特殊物业等）和在建工程三种类型。投资对象不同，其所对应的投资收益与风险差别较大。

2.2.2 房地产投资形式

房地产投资分为直接投资和间接投资两种形式。

1. 房地产直接投资

房地产直接投资是指投资者直接进行房地产开发或购买房地产，并实施有关管理工作的投资。具体包括房地产开发投资和房地产置业投资。

1）房地产开发投资：房地产开发投资是投资者进行前期研究、购买土地使用权、规划设计、建设施工、竣工验收、市场销售、收回投资、获取利润的过程。即前面介绍的房地产开发的概念，也是本书的重点讨论内容。

2）房地产置业投资：房地产置业投资是指投资者以一定方式获取现有运行中的房地产所有权或使用权的投资行为。投资对象可以是新建成商品房（市场增量房地产）和二手房（市场存量房地产）。

通过房地产置业投资，投资者可以自己生活居住、生产以及自主经营，还可以将购买的房地产出租给使用者来获取较为稳定的经常性收入。在不愿意持有房地产时，将之转售获得转售收益。

2. 房地产间接投资

房地产间接投资是指投资者不需要直接参与房地产经营管理具体工作，而将资金投入与房地产相关的证券金融市场的行为。房地产间接投资的形式随金融产品及其衍生物的不断推出而丰富多样，主要包括：购买房地产企业股票或债券、购买房地产投资信托公司的股份及购买住房抵押支持证券等。

1）购买房地产企业股票或债券：投资者通过购买房地产开发投资企业发行的企业债券，以及在股票市场购买房地产企业股票，可以分享房地产投资的部分收益，即成为房地产间接投资者。

2）购买房地产投资信托公司的股份：房地产投资信托公司是从事购买、开发、管理和出售房地产资产的公司，具有投资代理的作用。投资者通过购买房地产投资信托公司股份，将资金投入到专业房地产投资管理者经营管理的房地产投资组合中，获取相对稳定的投资收益，成为房地产间接投资者。

3）购买住房抵押支持证券：金融机构将个人住房抵押贷款债权出售给专门设立的特殊目的公司，由该公司将其汇集重组成抵押贷款集合，每个集合内贷款的期限、计息方式及还款条件等大体一致，通过政府、银行、保险公司或担保公司等担保，转化为信用等级较高的证券出售给投资者。由此，投资者可以间接地获取房地产投资收益。

下面介绍房地产投资的特征、风险等内容，主要针对房地产开发投资与置业投资，对于房地产间接投资已属另一领域。

2.3 房地产投资的特征

2.3.1 房地产投资的收入能力

具有收入能力是投资的基本特征。房地产投资的收入能力可以从收入数量、收入质量及持久性三个方面来分析。

1. 房地产投资收入数量

通常，房地产投资收入来自两个方面，一是所投资房地产的出售收入，二是所投资房地产的出租收入（自主营业的房地产收益可转化为租金形式）。从总体情况来看，这两种收入相对其他投资收入都是较高的。出售收入的数量决定于可出售面积和售价水平，出租收入的数量决定于可出租面积和租金水平。

2. 房地产投资收入质量

房地产投资收入质量就是指收入的稳定性，它是收入能力的重要指标。作为任何一项投资，收入稳定往往比收入高更具吸引力。相对于股票投资等情况，房地产投资收入具有一定稳定性。在合理运作前提下，对于出租房地产，通过出租经营，承租户一般按月或按年定期交纳租金，其租金收入在时间和数量上都是可以预见的；对于出售房地产，通过销售推广，销售收入一般在预售阶段和销售阶段获取。但是在市场环境、宏观环境及政治政局等突变情况下，房地产投资收入具有的稳定性较差。

3. 房地产投资收入持久性

房地产投资收入持久性是指投资者获得房地产投资收入所能持续的时间。由于房地产自身具有寿命长久性的特点，所以一旦拥有房地产，在其几十年乃至上百年的自然寿命中可以通过适时更新改造获得多个经济寿命，其投资收入持久性很好。对于开发销售房地产则可理解为这种持久收入的提前变现。

2.3.2 房地产投资的风险

对于房地产投资，不论是开发投资，还是置业投资，都具有较高风险。前面已提到房地产开发具有较高风险性，而对于置业投资同样面临着系统风险和个别风险。房地产投资是经过大量调查与分析，在预测和评估基础上的决策结果，但随着时间的推移，不可预料的变化在产生，往往使投资的实际收益与期望收益产生偏差，即形成风险。房地产投资中，风险是客观存在的，投资者需要研究各种风险因素，尽可能地防范和规避风险。

2.3.3 房地产投资的安全性

房地产投资的安全性是指房地产投资者最初的资本支出将被完整收回的确定程度。一般情况下，房地产投资具有较高安全性。房地产投资形成实物房地产，其寿命长久，不会轻易受到损毁，不可移动，也不会丢失；房地产自身具有保值增值特性，在通货膨胀情况下，不会贬值，随着建筑成本的上涨，房地产租金和售价会不断攀升；即便考虑市场供求关系发生大的变化，房地产出售困难，只要降低期望利润，以低价销售收回投资成本一般也是可以做到的。

但是，这种投资的安全性在社会经济政治环境变化较大时显得相当脆弱。如果一个地区或国家政局不稳，投资的房地产会无人问津，很难收回投资。如果地区再发生战争，房地产投资更是面临化为灰烬的危险。

2.3.4 房地产投资的流动性

房地产投资的流动性是指房地产投资迅速转变为现金的能力。任何一项投资转变为现金的速度越快，则流动性越强；反之，流动性越弱。流动性是投资的一项重要指标，流动性好意味着风险就小。房地产投资的流动性较差，要将房地产投资转变为现金，往往需要几个月乃至更长时间。通常的房地产销售需要经过策划、宣传广告及其他推广活动，需要向买房意向人展示房地产并进行一系列洽谈，需要办理许多相关手续等，所以，整个变现过程可以说是"漫长"的。

2.3.5 房地产投资的市场性

房地产投资的市场性是指投资者出售所投资的房地产是否容易，即便产生一定损失。如股票投资的市场性很好，只要相对降低价格，就可以卖掉。房地产投资的市场性较差。由于房地产本身的不可移动性和独一无二性，导致房地产市场具有地区性、分散性特点。所以，对于一项特定的房地产，需求者是有限的，市场机会不多，例如，一个住宅小区的一套普通商品住宅，其销售对象主要限定在小区周边的人群，而本市其他区域的人群购买的可能性较小，其他城市人群购买的可能性就更小，与电视机、空调等商品面对广阔人群的销售机会是截然不同的。

需要说明的是，不同房地产其市场性是有差异的。有的房地产市场性高一些，有的市场性低一些，例如，区位好的房地产容易出售，品牌好品质高的房地产容易出售，通用性好的房地产容易出售，反之亦然。

2.3.6　房地产投资的财务杠杆利益

房地产投资的贷款价值比通常是很高的，一般在60%以上。通过借贷进行房地产投资，在合理运作情况下，投资者不仅得到自己股权投资的报酬，而且还会得到借入资金投资的部分报酬，从而提高股权投资的报酬率。利用财务杠杆效应提高股权投资的报酬率是房地产投资的重要特征之一。

2.3.7　房地产投资的税收受益

一项投资是否能够得到税收方面的好处是投资者非常关心的投资特征，因为减少税收负担意味着增加收入。置业投资的所得税是以毛租金收入减去经营成本、贷款利息和建筑物折旧后的净经营收入为基数以固定税率进行征收的，而税法中规定的折旧年限比建筑物自然寿命和经济寿命要短得多，这就使建筑物每年的折旧额比物业年收益能力的实际损失高得多，导致投资者账面净经营收益减少，从而减少纳税支出。另外，对于城镇居民购买自住住宅，一般能够享受政府提供的税收优惠。

2.3.8　房地产投资的其他特征

房地产投资还具有一些其他特征，如投资数量巨大、投资回收期较长，以及投资具有增值能力可以抵消通货膨胀影响等。

2.4　房地产投资风险与风险管理

2.4.1　房地产投资的风险

1. 风险的定义

人们在生活、学习和工作中，虽然建立了一定规范与秩序，但错综复杂的变化总是带来很多不确定性因素，使实际的情况与我们的设想不同，导致风险的存在。在瞬息万变的世界，风险无处不在、无时不有。

从不同角度出发，风险有多种定义，如"风险是损害发生的可能性""风险是客观的不确定性""风险是在一定条件下，一定时期内可能产生结果的变动"，以及"风险是可测度的客观概率的大小"等。

通常，广义的风险指未来结果的不确定性，大的方面可分为三类：一是收益风险，它是指只产生收益而不导致损失的可能性，如接受教育的风险；二是纯粹风险，是指只带来损失而不会带来收益的可能性，如洪水风险；三是投机风险或投资风险，它是指既可能带来损失又可能带来收益的可能性，如房地产投资风险、证券投资风险等。这里，我们主要讨论第三类风险。

在经济学上，风险可以定义为：风险是指特定条件下与特定时期内，某一事件的实际结果偏离预期结果的程度。当实际情况与预期的情况不一致，就意味着风险的产生，并且这种不一致的可能性有多大，可以用概率等表示。

2. 房地产投资风险的定义

根据风险的含义，房地产投资风险可以定义为房地产投资效果的实际值偏离期望值的程度。由于房地产投资数量巨大、周期长、不确定性因素多，其风险也多样而复杂。房地产投资风险（一般指不利的风险）一旦发生，其所导致的后果是相当严重的。对于房地产投资者，应当将风险意识的建立、风险的判断分析及处理放到重要地位。

3. 房地产投资风险的种类

房地产投资风险按不同角度有多种分类方式，但不论如何划分，均是分析预期结果偏离实际结果的影响因素。

1）按投资者对风险的可控性，可将风险分为：

① 系统风险：房地产投资的系统风险是指对房地产投资市场内所有投资项目均产生影响，投资者无法控制的风险。只要投资者进入房地产投资市场，就存在这样的风险。对此，投资者只能加强调研，及早识别，采取规避等措施，予以防范。

系统风险主要包括：政治风险、政策风险、利率风险、通货膨胀风险、市场供求风险、市场周期风险、变现风险、或然损失风险及其他等。

政治风险指由于政变、战争、经济制裁、外来侵略等政治因素条件发生变化带来的投资风险。政治风险是房地产投资中最危险的一种风险，一旦发生，投资的安全性荡然无存，一方面直接损害房地产实物本身，另一方面引发其他风险进一步造成危害。

政策风险是指政府关于房地产的土地供给政策、金融政策、税费政策、住房政策、环保政策、价格政策等发生变化带来的投资风险。为了规避此类风险，应当投资政府鼓励、有政策优惠的项目。

利率风险是指由于利率变化而带来的投资风险。利率风险可以划归到政策风险范畴，因为其对房地产投资影响较大，故单独列出。一般情况下，利率上调，投资者的贷款利息会增加，并且一定程度抑制房地产市场的需求数量，同时导致房地产实际价值减损（采用估价原理分析），以及还会带来其他市场负面影响。2004年10月29日起中国人民银行决定上调金融机构存贷款基准利率并放宽人民币贷款利率浮动区间。许多开发商因融资压力要转让项目，一些中小开发商不得不退出市场。

通货膨胀风险是指房地产投资收回的资金与开始投入的资金比较，由于购买力降低或货币贬值而带来的投资风险。由于房地产投资具有保值增值性，分析通货膨胀风险应当综合考虑。

市场供求风险是指投资者所在地区房地产市场供求关系发生变化而带来的投资风险。这种风险可以分两个方面来理解，一是在不断变化的市场，当供不应求转变为供大于求，如果市场机制完善，房地产价格会下浮，从而导致投资的实际收益偏离预期收益，即产生风险。二是市场产生过剩，通常表现为结构性过剩（某地区某类型房地产的供给大于需求），当达到一定程度时，投资者面临房地产产品积压与空置，无法收回投资，偿还贷款本息，使投资的实际结果偏离预期结果，严重时导致投资者破产。为了防范此类风险，投资者应当以市场为导向，认真做好市场调查，开发适应市场的房地产商品。

市场周期风险是指由于房地产市场的周期波动而带来的投资风险。房地产市场周期与宏观经济周期密切相关，通常分为复苏、繁荣、衰退和萧条四个阶段。一些研究表明，各个国家和地区房地产市场周期波动的频率和幅度是不一样的，频率越小，幅度越小，市场就越稳定越成熟。例如，仅从房地产市场周期来看，美国为18～20年，中国香港地区为7～8年，日本约为7年。房地产市场周期的变化，常常使投资者实际的收益偏离预期收益。当房地产市场进入衰退和萧条阶段时，房地产价格下跌，交易量减少，投资者会因此产生较大损失。

变现风险，或称作迅速变现风险，它是指房地产投资者急于将房地产兑换为现金时由于折价而产生资金损失所带来的投资风险。这种风险实际上是房地产投资的流动性差和市场性差综合作用的结果。

或然损失风险是指由于火灾、地震、洪水等其他偶然发生的自然灾害引起房地产投资损失而产生的投资风险。

② 个别风险：房地产投资的个别风险是指对房地产投资市场内个别投资项目产生影响，投资者可以控制的风险。对此，投资者应采取措施，进行控制与防范。个别风险主要包括：收益现金流风险、未来经营费用风险、资本价值风险、比较风险、时间风险、持有期风险等。

收益现金流风险指房地产投资的实际收益现金流未达到预期目标要求而带来的投资风险；未来经营费用风险指投资者所投资的物业的实际经营管理费用超出预期经营费用而带来的风险；资本价值风险指由于预期物业资本价值和现实物业资本价值之间的差异所带来的投资风险；比较风险指由于投资者投资某种房地产而失去其他投资机会和相应可能收益所产生的风险；时间风险指由于房地产投资的时间和时机等的选择所带来的投资风险；持有期风险指由于房地产投资者持有物业的不同期限所带来的投资风险。

另外，还有一些其他的个别风险，如选址风险、按时完工风险、工程质量风险等。

2）按投资实施的阶段，可将风险分为：

① 投资前期风险：投资前期风险指在投资前的项目筹划、市场调查、策划、研究和决策阶段存在的风险。具体包括选址风险、项目定位风险、项目决策风险等。这一阶段是房地产投资的关键阶段，有的称作可行性研究阶段，其潜在风险发生后，危害巨大。

② 开发建设风险：开发建设风险指从项目正式开工一直到交付使用阶段所产生的风险。具体包括成本控制风险、工期控制风险、工程质量风险、安全生产风险等。

③ 经营风险：经营风险指项目在经营阶段所产生的风险。具体包括市场营销风险、经营成本风险、经营资源风险等。

④ 管理风险：管理风险指项目竣工交付使用，业主入伙后的物业管理阶段所存在的风险。具体包括各种权利、利益及义务的纠纷风险等。

3）其他划分方式的风险：按投资风险的来源，房地产投资风险可分为国家风险、市场风险、自然风险、公司风险（公司由于经营决策失误及经营管理不善带来的风险）等；按投资风险的实质内容不同，房地产投资风险可分为政治风险、金融风险、市场风险、信用风险、财务风险（项目融资、资金运用等财务管理方面带来的风险，如过度举债风险）、经营风险、环保风险等。

2.4.2 房地产投资风险的管理

1. 房地产投资风险管理的概念

房地产投资风险管理是指对房地产投资风险进行识别、衡量、分析，并在此基础上有效地处置风险，以最低成本实现最大安全保障的科学管理方法。房地产投资风险是客观存在的，其发生的后果是严重的，如何发挥主观能动性，对风险进行有效的管理和防范，把风险降低到最低程度，是风险管理研究的问题，也是投资者尤其关心的问题。

2. 房地产投资风险的识别

（1）风险意识　房地产投资风险识别首先要解决的问题是建立风险意识。如果一个投资者没有风险意识，认为房地产开发具有高额利润，一开就发，那么投资失败的可能性很大。这是因为客观存在的对应高收益的高风险没有经过规避和防范，没有减小或减弱，一旦发生，发生后也没有任何预案来应对，这势必对企业和投资者带来致命打击。所以，当投资房地产时，投资者一定要清醒地认识到风险，并引起充分重视。只有明确风险的存在，才能处理风险。

（2）风险识别的内容　进行风险的识别，主要包含两方面内容，一方面是对房地产投资系统进行全面的考察来发现风险，因为风险具有不确定性的特点，很难用孤立的方法来考量，必须同时采用多种方法综合考虑；另一方面，识别风险还应对风险发生的损失程度进行初步估计。只有这样，才能对风险建立基本的认识。

（3）风险识别的原则

1）全面原则：全面原则要求全面了解和认识各种风险的存在、可能发生的概率及其造成损失的严重程度，识别风险因素以及由于风险发生而导致的其他问题。只有坚持全面原则，才能有效地识别和防范风险。

2）综合原则：综合原则要求进行风险识别时，把房地产投资风险当作一个复杂的系统，来考虑其中的不同类型、不同性质、不同损失程度的各种风险，而不能用孤立的方法来对待。

3）量力而行原则：量力而行原则要求在识别风险时，识别的成本应控制在一定的范围内。这就是要根据企业或投资者的实际情况，选择效果较好、费用较少的识别方法。显然，风险识别的成本大于或接近风险产生所造成的损失是得不偿失的。

4）其他原则：其他原则如系统化、制度化、经常化的原则，这些原则都有利于将风险的识别纳入一个规范管理的轨道。

3. 房地产投资风险的衡量与分析

房地产投资风险的衡量主要研究两个方面：确定投资风险的风险程度和风险概率。

风险程度表示风险造成损失的大小，又可以称为投资风险损失强度，是从风险可能给投资者带来的最大损失的角度来衡量风险。在最大风险情况下，投资者可能损失全部投资，也可能损失部分投资。

风险程度（投资风险损失强度）可以定量地表示为在房地产投资市场上，由于风险存在使投资者可能遭受的最大损失在直接投资总额中所占的比例。

风险概率表示投资风险发生的可能性高低，一般可以用随机事件的概率分布评价指标（标准偏差）来相对表示。房地产投资风险的发生是一种随机事件，无法确定风险何时何地发生，只能依据统计结果的分布状态来衡量其发生可能性的大小。

房地产投资的风险分析主要包括敏感性分析和概率分析，本书将在第5章中详细介绍。

4. 房地产投资风险的处置

房地产投资风险的处置主要包括房地产投资风险的回避、转移及控制等。

（1）房地产投资风险的回避　房地产投资风险回避是指投资者经过调查分析后，对风险较大的项目做出放弃投资的决定，从而完全避开投资风险。这种防范风险的方法是对付风险损失最彻底的一种策略，但在有效防止投资者可能遭受损失的同时，也失去了获利的可能，是一种消极防范风险的措施。

（2）房地产投资风险的转移　房地产投资风险转移是指投资者采用一定策略措施将各种风险因素转移出去。风险转移不能彻底防范风险，但能降低风险。一般情况下，风险转移策略有三种形式。

1）保险转移：保险转移是指投资者以合同形式把自然灾害、意外事故等可能造成的各种风险损失转移给保险公司。保险本身具有分散风险、组织经济补偿的基本职能和融通资金、防灾防损、分派等的派生职能。

2）契约合同转移：契约合同转移，属于风险控制措施的风险转移，它是指投资者通过契约或合同将风险对象的资产或活动及风险可能产生损失的财务负担和法律责任转移给非保险业的其他人。例如，开发公司与建筑公司签订的工程承包总价合同，就是将项目施工阶段的工程造价增加的风险转移给建筑公司。

3）财务责任转移：财务责任转移也是一种非保险形式的风险转移，它是指投资者通过寻求外部资金将部分投资收益、财务责任、风险损失等转移给他人。例如发行房地产投资公司股票、寻求合作开发伙伴等。

（3）房地产投资风险的控制　房地产投资风险的控制是指投资者通过采取一定措施和方法减少风险发生的概率及降低因风险发生可能造成的损失等，来处理投资者不愿意或不能回避与转移的风险。对于投资者来说，风险控制的目的在于改善风险本身的特性，使其能够接受。

通常的房地产投资风险控制措施有以下几种：

1）决策控制：决策控制是指投资者通过决策方法选定风险较小或可接受风险的房地产投资。房地产投资项目多种多样，风险程度均不相同，投资者选择风险较小的项目，可降低结果的不确定性。但是，在正常投资市场，投资风险与投资收益具有正相关关系，选择风险较小项目意味着获得更高收益的机会失去。因此，投资者一般需要根据决策理论选择自身可接受的风险的投资项目，换个角度来说，投资者需要根据不同种类房地产投资风险的大小，确定其合理的投资收益水平。

2）市场导向控制：市场导向控制是指投资者以市场导向的指导思想来投资开发房地产项目，降低选址风险、项目定位风险、项目营销风险等风险。以市场为导向就是要充分地了解市场，进行认真的市场调查研究。细致到位的市场调研，可以了解消费者需求、市场竞争状况及宏观环境状况等，从而进行准确的市场定位，有效地降低投资风险。

3）投资组合控制：投资组合是从证券投资风险分散原理发展起来的理论。通俗地理解，就是"不要把所有的鸡蛋放在一个篮子里"。投资组合理论认为，在相同的宏观环境变化下，不同投资项目的收益会有不同的反应，如果把适当的投资项目组合起来，就可以达到一个较为理想的长远投资策略。

投资组合对于减小风险、分散风险的作用可以作如下理解：

第一，组合投资的风险量值（标准差）在大多数情况下会比个别项目投资的风险量值小，显示了其减小风险、分散风险的作用。

第二，组合投资的收益率期望值一定小于单项投资的收益率的最大值，显示了分散风险的代价是降低了风险收益。

对于房地产投资组合，从广义上来看，是指房地产投资与证券投资的投资组合；从狭义上来看，是指不同种类的房地产投资所构成的投资组合。

狭义的房地产投资组合形式主要包括：项目类型分布组合、时间分布组合、地区分布组合及其他组合。

项目类型分布组合是指投资者把不同类型房地产项目的投资组合起来实施。所组合的不同类型的房地产项目可以是住宅、购物中心、写字楼、工业厂房等，也可以是中低档住宅、高档住宅、豪宅等。

时间分布组合是指投资者把不同时点或时间的房地产项目投资组合起来实施。这种组合要求投资者把握各种房地产投资的不同时点与时间，既要考虑宏观环境，又要考虑微观环境，同时要分析企业或投资者自身条件与经营目标等。

地区分布组合是指投资者把不同地区的房地产项目投资组合起来实施。所组合的不同地区的房地产项目可以是不同城市、国家、地区的项目，也可以是同一城市不同区域、片区、区位的项目。

5. 房地产投资风险管理的实施

房地产投资风险管理的实施应注意以下几点：

（1）风险管理的计划、组织、控制　应制定风险管理计划，安排合理的人力物力执行，进行效果检查，发现偏差，及时采取措施纠正，以保证总体目标的实现。这是规范化管理风险的科学方法。

（2）风险管理的态度　风险是客观存在的，是随时随地存在的，既不能一味躲避，也不能忽视。对待风险要有正确的态度，不能过于保守，要合理承担风险；不能冒进，要正确衡量风险的发生概率及造成的后果，应用风险与收益对等原则。只有正确的态度，才能有平静的心态。在这样的基础上，才能正确管理风险。

（3）风险管理的感性与理性结合　进行风险管理，通常需要根据相关理论进行判断、分析、推理，进而决定采取什么措施，这属于风险管理的理性部分。但房地产投资市场涉及面极广，非常复杂，有时仅根据理性认识是不够的，因为市场存在未被认识和发现的规律。建立在长期经验和丰富阅历基础上的感性认识在正确引导下对风险管理有积极的作用。风险管理应当采取理性与感性相结合，以理性为主，以感性为辅。

（4）风险管理的分类与把握　进行房地产投资风险管理，应当根据当时当地状况，针对特定房地产投资将风险分类，以便把握。例如，根据前面提到的风险基本分类，对于特定项目，哪些是致命风险，哪些是重要风险，哪些是一般风险，辨别投资者对其的可控性，然后决定采取回避、转移及控制措施。风险的重要程度一般与时间、地点及具体投资类型有关，例如，当宏观经济环境变化较大时，政策风险、利率风险等就成为密切关注的风险；反之，若宏观经济环境稳定，政策风险、利率风险等就成为一般风险。

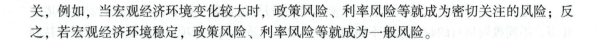

1. 房地产投资的含义是什么？房地产直接投资与间接投资各指什么？
2. 房地产间接投资具体包括哪些方式？
3. 房地产投资的特征有哪些？
4. 什么是房地产投资的系统风险和个别风险？并分别进行举例说明。
5. 房地产投资风险管理的含义是什么？对房地产投资风险应如何处置？

第3章

房地产市场

> **导读**
>
> 房地产市场的发展及变化对房地产经济活动具有重要影响,策划与开发经营者需要探求市场基本规律来帮助实现预期目标。本章主要介绍房地产市场相关基本概念,以及房地产市场的特征、规律和调控。

3.1 房地产市场基本认识

3.1.1 房地产市场概念

1. 市场概念

从不同角度,市场有多种定义,如"市场是联系商品生产者和消费者之间的桥梁""市场是某一特定商品或服务的目标客户群""市场是商品交易的任何场合""市场是使商品交易双方接触并达成交易价格的任何安排"。实际上,市场是社会生产分工和商品交换的产物,通常包括两重含义:一是指买卖双方交易的场所,二是指交易活动发生的过程及系统。综合来看,市场是全社会商品交易活动及各种交换关系的总和。

市场可以是有形的,如购物商场等;市场也可以是无形的,如电子商务市场等。

作为一个市场,其框架结构通常由三方面组成:一是进行交换的对象,即市场客体;二是进行交换的个人或组织,即市场主体;三是进行交换的环境,即市场环境。

2. 房地产市场概念

广义的房地产市场指房地产交易中一切经济关系的总和,狭义的房地产市场可以指房地产买卖、租赁、抵押、典当等交易活动的场所。

房地产市场的客体是进行交易的各种房地产商品,如住宅、商场、写字楼、工业厂房、土地等。房地产市场的主体是在房地产市场进行交换的个人或组织,主要是指需求主体和供给主体,需求主体是购房人,供给主体是卖房人。除了需求主体和供给主体外,市场会因不能顺畅和准确传递信息等原因导致市场失灵,这时需要协调主体,协调主体可以是政府或行业组织及其他等。房地产市场的环境指各种交换赖以进行的社会制度和各种相关政策法规、规章文件及其他环境因素,一般包括政治环境、社会环境、经济环境、金融环境、资源环境、技术环境、法律制度环境、国际环境等。

需要说明的是,作为房地产市场,还应界定时间和地域的范围。房地产市场随时间的变化而变化,而且差别很大,因此应界定时间为特定时期;房地产市场具有地区性、分散性的特点,各地区房地产市场一般各不相同,因此应界定地域为特定地区。

3.1.2 房地产市场类型

房地产市场可以从不同角度,进行多种划分。

1. 按照用途划分

房地产市场按用途可以分为住宅市场、工业厂房及仓储市场、写字楼市场、商场及店铺市场、特殊用途房地产市场及土地市场等。每一类又可以进一步细分,如住宅市场可以细分为普通住宅市场、高级公寓市场、别墅市场等;工业厂房及仓储市场可以细分为标准工业厂房市场、高新技术产业用房市场、研究与发展用房市场、工业写字楼市场、仓储用房市场等;写字楼市场可以细分为甲级写字楼市场、乙级写字楼市场、丙级写字楼市场等。进行房地产开发,需要决定进入哪种用途的房地产市场,清晰的市场划分可以表现其各自特征,有利于企业进行决策。

2. 按照市场层次（或存量增量）划分

房地产市场按照层次可以分为:房地产一级市场,即土地使用权出让市场;房地产二级市场,即土地转让、新建商品房租售及抵押等市场;房地产三级市场,主要指存量房地产交易市场。有时还提到房地产四级市场,主要指地产相关的证券、保险等市场。

按照增量存量的方式,还可以将土地市场分为:土地一级市场,即土地使用权出让市场;土地二级市场,即土地使用权转让市场。

需要注意的是,住房或房屋市场的细分不应与房地产市场的细分混淆。住房或房屋市场分为:一级房屋（住房）市场,主要指增量市场或一手房市场;二级房屋（住房）市场,主要指存量市场或二手房市场。

存量市场与增量市场具有互动关系,存量市场活跃,有利于促进增量市场的发展。

3. 按照交易形式划分

房地产市场按照交易形式可以分为房地产买卖市场、租赁市场、抵押市场、典当市场、保险市场等,随着房地产产业的发展及相关金融等的发展,房地产交易形式越来越多,则演化的市场类型也多种多样。

4. 按照影响范围（区域范围）划分

房地产市场按影响范围可以分为国际性房地产市场、全国性房地产市场、区域性房地产市场、地方性房地产市场等。通常,不同类型房地产影响范围是有差别的,房地产档次越高,影响的市场空间范围就越大。例如,中国香港地区的高档房地产市场,其需求具有国际性;国内其他一些大城市高档房地产市场,其需求具有全国性;有的城市房地产市场影响涉及周边几个省,有的仅作用在本城市。从这一点来看,进行房地产开发,对不同地区不同档次不同类型的房地产的市场范围要认识清楚,以便进行宣传推广。

房地产市场还可以按区域范围进行划分。常见的是按不同城市划分,如北京房地产市场、上海房地产市场、西安房地产市场等；在一个大城市里，其内部各区域（或片区）房地产市场差别也较大，因此可按具体区域（或片区）划分，如西安房地产市场可以分为城东、城南、城西、城北、城中、高新区、长安区等市场。除了按城市划分外，还可按省或自治区划分，如广东省房地产市场、山东省房地产市场、浙江省房地产市场等。另外，在更广的区域层次上可以有中国房地产市场、亚洲房地产市场、世界房地产市场等。值得说明的是，房地产市场具有地区性，一般研究分析一个城市或其片区的房地产市场对投资开发更具有针对性。

5. 按照购买者目的划分

房地产市场按购买者目的可以划分为房地产自用市场和投资市场。这种划分对于策划、开发和推广房地产具有重要意义，因为这两种市场的操作侧重是不同的。对于自用市场的购买者，其购买影响大的因素是自身价格承受能力、生活或生产需要、偏好等，而对于投资市场的购买者，其购买影响大的因素是房地产投资收益水平、使用者需求特点等。所以，投资开发需要针对不同购买者特点制定不同的方案。需要说明的是，房地产购买者目的有时是自用和投资混合的，而有的房地产项目既有自用型购买者，又有投资型购买者，在这种情况下，应制定综合方案。

6. 其他划分方式

房地产市场还可以有其他方式的划分。例如，按照交易场所不同可以分为房地产有形市场（固定交易场所）、房地产无形市场；按照供货方式不同可以分为房地产现房市场、房地产期房市场；按照发育程度不同可以分为房地产初级市场、房地产中级市场、房地产高级市场等；按照物质形态不同可以分为房产市场、地产市场、劳务市场、资金市场、信息市场；按照供求行情不同可以分为卖方市场、买方市场、中介市场等。

3.1.3 房地产市场主要指标

房地产市场指标是反映和描述房地产市场基本状况和特征的指标集合，主要包括三大类，即供给指标、需求指标和交易指标。

1. 供给指标

房地产市场供给指标主要包括：
1）存量：指报告期期末已占用和空置的物业空间总量。
2）新竣工量。
3）灭失量。
4）空置量：指报告期期末房屋存量中没有被占用的部分。
5）空置率。
6）可供租售量。
7）房屋施工面积：指报告期内施工的房屋建筑面积，包括本期新开工面积和上年开发跨入本期继续施工的房屋面积，以及上期已停建在本期复工的房屋面积。本期竣工和本期施工后又停建缓建的房屋面积仍包括在施工面积中。
8）房屋新开工面积：指报告期内新开工建设的房屋建筑面积，不包括上期跨入报告期继续施工的房屋面积和上期停缓建而在本期恢复施工房屋面积。房屋的开工应以房屋正式开始破土创槽（地基处理或打永久桩）的日期为准。

9）房屋竣工面积：指房屋按照设计要求已全部完工，达到入住和使用条件，经验收鉴定合格或达到竣工验收标准，可正式移交使用的房屋建筑面积总和。

10）竣工房屋价值：指报告期内竣工房屋本身的建造价值。竣工房屋价值按房屋设计和预算规定的内容计算。包括竣工房屋本身的基础、结构、屋面、装修以及水、电、暖、卫等附属工程的建造价值，也包括作为房屋建筑组成部分而列入房屋建筑工程预算内的设备，如电梯、通风设备等的购置和安装费用；不包括厂房内的工艺设备、工艺管线的购置和安装，工艺设备基础的建造，办公及生活用品等家具的购置等费用，购置土地的费用，迁移补偿费和场地平整的费用，以及城市建设配套的投资。竣工房屋价值一般按结算价格计算。

11）平均建设周期等指标。另外，房地产市场供给指标还可以包括相关土地市场指标，如各类用地出让转让量、楼面地价、单位地面价等。

2. 需求指标

房地产市场需求指标主要包括：

1）国内生产总值。
2）经济增长率。
3）通货膨胀率。
4）人口数。
5）城市家庭人口。
6）就业人员数量。
7）就业分布。
8）失业率。
9）城市家庭可支配收入。
10）城市家庭总支出。
11）房屋空间使用数量。
12）商品零售价格指数。
13）城市居民消费价格指数。
14）公司数量、规模等指标。

3. 交易指标

房地产市场交易指标主要包括：

1）销售量。
2）出租量。
3）吸纳量，是指报告期内销售和出租房屋的数量之和。
4）吸纳率，指报告期内吸纳量占同期可供租售量的比例。
5）吸纳周期，是指按报告期内的吸纳速度（单位时间内的吸纳量）计算，同期可供租售量全部被市场吸纳所需要的时间。
6）预售面积。
7）房地产价格指数。

8）房地产价格。
9）房地产租金等指标。

由于房地产市场的复杂性，其市场指标除供给指标、需求指标和交易指标以外，还可以用其他市场的相关指标用来辅助描述房地产市场基本状况态势，如金融市场的利率指标等。

3.2 房地产市场的特征

3.2.1 房地产市场的系统性和开放性

从自然观的角度，系统是一种联系方式，在这种方式中，若干有特定属性的要素经特定关系而构成具有特定功能的整体。进一步理解，系统是由若干要素组成的；系统的各要素之间存在着特定关系，形成一定的结构；系统的结构使它成为一个有特定功能的整体；功能是在系统与外部环境的相互作用中表现出来的。一个完整的房地产市场具有系统的要素、结构、功能、环境等特点，它是市场的主体、客体、环境、价格、资金、运行机制等因素相互作用、相互联系而有机构成的一个系统。而且，房地产市场是一个开放性的系统。开放系统指与环境既交换物质又交换能量的系统，房地产市场需要不断地与其他要素市场，如金融市场、信息市场等进行物质、能量及信息等的交流和交换。

房地产市场的这种特征要求在实践中，研究分析房地产市场应采用系统的观点来对待，同时不能忽视开放性，注意金融等相关市场的影响。

3.2.2 房地产市场的不完全竞争性

房地产市场作为一种商品市场，其具有竞争性。但是，由于房地产产品自身的特殊性，导致房地产市场成为一个不完全竞争的市场。

对于一个完全竞争市场，必须同时具备四个条件：第一，市场上有足够多的生产者和消费者。这样，单个生产者或消费者对市场价格难以形成大的影响，市场价格由众多生产者和消费者共同行为决定。第二，市场上产品是同质的。也就是对消费者来说，所有生产者的产品可以相互完全替代。第三，资源完全自由流动。即资源可以自由进出，不存在任何障碍，不存在行业壁垒。第四，市场信息是完全畅通的。生产者和消费者对市场信息具有完全知识，双方的市场信息是对称的。作为房地产市场，具体来看其市场主体的数量不多，往往是一个卖主对几个买主，或者一个买主对几个卖主；由于房地产的不可移动性和独一无二性，在房地产市场没有任何两项产品是完全一样的，产品之间没有完全替代性；另外，由于房地产业的特殊性，政府会对房地产市场根据需要采取干预和调控措施，这使得资源自由进出市场受到限制，例如，国家对房地产信贷资金使用的限制；再者，在房地产市场，生产者和消费者双方对市场信息是不对称的。因此，房地产市场是一个不完全竞争的市场。

3.2.3 房地产市场的地区性

由于房地产商品无法移动，使房地产市场不存在商品流向规律，即房地产商品不会因价格和供求关系等变化而在不同地区市场之间流动，所以，房地产市场是一个地区性的市场。

通常，房地产市场主要是以一个城市为特定范围，在遵循房地产市场一般规律的同时，表现出各自不同的状况。例如，北京的房地产市场与西安的房地产市场，在市场发育程度、影响范围、投资量、开发量、价格、供求状况等方面差别是很大的。

房地产市场的这种特征要求开发企业进入一个新的城市时，无论是外资企业进入中国城市，还是发达城市进入一般城市或中小城市，必须认真调查研究当地市场，积极开拓各方关系，打破固有的开发理念，重新以市场为导向建立新的开发理念。实际中，一些企业为了加快当地化，通常采取的方法是寻找当地中小开发企业合作或聘用相当比例的当地人员。

3.2.4 房地产市场的供求特殊性

房地产市场的供求在具备一般市场的共性前提下，还具有其特殊性。

在供应方面表现为：供应的房地产产品具有不可移动性、独一无二性，是非标准化的，导致房地产市场成为一个产品差异化的市场；供应的房地产产品在短期内很难有大幅度的增减，导致房地产市场成为一个供应缺乏弹性的市场（供应弹性概念在本书 3.3.1 有介绍）；供应的房地产产品由于土地的有限性、不可再生性、固定性及投资巨大性，导致房地产市场成为一个具有相当垄断性的市场[⊖]。

在需求方面表现为：房地产是人们生活、学习、工作的基本条件，因而需求具有广泛性；房地产随社会进步需要更新换代，并且可以保值、增值，因而需求具有稳定性；房地产用来满足不同购房者的不同目的和愿望，因而需求具有多样性。我国各地从当地实际出发，制定和完善房地产政策，支持刚性和改善性住房需求，遏制投机需求，精准调控，打击投机炒房，限售就是防范投机的主要政策之一。同时，多种调控措施在不同时期灵活组合运用，实现逆周期和跨周期调节的优化效果。

3.2.5 房地产市场的交易特殊性

房地产市场交易的特殊性表现在以下几个方面：

一是房地产市场交易是房地产权益的交易。因为交易的房地产商品具有不可移动性，其成交不可能像电视机等一般工业产品那样一手交钱一手交货，其交易是房地产权益的交易。这种权益可以是房地产所有权、使用权及他项权等。并且，这种权益的交易必须经过房地产行政管理机关的产权登记，否则，不受法律保护。

二是房地产市场交易是需要专业服务的交易。因为房地产本身十分复杂，加之很多市场信息是非公开的，故交易过程通常需要专业人员进行服务，如估价师、经纪人等。

三是房地产市场交易是一般人非经常参与的交易。对于一般非房地产行业的人来讲，一生中难得有几次买房经历，不是经常参与的，与牙膏、化妆品等的交易不同，这决定了房地产营销的特点。

四是房地产市场交易是耗时的交易，即房地产交易通常持续的时间较长。

五是房地产市场交易往往需要金融机构的信贷支持。

⊖ 完全垄断市场的特征是：某产品市场仅有唯一生产者，并且该类产品无十分相近的替代品，同时该生产者能够排斥竞争者进入此行业，从而其能够控制这类产品的供给，进而控制此类产品的售价。

3.2.6 房地产市场发展的阶段性

通常,一个国家或地区的房地产市场发展初期,表现为以增量市场为主,新建住房上市量迅速增加,用来满足较为旺盛的住房需求。当供需达到某一平衡点时,包括基本供需平衡点和合理空置率下供需平衡点,市场开始逐渐转为开发销售与二手房租售等增量存量交易并重的格局。随着市场进一步发展,最终会形成的市场结构多为以存量房交易与服务及相关衍生产品为主,并具有一定比例的集约化品质化的新房开发。根据国际经验,当户均住宅超过1.12套时,增量市场出现转折,开始逐渐向存量市场转变。各国具体情况不同,这一数据会有所变化。同时,在房地产市场发展过程中,不同国家对商品房和保障房的结构会根据具体情况进行规划、调整及优化。

3.2.7 房地产市场的政策法规影响性

由于房地产和房地产市场的特殊性,其对国民经济发展具有重要作用,并且产生巨大的经济效益、社会效益和环境效益。所以,无论是社会主义国家,还是资本主义国家,都要对房地产市场进行监督、管理、调整和控制。政府通过相关政策法规来对市场进行调控,使市场正常运行。

房地产市场的这种特征要求开发企业进行开发活动时,应密切关注国家政策动向,尤其在宏观经济变动和经济转型时期。因为这样可以帮助开发商把握投资机会和投资方向。

3.2.8 房地产市场的其他特征

房地产市场还具有其他一些特征,如房地产市场是与基础产业发展高相关的市场;房地产市场是级差地租[⊖]作用的市场;房地产市场是具有周期性的市场;房地产市场是具有风险性的市场等。

3.3 房地产市场的规律

3.3.1 房地产市场需求与供应

1. 房地产市场的需求

(1) 概念 需求是指消费者在某一特定时期和一定市场上,按某一价格愿意并能够购买的某种商品或劳务的数量。因此,形成需求需要有两个条件:一是消费者具有购买欲望,二是消费者具有购买能力。需要注意的是,提到某种商品的需求量时,必须同时明确与需求量对应的商品价格,也就是说,需求是与商品销售价格所对应的消费者购买欲望和购买能力的统一。需求一般可以分为个人需求和市场需求,市场需求是市场中全部消费者个人需求的总和。

房地产市场需求是房地产市场上所有消费者在某一特定时期内和每一价格水平下,愿意

⊖ 级差地租是指使用较好的土地而获得的、转归土地所有者占有的超额利润,它是由于土地的优劣和追加投资的多少而产生的。

并且能够购买的某种（或各类）房地产或劳务的数量。

（2）影响因素　房地产市场的需求由多种因素决定，一般情况下，一种房地产需求量的主要影响因素有：消费者偏好、消费者收入水平、该种房地产的价格水平、相关房地产的价格水平、消费者对未来的预期等。

1）消费者偏好：消费的需求产生于消费者的需要和欲望，对不同商品欲望的强弱缓急形成消费者的偏好。消费者偏好反映消费者心理上对房地产商品喜好程度的排序，从而影响需求。如果消费者偏好某种房地产或某住宅户型，则该需求就会增加；反之，需求就会减少。

2）消费者收入水平：消费者的收入水平和社会收入分配情况对市场需求有非常重要的影响。通常，当其他条件不变时，人们收入水平越高，对房地产商品的需求也就越多。但应当注意，对于一些低档商品来讲，收入水平提高会减少其需求。

3）该种房地产的价格水平：一般情况下，当其他条件不变时，房地产商品本身价格与其需求量之间呈逆相关关系，即两者之间存在反向变动的关系，房地产价格上升，其需求就会减少；房地产价格下降，其需求就会增加。但在房地产投资或投机的特殊时期会表现出例外，有时出现类似股市的追涨杀跌现象，价格越高，需求越多；价格越低，需求越少。

4）相关房地产的价格水平：通常，房地产商品之间的关系有两种：一是互补关系，二是替代关系。互补关系的房地产商品是两种商品共同满足一种欲望，如住宅与配套商业房地产，共同满足居住生活的需要；替代关系的房地产商品是两种商品可以相互代替来满足同一种欲望，如经济适用房与普通商品住宅，可以基本相互替代满足居住需要。一般情况下，对于互补品，一种房地产消费多了，另一种房地产的消费也会多起来，表现在价格上为，一种房地产价格下降（消费增多），另一种房地产需求（或消费）就会增加；对于替代品，则是一种房地产的价格上升（消费减少），另一种房地产的需求（或消费）会增加。

5）消费者对未来的预期：消费者的需求在受到现实因素影响的同时，还受到未来预期的影响。房地产的需求不仅取决于消费者现在的收入状况和商品价格水平，还取决于消费者对未来收入、未来价格、未来政策等的预期。一般情况下，当消费者预期未来收入增加，则市场现期需求增加；反之，市场现期需求减少。当消费者预期未来某种房地产价格上升，则市场现期需求增加；反之，市场现期需求减少。

另外，还有一些其他影响房地产需求的因素，如城市化、人口因素、政府政策等。通常，城市化水平越高、家庭规模越小、房地产优惠税费政策越多，则房地产市场需求越大；反之，市场需求越小。

（3）需求曲线　房地产的需求曲线是表示其他条件不变情况下，房地产的需求量与其价格之间呈逆相关关系的曲线，表现某种房地产的需求量如何随着该种房地产价格的变动而变动，如图3-1a所示。通常，需求曲线是一条自左上方至右下方倾斜的曲线，以表现其重要性质：需求向下倾斜规律。有时，根据情况，需求曲线简化为一条自左上方至右下方倾斜的直线。

需求曲线会随时间而移动（因为决定需求的非价格因素在变化）。在房地产市场上，随着时间的变化，消费者对某种房地产偏好提高（降低），消费者收入增加（减少），替代房地产价格上升（下降）或互补房地产价格下降（上升），预期房地产价格上升（下降）或预期收入增加（减少），都会导致房地产需求量的增加（减少），需求曲线 D_0 会向 $D_1(D_2)$ 方向移动，如图 3-1b 所示。

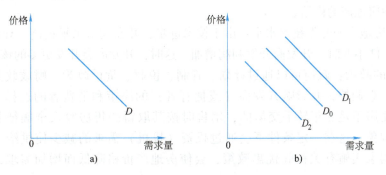

图 3-1　房地产需求曲线

（4）需求函数　将影响房地产商品需求的各种因素作为自变量，将需求作为因变量，则反映需求随这些影响因素变化而变化的对应关系的数学表达式就是房地产商品需求函数。它可表示如下：

$$D = f(x_1, x_2, x_3, \cdots, x_n)$$

式中，D 表示房地产商品需求；$x_1, x_2, x_3, \cdots, x_n$ 表示影响房地产需求的因素，如 x_1 为房地产价格，x_2 为消费者收入等；f 表示函数关系记号。

若设 Q_d 为房地产商品的需求量，P 表示该房地产商品的价格，假定除 P 之外，其他影响需求的因素都不变，则房地产需求函数可表示为：

$$Q_d = f(P) \text{ 或 } P = f^{-1}(Q_d)$$

式中，f^{-1} 表示 f 的反函数。

2. 房地产市场的供给

（1）概念　供给是指厂商在一定市场和某一特定时期内，与每一价格相对应的愿意并且能够供给的商品数量。因此，形成供给有两个条件：一是厂商具有供给意愿，二是厂商具有供给能力。同样，提到某种商品的供应量时，必须同时明确与供应量对应的商品价格，也就是说，供给是与商品销售价格所对应的厂商供给意愿和供给能力的统一。供给一般可分为个别供给和市场供给，市场供给是市场中全部厂商供给的总和。

房地产市场供给是房地产市场上所有开发商和拥有者（卖者）在某一特定时期内和每一价格水平下，愿意并且能够出售的某种（或各类）房地产或劳务的数量。

（2）影响因素　房地产市场的供给由多种因素决定，一般情况下，一种房地产供给量的主要影响因素有：该种房地产的价格水平、相关房地产的价格水平、该种房地产的开发成本、该种房地产的开发技术水平、政府的政策、开发商对未来的预期等。

1) 该种房地产的价格水平：一般情况下，当其他条件不变时，房地产商品本身价格与其供应量之间呈正相关关系，即两者之间存在同向变动的关系。通常，当某种房地产的价格越高，开发它就越有利可图，开发商愿意开发的数量也就越多；反之，开发商愿意开发的数量就越少。

2) 相关房地产的价格水平：当某种房地产商品价格不变，而另一种房地产商品的价格上涨，则开发商会减少对该种房地产的供给，增加对另一种房地产的开发。

3) 该种房地产的开发成本：当某种房地产商品价格不变，而其开发成本上升，这样就导致开发利润减少，在其他条件不变情况下，开发商会减少该种房地产的供给；反之，开发商会增加该种房地产的供给。

4) 该种房地产的开发技术水平：由于技术进步，开发技术水平提高，导致开发成本降低，当其他条件不变时，开发商开发利润增加，这时，开发商会开发更多的该种房地产。

5) 政府的政策：政府可以通过计划、管制、税收、货币政策、财政政策等对国民经济发展进行宏观调控，并影响开发商（或拥有者）的决策和消费者的选择。例如，国家对个人购买住房不足2年转手交易的，销售时按其取得的售房收入全额征收营业税，取消以前优惠减免，这在一定条件下会通过投资（投机）需求的减少使供给一定程度上减少。反之，国家实施有关税收优惠政策，会使房地产价格降低而增加需求，从而使供给增加。

6) 开发商对未来的预期：一般情况下，开发商对未来的预期会产生两方面影响：一是对未来供给的影响，二是对现时供给的影响。当开发商对未来的预期看好，预期该种房地产价格会上涨，则其会增加计划开发量，使未来供给增加；另一方面，开发商会把现时开发的房地产囤积，使现时供给减少。

另外，还有一些其他影响房地产供给的因素，如地区影响力、城市发展规划、开发商经营理念等。

(3) 供给曲线 房地产的供给曲线是表示其他条件不变情况下，房地产的供给量与其价格之间呈正相关关系的曲线，表现某种房地产的供给量如何随着该种房地产价格的变动而变动，如图3-2a所示。通常，供给曲线是一条自左下方至右上方倾斜的曲线。有时，根据情况，供给曲线简化为一条自左下方至右上方倾斜的直线。

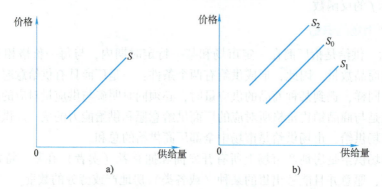

图3-2 房地产供给曲线

供给曲线会随时间而移动。在房地产市场上，随着时间的变化，相关房地产价格下降（上升），该种房地产开发成本降低（提高），开发技术水平提高（降低），政府优惠政策增加（减少）等，都会导致房地产供给量的增加（减少），供给曲线 S_0 会向 S_1(S_2) 方向移动，如图3-2b所示。

(4) 供给函数 将影响房地产商品供给的各种因素作为自变量，将供给作为因变量，则反映供给随这些影响因素变化而变化的对应关系的数学表达式就是房地产商品供给函数。它可表示如下：

$$S = \psi(x_1, x_2, x_3, \cdots, x_n)$$

式中，S 表示房地产商品供给；$x_1, x_2, x_3, \cdots, x_n$ 表示影响房地产供给的因素，如 x_1 为房地产价格，x_2 为相关房地产价格等；ψ 表示函数关系记号。

若设 Q_S 为房地产商品的供给量，P 表示该房地产商品的价格，假定除 P 之外，其他影响供给的因素都不变，则房地产供给函数可表示为：

$$Q_S = \psi(P) \text{ 或 } P = \psi^{-1}(Q_S)$$

式中，ψ^{-1} 表示 ψ 的反函数。

3. 房地产市场供求均衡

如果房地产商品的需求和供给是已知和既定不变的，由于供求在市场中的共同作用，使消费者愿意购买的数量与开发商（或拥有者）愿意供给的数量正好相等，此时称为房地产市场达到均衡。

市场均衡时需求等于供给的数量称为均衡数量，所对应的价格即需求价格等于供给价格，称为均衡价格，如图 3-3 所示。E 点对应的 P^0 为均衡价格，对应的 Q^0 为均衡数量。

均衡价格的形成是市场竞争条件下由供求双方共同作用的结果，是自发形成的。当市场价格偏离均衡价格时，市场上会出现需求量与供给量不相等的非均衡状态。但在市场机制作用下，这种供求不相等的非均衡状态会逐渐消失，偏离的市场价格会自动回复到均衡价格水平。当供应量小于均衡量，市场供不应求，导致价格上升，价格上升导致供给增加，供应量趋向均衡量，市场价格趋向均衡价格；当供应量大于均衡量，市场供过于求，导致价格下降，价格下降导致供给减少，供应量趋向均衡量，市场价格趋向均衡价格。

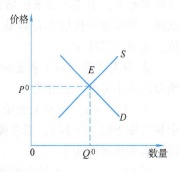

图 3-3 房地产供求平衡

如果供给不变，需求变化是由于价格以外因素变化引起的。那么，当需求增加时，需求曲线向右上方移动，则均衡数量增加、均衡价格上升；当需求减少时，需求曲线向左下方移动，则均衡数量减少、均衡价格下降。

如果需求不变，供应变化是由于价格以外因素变化引起的。那么，当供给增加时，供给曲线向右下方移动，则均衡数量增加、均衡价格下降；当供应减少时，供给曲线向左上方移动，则均衡数量减少、均衡价格上升。

如果需求和供给是同时变化，均衡数量和均衡价格的变化应根据具体情况而定。例如，假设需求曲线和供给曲线均可以简化为直线。当需求增加并且供应也增加时，需求曲线向右上方移动，供应曲线向右下方移动，则均衡数量增加，而均衡价格可能上升，可能不变，也可能下降。

4. 房地产市场供求弹性

（1）弹性的含义　弹性是一个变量对于另一个变量的敏感性的一种度量。从经济学的角度来看，弹性可以理解为作为自变量的经济变量发生 1% 的变化，将会引起作为因变量的经济变量的百分比变化。

（2）房地产需求弹性　需求弹性是指由于影响需求的各因素发生变化后，需求量做出的反映程度。房地产需求弹性主要包括房地产需求的价格弹性、房地产需求的收入弹性、房地产需求的人口弹性、房地产需求的交叉价格弹性、房地产需求的价格预期弹性等。

1) 房地产需求的价格弹性。

① 概念：房地产需求的价格弹性，简称房地产需求弹性，表示一定时期内，一种房地产需求量的相对变化对于自身价格的相对变化的敏感程度。通常，用需求价格弹性系数来表示需求弹性的大小。需求价格弹性系数是需求量变动率与价格变动率的比值，以 E_d 表示。房地产需求的价格弹性系数 E_d 一般可表示如下：

房地产需求的价格弹性系数 E_d = 房地产需求量变化的百分比/房地产价格变化的百分比

例如，房地产价格下降10%，房地产需求量上升了20%，则 E_d 等于2，表明该需求富有价格弹性。

一般情况下，房地产需求的价格弹性系数 E_d 是一个负数（需求量与价格有时反向变化），但也有可能为正数（需求量与价格有时同向变化）。在实际运用中通常取其计算值的绝对值，E_d 的绝对值表示变动程度的大小。

值得说明的是，同一需求曲线上不同点的需求价格弹性系数大小不一定相同。在不同的价格水平上，房地产需求价格弹性系数有差别。例如特殊情况下，房地产市场存在大量投资意愿，当房地产价格上升到某一高价位，需求大量增加；而当房地产价格下降到某一低价位，需求大量减少。

② 分类范围：为了表现房地产商品在某一价格的弹性高低，根据需求价格弹性系数的绝对值大小可以进行分类：

当 $|E_d|=0$，表示无论价格怎样变动，需求量都固定不变。如果以价格为纵坐标，需求量为横坐标（下同），需求曲线则是一条垂直于横轴的直线。此时需求完全无弹性，或者说需求价格弹性为零。

当 $|E_d|=\infty$，表示在价格一定情况下，需求量可任意变动，需求曲线为平行于横轴的直线，此时称为需求有完全价格弹性。

当 $|E_d|=1$，表示价格提高或降低一定比率，则需求量相应减少或增加相同比率，需求曲线为一条正双曲线，此时称为需求为单一价格弹性。

当 $|E_d|>1$，表示价格提高或降低一定比率，则需求量相应减少或增加更大的比率，需求曲线比较平坦，此时称为需求富有价格弹性。

当 $0<|E_d|<1$，表示需求量变动比率的绝对值小于价格变动比率的绝对值，需求曲线比较陡峭，此时称为需求缺乏价格弹性。

③ 影响因素：对一般商品而言，影响需求价格弹性的因素主要有商品的替代品数目和可替代程度、消费者对某种商品的需求程度以及商品在消费者家庭预算中所占的比重、商品本身用途的多样性、商品的耐久程度、时间的长短等。

通常，商品的替代品数目越多，则需求越富有弹性。对于房地产商品来说，当有较相似的替代品存在的时候，价格上升会使消费者减少对该种房地产的购买，而去购买更多的替代品，此时需求价格弹性较大；反之，如果没有较相似的替代品，则需求往往缺乏价格弹性。一种房地产有多少种替代品很大程度上影响该种房地产的需求价格弹性。

如果商品是家庭生活的必需品，如大米、食盐等，则其需求弹性一般很小，因为无论是否涨价，消费者必须购买。如果商品是占家庭预算比重较大的奢侈品，则其价格上涨，需求量必然减少很多。房地产商品的特性介于这两者之间。

当一种商品用途越多，一般需求弹性越大，因为其价格发生变化时，可以从多种途径影响对它的需求。例如商住楼,当其价格上升时,消费者可通过购买住宅、写字楼等物业而减少对他的购买。

如果一种商品越耐用,一般需求弹性越小,因为消费者一旦购买,即使其价格下降,短期内一般不会重新购置。如果仅从这一点看,房地产商品需求价格弹性较小。

需要注意的是,需求弹性是时间的函数,随时间的变化而变化。一般情况下,时间越长,消费者和生产者、经营者越容易找到新的替代品,需求也就越有弹性。

2)房地产需求的其他弹性:房地产需求的收入弹性、房地产需求的人口弹性、房地产需求的交叉价格弹性、房地产需求的价格预期弹性可通过其相应弹性系数进行表达:

房地产需求的收入弹性系数 = 房地产需求量变化的百分比/消费者收入量变化的百分比

房地产需求的人口弹性系数 = 房地产需求量变化的百分比/人口数量变化的百分比

房地产需求的交叉价格弹性系数 = 一种房地产需求量变化的百分比/另一种房地产或商品价格变化的百分比

房地产需求的价格预期弹性系数 = 房地产需求量变化的百分比/预期房地产价格变化的百分比

(3)房地产供给弹性 供给弹性是指由于影响供给的各因素发生变化后,供给量做出的反应程度。房地产供给弹性主要包括房地产供给的价格弹性和房地产供给的要素成本弹性。

1)房地产供给的价格弹性

① 概念:房地产供给的价格弹性,简称房地产供给弹性,表示一定时期内,一种房地产供给量的相对变化对于自身价格的相对变化的敏感程度。通常,用供给价格弹性系数来表示供给弹性的大小。供给价格弹性系数是供给量变动率与价格变动率的比值,以 E_S 表示。房地产供给的价格弹性系数 E_S 一般可表示如下:

房地产供给的价格弹性系数 E_S = 房地产供给量变化的百分比/房地产价格变化的百分比

例如,房地产价格上升10%,房地产供给上升20%,则 E_S 等于2,表明该供给富有价格弹性。

一般情况下,房地产供给的价格弹性系数 E_S 是一个正值,反映了供给量与价格同方向变动的供给规律,E_S 的值表示变动程度的大小。

② 分类范围:为了表现房地产商品在某一价格的弹性高低,根据供给价格弹性系数值大小可以进行分类:

当 $E_S = 0$,表示无论价格怎样变动,供给量都固定不变。如果以价格为纵坐标,供给量为横坐标(下同),供给曲线则是一条垂直于横轴的直线。此时供给完全无弹性,或者说供给价格弹性为零。

当 $E_S = \infty$,表示在价格一定情况下,供给量可任意变动,供给曲线为平行于横轴的直线,此时称为供给有完全价格弹性。

当 $E_S = 1$,表示价格提高或降低一定比率,则供给量相应增加或减少相同比率,此时称为供给为单一价格弹性。对于点弹性,则过该点作供给曲线的切线必通过坐标原点,如果供给曲线是以坐标原点为起点的一条直线,则供给曲线上任意一点的价格弹性系数为1。

当 $E_S > 1$,表示价格提高或降低一定比率,则供给量相应增加或减少更大的比率,供给曲线比较平坦,此时称为供给富有价格弹性。

当 $0 < E_S < 1$，表示供给量变动比率的绝对值小于价格变动比率的绝对值，供给曲线比较陡峭，此时称为供给缺乏价格弹性。

③ 影响因素：对房地产商品而言，影响供给价格弹性的一个重要因素是时间。由于房地产开发周期较长，当价格发生变化时，开发商对开发量的调整需要一定时间。在极短时间内，供应量无法随价格的变动而变动，供给价格弹性为零；在较短时间内，开发商根据房地产涨价而增加开发供应量或根据房地产降价而减少开发供应量，都存在很大难度，导致房地产供给的价格弹性很小。实际中，开发商通常采用预售的办法形成现实供给，从而增加供给价格弹性。而在长期内，房地产商品供给量可以对最初的价格变动做出比较充分的反应，开发供应量的增加、减少，甚至转产，都可以实现，这时，房地产供给价格弹性较大。

2) 房地产供给的要素成本弹性：房地产供给的要素成本弹性是指一定时期内，一种房地产供给量的相对变化对其要素价格，如土地价格、建材价格等的相对变化的敏感程度。房地产供给的要素成本弹性系数可表述如下：

房地产供给的要素成本弹性系数 = 房地产供给量变化的百分比/相应要素价格变化的百分比

3.3.2 房地产市场的周期

1. 房地产市场周期的概念与原理

（1）含义　房地产市场周期，简称房地产周期，是指对于房地产市场，从长期来看，房地产业活动或其投入产出等呈现出一种有规律的上升和下降的周期性变化。这个周期不是数学上严格意义的周期，而是大体的每隔一段时间出现市场行情的上涨和下跌。

研究和了解房地产市场周期，对于开发商，则有利于进行投资决策，对于政府，则有利于根据周期规律进行宏观调控，使房地产健康持续发展。

（2）一般模式　房地产市场周期从周期波动的阶段来看，通常可分为复苏、繁荣、衰退和萧条四个阶段，各阶段的主要特点为：

复苏期：市场房屋供应量小于需求量，需求不断上升，需求的增加主要是实质性消费需求的突然增加，如人口大量迁入，同时伴有部分投资需求。由于需求的增加，供给不足，租售价格水平不断上升。随着租售价格水平上升，投资需求开始增加，房屋不断供应。这一阶段初期，空置率高于正常水平，到这一阶段后期，空置率下降到正常水平。

繁荣期：在这个阶段前期需求增长率超过供给增长率，空置率仍下降，租售价格水平仍上升。在这个阶段后期，在需求势头降低的情况下，供应还继续不断增加，需求增长率低于供给增长率，导致空置率上升，租售价格水平缓慢上升甚至停止。

衰退期：在这个阶段，供给由于竣工项目的大量增加而高增长，市场需求低增长或负增长，房地产供给大于需求，房地产价格出现下降，空置率上升，超过正常水平。

萧条期：市场供应增加量不断下降，新的供给不再产生或产生很少，而需求处在转折期，前期需求减少，空置率继续下降；后期需求量开始缓慢增加，空置率缓慢上升。

从长期来看，由于土地的稀缺性、不可移动性和房地产的独一无二性，在政府的反周期调控下，房地产周期呈现螺旋上升的增长趋势，在一个周期里，波谷低于波峰，但一般会高于前面周期的波谷，有时甚至高于前面周期的波峰，也就是说，房地产价格长期来看是上升的。

（3）新周期理论的市场平衡点　传统的市场平衡点是指由于供求关系在市场中的共同作用，使消费者愿意购买的数量与开发商（或拥有者）愿意供给的数量正好相等的状态点。新的周期理论认为，房地产市场的平衡点允许存在一定的空置量（即供应超过需求的一定数量），但这个空置量的具体数值相对于房地产市场必须是合理的。合理空置量的存在，可以促进房地产开发的集约性发展和提高产品质量，对房地产市场的良性运行有积极作用。

合理空置量对应的指标是合理空置率，合理空置率的确定有很多方法。通常，可以从历史多个周期变动的资料中计算出一个长期平均空置率，把它作为合理空置率，或叫作结构空置率。在分析一个房地产周期的四个阶段中，空置率的正常水平实质就是指合理空置率。合理空置率的具体大小，因时间、地区、房地产类型的不同而不同。

2. 房地产市场周期的类型

房地产市场周期的类型可主要分为以下几种：

（1）国家房地产市场周期　国家房地产周期主要因全国性的政治、经济、政策法规、税收等宏观影响因素变化而产生。

（2）区域或地方房地产市场周期　区域或地方房地产市场周期主要受到本地区供给和需求因素的影响，同时受到一定程度国家房地产周期的影响。

（3）不同类型房地产市场周期　主要可分为居住、商业、工业、特殊、土地等房地产市场周期，并且还可以细分，如普通住宅市场周期、别墅市场周期等。不同类型房地产具有不同的供给者和需求者，其供求关系不同，当普通住宅供不应求时，别墅可能已远远供过于求，所以，它们各自有各自的市场周期特征。

3. 房地产市场周期与宏观经济周期

国民经济周期是指宏观经济发展过程中出现波动、涨落的规律性现象，一个周期一般经历经济复苏、经济膨胀、经济衰退、经济萧条四个阶段，而且周期是多次重复发生，但每次发生的时间、波动的幅度及持续时间是有差别的。

房地产周期与宏观经济周期密切相关。在市场经济条件下，房地产市场受制于宏观经济，而宏观经济同时也受到房地产市场的影响。在现代房地产市场与金融市场紧密结合的情况下，有时房地产市场对宏观经济产生重大影响。

具体来看，一般情况下，房地产周期大体上与宏观经济周期相协调，虽然在周期的时间和强度上可能有差别，但在波动方向上是同向的。通常，当宏观经济开始复苏，房地产的投资开发增加，由于房地产开发投资的复杂性，带来了滞后性，房地产复苏一般稍落后于宏观经济复苏。当宏观经济继续增长，房地产价格上升，开发资产值快速膨胀，在银行信贷支持下，投资乘数效应使房地产周期较宏观经济周期更早进入繁荣阶段。由于房地产投资和开发的特性，房地产出现衰退现象比宏观经济要早。当宏观经济进入衰退和萧条，房地产萧条持续时间很长，直到宏观经济开始复苏，房地产市场才逐渐走出萧条。

4. 关于房地产市场泡沫

房地产市场泡沫是投机者将大量资金从其他投资中抽提出来，集中投资到房地产市场，造成房地产价格飞速上涨，使房地产市场价格与使用价值严重背离，形成市场虚假繁荣，同时还不断吸引资金投向房地产，直到房地产价格涨到一定程度无法支撑时，价格开始急剧跌落的这样一个过程。

房地产泡沫的产生是由于房地产投机需求的膨胀。适度的投机有利于市场的调节,当大量的投机需求存在于市场则容易产生泡沫。另外,因为房地产具有价值高大性,房地产泡沫能否出现,在市场经济情况下,一个重要条件是市场有没有大量的资金,因此金融机构等的资金支持是至关重要的。土地的有限性、稀缺性和房地产的特殊属性使投机风险相对较小,成为房地产泡沫产生的另一基础。

通常,房地产市场泡沫的整个过程分为三个阶段:第一阶段为起泡阶段,产生于经济上升时期;第二阶段为膨胀阶段,产生于经济繁荣时期;第三阶段为破灭阶段,一般产生在经济运行出现问题时期。

房地产市场是否出现泡沫,可以通过相应的指标来判断。一般情况下,判断房地产市场泡沫的指标主要有:

(1) 预示指标　包括房地产贷款增长率、贷款总额增长率、货币供给、股价指数等。

(2) 指示指标　包括房地产价格增长率、GDP增长率、家庭年平均收入、商业房屋实际价格与理论价格比等。

(3) 滞后指标　包括地价总额/GDP等。

需要说明的一个问题是,房地产开发过度不同于房地产泡沫。房地产市场中的过度开发(有时称"房地产过热")是指市场需求增长速度不及新增供给增长速度,空置率上升的情况。"过热"反映投资者进行土地开发利用而加大投资,一般追求长期效益;"泡沫"反映投资者或投机者追求短期资本收益。"过热"和"泡沫"均对市场有损害,但房地产泡沫比过度开发更为严重,是市场不正常的大起大落,一旦发生,很难通过自我调节恢复平衡,并且给国民经济造成很大危害。

3.4　房地产市场的调控

3.4.1　房地产市场调控基本概念

房地产市场调控是指国家为使房地产业与国民经济协调发展,在遵循房地产市场运行客观规律的基础上,通过经济、法律、行政、教育及舆论和信息引导等的手段,从宏观上对房地产市场进行指导、监督、调节和控制,以实现房地产市场总供给和总需求基本平衡、资源配置优化、收益分配公平的管理活动。

在市场经济条件下,国家调控房地产市场的内容有很多方面,主要包括:

(1) 总量调控　房地产总需求量与总供给量基本平衡的调控。

(2) 结构调控　房地产业内部各要素的调控。

(3) 需求调控　刺激或限制房地产消费与投资。

(4) 供给调控　土地和房屋供应量的调控。

(5) 宏观调控　政府从总体上采取计划、行政、经济、法律等手段进行的房地产市场调控。

(6) 微观管理　对房地产市场的某一区域、环节、市场主体及交易行为的管理等。

从调控的形式来看,房地产市场调控主要包括:直接调控,即采取行政、指令性计划的调控；间接调控，即采取经济、法律等手段的调控。

通常，为了达到某一时期或一个长期的调控目标，政府在调控过程中，不是单一的采用一项内容或一种形式，而是综合运用调控的内容、形式和手段，这样可以达到一个理想的效果。近年来，我国在房地产市场调控中，坚持"房子是用来住的、不是用来炒的"定位，有效运用了需求调控与供给调控的双向调控，热点城市与库存压力偏大城市的区域差别化调控，不同城市的限购差异化调控，自住型、改善型与投资型等不同购房者的信贷差异化调控，以及进行保障房、普通商品房、多层次需求商品房等的结构调整与优化，加快建立多主体供给、多渠道保障、租购并举的住房制度，逐渐形成长效机制，促进房地产市场平稳健康发展。

3.4.2 房地产市场调控基本方法

对于房地产市场调控，基本的方法为经济调控、法律调控、行政调控和引导调控。具体来讲，主要调控手段包括税收调控、金融调控、价格调控、政策法律法规调控、计划调控、规划调控、信息舆论调控。

1. 税收调控

税收调控指国家通过税率的调整及税种的废立等措施调节房地产收益的初次分配和再分配来影响房地产的相关经济活动。税收调控在发达国家广泛采用，在我国的房地产市场调控中也发挥着重要作用。

为支持居民自住和改善性住房需求，2016年2月17日，财政部、国家税务总局与住房和城乡建设部发布《关于调整房地产交易环节契税 营业税优惠政策的通知》，自2016年2月22日起执行① 关于契税政策：a. 对个人购买家庭唯一住房（家庭成员范围包括购房人、配偶以及未成年子女），面积为90m^2及以下的，减按1%的税率征收契税；面积为90m^2以上的，减按1.5%的税率征收契税。b. 对个人购买家庭第二套改善性住房，面积为90m^2及以下的，减按1%的税率征收契税；面积为90m^2以上的，减按2%的税率征收契税。② 关于营业税政策：个人将购买不足2年的住房对外销售的，全额征收营业税；个人将购买2年以上（含2年）的住房对外销售的，免征营业税。③ 关于实施范围：北京市、上海市、广州市、深圳市暂不实施第一条第二项契税优惠政策及第二条营业税优惠政策，上述城市个人住房转让营业税政策仍按照《财政部 国家税务总局关于调整个人住房转让营业税政策的通知》（财税〔2015〕39号）执行，上述城市以外的其他地区适用该通知的全部规定。

2. 金融调控

金融调控指国家通过信贷限制和利率调整，控制资金在房地产市场的数量和结构来影响房地产的相关经济活动。例如，2003年国家为促进房地产健康持续发展，防范金融风险，采取金融调控措施，中国人民银行下发银发〔2003〕121号文件，规定"对未取得土地使用权证书、建设用地规划许可证、建设工程规划许可证和施工许可证的项目，不得发放任何形式的贷款"。2016年，为进一步支持合理住房消费，促进房地产市场平稳健康发展，中国人民银行与原中国银行业监督管理委员会发布《关于调整个人住房贷款政策有关问题的通知》，在不实施"限购"措施的城市，居民家庭首次购买普通住房的商业性个人住房贷款，原则上最低首付款比例为25%，各地可向下浮动5个百分点；对拥有1套住房且相应购房贷款未结清的居民家庭，为改善居住条件再次申请商业性个人住房贷款购买普通住房，最低首付款比例调整为不低于30%。对于实施"限购"措施的城市，个人住房贷款政策按原规定执行。

3. 价格调控

价格调控指国家通过对房地产价格调控来影响房地产的相关经济活动。由于房地产价格在直接影响房地产市场运行的同时，还对整体社会经济和投资环境产生重要影响，所以房地产价格是国家调控房地产市场的主要对象。近年来，国家进一步完善稳定房价工作责任制，认真落实省级人民政府负总责、城市人民政府抓落实的稳定房价工作责任制。要求对行政区域内住房供不应求、房价上涨过快的热点城市，应指导其增加住房及住房用地的有效供应，制定并公布年度新建商品住房价格控制目标；对存在住房供过于求等情况的城市，也应指导其采取有效措施保持市场稳定。同时要求继续严格执行商品房销售明码标价、一房一价规定，严格按照申报价格对外销售。对预售方案报价过高且不接受城市住房和城乡建设部门指导，或没有实行预售资金监管的商品房项目，可暂不核发预售许可证书。

另外，由于政府垄断土地使用权出让市场，所以还可以通过对土地供应的调整来调控房地产价格和房地产市场。国家通过调整土地的供应数量、价格以及相关税费，采取招标、拍卖、挂牌、协议等方式，以及必要时期的行政手段，可以有效地调控地价、房地产价格和房地产市场。

4. 政策法律法规调控

政策法规调控指国家通过对房地产相关的政策法规进行调整来影响房地产的相关经济活动。调控政策一般包括三个方面，一是宏观产业政策，宏观产业政策主要是通过确定国民经济各产业部门协调发展的比例、规模、方向和重点等，可以明确房地产业发展的规模、速度、重点等。二是区域政策，区域政策是根据不同地区房地产业发展的水平及市场特征，制定的鼓励或限制的一系列政策。三是产业内部政策，产业内部政策是根据房地产生产、流通、消费等各环节不同特征制定的一系列相互配套的政策措施。

调控的法律法规一般包括六个方面：

（1）宪法　由全国人民代表大会制定，是国家的根本大法，具有最高的法律效力。《中华人民共和国宪法》规定"城市的土地属于国家所有""国家为了公共利益的需要，可以依照法律规定对土地实行征收或者征用并给予补偿"等。

（2）法律　由全国人民代表大会及其常务委员会制定，如《中华人民共和国民法典》《中华人民共和国城市房地产管理法》《中华人民共和国土地管理法》等。

（3）行政法规　由国务院制定，如《土地管理法实施条例》《城市房地产开发经营管理条例》《住房公积金管理条例》等。

（4）地方性法规　由省自治区直辖市、较大的市（指省、自治区人民政府所在地的市，经济特区所在地的市和经国务院批准的较大的市）、自治州自治县的人民代表大会及其常务委员会根据宪法、地方组织法或民族区域自治法的授权，制定包括房地产问题在内的地方性法规或自治条例、单行条例，其效力不超出本行政区域范围。经济特区所在地的省、市人民代表大会及其常务委员会，依照全国人民代表大会授权，可以制定包括房地产问题在内的法规，在经济特区内实施。

（5）行政规章　分为两类：一是部门规章，由国务院有关部、委等制定，如《商品房销售管理办法》（2001年4月4日建设部令第88号发布）、《房地产经纪管理办法》（2011年发布，经修改2016年4月1日起施行）。二是政府规章，或称地方政府规章，是由省、自治区、直辖市和较大的市等的人民政府制定的有关规章。

（6）司法文件　最高人民法院做出了许多司法解释，作为立法的补充和执法的依据，例如《最高人民法院关于适用〈中华人民共和国民法典〉物权编的解释（一）》（自2021年1月1日起施行）。

5. 计划调控

计划调控指国家通过计划制定、实施和调整来影响房地产的相关经济活动。例如，我国的经济适用住房计划。在经济适用住房计划整个实施过程中，加快了我国住房建设，促进了住宅产业发展，满足了大量中低收入家庭住房需求，对市场起到了重要的调控。

一般情况下，调控的计划可分为中长期计划和年度计划。长期计划主要提出房地产发展的战略目标、战略重点、战略步骤、增长速度及内部重要比例关系等；中期计划主要对计划期内发展目标与实现目标的条件进行预测，并提出重要政策措施；年度计划主要根据中长期计划，对第二年度主要目标的实现进行安排设计。

在宏观经济的计划指导和市场运行调控中，土地供应计划的调控具有重要作用。国家在执行土地利用总体规划和土地利用计划的前提下，根据房地产市场变化情况，适时调整土地供应结构、供应方式及供应时间。在居住用地和住房价格上涨过快的地方，适当提高居住用地在土地供应中的比例，并且着重增加中低价位普通商品住房和经济适用住房建设用地供应量。实行有效的土地供应计划的调控，政府需要拥有足够的土地储备（通过土地开发和旧城区改造），并且合理减少用地单位的土地存量。

"限购"在一定程度上可以归于计划调控，其是对各直辖市、计划单列市、省会城市和房价过高、上涨过快的城市，在一定时期内，制定和执行的限定购买商品住房套数的措施，有利于遏制部分城市房价过快上涨，促进房地产市场平稳健康发展。

发展市场经济，并不排斥计划的指导和调控，科学地运用计划手段有利于市场的良性发展，这在发达国家也是如此，而且发达国家一般都十分重视计划的制定、实施与控制。

6. 规划调控

规划调控指国家通过对规划的制定、实施和调整来影响房地产的相关经济活动。调控的规划一般分为四个层次，即国土规划、区域规划、土地利用总体规划和城市规划，随着市场的发展，还包括城乡规划层次。城市规划调控对房地产市场具有直接而具体的影响，表现在用地使用控制（用地性质、用地面积、位置、边界范围等）、建筑控制（建筑容积率、建筑密度、建筑类型、建筑高度等）、环境容量控制（人口密度、绿地率等）、设施配套控制（文化、教育、体育、公共卫生等设施配套要求；道路、停车场配套要求；基础设施配套要求）、形体景观控制（建筑风格、色彩等的限制）等。

2005年，国家为控制房价采取了规划调控手段，并结合了政策调控等手段。国家要求各地城市规划行政主管部门要在符合城市总体规划的前提下，根据当地政府确定的中低价位普通商品住房和经济适用住房的建设需求，加快工作进度，优先审查规划项目，在项目选址上予以保证。同时，要严格控制低密度、高档住房的建设。对中低价位普通商品住房建设项目，在供应土地前，由城市规划主管部门依据控制性详细规划出具建筑高度、容积率、绿地等规划设计条件，房地产主管部门会同有关部门提出住房销售价位、套型面积等控制性要求，并作为土地出让的前置条件，以保证中低价位、中小套型住房的有效供应。2015年，国家进行房地产市场分类调控、因地施策。要求房地产供应明显偏多或在建房地产用地规模过大的市、县，国土资源主管部门、住房和城乡建设部门、城乡规划主管部门可以根据市场状况，研究制订未开发房地产用地的用途转换方案，通过调整土地用途、规划条件，引导未开发房地产用地转型利用，用于国家支持的新兴产业、养老产业、文化产业、体育产业等项目用途的开发建设，促进其他产业投资。

7. 信息舆论调控

信息舆论调控指国家通过信息引导和舆论导向等来影响房地产的相关经济活动。在现代市场环境下，信息对开发企业进行决策起着至关重要的作用。政府通过定期公告基准地价、房地产交易价格、土地供应计划及相关政策等，可以对房地产市场产生重要影响。我国当前健全房地产市场信息系统和预警预报体系，加强对房地产市场运行情况的动态监测，加强对同地段、同品质房屋销售价格和租赁价格变动情况的分析，以便能够科学判断房价变动趋势。同时，国家建立和完善土地市场动态监测制度，加强对建设用地供应、土地价格变动情况的监测分析，科学预测商品住房和保障住房对土地的需求。在这个基础上，国家要求各有关部门要加强信息沟通与整合，适时披露土地供应、商品住房市场和保障住房市场的供求，以及土地和住房价格变动等信息，发挥信息调控的作用。

另一方面，舆论对房地产市场也具有相当影响作用。如果舆论导向不当，对房地产市场将产生很大的副作用。我国房地产市场正处在发展的重要时期，应该加强舆论正确引导，增强政策透明度，稳定市场心理预期，促进市场理性发展。

为了使房地产市场健康稳定持续发展，国家在进行各种调控的同时，还在积极采取措施调整、监管和规范市场，例如构建推进房地产发展新模式、健全市场准入制度、推动行业诚信体系建设、进一步规范交易程序及加强产权管理等。

复习思考题

1. 简述房地产市场的概念。
2. 房地产一级、二级、三级市场各指什么？土地一级、二级市场各指什么？房屋（住房）一级、二级市场各指什么？
3. 简述房地产市场的不完全竞争性和交易特殊性。
4. 什么是房地产市场需求？一种房地产需求量的主要影响因素有哪些？
5. 什么是房地产市场调控？房地产市场调控的基本方法有哪些？

第4章 房地产项目策划

> **导读**
>
> 房地产开发项目策划是创造性的专业活动，具有多专业性、多层次性、多阶段性等特点。房地产开发项目策划近年来在实践中取得了重要发展，主要表现在开发产品、项目融资、营销推广、盈利模式等的策划创新上，而在策划的规范化与合理论证方面需要进一步完善。

4.1 房地产开发项目策划概述

4.1.1 房地产开发项目策划的概念

1. 含义

房地产开发项目策划是在市场调查和对拟开发项目分析的基础上，运用房地产、建筑、规划、社会学、心理学、营销学等专业知识，发挥主观能动性进行创新，形成的拟开发项目运作全过程的筹谋和计划。它是按特定程序运作的科学系统工程，具有明确的目的性。

理解房地产开发项目策划应注意四个方面的问题：

第一，市场调查是根本。进行项目策划，需要把市场调查放在首要位置。没有调查，就没有发言权，没有调查的项目策划是纸上谈兵、闭门造车。需要注意的是，市场调查不是教条的，如果对市场的某些方面通过平时积累已经了如指掌，策划时则不必对其详细调查。

第二，必须具备建筑及房地产专业知识。虽然产品策划具有一定的共性，但没有专业知识的策划缺乏针对性，而对专业知识不熟悉的策划会使项目丢失很多应有的优势。

第三，充分应用系统方法。房地产项目本身十分复杂，对其进行策划必须采用系统方法。否则，会忽视或遗漏项目某方面的运作策划，甚至在某一方面挂一漏万。

第四，坚持创新。项目的策划需要不断创新，没有创新实质上也就不存在策划。而且，没有创新，循规蹈矩，照搬照抄，将给项目带来很大风险。应当注意的是，创新不是异想天开，它需要以调查为基础，采用科学的方法论，并应用多种专业知识。

2. 重要性

房地产开发项目策划是项目全过程的总方案，确定了项目执行中的诸多重要内容和参数，如项目的目标市场、档次、风格、户型比例、价格、宣传推广方式及渠道等。策划的正确与否，或者说是否符合市场和项目，很大程度决定了项目的成败。

策划的重要性要求企业高层和决策人实质性地参与进去。如果企业高层和决策人仅仅是通过招标投标确定策划方案或由职能部门制定策划方案，则缺乏操作性，并且具有较大风险。只有企业高层和决策人实质性参与，与策划公司或职能策划人员真实探讨研究，才能深刻理解策划方案，并且把企业经营思想真正贯彻到策划方案中。也只有这样，企业高层和决策人在执行过程中才会坚定不移，毫不动摇。当然，实际操作中，如果涉及高层策略的保密性，在与策划公司和职能部门充分研讨的基础上，根据初步确定的策划方案，可以生成高层内部的执行性策划方案及应付变化的相应预案。

另外，正是因为策划的重要性，因此要求策划的执行既要坚定，又要灵活。犹豫不决、瞻前顾后是企业经营管理的大忌，如果在开发过程中对项目的取向摇摆不定，势必贻误商机，招致失败或事倍功半。同时，策划的执行要灵活，这里的灵活是因市场条件变化或是项目及企业的变化而因势利导的调整和变通策划方案，绝不是对既定方案的怀疑。

3. 流程

房地产开发项目策划可以分为广义的流程和狭义的流程。

广义的流程可以表示为：投资机会研究→项目构想→目标设计→策划方案→可行性研究→项目决策→开发方案→项目开发经营。需要说明两个问题：一是目标设计中的目标指项目投资要达到的目标，是由一系列指标具体规定的，如项目的目标收益率等；二是可行性研究虽然是处于第五步骤，但实质上贯穿于每一个环节。

狭义的流程可以表示为：项目构思与计划→市场调查→细分市场→确定目标市场→项目定位→形成策划方案→评价修正。需要说明的是，策划实质上是上述环节构思、调查、定位、评价与修正的反复循环升华过程，直至编制和筛选出最优的方案。

4. 与其他工作关系

进行房地产开发项目策划，应处理好策划与项目构想、可行性研究、决策、经营管理之间的关系。

第一，要做好策划，一定要进行项目构思。项目构思是对项目建设与开发方案的初步设想，它基于宏观的分析和企业高层、决策人及策划者的经验和阅历，是对项目进行的大致确定。如果没有项目构思，策划将失去大方向，或者在大范围内寻找方向而效率低下，并且容易产生判断错误。但是，应当清楚地认识到，项目构思不能代表策划，项目构思的大方向不一定就绝对成为策划的主方向。策划是以市场调查为基础，如果证明项目构思有大的偏差，应当提出问题，提交高层分析，对项目构思进行修正或推翻重来。之后，按程序流程循环下去。

第二，策划不能代替可行性研究。策划主要是项目过程的方案，更注重于务实的创新，经过初步评价分析，可筛选出3～5个较为可行的方案。而可行性研究主要是对项目方案的技术经济的可行性进行全面的论证，这种论证在项目评价上显得更加专业、具体和详细，最终提交最优方案，供决策人（或决策群）进行决定。

第三，策划不能代替决策。有的开发企业把策划方案直接执行，变成了决策方案，带来许多问题。且不说其他方面，仅从决策上来讲，企业高层就放弃了决策职能。通常，企业经营重点在决策，如果放弃决策，意味着失去企业核心。由于房地产本身的复杂性，决策人因自身知识所限，可能很难决策，但不论采用什么方式，如借助专家评价（各人评价自身专业部分，根据重要性赋予一定权重）等，对决策的主动权一定要自己掌握并科学运用。

第四，策划与经营管理各具功能。策划对于一个项目起着至关重要的作用，甚至左右项目的成败，但决不意味着有了好的策划，项目就从此成功了。经营管理是策划的执行过程，在这个过程中，诸多因素瞬息万变，经营管理者需要在执行中分析、判断、变通，甚至再策划，凭借知识、胆略及机遇，才能获得成功。所以，策划和经营管理是一个问题的两个方面，是相辅相成的，只有同时做好这两个方面，才是科学的。

4.1.2 房地产开发项目策划的主要内容

房地产开发项目策划的主要内容包括六个方面：项目区位分析与选择、项目开发内容和规模的分析与选择、项目开发时机分析与选择、项目开发合作方式分析与选择、项目融资方式和资金结构的分析与选择、项目房地产产品经营方式分析与选择。

1. 项目区位分析与选择

项目区位分析与选择包括地域的分析选择和具体地点的分析选择。

地域的分析选择是战略性的选择，是对项目的宏观区位条件进行分析选择，主要考虑项目所在地区的政治、经济、法律、文化教育、自然条件等因素；具体地点的分析选择是对房地产项目坐落地点和周围环境、基础设施条件的分析与选择，主要考虑项目所在地点的交通、城市规划、土地取得代价、拆迁安置难度、基础设施完备程度以及地质、水文、噪声、空气污染等因素。

2. 项目开发内容和规模的分析与选择

项目开发内容和规模的分析与选择，应在符合城市规划的前提下，按照最高最佳利用⊖原则，选择最佳的用途和最合适的开发规模，包括建筑总面积、建设和装修档次、平面布置等。此外，还可考虑仅将生地或毛地开发成可进行房屋建设的熟地后租售的情况。

3. 项目开发时机分析与选择

项目开发时机分析与选择应考虑开发完成后的市场前景，再倒推出应获取开发场地和开始建设的时机，并充分估计办理前期手续和征地拆迁的难度等因素对开发进度的影响。大型房地产开发项目可考虑分期分批开发（滚动开发）。

4. 项目开发合作方式分析与选择

项目开发合作方式分析与选择主要考虑开发商自身在土地、资金、开发经营专长、经验和社会关系等方面的实力或优势程度，并从分散风险的角度出发，对独资、合资、合作（包括合建）、委托开发等开发合作方式进行选择。

5. 项目融资方式和资金结构的分析与选择

项目融资方式和资金结构的分析与选择，主要是结合项目开发合作方式设计资金结构，

⊖ 最高最佳利用是指法律上许可、技术上可能、财务上可行，经过充分合理的论证，能够带来最高收益的利用。

确定合作各方在项目资本金中所占的份额，并通过分析可能的资金来源和经营方式，对项目所需的短期和长期资金的筹措做出合理的安排。

6. 项目房地产产品经营方式分析与选择

项目房地产产品经营方式分析与选择，主要是考虑近期利益和长远利益的兼顾、资金压力、自身的经营能力以及市场的接受程度等，对出售（包括预售）、出租（包括预租、短租或长租）、自营等经营方式进行选择。

4.1.3 房地产开发项目策划的主要工作

从狭义的角度看，房地产开发项目策划的主要工作包括项目构思与计划、市场调查、市场细分与确定目标市场、项目定位及评价修正等。

项目构思与计划主要是在与企业高层和决策人充分沟通的基础上，全面熟悉和掌握开发企业和开发项目概况及实质，经过讨论研究，最终确定项目策划的主要指标和策划总体计划。根据不同情况，策划的主要指标可以包括初步项目收益水平指标、销售进度指标、品牌知名度指标等；策划总体计划可以具体包括市场调查总体计划、市场细分与确定目标市场总体计划、项目定位总体计划及评价修正总体计划等。面对房地产市场的发展变化，策划的顶层设计应树立高质量发展和人与自然和谐共生的思想，打造新时期差异化需求的创新房地产项目；并以文化自强自信为基础，开发富含中国文化底蕴的房地产项目。开发项目只有实实在在提高人民的生活品质，才能得到市场的真正认可，从而实现良好经济效益、社会效益和环境效益。

对于房地产开发项目策划的市场调查、市场细分与确定目标市场、项目定位及评价修正，是策划的具体实施工作，其有关内容在下面分别具体介绍。

4.2 市场调查

4.2.1 房地产市场调查概述

1. 房地产市场调查的概念

房地产市场调查是指运用科学的方法，有目的、有计划、系统地收集房地产市场营销状况的各种情报、信息和资料，通过分析研究，为房地产经营者预测未来发展和制定决策提供可靠依据的信息管理活动。

房地产市场调查可以分为三个层次理解：

第一层次，市场调查就是以房地产商品的消费者为对象，用科学方法收集消费者购买及使用房地产商品的事实、意见、动机等有关资料，并进行分析研究的活动过程。通常，调查人员调查房屋的销售率、购买人的来源分布、购买时间、建筑规划偏好等，并且了解购买人购买的目的（自用、投资或投机）和对该房地产商品的价格、环境、地点、风格等的满意程度。

第二层次，调查对象除了消费者，还包括所有微观市场上的营销活动。调查人员不但需要调查消费者购买动机、倾向、决策等心理分析过程，还要调查目标市场整体状况、各公司的广告宣传策略、价格策略等，以及营销手段的具体执行情况、在目标市场的反映效果如何等。

第三层次，房地产市场调查具有最广泛的含义，从内容上包括了微观市场营销活动内容的同时，还包括了宏观经济环境的调查，如政治法律环境调查、经济环境调查等；从具体工作上不仅包括信息资料的收集与整理，还包括了分析、研究及一定程度的预测。

房地产市场调查是策划的基础和重要环节，对于策划和开发具有重要意义。具体表现在：

1）市场调查有利于确定正确的投资方向。
2）市场调查有利于房地产商品更新换代。
3）市场调查有利于确定正确的价格策略、宣传推广策略等。
4）市场调查有利于制定科学的开发计划、销售计划等。
5）市场调查有利于提高经营管理水平和效益。

2. 房地产市场调查的原则

进行房地产市场调查，为了达到既定目的和目标，必须遵循一定的原则，具体包括：

（1）客观性原则　客观性原则要求市场调查时应实事求是，一切从实际出发。在具体的工作中，应自始至终坚持客观的态度去反映真实状况，不能主观武断，妄下结论；不能弄虚作假，虚构调查表或分析数据；不能带有个人意愿和偏见，也不能受任何个人或管理部门的影响，更不能迎合某些主观意愿和想法。

（2）针对性原则　针对性原则要求市场调查应针对具体的目的和目标。根据不同情况，市场调查的目的可以是为了分析房地产市场整体或某一地区的现状和发展趋势而调查，也可以是为了建立和验证某一科研理论而调查，或者是为了某一房地产项目的评估或开发等。调查的目的不同，则采取的方法和调查的内容不同。所以，市场调查必定是有针对性的，必须根据具体项目特点和要求，制定特定的调查方案，而不能一味套取固定模式和有关数据。

（3）科学性原则　进行有效的市场调查，需要采用科学的方法和具有创造性的设计方案，定义问题，收集和分析数据，从而获得有效的信息资料。作为企业决策人，大都认识到市场调查的重要性。试想，如果面对大量基本真实的市场信息，如市场需求什么、竞争者在做什么及分流多少客户、政策导向是什么以及未来基本趋势等，那么决策人在决策时"知己知彼"，决策可以真实体现其决策经营思想，他知道他在做什么，可能会产生什么样的结果以及风险。相反，如果没有基本真实的市场信息，决策人只能凭着感觉和经验去"赌"一把。

而事实上，在很多情况下，企业决策人认为采用的调查方法不能获得其想要的信息，所以对市场调查采取漠视态度。这实质说明市场调查在两个方面缺乏科学性。一方面是调查方案的设计。有的调查方案固定化、模式化，缺乏针对具体项目的创新设计；有的调查方案甚至是流于形式、走过场。为了获取真实的市场信息，调查方案的设计实际上跟产品设计一样需要务实、创新。另一方面是调查方案的执行。同样的方案，执行起来差别很大，这是市场调查的一个突出特点。要解决这个问题，应对市场调查的人员进行科学的培训和筛选，同时在调查过程中采用科学的检查、监督和管理手段。

（4）系统性原则　系统性原则要求进行市场调查应该采用系统的观念和方法，全面把握市场变化各要素之间的内在联系和环境对市场系统的影响，透过现象认识市场本质和发展变化规律。系统性的市场调查可以避免片面性和孤立性。

（5）效益性原则　效益性原则要求进行市场调查时，应争取以较小的投入获取最大的产出，决不能出现市场调查的成本高于由于市场调查所带来的收益这种情况。这也说明，市场调查一定要采用科学的调查方法和技术，合理利用一手资料、二手资料以及其他各种渠道的信息，力求做到省时、省力、省钱，效果良好。

（6）求教性原则　进行市场调查，需要向政府部门、企业、个体经营者、公务员、医生、律师等了解情况。在正确的调查方案和方法前提下，还要有虚心求教的正确态度。只有虚心求教，才能与他人进行良好的沟通，才能得到调查对象的理解和支持，获得良好的调查效果。

3. 应注意的几个问题

对于房地产市场调查，应注意理解以下问题：

（1）调查的准确率　市场调查不可能达到100%的准确率，所以，作为调查人员和决策人应客观合理地估计一项市场调查活动的准确率，以便科学决策。

（2）辨证对待调查结论　调查结论从实际调查中得出，具有相当的科学性和准确性。但是，调查人员和决策人还应当将调查结论拿来与自身的感性认识比较，看是否相符。相符则意味着感性认识找到了客观依据，不相符则意味着矛盾。如果不相符，决不能单纯采用市场调查结论或感性认识，一定要进行比较分析，找出原因所在，甚至重新进行市场调查，直到调查结论与感性认识相符。

（3）调查结论不能代替决策　调查结果和结论只是给出了决策的科学参考依据，但并没有给出决策的答案。决策是决策人的权利和责任，它不能由调查结论替代。

4.2.2 房地产市场调查程序

房地产市场调查应遵循一定的程序，这样可以保证市场调查方案的有效执行以及市场调查的质量。应该说明，市场调查的程序不是固定不变的，根据项目大小的不同及具体要求的不同，市场调查的程序在保证基本步骤的前提下可以进行增减。

通常，房地产市场调查的程序主要包括：确定市场调查目的、初步分析、制定市场调查计划、初步调查、确定市场调查方案、市场调查执行、整理分析与研究、撰写市场调查报告。

1. 确定市场调查目的

进行房地产市场调查，首先必须明确调查目的。明确调查目的实际上是对调查工作意义的理解过程，例如，为什么要进行市场调查？市场调查是为了解决哪些问题？市场调查结果的作用是什么？只有这样，市场调查才会有针对性，才会不偏离方向，而市场调查的指挥者才能制定有效的调查方案，市场调查的执行者才能发挥主观能动性，避免为调查而调查。

一般情况下，对于房地产策划和开发来说，可以为了地块的选择而进行调查；可以为了开发物业的类型而进行调查；也可以为了开发产品定位而进行调查；还可以为了销售而进行市场调查等。通常，对于刚刚进入某地区的房地产开发公司需要进行地块选择调查，并辅以其他调查；对于一个准备购买土地（使用权）的新项目则需要做全方位的详细市场调查，包括地块、物业类型、目标市场、产品定位、形象定位、销售策略等市场调查；对于已经建成的项目一般需要进行销售推广方面的市场调查。所以，根据项目不同情况或开发商委托的不同情况，市场调查的目的是多种多样的，有时是对项目开发系统的全面调查，有时是其中的一部分调查。

2. 初步分析

在调查目的确定之后，调查全体人员应进行初步分析。这种分析主要是根据现有的房地产项目资料和市场调查人员的知识及经验，提出一些假设或粗略的依据，进行推理、判断，寻找解决问题的方法，并缩小市场调查的范围。

3. 制定市场调查计划

市场调查计划主要内容包括调查目的、调查内容、调查方式、数据整理分析方法、调查进度、调查经费、调查人员及培训安排等。应该说，调查计划相对于调查方案是比较粗略的，但它包括了初步调查和正式调查的计划。

4. 初步调查

初步调查通常在小范围内进行，一般由调查人员访问业内专家、有关企业高层、典型消费者，以及根据调查人员平时积累的信息资料和快速可获取的二手资料进行分析。初步调查的特点是时间短、效率高，但不全面、不详细。如果初步调查已经能够解决问题，则市场调查终止；否则，应继续进行。

5. 确定市场调查方案

市场调查方案是整个市场调查活动的行动纲领，用于指导调查活动的全过程。它是市场调查计划的细化，除了包括调查目的、调查内容、调查方式、数据整理分析方法、调查进度、调查经费、调查人员及培训安排等基本内容，还包括了市场调查具体问题的处理方法。

（1）市场调查总方案与各分方案　市场调查总方案是对市场调查活动的总体布局与安排。市场调查各分方案是对市场调查的几个主要方面具体工作的设计与部署，一般包括宏观环境与政策法规调查方案、地区房地产总体市场调查方案、需求市场调查方案、竞争者市场调查方案、项目自身及开发企业调查方案等。各分方案可以根据具体情况进行增减取舍。

（2）确定市场信息资料来源　房地产市场信息资料来源有两大类：原始资料（即一手资料）、次级资料（即二手资料）。原始资料是指调查人员专门为项目研究而现场实地调查所获得的信息资料；次级资料是指由他人为其他目的而收集整理的信息资料。一般地，原始资料针对性强、准确度高、更有价值，但是较难取得，而且取得成本也较大；次级资料较易获得且成本低，但是内容往往陈旧过时，或与调查主题不直接相关，或数量不够充分。进行房地产市场调查，应首先收集次级资料，并进行分析。同时，还必须获得适当或大量的原始资料。原始资料的获得对房地产市场调查，以及后面的策划、开发都是非常重要的，它可以印证相关的次级资料，可以建立策划和开发者的感性认识，有利于策划和开发者理性和感性的统一。

（3）确定市场调查方法　市场调查的科学性原则要求调查方法应实用，并有所创新。针对具体项目确定的调查方法要易于操作、易于抓住目标客户，并且花费要尽可能少。另外，调查方法要注意创新，一成不变的方法会逐渐引起调查对象的反感和不配合，而新颖的方法往往会吸引调查对象的极大兴趣。一般地，常规的调查方法有访问法、观察法、实验法等，其实用性操作有各自技巧。而创新的调查方法需要根据具体项目、具体环境、具体时间及具体地点等进行创造性设计。

(4) 其他　市场调查方案的其他工作内容还包括调查表及问卷的设计（如当地房地产资源统计表、房地产出租市场统计表、房地产出售统计表、房地产个案调查表、调查问卷表等的设计）；抽样设计；数据整理方法的确定；数据分析方法的确定以及各种情况发生时的预案等。

应该说明的是，为了提高决策的科学性，正式的市场调查具有一定的印证性。也就是说，经过市场调查程序的前面几个阶段，使调查具有了一定的方向性或生成某待论证的命题，所以，正式市场调查从一定程度上是在证明命题的正确性。例如，对于某一住宅小区开发项目，如果经过初步分析、初步调查，已基本明确项目的类型、档次、主力户型等框架性内容，则正式调查是在从各方面印证这个框架性内容是否正确。如果正确，则开发企业决策有了更坚实的基础，同时调查中可能获得一定的潜在客户，降低了市场风险；如果不正确，则开发企业需要重新回到初步分析阶段来进行相应的程序。这样，市场调查变成了开发企业抵御风险的一道屏障。

基于这样的认识，在市场调查方案确定时，应充分贯彻这个思想，如印证性市场调查应注意哪些环节，调查表应如何设计，问卷表应如何设计。如果调查中发现方向偏离较大，应如何设计预案等。

6. 市场调查执行

市场调查执行是指按照市场调查方案通过各种方式到调查现场获得原始信息资料和搜集次级信息资料。市场调查执行的有效程度，直接影响着调查结果的正确性。通常，在这一阶段应做好两方面工作：第一，做好现场调查人员的选拔和培训工作，这是进行有效执行的基础；第二，做好现场调查整个过程的监督、检查和调整控制，这是进行有效执行的重点。

7. 整理分析与研究

市场调查信息资料的整理是指对获取的各种信息资料进行归纳和分类。通过整理，信息资料就逐渐转化为项目所需要的资料，就可以反映市场的本质特征。一般地，信息资料的整理步骤为：信息资料汇总、信息资料分类、信息资料初审、信息资料筛选、信息资料排序。

市场调查信息资料的分析与研究是指在整理的基础上，对各种资料的数据和事实进行比较、分析与研究，计算有关数理统计指标，最后得出必要的调查结论。

8. 撰写市场调查报告

在完成市场调查之后，必须提出调查报告，以供决策参考。调查报告一般有两种形式，一种是结果报告，内容简单明了，主要介绍项目概况、调查概况及调查结论；另一种是技术报告，内容详尽明确，包括了整个调查活动的目的分析、初步分析、初步调查、调查方案、调查执行中的资料的获取及管理过程、详细的数据分析、结论等。根据不同情况，有时调查人员需要同时提供结果报告和技术报告，有时仅提供结果报告。市场调查报告的一般格式为：封面、说明、摘要、正文、附表、附图、附件。

通过了解房地产市场调查程序，应该认识到，科学的市场调查应是一个由粗到细、逐渐明确、最终经过印证调研和科学分析的过程。

4.2.3 房地产市场调查内容

由于房地产本身的复杂性,房地产市场调查的内容十分广泛,涉及房地产市场系统的各个方面。一般情况下,房地产市场调查的内容主要包括:房地产投资环境调查、房地产市场需求调查、房地产市场供给调查、房地产市场营销活动调查和项目自身调查等。

1. 房地产投资环境调查

投资环境是拟投资的国家、地区、城市或街区在一定时期内所具有的能决定和制约项目投资的各种外部境况和条件的总和。

按投资环境各要素存在的范围大小,投资环境可细分为:宏观投资环境,一般指一个国家的投资环境,如政治制度、经济制度等;中观投资环境,一般指拟投资地区或行业的投资环境,如当地的经济发展水平等;微观投资环境,一般指进行投资具体场所的自然、经济及社会等条件,如开发地块的地质水文条件等。

按投资环境各要素存在的物质形态,投资环境可细分为硬投资环境和软投资环境。

按投资环境各要素的不同内容,投资环境可细分为政治环境、法律环境、经济环境、社会环境、文化环境、自然环境、基础设施环境等。

一般地,房地产投资环境调查主要包括以下几个方面:

(1) 政治与法律环境调查　政治环境主要由政治体制和政权、政治局势、政策及战争风险等要素构成,政治环境调查一般研究一个国家的政治制度、政局稳定性及政策连续性;法律环境调查一般研究投资环境的法律的完备性、法制的稳定性和执法的公正性。

房地产政治法律环境调查的主要方面有:① 各级政府制定的有关房地产的政策,如房地产开发经营政策等;② 各级政府制定的有关国民经济社会发展计划、土地利用总体规划、区域规划及城市规划等;③ 各级政府制定的相关法律法规,如房地产管理法、土地管理法等;④ 政府制定的产业政策、金融政策、税收政策、财政政策等相关政策;⑤ 国家及地区的政权政局变动等。

(2) 经济环境调查　经济环境是影响项目投资决策的重要基本因素,经济环境调查主要了解财政、金融、经济发展状况及趋势等。通过经济环境调查,应该把握拟投资国家和地区的总的经济发展前景。

一般情况下,经济环境调查主要包括:① 国家或地区国民经济状况指标,如国民生产总值、国民收入总值、国民经济增长率等;② 国家经济产业结构和主导产业;③ 社会消费水平和消费能力指标,如消费总额、消费结构、居民收入、存款余额、物价指数等;④ 项目地区的经济结构、人口和就业状况、就学条件、基础设施状况等;⑤ 项目地区对外开放程度及国际经济合作等;⑥ 项目地区的人力资源、土地资源、原材料资源及能源等方面状况。

(3) 社会环境与文化环境调查　社会环境对投资保障是非常重要的,社会环境调查主要包括社会制度、社会秩序、社会信誉和社会服务等方面的调查。这里,社会制度是指投资项目所在国家或地区的社会政治制度和社会管理制度,如行政管理的透明度、政府对经济的干预程度、政府官员的廉洁性等;社会秩序则指投资项目所在国家或地区的社会政治秩序和经济生活秩序,如社会稳定性、安全性等;社会信誉是投资项目所在国家或地区的合同履约信誉、社会承诺信誉及政府经济产业政策的连续性信誉;社会服务指投资项目所在国家或地区所提供的服务设施及服务效率等，如金融服务、交通服务、行政服务、信息服务等。

营销中的文化概念侧重于指在一定物质文明基础上，一个社会或一个群体的不同成员一再重复的情感模式、思维模式和行为模式。文化环境主要反映了居民的生活习惯、生活方式、消费观念、消费心理以及对生活的态度和对人生的价值取向等。文化环境直接决定消费需求的形式和内容，直接影响项目开发和经营整个过程，因此制约着项目开发方案和经营决策。

一般地，文化环境调查主要包括：① 地区人员的职业构成、教育程度及文化水平等；② 地区人员的生活习惯、价值取向等；③ 家庭人口规模及主要构成；④ 地区人员的民族和宗教信仰；⑤ 地区社会风俗等。

（4）自然与基础设施环境调查　自然环境调查是指对项目地区或国家的自然条件和风景地理特征进行调查，主要包括地理位置、地形、地质、地貌、自然风光及气温气候等方面的调查。

基础设施环境是项目投资的重要硬环境，对投资决策起着非常关键的影响。基础环境调查主要是对项目投资地区或国家的交通、能源、通信、给水排水、排污等进行调查，主要包括交通干线的分布、交通方便程度、电力、煤气、天然气供应、通信电缆布置、自来水管网分布、排水排污状况等方面的调查。

（5）社区环境调查　社区环境调查是对房地产投资开发项目的具体社区或片区进行综合的调查。前面提到的房地产投资环境调查的几个方面是针对投资项目所处的国家和城市的有关情况来调查，而房地产市场的地区性特点决定了社区环境对项目具有重要影响和作用。社区环境直接影响房地产产品价格，优良的社区环境可以提高房地产使用价值和经济效益。一般地，社区环境调查主要包括以下几个方面：① 社区经济繁荣程度；② 社区社会文化氛围、安全保障程度及居民素质等；③ 社区购物条件、通信条件、电力条件、卫生条件、给水排水及交通和教育的便利性等；④ 社区空气质量、水源质量及景观等自然条件。

2. 房地产市场需求调查

房地产市场需求由购买者、购买欲望和购买能力组成。因此，进行房地产市场需求调查，必须了解消费者（广义的、包括所有购买者）的构成、消费动机和消费行为特征。

（1）消费者构成调查　消费者构成调查的主要内容包括：① 消费者是哪些人，即某类房地产现实与潜在消费者的数量与特征，如消费者人口数量、性别比例、年龄分布、职业分布、教育程度、社会阶层、宗教信仰、谁是使用者、谁是购买者（指谁是决策人）等；② 消费者在哪里住；③ 消费者经济来源和收入水平；④ 消费者实际支付能力；⑤ 消费者需要什么产品，如小区规划、建筑造型、套型面积、周边环境、价格、付款方式等的偏好；⑥ 消费者对某类房地产的总需求量。

（2）消费动机调查　消费动机是引起人们购买房地产商品的愿望和意念，是购买房地产商品行为的内在原因，主要包括消费者购买意向、影响购买动机因素及购买动机类型等。真正的消费动机，有时消费者不愿据实回答，有时消费者本人自己也没有充分认识到，所以一般的询问调查法收效甚微。目前，常用的动机调查法有连句实验法、深度面谈法、集体面谈法、主题知觉实验法等。通常，房地产商品的一般消费动机主要有：为了改善居住条件、投资收益、投机收益、为了子女就学、为了靠近上班单位等。

（3）消费行为调查　消费行为是房地产购买者在实际房地产购买过程中的具体表现。

进行消费行为调查，就是为了了解一般房地产消费者的购买模式和购买习惯，为项目策划和开发服务。房地产消费行为调查的主要内容包括：① 消费者购买房地产的种类、类型；② 消费者购买房地产的数量；③ 消费者购买过程中对户型、价格、质量、地段、开发企业品牌等的要求和注重程度；④ 消费者的购买时间或时机；⑤ 消费者的购买频度；⑥ 广告及推广对购买行为的影响等。

3. 房地产市场供给调查

房地产市场供给调查主要包括以下几方面：土地供应及规划等方面的调查、存量市场状况及供应调查、增量市场供应调查等。

（1）土地供应及规划等方面的调查　土地供应及规划等方面调查的主要内容包括：① 各类型用地出让计划、数量、方式等；② 各类型用地转让数量；③ 城市基准地价水平；④ 土地开发成本状况及交易税费；⑤ 土地市场交易楼面地价、地面地价等；⑥ 土地开发的规划限制与条件等。

（2）存量市场状况及供应调查　存量市场状况及供应调查的主要内容包括：① 存量房地产总量；② 存量房地产的物理状况；③ 存量房地产拆除或改变用途数量；④ 存量房地产租金水平；⑤ 存量房地产售价水平等。

（3）增量市场供应调查　增量市场供应调查的主要内容包括：① 新开发房地产供应量，如计划开工面积、新开工面积、施工面积、竣工面积等；② 供给结构（各类型房地产供给的比例关系）及供给变化趋势；③ 房地产开发成本及成本指数；④ 房地产市场销售价格及价格指数、销售率、销售潜力等；⑤ 房地产产品市场生命周期及空白市场；⑥ 房地产产品的科技含量及新技术、新工艺、新材料的应用；⑦ 房地产市场的创新产品；⑧ 现房业主对房地产产品的意见和满意度；⑨ 建筑施工单位的施工质量等；⑩ 建筑设计单位的设计水平等。

4. 房地产市场营销活动调查

房地产市场营销活动调查的主要内容包括以下几个方面：竞争状况调查、市场价格调查、促销手段调查及销售渠道调查等。

（1）竞争状况调查　竞争状况调查主要包括竞争企业调查和竞争楼盘调查两个方面。

竞争企业调查一般又分为重点调查的竞争企业和一般调查的竞争企业。重点调查的竞争企业的主要调查内容有：① 基本状况，如单位名称、隶属单位、所有制形式、单位负责人、单位背景、公共关系、单位历史、业绩及资金实力等；② 企业经营思想及社会信誉；③ 企业的市场营销策略；④ 企业新产品研发情况；⑤ 企业对未来市场及竞争状况的分析和判断等。

竞争楼盘调查也分为重点调查的竞争楼盘和一般调查的竞争楼盘。重点调查的竞争楼盘的主要调查内容有：① 基本状况，如项目名称、地点、四邻、占地面积、地块形状、临街状况、土地等级、土地权属、建筑容积率及建筑密度等规划条件、小区规划布局、建筑功能、建筑面积、建筑高度、建筑层数、建筑结构、装修、设备等；② 楼盘市场定价及反应状况；③ 楼盘客户类型结构；④ 楼盘推广策略及反应状况；⑤ 楼盘消费者接受程度。另外，竞争楼盘调查的一项重要内容是竞争楼盘的市场占有率及对拟开发项目目标市场的分流程度。

（2）市场价格调查　市场价格调查的主要内容包括：① 各楼盘的不同价格策略及定价方法对市场的影响；② 房地产市场供求的变化及不同房地产供求弹性的大小；③ 影响房地产价格的因素的变化；④ 国内外相关房地产价格的变化；⑤ 拟开发投资项目的城市、社区或片区的房地产价格水平等。需要说明的是，在市场供应调查、竞争状况调查和市场价格调查中均涉及价格的调查，但各自出发点和调查的角度及深度不相同。

（3）促销手段调查　促销手段调查的主要内容包括：① 促销方式的采用，如广告、直销、销售促进、公关与宣传、人员推销及组合运用；② 促销方式的成本及效果；③ 促销的人力资源及代理机构；④ 各楼盘的促销策略；⑤ 各楼盘促销手段的时空分布及效果等。

（4）销售渠道调查　销售渠道调查的主要内容包括：① 项目销售的主要渠道类型，如开发商销售、代理公司销售、经纪公司销售等；② 各销售渠道的成本比较；③ 各销售渠道的效果比较；④ 销售渠道采用选取的策略；⑤ 销售渠道选择的方法和技巧等。

5. 项目自身调查

进行房地产项目开发，还需要对项目自身因素进行调查。通过项目自身因素调查，可以使项目策划和开发从项目实际出发，发挥优势，更好地实现项目目标。项目自身调查一般包括两个方面：开发企业调查和开发项目调查。

开发企业调查的主要内容包括：① 企业基本状况；② 企业经营思想和经营目标；③ 企业资金状况；④ 企业人力资源状况；⑤ 企业经营管理水平等。企业的经营思想决定着开发项目的运作方式，经营目标决定对开发项目的具体指标要求，资金、人才、管理水平对开发项目也具有重要影响，因此，开发企业自身调查是十分必要的。

开发项目调查的主要内容包括：① 由经营目标所确定的项目目标及具体指标；② 项目地块或意向地块的状况，如场地现状、地块形状、地质、水文、土地等级、土地权属、临街状况、基础设施配套等；③ 项目成本收益粗略了解；④ 项目的资金要求及获得的可能性；⑤ 项目的政策符合性及审批通过的可能性等。

4.2.4　房地产市场调查方法

房地产市场调查方法多种多样，而且新的方法层出不穷。许多创新调查方法能够结合项目特点，同时符合流行时尚及消费者心理，往往事半功倍，出奇制胜。创新方法是基本方法在具体个案中的具体应用和发挥，它需要建立在熟悉和掌握基本方法的基础上。房地产市场调查的基本方法主要包括以下内容：

1. 普查、重点调查、典型调查和抽样调查

这是按照如何选择调查对象来划分的四种调查方法。

普查，即普遍调查，又称全面调查，是指在某一时点对调查对象总体所包含的全部调查单位进行调查。普查的工作量巨大，一般在房地产市场调查中较少采用或只在较小范围内采用。通常，房地产市场调查可以借助国家权威部门的有关普查结果。

重点调查是指从调查对象的全部单位中选择一部分客观存在的重点单位进行调查。这里，重点单位是对总体单位数量而言，这些单位的数目所占比重小，对总体各单位标志总值而言，这些单位的标志总值所占比重大。例如，在对一些特色商城、特色写字楼的市场需求调查中，潜在客户可能分布在市内或国内的若干个区域，但其中的仅几个区域的需求可能占

据了项目的绝大部分，则可以对这几个区域进行重点调查。

典型调查是指从调查对象中选取一个或少数几个具有代表性的典型单位进行全面深入的调查。这里，典型单位是在总体所有单位中最能体现总体共性的单位。例如，在了解现业主对房地产产品使用的反应时，可对不同档次、不同套型、不同阶层的典型业主进行调查。

抽样调查是指按照随机原则从总体中抽取部分单位构成样本，以样本信息推断总体数量特征的调查。随机原则和从部分推算全体，是抽样调查的两个主要特点。抽样调查适用于不能进行或没有必要进行普查，但需要掌握全面情况的场合。抽样调查按照随机抽选的方式，可分为纯随机抽样调查、机械抽样调查、类型抽样调查、整群抽样调查等。在房地产市场调查中，抽样调查应用得十分广泛，例如调查各种物业类型的市场平均价格，调查一个特定阶层的住房需求等，均可使用抽样调查方法。

2. 询问法、观察法和实验法

这是按照对调查对象采用的不同具体方法划分的三种调查方法。

（1）询问法　询问法是指以询问的方式为手段，将被询问人的答复作为调查信息资料依据的调查方法。应用询问法有两个关键环节，一是调查表的设计，二是个人询问技巧的运用。设计调查表应注意：问题不要过多；问题要短；不使用太专业的术语；敏感问题宜用间接方式提问等。个人询问应注意：询问前的准备很重要，应了解调查对象，并做好询问整个过程的计划和应对方法的考虑；取得调查对象的信任，消除不必要顾虑；把握提问节奏；注意服装仪表等。

按照内容和传递方式的不同，询问法具体包括访谈调查、电话调查、邮寄调查、留置问卷调查、媒体问卷调查、座谈会、深度访谈等。

1）访谈调查：访谈调查是调查者与被调查者通过面对面的交谈来获取信息资料的调查方法。调查方式可以采用标准式访谈，即按照事先设计好的调查表进行，也可以采用非标准式访谈，即没有统一提问顺序，只有一个题目或提纲，自由交谈。同时，访谈调查可以是请进来的，也可以是走出去的，可以是一次性的，也可以是多次的。通常，对于普通被调查者的初次调查，一般采用标准式访谈。而第二次、第三次的调查往往采用非标准式访谈。

2）电话调查：电话调查是指调查者通过电话与被调查者进行交流沟通来获取信息资料的调查方法。电话调查可以由调查者事先确定抽样要求，然后按照设计的调查表进行。另外，随着电信业的发展，还可以通过手机短信进行调查。

3）邮寄调查：邮寄调查是指调查者将设计好的调查表邮寄给被调查者，由被调查者按表中要求填写好之后寄回的调查方法。通常，邮寄调查的调查表回收率很低。因此，为了提高回收率，一般应做比较细致的抽样分析，以及设置某些奖励。

4）留置问卷调查：留置问卷调查是指调查者将设计好的问卷（即调查表）交给被调查者，并给予相应说明，当被调查者回答填写完毕，由调查者定期收回。这种调查方式通常应用在专家意见调查中。

5）媒体问卷调查：媒体问卷调查是指调查者通过报纸、互联网等媒体将调查表公布出去，并约定回收截止时间，由被调查者将调查问卷填好寄回的调查方法。通常，这种调查方法会设置一些各种形式的奖励，同时附加企业形象或项目形象广告的痕迹。

6）座谈会：座谈会，又称集体访谈法，是指调查者将一组被调查者集中在一个调查现场，就某一调查主题自由发表意见和想法，进而获取信息资料的调查方法。这种方法一般应用在对调查主题有经验的行家或专家意见调查中，例如，项目主力户型的确定及定价，调查时可以召集建筑专家、房地产专家、营销专家、策划人员、销售人员进行座谈。通过座谈讨论，被调查者各抒己见，相互影响，相互启发和补充，不断修正各自观点。这样可以获取更广泛深入、更有价值的信息资料。

7) 深度访谈：深度访谈是指调查者在一次调查中对一名重点被调查者进行深层次的交流沟通，进而获得信息资料的调查方法。通常，深度访谈需要调查者具备良好的沟通能力，运用大量的询问技巧，尽可能使被调查者自由发挥，表达想法和感受，从而了解被调查者的真实思想和行为动机以及潜意识动机。深度访谈通常应用于目标客户需求调查，例如，调查住宅、写字楼及商城的潜在客户对理想物业单元的要求。

(2) 观察法　观察法是指调查者在有关地点和场所，通过直接观察、观测和记录被调查者的状况，进而获得信息资料的调查方法。例如，在房地产项目建筑工地记录参观人数，在商业项目的区位观察、观测和记录人流量、交通情况及车流量等。

一般地，采用观察法进行调查，调查人员可以通过感觉器官直接观察，也可以利用设备来间接观察，例如，利用录音机、摄像机、监测器等间接对被调查者进行观察。

观察法在调查被调查人时，是从侧面观察的，被调查人在不知不觉中被调查。所以，观察法可以获取被观察人不愿或不能提供的信息。但是，应该注意观察法只能了解事物表面的现象，不能了解人们的感情、态度、行为动机等，如果要取得好的调查结果，必须将观察法与其他调查方法组合运用。

(3) 实验法　实验法是指调查者将被调查者设定在特殊实验场所或特殊状态下，然后对被调查者进行实验来获取信息资料的调查方法。实验法通常可以获得比询问法、观察法更精确可靠的科学事实。

实验法一般有两种具体方式：实验求证法和随机尝试实验法。实验求证法的原理是，假定"经理论推测 X 加 Y 可能产生 Z"，则必定先在实验室里面证实了确实可以产生 Z，才正式应用到实际的大量生产中。如设置小规模的房地产实验市场、设置主力户型样板间来调查消费者的反映，了解消费需求取向，从而进一步定位产品，大量开发。随机尝试实验法的原理，是通过随机尝试实验来测试房地产产品的功能和适用性。例如，在进行房地产产品设计时，通过设计方案竞赛征集，随机产生各种风格的产品方案，通过较广泛的评价，确定最佳方案，进行开发。

另外，按照实验场所的不同，实验法可分为室内实验法，即在室内进行的实验调查；以及市场实验法，即在市场或外部进行的实验调查。

应该说明的是，实验法在具有科学先进性的同时，在执行技术上存在一定困难，如选择市场条件相同的实验市场和比较市场等。另外，实验法投资较大，周期较长，往往容易丧失市场时机，带有一定风险性。故此，实验法在实际中应该与其他调查方法综合运用，才能收到好的效果，如产品方案访谈实验法、产品方案深度访谈实验法等。

4.2.5　房地产市场分析与预测

1. 房地产市场分析

(1) 房地产市场分析的含义　从市场调查的广义角度出发，市场调查包括了市场分析。房地产市场分析是指在市场信息资料调查收集的基础上，进行信息整理、分析和加工处理，寻找市场内在规律与含义以及预测市场未来发展趋势，用来帮助房地产企业及其他市场参与者掌握市场动态、把握市场机会，进行科学决策的过程。

针对具体开发项目的市场分析，应对房地产投资环境调查、房地产市场需求调查、房地产市场供应调查、房地产市场营销活动调查和项目自身调查等的调查资料进行科学辨证的筛选和加工处理，从每一个层面认真研究其可能对项目产生的影响及带来的机会。

(2) 房地产市场分析的基本方法

1) 信息资料的编辑整理方法：信息资料的编辑整理是对信息资料的深加工，它是进行市场分析的前提，主要工作包括信息资料的汇总、分类、审核、筛选、排序等。

① 汇总：汇总是把调查收集到的各种信息资料进行汇集和归总，以便统一处理。

② 分类：分类是调查人员将各种信息资料进行分门别类的清理。通常，可以用数字符号代表信息资料，把信息资料编入适当类别，分别处理和归档，以便取用和寻找。

③ 审核：审核是对各类别的信息资料进行来源、收集方法、内容、真实程度和价值大小等的检查。审核需要检查信息资料的完整性和准确性。完整性检查主要审核应调查的单位是否有遗漏及所调查的项目是否填写齐全；准确性检查主要审核信息资料是否真实反映客观实际状况，是否存在错误等，其方法主要有逻辑检查和计算检查。

④ 筛选：筛选是剔除有错误的信息资料。在审核过程中发现错误应尽可能进行纠正，当不能纠正，或不符合调查要求又无法弥补，则必须剔除。信息资料筛选主要包括两方面内容：一是剔除错误，包括不符合要求的数据、有明显错误的数据、调查人员的主观偏向、被调查者的应付敷衍、有矛盾的数据等；二是将符合某种特定条件的数据筛选出来，及剔除不符合特定条件的数据。

⑤ 排序：排序是按照一定的顺序将信息资料数据进行排列，以便于研究分析人员通过浏览可以发现一些明显的特征或趋势。

2) 数理统计分析方法：数理统计分析方法主要包括统计图形分析、统计指标分析、时间序列分析及指数分析等。

① 统计图形分析：统计图形分析具有直观、通俗、易懂的特点，并且可以提供概要信息和反映统计数据的基本特征，因此得到广泛应用。常用的统计图主要有线形图、条形图、直方图、圆形图、折线图、象形图、对数图等。

② 统计指标分析：统计指标是反映现象总体数量特征的基本概念和具体数值。概念和数值，分别是所研究现象的质和量的规律性。指标一般由六个要素构成：指标名称、计量单位、计算方法、时间限制、空间限制和指标数值。

统计指标的具体种类很多，例如，绝对指标，包括时期指标（如某时期商品房销售总面积）、时点指标等；相对指标（两个有联系的指标对比所形成的指标）；平均指标，包括算术平均数、调和平均数、几何平均数、中位数、众数等；变异指标，包括标准差等。

③ 时间序列分析：时间序列是按照时间的先后顺序排列的一系列观测值。时间序列分析主要包括水平分析、速度分析、模型分析及长期趋势分析等。

在房地产市场分析中，时间序列分析中的长期趋势分析应用较多。测定长期趋势的方法主要有扩大时距法、移动平均法、最小二乘法等。

④ 指数分析：指数是反映事物或现象变动程度的一种相对数。通过指数分析，可以对房地产市场的变动情况进行描述和了解。指数有多种分类，如个体指数和综合指数、数量指

数和质量指数、简单指数和加权指数。

应该注意的是，指数按照所选定的基期不同，分为定基指数和环比指数。定基指数是指所有各期指数都是使用同一基期进行计算；环比指数是指所有各期指数是以其上一期为基期进行计算。

3）综合分析方法：通常，综合分析应组合运用定性分析法和定量分析法。

定性分析法是以思辨的方式对市场信息资料进行质的研究，要求人们注重信息之间的相互区别与联系，审核市场信息资料是否正确地反映房地产市场本质特征。定性分析主要用于描述性市场调查，如对宏观环境、市场政策、市场结构、市场体制等市场调查进行分析判断。

定量分析法是对房地产市场信息资料进行数量关系上的研究。定量分析可以比较精确地反映房地产市场的各种经济变量之间的具体数值和比例关系，如对房地产市场的存量、增量、销量、价格、成本、利润、市场占有率等进行数量研究。定量分析的具体计算指标较多，如平均数、中位数、标准差、定基指数、环比指数等，根据具体分析的不同情况，可以选择其中一个或几个进行研究。另外，定量分析还可以建立复杂的数学模型，用于反映各经济变量之间的关系。

在市场调查分析的实际操作中，应综合运用定性分析与定量分析，相互配合，取长补短。

2. 房地产市场预测

（1）房地产市场预测的含义　房地产市场预测是指市场研究者利用历史统计资料和市场调查，通过运用科学的手段和方法，对房地产市场未来状况和发展趋势所作出的预计和判断。

由于房地产市场的特殊性和复杂性，对房地产市场的预测一定要综合运用多种预测方法和技巧，既不能完全依靠主观经验判断，也不能完全依靠数学模型预测。并且，预测应尽可能多地表达未来市场发生的各种情况及可能性大小或概率，以便决策人事先制定各种预案。

（2）房地产市场预测的主要方法　房地产市场预测的主要方法包括直观预测法、时间序列预测法和回归预测法。

1）直观预测法：直观预测法是指预测者根据现有的信息资料进行主观判断和逻辑推理的预测方法。这种预测方法主要适用于市场数据资料缺乏、预测对象影响因素复杂、不易进行定量预测的情况。正是因为如此，直观预测法在房地产市场预测中具有重要作用。

一般地，在房地产市场中直观预测法具体包括调查预测法、个人判断法和专家会议法。调查预测法是市场分析人员对市场调查所收集的信息资料进行分析判断，推测市场未来状况的一种预测方法；个人判断法是预测者主要根据自己的阅历、知识、经验和能力进行逻辑推理和分析判断，来推测未来市场状况；专家会议法是通过组织专家会议，集思广益，相互交换意见、启发、探讨，对未来市场进行分析判断，具体形式包括头脑风暴法、哥顿法、对演法、德尔菲法等。

应该说明的是，直观预测法并非是仅凭感觉的推断，每一种具体的方法都有一套科学的操作程序，由于篇幅所限，此处不再详细叙述。

2）时间序列预测法：时间序列预测法的基本原理是，某些经济活动现象呈现出一定的惯性，也就是说，当基本条件不发生重大变化时，某类经济活动过去所产生的发展趋势将会延续一段时间，因此，可以研究已有的时间序列，寻找规律性的周期、趋势及变化等，建立经济问题的预测模型，进而根据预测模型来预测未来状况。

时间序列预测法的数学模型为 $y=f(t)$，即假定预测对象的变化仅与时间变量有关。显然，这是对外部复杂因素作用于预测对象的一种简化。因为经济活动是一个错综复杂的动态过程，预测对象的变化与众多外部因素紧密相关。

某些因素使时间序列在遵循普遍变化规律基础上表现出偶然波动，或称随机波动。随机波动掩盖了时间序列的规律，需要采用平滑分析技术（过滤随机因素，寻找发展趋势主流）排除随机波动影响，揭示时间序列规律。按照平滑分析方法的不同，时间序列预测可分为平均数预测法、移动平均预测法及指数平滑预测法等。

3）回归预测法：回归预测法的基本原理是，通过揭示事物之间的因果关系，从因素的变化来预测事物的发展。具体来说，回归预测法就是通过处理统计数据，研究经济变量之间的关系形态和关联程度，建立数学模型，表现经济事物的因果关系，进而对经济事物进行预测。

一般地，按照分析对象的数学形态，回归预测可分为线性回归预测和非线性回归预测；按照回归方程中自变量的个数，回归预测可分为一元回归预测和多元回归预测。回归预测方法的通常步骤为：因素分析，收据收集，相关检验，建立模型，模型评价，预测分析。

4.3 市场细分与目标市场

4.3.1 房地产市场细分的概念

1. 市场细分原因

通常，开发企业都会认识到，其无法为广阔市场的所有客户提供房地产产品及服务，因为消费者的数量太多，分布太广，需求差异也很大。而更深层次的原因需要从市场营销的发展历史来分析。

20世纪20年代以前，一些资本主义国家的机器制造业迅速发展，市场需求旺盛，呈现求过于供的卖方市场，企业经营主要是扩大生产，降低成本，以产定销。随着进一步发展，企业逐渐致力于提高产品质量，坚信只要产品好，必定可以卖出去。到了第一次世界大战后至第二次世界大战前，资本主义国家已经处于严重经济危机和不景气中，生产相对过剩，出现供过于求的买方市场。这时，企业关心的已不是如何大量生产和提高质量，而是如何去销售，所以大量采用销售术和广告术进行推销。第二次世界大战后，随着科技进步，产品的数量和种类极大丰富，加上消费者购买能力和文化水平大幅度提高，在美国首先出现了全面买方市场。在这个时期，卖方竞争激烈，企业必须去认真研究市场。一些大企业提出，客户需要什么就卖什么，哪里有消费者需求哪里就有我们的机会。这样，满足消费者需求与愿望成了市场营销的核心。那么，如何更有效地满足消费者的需求，20世纪50年代中期，美国市场学家温瑞尔·施密斯提出了市场细分概念，通过细分市场来调查、研究，满足不同消费者的需求。这一概念一经提出，便受到了学术界的重视和企业界的广泛应用。市场细分是现代市场营销思想的一个重大突破，是现代市场营销学的重要理论。

2. 市场细分的概念

市场细分是指在市场调查的基础上，根据消费者的需要和愿望、购买行为及购买习惯等方面的明显的差异性，将某一产品的市场整体划分为若干个消费者群的市场分类过程。

对于市场细分的理解应注意以下几点：

1）市场细分的目的是寻找和确定目标市场，以便更好地为特定消费者服务。目标市场是企业经过分析准备进入的某个细分市场。因此，市场细分具有明确的目的性，是进行营销的有效方法。

需要注意的是，为了提高市场调查和市场细分的效率，在实际操作中，不是严格的市场调查完成后再进行市场细分，而是市场调查和市场细分相互融合、交叉和渗透。

2）市场细分的客观基础是同一产品消费需求的多样性。也就是说，只有同一产品的消费需求有多种时，才可能去细分市场。例如，对住宅的市场需求，有低档的、中低档的、中档及高档的。一般地，同质市场的消费需求单一，无须细分；异质市场的消费需求种类多样，使细分成为可能。在一定市场规模下，同质是相对的，异质是绝对的。并且，在一定市场条件下，同质和异质可以相互转化。

3. 房地产市场细分的概念

房地产市场细分就是通过房地产市场调查，根据消费者（包括使用者、投资者、投机者）的需要和愿望、购买行为及购买习惯等方面明显的差异，对房地产产品或某一类产品的市场整体进行划分。

在房地产市场进行科学的市场细分，有利于开发企业找到有利的市场方向，从而把自己的优势力量集中在选定的细分市场，有针对性地制定营销组合方案，并且在实施中便于察觉客户的反映，以便及时进行调整控制。

4.3.2 房地产市场细分的依据

市场细分依据是将一个整体市场划分为若干个子市场的分类标准，又称细分标准或细分变量。从不同的角度出发，细分依据种类繁多，而且在实际操作中，为了寻找有利的细分市场或空白市场，往往需要根据社会发展变化，创造性地变换角度，发掘、创新出细分依据。因此，营销中市场细分依据的寻找、选择和使用，本身是一个灵活的工作。

作为房地产开发整体市场，细分依据一般包括地理因素、人口因素、心理因素和购买行为因素、行业因素、规模因素等。

1. 地理因素

市场可以按照消费者所在的地理位置、地形、气候等地理因素进行细分。细分的地理因素通常包括国界、区域、城市、片区、地质、水文、地形、地貌、气候等。例如，以城市为细分依据，可以将市场分为北京房地产市场、上海房地产市场等。

2. 人口因素

市场可以按照人口的一系列性质因素进行细分。细分的人口因素主要包括国籍、种族、民族、宗教信仰、年龄、性别、职业、收入水平、教育程度、家庭规模等。例如，以年龄为细分依据，可以将市场分为青年公寓市场、老年公寓市场、中青年住宅市场等；以收入水平为细分依据，可以将市场分为经济适用房市场、普通商品房市场、高档商品房市场等。

3. 心理因素

市场可以按照购买者的生活方式、性格等心理因素进行细分。细分的心理因素主要包括兴趣、态度、情感、思维、意志、动机、气质、性格及社会交往活动方式等。例如，以动机为细分依据，可以将市场分为自用房地产市场、投资房地产市场、投机房地产市场等；以兴趣和性格为细分依据，可以开发音乐主题小区、运动主题小区以及个性鲜明的"气派"或"幽雅"项目。

4. 购买行为因素

市场可以按照购买者的具体行为进行细分。细分的购买行为主要包括购买的产品类型及特征，对价格、广告、服务等的敏感程度，对开发商及销售渠道的信赖程度、购买时机、购买频率、使用频率等。例如，以购买的产品类型及特征为细分依据，可以将市场分为大户型住宅市场和中小户型住宅市场；以对广告敏感程度为细分依据，可以将市场分为电视广告敏感客户市场、报纸广告敏感客户市场、期刊广告敏感客户市场、宣传单敏感客户市场、宣传报道敏感客户市场等。

5. 行业因素

市场可以按照购买者行业的具体类别进行细分，这种细分应该属于人口因素细分的一种衍生、变化，主要针对生产经营者市场。可以细分的行业很多，例如食品行业、纺织行业、煤炭行业、服装行业、机械行业、船舶行业、冶金行业、化工行业等。通常，经过这种划分，可以形成不同类型的工业厂房房地产市场及其他房地产市场。

6. 规模因素

市场可以按照购买者实力规模的大小进行细分，这种细分也可以看作人口因素细分的另一种衍生变化，同样主要是针对生产经营者市场。按照规模大小，可以将生产经营者分为超大型机构、大型机构、中型机构、小型机构、超小型机构等。相应地，可以形成对应的房地产需求不同细分市场。

4.3.3　房地产市场细分的方法

按照细分依据（细分变量）的多少或个数，房地产市场细分的方法主要有：单变量细分市场法、双变量细分市场法和多变量细分市场法。

1. 单变量细分市场法

单变量细分市场法是指通过一个细分变量的变化对市场进行细分。单变量细分市场主要是对市场的基本认识和基本划分，例如，以年均家庭收入为一个细分变量来划分市场，可以将住宅市场分为超高收入家庭的住宅市场、高收入家庭的住宅市场、中等收入家庭的住宅市场、低收入家庭的住宅市场等。

2. 双变量细分市场法

双变量细分市场法是指通过两个细分变量的变化对市场进行细分。双变量细分市场主要是以相对于开发项目的两个重要细分变量先分别划分市场，再进行排列组合，得到若干个较有吸引力的细分市场。例如，对于开发某写字楼项目，以档次为细分变量，将市场划分为普通写字楼（A）、公寓写字楼（B）、酒店式写字楼（C）、高档智能化写字楼（D）；以企业事业单位类别，将市场划分为国有单位（1）、民营单位（2）、涉外单位（3）。这样，通过组合，可以形成12个细分市场（A-1，A-2，A-3，…，D-3），如A-1表示国有单位普通写字楼市场等，然后对每个细分市场进行研究。

3. 多变量细分市场法

多变量细分市场法是指通过多个细分变量的变化对市场进行细分。多变量细分市场的技术方法很多，有的也很复杂。常用的简便方法是路线寻找法，具体步骤为：① 列出主要细分变量；② 根据每一个细分变量，分别列出尽可能多的各自细分市场；③ 选择第一个细分变量的一个最有吸引力细分市场，从此出发；④ 寻找并到达第二个细分变量的一个最有吸引力细分市场；⑤ 依次类推，寻找到达最后一个细分变量的一个最有吸引力细分市场，这样，形成多变量细分市场的一个具有吸引力的组合细分市场；⑥ 如此这般，从第三步骤循环，可以获得具有吸引力的若干个组合细分市场，然后对每个细分市场进行研究。

例如，开发某住宅项目的个人需求市场，主要细分变量及各自细分市场为：① 家庭收入（超高、高、中、低）；② 年龄（老、中、青）；③ 职业（工人、技术干部、医生、律师、记者、管理人员、经营人员）；④ 单位性质（国有、民营、集体、涉外）；⑤ 婚姻（待婚、已婚、离婚）；⑥ 教育（初级、中级、高级）；⑦ 居住期（固定、流动）；⑧ 片区（城中、城南、城北、城东、城西）。根据具体项目和具体地区的特征，可以确定组合细分市场的路线，如从中等家庭收入出发，依次到达青年、记者、国有、待婚、高级教育、固定人口、城中，由此，清晰地界定了一个具有吸引力的组合细分市场。依次类推，可以获得若干个这样的组合细分市场，经过分析评估，可以选取其中一个或几个作为目标市场进行开发。

4.3.4 选择房地产目标市场

通过市场细分，可以得到若干个细分市场。那么，要进入哪一个细分市场（即作为目标市场），需要进行细分市场的评估与选择。

1. 细分市场的评估

细分市场的评估主要考虑以下几个方面：

（1）细分市场的规模　房地产开发公司在选择细分市场时，应分析细分市场是否具有相对于本公司来说的适度规模。一般地，大型公司宜选取销售量大的细分市场，规模过小，往往效率太低，甚至达不到盈利要求；而小型公司宜选取特定的细分市场，避免进入大的细分市场与大型公司进行竞争。

（2）细分市场的发展潜力　细分市场应具有良好的发展潜力，能够为企业扩大销售额和增加利润带来机会。如果一个细分市场经过发展阶段已有衰落迹象，则缺乏吸引力。当前房地产开发中，许多创新的房型一度从南向北流行，但对于追随者，尤其是当本地区已推出类似楼盘时需要衡量这种新房型的市场潜力。

（3）细分市场结构的吸引力　进行细分市场结构吸引力的分析，需要考虑细分市场已有竞争者、可能的新竞争者、购买者、资源供应者、替代产品等方面的因素。通常，细分市场出现下列情况，则削弱市场吸引力：细分市场内已有强大或竞争意识浓厚的众多开发商；细分市场可能吸引实力强大开发商进入；购买者对房地产产品的质量、环境等要求更高，并且议价能力较强；缺乏金融机构等资源供应者的有力支持；已出现替代房地产产品或潜在替代房地产产品等。

（4）开发企业的目标与能力　选择细分市场，除评估上述因素外，还要考虑选择该细分市场是否符合开发企业长远发展目标。如果不符合，不但不能推动企业完成设定的目标，而且会分散企业人力、物力和财力，对完成主要目标造成影响，因此，这时开发企业应放弃这些细分市场。

另外，选择细分市场，还应考虑开发企业是否具有相应的能力。在任何一个细分市场中取得成功，都必须具备一定能力条件，如资源、技术、经验等。如果开发企业缺乏必要的能力，并且通过各种途径无法获得，则应放弃该细分市场。否则，贸然进入，将使企业陷入困境。

2. 细分市场的选择

经过评估，开发企业可以选择细分市场进入，从而进行开发。通常，选择细分市场（作为目标市场）的具体方式有以下几种：

（1）选择单一细分市场　开发企业选择一个细分市场集中进行开发经营，可以深入了解细分市场的需求。同时，通过密集营销可以树立企业在目标客户中的形象地位。如果企业选择细分市场合适，经过有效的经营运作，通常可以获得很高的回报。但是，单一细分市场的选择也意味着较高的风险。如果该细分市场发生变化，如需求低迷、实力竞争者决定进入等，则企业会面临较大的困难，甚至有亏损的可能。

（2）选择多个细分市场　采用这种方法，是指开发企业可以选择多个细分市场进入，并且各个细分市场很少或根本没有联系。这样，即使某个细分市场发生变化，失去市场吸引力，开发企业还可以在其他细分市场继续盈利。选择多个细分市场的方式具有分散风险的作用。但是，应该看到，同样实力的开发企业多细分市场经营较之单一市场经营，精力是分散了。

（3）选择专门化细分市场　这是选择单一细分市场方式的衍生，主要包括选择产品专门化细分市场和选择客户专门化细分市场。产品专门化是指开发公司集中开发一种房地产产品，通过开发经营的专门化以及经验的积累，降低成本，增强销售能力，提高利润，如经济适用房产品专门化细分市场；客户专门化是指开发企业专门为满足某个顾客群体的各种需要进行开发服务，并且努力在其中建立良好的声誉，如某类型的高档用房客户专门化细分市场。

（4）选择完全细分市场　大型房地产企业可以采用完全市场覆盖策略，开发各种房地产产品来满足各种顾客群体的需求。但应当注意，正如市场细分原理所说明的，任何一个大型开发企业都没有试图提供所有需求者的各种住房。

完全覆盖市场的方法通常有无差异市场营销和差异市场营销。

无差异市场营销是指开发企业对各细分市场之间的差异忽略不计，只提供一种房地产产品在整体市场上销售。这时，开发企业的思路是开发市场购买者普遍需要的产品，而不是各自需要的不同产品。

差异市场营销是指开发企业在大多数细分市场上进行开发经营，并且为每个有明显差异的细分市场设计不同的营销方案。差异市场营销往往会获得更大的总销售额，但同时也会增加经营成本，如产品改进成本、建筑成本、促销成本等。

在房地产项目策划中，需要进行市场调查、市场细分和确定目标市场。应该注意的是，这三项工作在实际操作中必须交叉、融合，才能达到理想的效果，这在市场调查的程序中是有所体现的。

4.4 房地产开发项目定位

4.4.1 房地产开发项目定位的概述

1. 房地产项目定位的概念

房地产项目定位是指房地产开发策划及经营者通过研究市场前提、技术前提和资金状况等一系列有关前提条件，采用科学的方法，确定目标市场，构思房地产产品方案，明确项目在目标客户中的形象、地位，制定项目推广策略和方法及其他有关内容的过程。

这里是从广义的角度理解项目定位的概念，狭义的可以只包括项目的产品定位。项目定位对于整个房地产项目的开发起着至关重要的指导作用，一旦出现较大偏差，将导致项目大方向错误，使项目陷入困境。

2. 房地产项目定位的主要内容

从项目定位的概念可以看出，房地产项目定位的主要内容包括以下几个方面：
1）目标市场定位。
2）开发产品定位。
3）项目形象定位。
4）项目推广定位。
下面分别介绍具体内容。

4.4.2 目标市场定位

目标市场定位是指确定房地产项目的目标消费群体，并且明确他们的特征。通过市场调查、市场细分、细分市场评估及选择，最终可以选定一个、几个或完全细分市场作为目标市场。这实际就是前面介绍的主要内容，此处不再赘述。

4.4.3 开发产品定位

1. 房地产产品定位的基本概念

房地产产品定位是指通过市场调查和研究分析以及创新构思，最终确定整体房地产产品的主要特征。产品的主要特征决定产品的主要性能和使用功能，是区别于其他产品的内部要素，如规划布局特色、建筑风格、建筑功能、主力户型及建筑规划指标等。

从营销的角度来看，整体房地产产品的概念可以表达为：提供给市场的能够满足购买者某种需求和愿望的任何有形建筑物、土地及依托权益和各种无形服务。或用公式简单表示为：整体房地产产品＝有形实体及依托权益＋无形服务。这里，无形服务主要是指可以给购买者带来的附加利益和心理上的满足感及信任感的服务、保证、物业形象、房地产开发公司的声誉等。

需要注意的是，对于房地产产品定位，在有形实体方面，应树立高质量发展观念，建造舒适宜居的房地产项目，同时因地制宜，充分利用自然条件，优化设计，达到人与自然和谐共生。在依托实体权益方面，遵循建设程序与法规，诚信开发建设，保障购买者的房地产权益；在无形服务方面，通过项目文化内涵与品质运营，给购买者带来附加利益和心理上的满足感及信任感，彰显社会主义核心价值观。

2. 房地产产品定位的基本内容

房地产产品定位的基本内容是房地产产品主要特征的表现，包括两个方面：规划限制与决定方面及市场与技术决定方面。

（1）规划限制与决定方面　规划限制与决定方面的产品定位基本内容有：

1）项目土地用途确定：开发土地的主要用途有居住、商业、工业、综合等，一般在获得土地时用途已经界定。从选择土地用途的意义上来讲，开发商应在看地、选地时进行权衡分析。

2）项目总规划建设用地面积确定：总规划建设用地面积是指项目用地规划红线范围内的土地面积。

3）项目总建筑面积确定：总建筑面积是指开发项目各栋、各层建筑面积的总和。

4）项目建筑容积率确定：建筑容积率是指项目规划建设用地范围内全部建筑面积与规划建设用地面积之比，附属建筑物应计算在内，但注明不计算面积的附属建筑物除外。通常，别墅项目的建筑容积率在1.0以下，而普通住宅项目的建筑容积率在1.0以上。

5）项目建筑覆盖率确定：建筑覆盖率又称建筑密度，是指项目用地范围内所有建筑物的基底面积之和与规划建设用地面积之比。

6）项目绿化率确定：绿化率是指规划建设用地范围内的绿地面积与规划建设用地面积之比。

7）其他确定：如建筑后退红线距离（规定建筑物应距离城市道路或用地红线的程度）、建筑间距、建筑高度、交通出入口方位、建筑体量、体型、色彩，以及环境保护、消防安全等有关规定等。

（2）市场与技术决定方面　市场与技术决定方面的产品定位基本内容有：

1）土地与项目位置的确定：位置是房地产产品定位的特有重要内容，需要审慎分析决策。

2）项目规划布局确定：规划布局是通过不同的规划手法和处理方式，将住宅、公建、道路、绿地等规划因子及规划构思，系统地组织、安排、落实到规划范围内的恰当位置。规划布局对房地产产品的品质具有重要影响。

3）建筑档次、风格的确定：建筑档次需要在研究消费者基础上确定；建筑风格需要从需求者特征和艺术角度来确定，具体的建筑风格如大唐风格、欧陆风格等。

4）建筑功能布局确定：建筑功能布局指建筑物具体每一部分面积的使用功能分布情况，如住宅、商场、写字间等。

5）建筑选型：建筑选型是建筑具体类型的选择。例如，常用的住宅类型有：点式住宅、条式住宅、错层式住宅、跃层式住宅、复式住宅、退台式住宅、别墅等；另外，按层数还可分为：低层住宅、多层住宅、小高层住宅、高层住宅；按结构还可以分为砖混结构、框架结构、框架剪力墙结构等。

6）户室比确定：户室比是指开发项目各种户型在总户数中所占的百分比。

7）房型确定：房型是指具体每套住宅或单元的布局设计。

8）其他确定：如水、电、暖、天然气、电梯等的配套设置、公共服务设施的配套设置、装修程度的确定，以及容积率、建筑密度、停车率等的变更与具体确定等。

3. 房地产产品定位的基本方法

（1）市场分析法　运用市场分析法进行产品定位，就是通过大量市场调查、分析与研究，来确定房地产产品的主要特征。这种方法是最基本的定位方法，被策划和开发者广泛应用。

应用市场分析法时，开发商最简洁的做法是调查竞争者楼盘。理智的开发商在项目前期会亲自查看投资地点周边的竞争楼盘、整个城市的类似楼盘，乃至发达城市许多优秀楼盘。在查看中分析、类比，为什么这个楼盘卖得好？为什么这个楼盘卖得不好？取长补短，辨证扬弃，结合项目自身情况逐渐形成房地产产品定位。

新开发公司及开发公司进军新的类型项目或地区，产品定位时通常重点进行消费者调查。虽然这项工作费时、费财、费力，但了解消费者需求，做到实事求是、胸中有数，可以降低风险。

在国家经济转型变动时期进行房地产产品定位，还应该重点调查国家宏观变动状况和相关政策法规，以便把握宏观经济和政策走向，较准确地定位房地产产品的大方向。

在进行实际操作时，规范的产品定位应建立在全面市场调查的基础上。根据不同项目具体要求和开发公司实际经验及信息积累，产品定位的市场调查可有不同侧重和方式。

（2）SWOT分析法　SWOT是英文Strengths（优势）、Weaknesses（劣势）、Opportunities（机会）、Threats（威胁）的缩略语。SWOT分析法是通过综合分析房地产项目的内部条件和外部条件等各方面内容，明确项目的优势与劣势、机会与威胁，进而确定房地产产品主要特征的方法。这里，优势与劣势主要侧重于相对于竞争对手项目自身的特点，机会与威胁主要侧重于外部条件变化对项目的影响。

进行SWOT分析时，应在市场调查的基础上，清晰地列出项目的优势、劣势、机会、威胁，并且将直接的、重要的、迫切的、深远的影响因素排在前面，将间接的、次要的、缓慢的、短暂的影响因素排在后面。然后，再进行SWOT对策分析。

SWOT分析的主要对策有：WT对策，即考虑劣势和威胁因素，并将其减少到最小；SO对策，即考虑优势和机会因素，并将其增加到最大；WO对策，使劣势趋于最小，使机会趋于最大；ST对策，使优势趋于最大，使威胁趋于最小。应该说，这种方法的原理非常简洁，但操作的关键在于两点，一是大局的把握，二是各种对策下具体技术和管理措施的研究与创新。例如，某住宅小区旁有大型景观水域公园，并且小区自身有大面积绿地，如何扩大这种优势和机会，必须有具体的支持细节（如常规的生态小区措施、区域小气候定量分析与具体化等）。

（3）建筑策划法　建筑策划是根据项目建议书、设计基础资料及其他的项目资料，提出项目构成和总体构想。通常，建筑策划的主要内容包括：① 总体布置，包括场地功能分区、交通组织、确定主要入口、绿化用地面积、朝向与节能、消防要求、地下管网、人文景观等；② 建筑设计考虑，包括建筑环境和建筑功能、建筑技术及其对平面的影响、空间组合、空间组合制约立面、剖面设计等；③ 结构选型；④ 设备选择，包括供电设备、供水、排水、供热管网、空调系统等；⑤ 建筑面积计算；⑥ 造价计算，包括环境投资、建筑投资、设备投资等；⑦ 建筑周期；⑧ 其他。

作为房地产产品定位的建筑策划法主要是指从规划建筑的专业角度来分析房地产产品，结合消费者消费特点及其他市场因素，确定房地产产品的主要特征。建筑策划法是产品定位的专业方法，需要定位研究人员具备坚实的专业知识，同时要有市场的观念。在市场越来越成熟的今天，建筑策划法基于产品专业的研发，表现出突出的优势和重要的作用，正逐渐形成未来的趋势。

实际操作中，一些建筑设计单位及其建筑师在设计开发项目的实践上，不断积累专业与市场结合的经验，正在运用这种方法协助开发商进行产品定位。另外，一些开发公司和策划销售代理公司也开始建立自身的建筑策划产品定位队伍，从建筑师中挑选优秀的人员参与或主持房地产项目策划及研发。

以上介绍了房地产产品定位的三种基本方法，它们各具特色。在现实工作中，应根据项目具体情况，选择其中一种或几种，也可以综合运用各种方法，还可以在这个基础上创新其他方法。

4. 概念设计

（1）概念设计的含义　简单地理解，概念设计就是设计理念、设计思想的具体化，或者说是框架性设计。各行业都存在概念设计。在房地产领域存在着各种细分的概念设计，下面介绍建筑概念设计及建筑结构概念设计。

建筑概念设计是用建筑语言符号对房地产产品的功能、布局、结构等主要特征的轮廓性表述。通常，开发商获得一个地块或看上一块地，都会有基于经验的开发设想，但这些设想哪些是正确的，哪些是不正确需要修正的，哪些是可行的，哪些是不可行的，需要在市场调查基础上，通过房地产专业人员分析，再由建筑师从建筑专业角度审查并设计初步概略方案。这些就是建筑概念设计要做的工作。应该说，建筑概念设计是联系开发商开发设想和正式设计的桥梁，而且会对初步设想进行去粗取精、去伪存真的完善。

相对于建筑概念设计，建筑结构概念设计对于开发商来讲接触不多。建筑结构概念设计是在特定的建筑空间用整体的概念来对结构总体方案进行设计，它是在规范及理论基础上的创造性工作。但目前很多结构工程师都是根据规范、手册及软件程序进行习惯性传统设计，缺乏创新。有的结构工程师不愿意创新，有的由于责任原因不敢创新，甚至拒绝采用新技术、新工艺。一般情况下，普通建筑有标准的结构方案，新类型建筑需要有新的结构方案。但随着科学技术的发展，新技术、新工艺不断出现，使普通建筑应用新的结构方案成为可能。在包括创新结构方案的多方案比较的基础上，选择功能效果好、成本低的方案，会使开发商最大受益。因此，开发商在结构设计环节应进行专家咨询或采取设计监理来获得理想的效果。

（2）概念设计的过程　在房地产开发中，建筑概念设计对最终房地产产品是轮廓性的表现，而对房地产产品定位则是开发思路、设计理念的具体化。下面主要介绍建筑概念设计。

1）掌握基础资料：建筑概念设计的基础资料主要来自三个方面：规划限制条件、市场调查资料和设计常规资料。

由规划限制条件提供和决定的基础资料有：土地用途、总规划用地面积、总建筑面积、建筑容积率、建筑覆盖率、绿化率、其他等。

由市场调查提供和决定的基础资料有：土地及项目位置、建筑档次、风格、建筑功能布局、建筑选型、户室比、房型、其他等。

一般情况下，开发商可以将上述信息资料以及有关开发设想书面表达为项目设计任务书传达给设计投标单位。

设计常规资料则是进行设计时所必需的项目有关报批文件、政府有关政策以及专业设计的国家规范、标准、数据和手册等。

2）进行概念设计：根据提供的基础资料，设计单位进行概念设计。主要内容包括：项目总体平面图，主要单体的平、立面图及相关剖面图，整体效果鸟瞰图及其他局部效果鸟瞰图，主要户型图，交通组织分析图，环境布置图等，还包括其他有助于表达设计意图的图纸。

在进行概念设计时，应综合考虑建筑方案和结构方案，使概念设计的成果具有专业上的可行性。同时，设计中应充分考虑开发商的开发设想，勤于沟通，勤于创新，尽量从专业上满足开发商的合理设想。

在概念设计中，应遵守和把握国家有关规范和标准，对水、电等建筑设备和管线以及消防、环保、节能等进行合理考虑，积极采用成本较低的新材料、新技术、新工艺和科技含量高的节能方案。

在实际操作中，一般情况下，根据不同项目和开发商的不同要求，概念设计的内容和深浅有所不同。

5. 经济分析

（1）基本经济分析　在概念设计的基础上，应进行方案的经济分析。此阶段的经济分析不同于投资估算、设计概算及施工图预算，其表现得较为粗略，目的是使开发商在众多策划方案中，通过各方案的经济分析结合具体策划，筛选出几个较为可行的方案（一般为3～5个方案），以备后续进一步研究。

常规的经济分析主要包括较粗略的投资估算、收益测算及利润率分析。这种分析一般在掌握房地产经济评价方法（本书在第5章详细介绍）的基础上，还需要了解房地产成本相关指标和市场基本行情，计算则较为简单。

（2）用经济分析方法进行产品定位　在房地产策划与开发的理论与实践发展中，许多科学的方法和做法不断产生，使粗放式经营逐渐转向集约性经营。例如，开发策划者开始研究在一个规划条件（包括土地用途、容积率、建筑密度等）已决定的地块上，如何策划开发才能取得最大效益。不再是拿到地直接开发，或者是只要策划盈利及达到一定收益率就开发，而之后发现另一种开发方案可能获利更多。

以经济分析为工具进行开发策划，是集约型开发的重要方面。传统的经济分析是在策划之后，而集约型开发是策划与经济分析相互渗透。

从这一方面看，经济分析可表现为：运用科学的工具，使房地产开发也像其他自然科学工作一样具有其精确性和准确性，使经济效益得以控制和把握。下面介绍几种经济分析的科学方法：

1）容积率分析：客观地讲，很多情况下，在一个房地产项目的各个方案中，不是容积率越大，建筑面积越多，项目收益就越大。不同的容积率，对应着不同的规划设计方案，不同的规划设计方案对应不同的成本、不同的售价，结果是不同的收益和利润。例如，对于一个住宅小区的开发，单纯追求最高总建筑面积，通过各种方式获得规划局批准的高容积率，并依此进行规划设计和建设，高层林立，则项目会表现为建筑密度及建筑高度过大。建筑高度的增加（一定条件下）会使建造成本随之增加，这种增加值是否会提高利润率；而建筑密度及建筑高度的过大都会使居住环境恶化。在消费群体逐渐成熟的住宅市场，这样的项目是否卖得出去，是否卖得快（可以减少相关经营费用，提高利润率）。进一步，这样的项目是否可以卖一个好价钱，或者说，对比它的成本与售价，是否获得了较高的利润率。如果说，项目为了追求建筑面积，进入这样的轨道：高容积率→高建筑面积→高密度高层（较高成本）→居住环境欠佳→销售困难（或因销售困难采取低于同类售价），则显然在项目定位上出现了问题。

根据很多成功的项目定位来看，容积率的确定是一个慎重和科学的过程。通常，从规划局可以争取的最高容积率是项目技术经济指标的一个背景条件。通过市场调研和对项目的具体分析，才能确定最佳容积率。根据不同项目，最佳容积率可能是争取的最高容积率，也可能是稍低的容积率。

一般地，项目容积率分析的主要思路如下：

① 设定容积率：设定某一可能最佳容积率为项目容积率。

② 规划布置：从规划建筑角度、消费者需求和销售角度配置项目各类高层、小高层、多层、低层及其他等，并且考虑建筑与环境的协调，考虑各类物业的市场吸纳程度。其中心思想是如何能充分实现销售。

③ 价值工程分析：对这样一个房地产产品项目进行价值工程分析，哪些是必要的产品功能组件，哪些是不必要和不经济的，对此特定容积率的产品方案进行优化。

④ 利润率测算：对该优化后的产品方案进行成本、收入测算，进而计算项目的利润和利润率。

⑤ 不同容积率产品方案测算：变化项目的容积率，测算不同容积率下的产品方案的利润率，得到该房地产项目不同容积率对应的不同利润率。

⑥ 拟合容积率－利润率曲线：以容积率为横轴，利润率为纵轴，描绘项目容积率－利润率曲线，并进行平滑处理。

⑦ 确定容积率：即选取最大利润率点对应的容积率为项目容积率，对应的方案为该角度下的最优方案。

这种思路方法的最大优点是简单易行，容易掌握，缺点是工作量较大，精度低于数学模型所确定的。在条件具备的情况下，可以建立数学模型确定合理容积率。利用数学模型确定最佳容积率速度快、效率高、精度准，但数学模型的建立条件及建立过程较为复杂。

2）建筑密度分析：建筑密度是直接反映一定用地范围内的空地率和建筑物密集程度的指标，其取决于绿地率、气候、防水、防震、地形条件等对建筑布置的要求，以及容积率、建筑层数、层高、建筑间距和排列方式等各项因素。

当其他条件不变时，建筑密度与容积率、平均建筑层数有以下关系：建筑密度＝容积率/平均建筑层数。当容积率一定时，平均层数越少，则建筑密度越高。开发商一般希望争取较高的建筑密度，减少平均层数，调整建筑到经济层数上，从而降低建筑成本。但是，较高的建筑密度减少了空地和绿化，降低了项目环境质量。这与容积率的分析有着类似的辩证关系，关键在于把握一个合适的度。至于量上的度，可以采用上述容积率分析的类似方法，也可以在容积率分析中复合建筑密度综合进行。

3）价值工程分析：价值工程，简称 VE（Value Engineering），或称价值分析，简称 VA（Value Analysis），是研究如何以最低的成本使产品具有必要或适当的功能，从而提高产品价值的一种技术经济分析方法。价值工程分析的公式如下：

$$V = \frac{F}{C}$$

式中，V 表示产品的价值，F 表示产品的功能，C 表示产品的成本。这里的价值在价值工程中具有特定的含义。一种产品价值的高低取决于其所具有的功能与为取得该功能所花费的成本之比。

价值工程的目的是通过对产品进行系统的分析，寻找提高产品价值的途径和方法。通常，提高产品价值的途径和方法主要有以下几种：

① 功能提高，同时成本降低，则价值提高（$F\uparrow$，$C\downarrow$）。
② 功能不变，成本降低，则价值提高（$F\rightarrow$，$C\downarrow$）。
③ 功能提高，成本不变，则价值提高（$F\uparrow$，$C\rightarrow$）。
④ 功能略有下降，成本大幅度降低，则价值提高（$F\downarrow$，$C\downarrow\downarrow$）。
⑤ 成本略有上升，功能大幅度增长，则价值提高（$F\uparrow\uparrow$，$C\uparrow$）。

其中，②④方法属于降低成本，③⑤方法属于提高功能，①是功能和成本同时改善，是最积极的办法。价值工程分析的一般步骤为：选择 VE 对象；调查研究，收集资料；功能分析；制定改善方案；方案评估，验证实施；VE 活动成果评价。

运用价值工程分析方法可进行住宅小区项目的结构分析、装修分析、供暖分析、景观分析及附加价值分析等。例如，某小区项目在进行装修分析时，运用价值工程方法，通过调查及功能分析，发现统一细装修的价值系数很低（很多用户入住后通常砸掉原装修，重新装修），经过研究讨论，制定了改统一细装修为统一粗装修及菜单式装修的方案（售价同时降低，增强了市场竞争力）。这样，成本降低，功能稍降低（对于某些用户则功能不变或功能提高），房地产产品的价值得到了有效的提高。

4）其他：其他的技术经济分析还有建筑层数、层高、房屋进深、建筑形状、结构类型等对建造成本、销售价格及市场接受的影响，以及施工方法、工期、建筑材料等对成本的影响等。

4.4.4 项目形象定位

1. 形象定位概念

形象定位是指策划开发人员在目标市场及社会相关市场中，给房地产项目设计安排的独特的、理想的、有广泛影响的位置与形象。简单地说，就是项目在目标市场及相关市场的人群中的心中形象。例如，一个甲级写字楼项目的成功形象定位，会使该地区甚至更广泛地区的客户及相关人群印象深刻，一提到最好的写字楼，便想起该项目；一提起该项目，便反映出最好的写字楼。

2. 形象定位原则

形象定位的一般原则主要有：

（1）反映目标客户利益和心理敏感点　进行形象定位，首先要了解目标客户的利益取向和心理敏感点。通过调查，明确目标客户最需要什么？最关心什么？最担心什么？最喜欢什么？最流行什么？等等。根据相应的回答，如工程质量、价格、环境、地段、物业管理、品牌荣誉、物业升值等，按照程度进行一一排序。然后，以其最敏感的利益取向进行形象定位。如某项目客户最敏感的是工程质量，则形象定位中应通过具体语言表达工程质量的效果。

（2）反映文化内涵与理想化　良好的形象定位应具有文化品位。通常，文化品位在项目中的体现是社会文化背景、社会流行观念和目标客户理想的融合。

（3）反映项目优势与机会　进行项目形象定位，应表现项目周边的优越条件和产品的自身优势，并结合目标顾客的期望与想象。值得注意的是，与项目特征毫无联系或牵强附会的形象定位对项目销售一般没有好处，有时适得其反。

（4）反映市场竞争态势　项目形象定位时，应该充分考虑市场竞争因素，保持与竞争项目的明显差异与区别。

3. 形象定位的形成与实施

形成形象定位的具体内容，必须建立清晰的架构。根据上述形象定位的原则，列出形象定位的各方面内容，如项目的工程质量好、价格较低、地段优势、竞争优势、文化底蕴等。但是，如果要同时强烈表达各方面形象，往往是每一个方面都效果平淡。建立形象定位的清晰架构，就是通过调查分析，以一个方面形象为主线，其他作为辅助方面，以便形成主题明确，目标群体易于接受、容易记忆的形象定位。例如，某普通住宅小区在进行形象定位时，确定"价格低"为形象主线，在主线形象的实施中，将文化、质量等作为辅助。另外，形象定位的架构还可以是以一个综合形象为主线（通常宣传实施中仅仅一句话），以各主要方面形象为辅助方面。例如，某近城别墅项目的形象定位为"都市生活特区"，辅助形象为环境、质量、地段、文化、配置等。

形象定位的实施过程通常包括"实"和"虚"两个方面。"实"主要指通过房地产产品表现项目形象，例如小区项目的主入口、小区内部景观、建筑外立面、窗、阳台、遮阳板等建筑细部处理以及其他产品实体方面，均可以表达清新悦目、简洁明快、时代感、时尚感，以及古典、现代、幽雅、奔放等形象。"虚"主要指宣传推广表达项目形象，例如通过报纸、电视、期刊、广播等表达项目竞争优势、文化内涵等。

4.4.5　项目推广定位

狭义的推广是指房地产项目促销，广义的推广包括了项目促销以及销售等环节。那么，从广义的角度，房地产项目的推广定位主要包括项目价格的确定、营销渠道的选择、促销策略及方法确定和销售方案确定。

1. 项目价格的确定

项目价格是影响房地产交易成败的关键因素，同时也极大地影响着开发商的实际收益。一个房地产项目在推广过程中，是否能在开盘时被目标顾客接受，赢得人气，在销售持续中保持旺销，在尾盘期快速清盘，并获得预期收益，价格的制定及策略的运用起着重要作用。因此，确定价格是项目策划的重要内容。

2. 营销渠道的选择

营销渠道是促使产品从生产者转移到消费者的途径和通道。房地产产品的营销渠道主要有两种，一种是房地产开发商自己直接将产品销售或租赁给购买者，另一种是房地产开发商将产品委托代理给房地产经纪公司进行销售或租赁。营销渠道的选择直接影响着项目的销售进度、销售收益以及项目形象等，因此，应慎重选择营销渠道。

3. 促销策略及方法确定

促销包括了广告、直销、销售促进、公关宣传及人员推销等，在项目营销中扮演着重要的角色。在现代商品市场，为了销售产品，为了形成有利于产品销售的态势，必须精心研究促销策略和方法。值得注意的是，促销策略及方法的确定应符合项目形象定位、项目特征及针对目标客户特点。

4. 销售方案确定

销售方案是用来指导房地产项目实际销售的整个过程，通常包括销售目标、销售调查与分析、销售策略、销售价格与进度、销售组织与管理、销售控制、费用测算等内容。在方案的执行过程中，一般应严格按照既定计划执行，尤其是销售均价与总体进度。在宏观环境和目标市场发生大的变化时，才可以对方案进行较大调整。在项目正式开盘之前，根据建设期间变化，最终确定执行性销售方案。

这里，对广义推广定位的四项主要内容进行了简单介绍，有关详细内容在第8章中有所叙述。

4.5 初步开发方案

4.5.1 初步开发方案概念

初步开发方案是指策划开发人员经过调查、分析和研究，初步确定开发活动的总体策略与布局，以便进行下一步的研究论证工作。初步开发方案是策划工作成果在开发建设角度的表述，主要说明项目开发的目标、投资规模及其他主要开发思路和参数。

应该说明的是，初步开发方案是策划人员在研究基础上对项目开发活动的布局和理解，还不是开发公司决策层的决定方案。一般地，不同策划人员或策划公司在项目策划过程中，都会形成项目如何建设实施的框架，这个框架是进行各方案可行性论证及方案筛选的重要依据，因此需要进行专门的文字化表述。

4.5.2 初步开发方案主要内容

初步开发方案的主要内容包括以下几个方面：

1. 开发目标

开发目标主要说明两个问题：一是在什么地方投资开发，二是开发什么类型的项目。

2. 开发投资规模

开发投资规模一般用总投资、总占地面积、总建筑面积等表示，也可以用其他实物量来表示，如住宅套数等。其中，总投资额是投资规模最直接的表现形式。另外，还要说明资金筹措及使用的简单情况。

3. 开发时间与开发进度

开发时间主要是从时机角度说明几个问题：何时准备进入市场，何时开工建设，何时推向市场，经营和销售时间如何等。

开发进度主要是从实施角度说明：项目开发分期情况、每个开发期的前期、建设期、销售期进度等。

4. 项目收益

项目收益主要说明项目在经营和销售期各期的收益现金流及项目总利润、利润率、收益率等。

5. 项目产品方案要点

项目产品方案要点主要说明项目规划设计思路及产品定位结论，或通过项目概念设计进行说明。

6. 建设经营模式

建设经营模式主要说明项目在建设阶段采取的建设管理方式和经营阶段采取销售、出租、自行营业及其他运作方式。

复习思考题

1. 试述房地产开发项目策划的含义和流程。
2. 房地产开发项目策划主要包括哪些方面内容？
3. 简述房地产市场调查的原则。
4. 简述房地产市场调查的程序与市场调查的内容。
5. 房地产市场细分的依据有哪些？房地产市场细分的方法主要包括哪些？
6. 试述房地产开发项目定位的含义和主要内容。
7. 简述初步开发方案的概念与主要内容。
8. 针对一个具体房地产开发项目，进行项目策划的分析与研究。

第5章 房地产项目可行性研究

导读

我国在投资体制改革后,对于备案制投资项目,其市场前景、经济效益、资金来源和产品技术方案等均由企业自主决策、自担风险。因此,各地发改委等部门对于不使用政府投资的一般商品房类房地产开发项目不再审批其可行性研究报告,但是可行性研究作为企业投资决策的重要依据,有效减少或避免投资决策失误,以及作为与相关单位的合作依据等一系列作用,使可行性研究具有的不可替代的关键位置并未改变。国家对相关项目实行备案制,是为了落实企业投资自主权,实现便利、高效服务和有效管理。故不论采取何种形式或方式,房地产开发与经营者应认真务实进行可行性研究,把握其实质,使其能帮助决策者进行科学决策及开展相关开发经营活动。

5.1 可行性研究概述

5.1.1 可行性研究的含义

可行性研究,又称为可行性分析,是运用技术科学、社会学、经济学及系统工程学等多种科学手段对一项拟建工程项目的必要性、可行性、合理性进行技术经济论证的综合科学,是一门新兴的应用学科。可行性研究的基本任务是通过广泛的调查研究,综合论证一个建设项目在技术上是否先进、实用和可靠,在经济上是否合理,在财务上是否盈利,为投资决策提供科学的依据。同时,可行性研究还能为银行贷款、合作者签约、工程设计等提供依据和基础资料,是决策科学化的必要步骤和手段。可行性研究是建设项目经济分析理论在项目前期的应用,它既是对建设项目前景进行科学预见的方法,又是项目设想细化和项目方案创造的过程。可行性研究是一项政策性、技术性、综合性很强的工作,是项目前期工作中最关键的环节。

房地产开发项目的可行性研究,即是在投资决策之前对拟开发的房地产项目进行全面、系统地调查研究和分析,运用科学的技术评价方法,计算一系列经济评价指标,最终确定该项目是否可行的综合研究。房地产开发项目可行性研究是房地产开发过程中首要的和最关键的工作。

5.1.2 可行性研究的发展历史

从古代开始，人们都在自觉或不自觉地对自己将要从事的活动进行着可行与否的探索。但是，这种行为上升为一种系统的、科学的方法自觉地为人们所运用，却只是从20世纪开始的事情。20世纪30年代，美国在制定田纳西流域开发与综合利用项目时，最早采用了这种方法，取得了很好的经济效果，被称为"投资项目可行性研究"。后来这种方法在世界各国不断地推广与发展，影响十分深远。苏联及东欧国家将其称为技术经济论证，日本叫投资前研究，印度、巴基斯坦、科威特、阿拉伯等国家叫投资研究或费用分析。

近30年来，随着现代科学技术、科学管理和市场商品经济的高度发达及迅猛发展，投资项目规模越来越大、越来越复杂，建设难度越来越高，使得项目的可行性研究在实践中不断充实、完善并得以发展，逐步形成了一套系统的科学研究方法。一方面，它吸收了最新的科技成果，用于大型项目的建设和工艺技术的研究；另一方面，又运用最新的经济科学理论，如经济计量学、数量经济学、技术经济学、市场预测学、经济控制论、信息论、系统论及经济效果理论与方法等，对建设项目投产后经济效益进行科学的计算和预测；同时，还把现代管理科学如企业管理学、系统工程学、生产经营学、施工组织学等用于决策和管理，提高了项目的投资效果。目前，可行性研究在世界上许多国家得到了推广和运用，适用范围渗透到了基本建设、技术改造、科学实验、经营管理、国防建设、生态平衡、技术经济政策、资源或区域开发等方面，取得了良好的效果。

为了指导发展中国家开展可行性研究，联合国工业发展组织先后编写了《工业可行性研究编制手册》《项目评价准则》《可行性研究的经济分析》，使可行性研究的做法日益规范。

20世纪70年代末80年代初，是我国确定采用投资决策理论与方法的关键时期。国务院在1981年颁发的《关于加强基本建设体制管理、控制基本建设规模的若干规定》中明确规定：所有新建、扩建大中型项目以及所有利用外资进行基本建设的项目都要有可行性研究报告。1982年开始将可行性研究作为工业投资的一项重要程序。1983年颁布《建设项目进行可行性研究的试行管理办法》，1991年又作了修订，该办法对于我国基本建设项目可行性研究的编制程序、内容、审批等进行了规定。1993年国家计委、建设部联合发布了《建设项目经济评价方法与参数》（第2版），为社会主义市场经济条件下，正确实行可行性研究，科学决策项目投资提供了指导原则。2006年，在总结第2版实施经验的基础上，经过深入细致的调查研究，形成了《建设项目经济评价方法与参数》（第3版），提出了一套比较完整切实可行的经济评价方法和参数体系。在房地产方面，建设部2000年发布《房地产开发项目经济评价方法》，为房地产项目可行性研究相关工作提供依据，目前新的修订正在进行中。总之，党的十一届三中全会以来，我国对可行性研究的运用经历了从陌生到自觉执行的过程，并充实、丰富了其内容，建立了一整套行之有效的规章、程序，从而将可行性研究工作纳入了制度化、法制化的轨道。

5.1.3 可行性研究的作用

1. 可行性研究是项目投资决策的依据

可行性研究对与建设项目有关的各个方面都进行了调查研究和分析，并以大量数据论证了项目的必要性、可实现性以及实现后的结果，项目投资者或政府主管部门正是根据项目可行性研究的评价结果并结合国家财政经济条件和国民经济长远发展的需要，才做出是否应该投资和如何进行投资的决定。

房地产开发项目具有投资量大、涉及面广、建设期长等特点。因此，在投资前，为了避免和减少投资决策的盲目性，提高开发项目综合效益，应在市场预测和投资环境分析的基础上对拟开发项目在技术上是否先进适用、经济上是否合理、财务上是否盈利、建设上是否可能等进行综合论证。通过可行性研究工作，明确该开发项目是否可行，为投资决策提供有效的依据。基于辩证观点，进行可行性研究，并不能保证开发项目一定成功，但可以较大幅度提高开发项目的成功概率。

2. 可行性研究是筹措资金及向银行申请贷款的依据

通过可行性研究的有关数据，企业可以了解项目所需资金的种类和数量，决定筹措资金的具体方法和数量；银行通过审查项目可行性研究报告，了解了项目的盈利能力、偿债能力和风险状况，才能做出是否贷款以及贷款额度等的决定。

房地产开发所需资金数额巨大，一般通过银行信贷及发行债券和股票等途径筹集。当房地产开发项目所需资金来源于多种途径时，应进行可行性分析，确定最佳的资金筹措方式，以减少资金利息和开发项目的总投资。目前房地产开发项目的资金主要来源于银行贷款。房地产开发企业向银行申请贷款时，银行必须审查开发项目的可行性研究报告，了解该项目在规定时间内具有的偿还能力，银行是否承担过大的风险，然后考虑是否同意贷款及确定贷款额度等。同样，其他途径的主要资金来源方在投放资金前，也必须对项目的可行性报告进行审查。

3. 可行性研究是同有关部门、企业签订协议或合同的依据

房地产开发涉及面广，开发项目的顺利进行牵涉到与有关部门签订大量的协议或合同，以明确双方的权利和义务，并受到法律的约束和监督。在可行性研究中，须对土地征收、拆迁方案、主要材料供应、设备选型、开发项目的总造价等有关问题作论证和估算，从而为同有关部门签订协议或合同提供了依据。

无论申请国外银行贷款，还是与合资、合作方进行技术谈判和商务谈判，抑或与原材料、燃料供应厂进行协议，可行性研究报告均为其提供了依据。

4. 可行性研究是编制设计文件的依据

在开发项目可行性研究中，根据开发场地的规划要求，对拟开发项目的占地面积、建设性质和规模、建筑密度、容积率以及其他设计条件都提出了明确要求，并对开发场地的工程地质条件和原来使用情况作了调查分析。这些资料为编制规划设计文件及建筑设计文件等提供了依据。

5. 可行性研究是申请有关建设许可文件的依据

房地产开发应符合城市经济社会发展计划和城市规划及城乡规划的要求，符合各种法规要求。可行性研究报告中，对开发场地、总体布局以及建设方案等作了论证，为企业申请有关建设许可文件提供了依据。

5.1.4 可行性研究的工作阶段

根据可行性研究的目的、要求和内容的不同，可将可行性研究分为以下几个阶段：

（1）投资机会研究　该阶段的主要任务是对各种建设项目和投资机会作出鉴定，对投资项目或投资方向提出建议，即在一定的地区和部门内，以自然资源和市场的调查预测为基础，寻找最有利的投资机会。

投资机会研究相当粗略，主要依靠笼统的估计而不是详细的分析。该阶段耗时 1～3 个月，投资估算的精确度为 ±30%，研究费用一般占总投资的 0.2%～0.8%。该阶段的主要成果是提出项目建议。如果机会研究认为可行的，就可以进行下一阶段的工作。

（2）初步可行性研究　亦称"预可行性研究"。在机会研究的基础上，进一步对项目建设的可能性与潜在效益进行论证分析，决定是否有必要进行下一步详细的可行性研究分析。这一阶段不是可行性研究的必不可少的阶段，只有在机会研究对项目的效益有所怀疑的时候才进行。初步可行性研究阶段投资估算精度可达 ±20%，所需费用占总投资的 0.25%～1.5%，时间 4～6 个月。此阶段的主要成果是初步可行性研究报告。

（3）详细可行性研究　即通常所说的可行性研究。详细可行性研究是建设项目投资决策的基础，是在对市场、选址、建设方案等深入研究的基础上，深入细致地分析项目在技术上、财务上、经济上的可行性，减少项目的不确定性，对可能出现的风险制定防范措施，提出项目投资的可行性和选择依据标准。其成果即作为投资决策依据的可行性研究报告。这一阶段投资估算的精度为 ±10%，研究时间需要 8～12 个月或者更长，所需费用，小型项目占投资的 1.0%～3.0%，大型复杂的工程占 0.2%～1.0%。

（4）项目评价与决策　按照国家有关规定，对于大中型和限额以上的项目及重要的小型项目，在可行性研究完成之后，必须经有权审批单位委托有资格的咨询评估单位就项目可行性研究报告进行评估论证，分析该可行性研究的可靠性和真实性，判断项目是否可行。在此基础上，对项目投资优选方案做出最终决策。按照相关法规应评估而未经评估的建设项目，任何单位不准审批，更不准组织建设。

5.2　可行性研究步骤和内容

5.2.1　可行性研究步骤

1. 签订协议

可行性研究编制单位（作为房地产开发项目，其编制单位可以是房地产咨询公司、顾问公司或工程公司等）与委托单位，应就项目可行性研究工作的范围、重点、深度要求、完成时间、经费预算和质量要求交换意见，并签订委托协议，根据协议开展可行性研究各阶段的工作。

2. 组建工作小组

根据委托项目可行性研究的范围、内容、技术难度、工作量、时间要求组建项目可行性研究工作小组。大型项目可细分为若干个专业小组。各专业组的工作一般应由项目负责人统筹协调。

房地产开发项目可行性研究工作需要多种专业人才，如房地产估价师、造价工程师、社会学、环境等专家，市场、经济分析专家，调查和分析人员、制作人员等。对工作小组各专业人数、工作内容、费用及时间应适当安排。

3. 制定工作计划

工作计划内容包括各项研究工作开展的步骤、方式、进度安排、人员配备、工作条件、工作质量评定标准和费用预算，并与委托单位交换意见。

4. 市场调查与预测

市场调查的范围包括地区及国内外市场、有关企事业单位和行业主管部门等，主要搜集项目建设、生产运营等各方面所必需的信息资料和数据。市场预测主要是利用市场调查所获得的信息资料，对项目产品未来市场供应和需求（数量、价格等）进行定性与定量分析。

5. 方案设计与优化

在调查研究、搜集资料的基础上，针对项目的具体情况，提出备选方案。房地产项目要考虑选定的目标市场和备选场地，来选择开发方案；并运用合适的评价方法，进行方案论证比选优化，提出推荐方案。方案比选时采用的一般指标包括：居住总人口、人口密度（包括毛人口密度和净人口密度）、建筑密度、建筑容积率、道路占地面积、绿化比率、公共设施占地率、工程总投资等。

6. 方案评价

对所选方案进行环境评价、财务评价、国民经济评价及不确定性分析，以判别项目的环境可行性、经济合理性和抗风险能力。房地产开发项目要对其投资费用、经营费用、收益、资金偿还进行估算，做出财务评价，大型项目须作国民经济评价，还要考虑项目投资、租售价格、规模、建设工期等不确定性因素的变化，做出不确定性分析。

7. 编写可行性研究报告

项目可行性研究各专业方案，经过技术经济论证和优化之后，由各专业组分工编写。之后经项目负责人衔接、协调、综合、汇总，提出可行性研究报告初稿，在与委托单位交换意见、修改完善后，向委托方提交正式可行性研究报告。一般来讲，一份完整的可行性研究报告应包括封面、摘要、目录、正文、附件和附图六个部分。

5.2.2 可行性研究内容

房地产开发项目多种多样，有居住房地产、工业房地产、商业服务房地产、风景旅游房地产、餐饮娱乐房地产等；有以销售为主的住宅开发，也有以出租经营为主的写字楼和商住楼。由于开发项目的性质、规模和复杂程度不同，可行性研究的内容也会有差别。一般地，房地产开发项目可行性研究应包括下列诸方面内容：

1. 总论

总论一般包括：项目名称、性质、主要特点、开发建设单位；地理位置和周围主要建筑物；开发项目的自然、经济、水文地质等基本情况；项目提出的背景、开发建设的必要性，对实现城市总体规划、发展全市经济的意义；可行性研究的目的、依据和范围；研究结论及建议。

2. 开发项目用地的现状与建设条件分析

包括基础设施状况及其外部条件；各类建筑物、构筑物的现状，地上物（树木、植物等）的现状；需要拆除的房屋面积，需要安置的原住户户数和人口，需要安置的劳动力人数等调查资料；拆迁安置方案；供水、供电、污水处理条件以及商业、服务业、文教卫生环境条件的分析。开发项目用地的现状一般应附平面图。

3. 市场调查和需求分析

市场调查和需求分析包括房地产市场供给现状、需求现状调查、分析与预测；房地产市场交易数量与价格分析与预计；开发项目的销售出租前景分析、租售对象分析和租售计划制定。

4. 规划设计方案及评选

规划设计方案包括三个层次：

（1）市政规划方案选择　市政规划方案的主要内容包括各种市政设施的布置、来源、去路和走向，大型商业房地产开发项目重点要规划安排好场地内外交通组织和共享空间等。

（2）项目构成及平面布置　即项目的构成和总平面布局，主要建筑物的造型设计等。

（3）建筑规划方案选择　主要包括各单项工程的占地面积、建筑面积、层数、层高；房间布置、各种房间的数量、建筑面积等。应附规划设计方案详图。

在对可供选择的规划方案进行比较分析的基础上，优选出最为合理、可行的方案作为最后方案，并对其进行详细说明。

5. 环境影响及消防

环境影响评价主要包括：建设地区的环境现状，主要污染源和污染物，开发项目可能引起的周围生态变化，设计采用的环境保护标准，控制污染与生态变化的初步方案，环境保护投资估算，环境影响的评价结论和环境影响分析，存在问题及建议。

消防条件主要包括：消防通道、消防设施、消火栓的设立，防火分区的设置。

6. 开发进度安排

即对项目的建设工期、进度控制和交付使用的初步安排。可以按照前期工程（立项、可行性研究、下达规划任务、征地拆迁、委托规划设计、取得开工许可证直至完成开工前准备等一系列工作）、主体工程（各个单项工程的开、竣工时间）、附属工程、交工验收等分阶段进行。对于大型项目，一般需要进行分期开发，更需要对开发的内容做出统筹安排。

7. 投资估算

对开发项目的成本费用进行分析估计。开发项目的成本费用包括土地购置费用、土地补偿和拆迁安置费、建安工程费、市政基础设施费、公共配套设施费、期间费用及各种税费等。

8. 资金筹集和资源供应

包括资金的筹措方式和使用计划；主要建筑材料和设备的采购选用方式和计划，项目施工期间的动力、水等供应方案，项目建成投入生产或使用后水、电、热力、煤气、交通、通信等供应条件。

9. 财务评价

根据国家现行有关财税制度和价格体系，在估算项目的销售收入、总投资、预期利润、税金估算的基础上，进行现金流量分析和财务平衡分析，编制相应的财务报表，计算经济评价指标，考察项目的盈利能力、清偿能力及资金平衡状况。

10. 不确定性分析

分析不确定性因素可能对项目造成的影响，进而分析可能出现的风险。房地产项目不确定性分析主要包括敏感性分析、盈亏平衡分析（临界点分析）和概率分析。可进行不确定性分析的因素主要有：开发项目的总投资、租售价格、销售进度、出租率、开发周期、土地费用、建安工程费、融资比例、融资成本等。

11. 综合评价

是从区域社会经济发展的角度，考察房地产项目的效益和费用，评价房地产项目的合理性。主要包括综合盈利能力分析和社会影响分析。综合盈利能力分析是根据房地产项目的直接效益和直接费用以及可以用货币计量的间接效益和间接费用，计算综合内部收益率（CIRR），考察项目投资的盈利水平。社会影响分析主要包括就业效果分析，对区域资源配置的影响，对环境保护和生态平衡的影响，对区域科技进步、经济发展的影响，对减少进口（节汇）和增加出口（创汇）的影响，对节约及合理利用国家资源（如土地、矿产等）的影响，对提高人民物质文化生活及社会福利的影响，对远景发展的影响。当从企业的角度对项目所进行的财务评价与宏观的社会经济评价发生矛盾时，应以后者的结论为主决定开发项目是否实施。

12. 结论

在上述分析的基础上，对项目做出是否可行的结论并提出存在的问题和建议。

总之，通过可行性研究，在管理方面，提出如何提高效率来进行项目建设；在经济方面，分析房地产供求情况、竞争情况、提出销售的目标市场和销售渠道；在财务方面，估算所需投资，研究项目的获利能力、偿还资金能力，提出最佳运用资金的方案；在环境及社会经济方面，从国民经济或社会的需求出发，评价项目的经济效益、社会效益和环境效益；在技术方面，就集中在确定房屋的类型、规划设计特色、布局结构，选择所需的设备、原材料和各种物资供应的来源。之所以不强调施工技术层面的问题，是因为从房地产项目开发的实际情况来看，从建筑施工技术上讲，无论是大跨度网架结构，还是超高层建筑，一般不存在一时无法突破的重大难点。

5.2.3 可行性研究的准确性与前瞻性

（1）可行性研究的准确性　提高房地产项目可行性研究的准确性应注意以下方面：① 专业化，就是要提高专业研究水平，确保精度、深度、控制研究误差；② 提高人员素质，研究人员必须具备较高的工程技术、经济、房地产开发经营、法规、税务、金融等专业素养及职业道德；③ 建立可行性研究数据库，研究人员应当加强对信息的收集、整理工作，将市场上分散的信息整理为可用的数据，建立可靠的数据库，为可行性研究提供支持。

（2）可行性研究的前瞻性　进行房地产项目可行性研究，应具有前瞻性，否则面对新时期房地产发展变化，可能由于因循守旧或缺乏创新，项目跟不上市场而被市场淘汰。面对瞬息万变的市场，目前房地产可行性研究，应重视房地产项目全过程全方面的高质量发展，探究变化的市场真实需求，进行质量过硬、生态环保的开发建设，形成人与自然和谐共生，实现可持续发展。

5.3　房地产项目经济评价基本知识

为了进行房地产项目的经济评价，需要对相关基本知识有初步了解。这里我们从现金流量和资金的时间价值着手来介绍房地产项目评价基本知识。

5.3.1　现金流量

1. 现金流量的概念及构成

在工程经济分析中，需要考察项目在一定时期内的资金流入或流出，如投资、成本、收益等，这种在各个时点上实际发生的资金流入或者流出称为现金流量。流出项目的资金称为现金流出（CO），流入项目的资金称为现金流入（CI），同一时点上的现金流入与现金流出之差称为净现金流量（NCF）。一般生产建设项目的现金流入包括：产品销售收入、回收固定资产余值、回收流动资金；现金流出包括：固定资产投资、流动资金、经营成本、税金等。房地产开发项目的现金流入包括：售房收入、租房收入、自营收入、其他收入、回收固定资产余值、回收经营资金、净转售收入；现金流出包括：固定资产投资、开发商品投资、经营资金、自营部分经营费用、出租房经营费用、经营税金及附加、土地增值税、所得税等。

要区分一笔资金是不是现金流量，必须注意以下两个问题：

（1）是否实际发生　实际发生了转移（即资金所有权的变动）的资金才是现金流量。例如折旧不能算作是现金流量，因为它本身没有实际发生资金的转移，而只是固定资产价值的逐年摊还（计入总成本费用）。

（2）考察的对象是谁　也就是说，对象不同，现金流入或流出的范畴也就不一样。例如，对于借款方来说的现金流入，对于贷款方而言则为现金流出；销售税金及附加，在我们以项目作为考察对象时，它是现金流出；如果以国家为考察对象，则为内部转移支付，也就是从一个部门转到另外一个部门，不是现金流入也不是流出。

2. 现金流量的表示

对于一个系统，现金流量可能有很多，而且现金流量的数额、流向和发生时间（即现金流量的三要素——大小、方向、时间）都不同，为了正确地分析和计算，需要借助现金流量图来进行分析。

现金流量图是反映经济系统资金运动状态的图式，即把一个系统的现金流量绘入一个时间坐标中，直观、方便、形象地表示出各现金流入、现金流出和相应时间的对应关系。

作图方法如下：

1）以水平箭线为时间轴，时间轴上每一刻度表示一个时间单位，通常为1年，也可以根据实际需要为半年、季、月等不同值。时间轴上的刻度表示该年末时点，同时也是下年初的时点。零点表示第 0 年末，即第 1 年初。

2）用垂直于时间轴的箭线表示不同时点的现金流量，箭线的方向表示现金流量的指向，向上的箭头表示现金流入，向下的箭头表示现金流出，如图 5-1 所示。

图 5-1 现金流量图

需要注意的问题是：

1）为了使现金流量图能给出尽可能多的信息，在 i 已知时，应将其写在横轴上方或下方。

2）箭线的长短应和现金流量成比例，但在现金流量差额悬殊无法成比例绘出时，可适当绘制，但箭线长短应能体现各时点现金流量数值的差异，并在箭线上（下）注明其现金流量数值。

3）箭线与时间轴的交点是现金流量发生的时间。当实际问题的现金流量的时点未说明是期初还是期末时，可采用入末出初法或年末法来处理。入末出初法即将投资计在发生年年初，把其他的收益与支出计在发生年年末；年末法则是将每年发生的现金流量都计在发生年年末。

《建设项目经济评价方法与参数》规定，项目经济评价采用年末法。

5.3.2 资金的时间价值

1. 资金时间价值的概念

如果把资金投入到生产和流通领域，随着时间的推移，会发生增值现象。我们把增值的部分称为资金的时间价值。换句话说，资金的时间价值就是不同时间发生的等额资金在价值上的差别。为什么会有这种差别呢？这里举一个例子来说明。

例如，现在的 1 万元钱与未来的 1 万元钱相比，哪一个更值钱？显然是现在的 1 万元钱。因为，现在 1 万元可以马上投入一定的经济活动如购买股票、债券或投资实业，并获得相应的收益，而未来的钱则无法用于当前的投资，也就无法获得相应的收益。这就是说，现在的这笔资金在投资的这段时间可能会产生增值，所以现在的一笔资金要比未来同样数额的资金更值钱。

那么，资金时间价值是从哪里来的？它既不是货币本身产生的，也不是时间产生的，而是资金在运动过程中产生的。资金在运动中之所以能增加价值，是由于劳动者在生产过程中创造了新的价值。也就是说，资金时间价值的实质是劳动者在劳动中创造的新的价值。另外，资金时间价值必须通过流通领域来实现。马克思在《资本论》中精辟地论证到，"如果把资金从流通中取出来，它就凝固为储藏资金。即使藏到世界末日，它也不会增加分毫"。

正是因为资金具有时间价值，我们在各项经济活动中要尽量缩短建设周期，加速资金和物资的周转，避免物资的积压和资金的闲置不用，以减少经济上的"损失"。

2. 利息和利率

利息和利率是衡量资金时间价值的尺度。利息是时间价值的体现，它是资金在某一固定时间间隔后（一般为一年）所得到的增值，即本金与本利和之差，它实质上是指投资者占用资金所付出的代价或者是消费者放弃现期消费所得到的补偿。和利息相关的另外一个概念就是利率，它是此时间间隔内所收支的利息与存贷本金之比，是利息的量度。这个时间间隔称为计息周期，它可以是年、半年、季、月、天等，相应地，就有年利率、季利率、月利率等。所以，利息是反映资金的时间价值的绝对尺度；利率是反映资金随时间变化的增值速度，也就是相对尺度。

在经济学中，利率的定义是从利息的定义中衍生出来的，即先承认了利息，再用利息来解释利率。在实际计算中正好相反，常根据利率来计算利息，利息的大小用利率表示。

这里要说明的是，利率是各国发展国民经济的杠杆之一，在市场经济条件下，利率的高低主要取决于社会平均利润率（这是利率的最高界限）、资本供求状况、通货膨胀率水平、政策性因素和国际经济环境等。贷款利率水平则主要取决于资金成本，此外还要加上税收、经营费用、风险成本以及收益等因素。

3. 计息方法

利息的计息方法有两种，即单利法和复利法。

（1）单利法 单利法仅对最初的本金在各个计息期中计算利息，而上期利息在下一计息期中并不产生利息，即"利不生利"。

单利率一经确定，应获得的利息就与本金、利率及计息周期数成正比，用公式表示：

$$I = Pin$$

式中 I——总利息额；
P——本金；
i——利率；
n——计息期数。

到第 n 期末的本利和 F 为：

$$F = P(1 + in)$$

（2）复利法 复利法即不仅对最初的本金在各个计息期中计算利息，而且上一期利息在下一计息期中仍然产生利息。也就是说，用当期的本金和利息之和作为下期的本金来计算利息，又称"利滚利"。在这种计算方法下，资金随时间的推移呈指数变化。其表达式为

$$I_t = iF_{t-1}$$

式中 I_t——计息期复利利息额；
F_{t-1}——第 $(t-1)$ 年末复利本利和。
第 t 年末复利本利和 F_t，

$$F_t = F_{t-1}(1 + i)$$

【例5-1】 某人有现金1000元，存入银行3年定期，年利率为6%，试用单利法和复利法分别计算第3年末的本利和。

解：单利法：$F = P(1+in) = 1000(1+6\% \times 3) = 1180$（元）

复利法计算见表 5-1。

表 5-1 复利法本利计算表　　　　　　　　　　　　　　　（元）

年份	年初金额	年末利息	年末本利和
1	1000	1000×6%＝60	1000＋60＝1060
2	1060	1060×6%＝63.6	1060＋63.6＝1123.6
3	1123.6	1123.6×6%＝67.4	1123.6＋67.4＝1191

所以，同一笔资金，在利率和计算期均相同的情况下，用复利计算出的利息金额要比单利计算出的利息金额大。如本例，1000 元本金，利率为 6% 的三年期存款，两者相差 11 元。当本金越大，利率越高，年数越多时，两者相差就越大。复利计算比较符合资金在社会生产中的实际状况，在房地产项目经济评价及一般的技术经济分析中，通常采用复利计算。

5.3.3　资金等值计算

1. 资金等值的概念

资金等值是指在考虑资金时间价值的情况下，发生在不同时间点上的两笔或两笔以上的数额不等的资金可能具有相同的价值。某笔资金的等值可以解释为"与某一时间点上一定金额的实际经济价值相等的另一时间点上的价值"。换句话说，在同一个项目系统中，处于不同时间点、数额不同的两笔或两笔以上的资金，按照一定的利率和计息方式，折算到某一相同时点所得到的资金数额若相等，则称这两笔或多笔资金是等值的。

所以，资金等值是考虑了资金时间价值的等值，或者说等值的概念是由于利率的存在而成立的。

例如，现在的 100 元钱与 2 年后的 121 元在数额上并不相等，但是，在年利率为 10% 的复利计息条件下，两者是等值的。因为如果将 100 元钱存进银行，在 10% 的利率条件下，2 年后的本利和是 121 元。即：$F_2 = 100 \times (1+10\%)^2 = 121$ 元。同样的，2 年后的 121 元，折算到现在的价值应该是：$121/(1+10\%)^2 = 100$ 元。也就是说，2022 年的 100 元和 2024 年的 121 元，在 10% 的利率条件下，其实际经济价值是相等的。

这两笔资金折算到任何确定的时间，都可以算出它们的数额是相等的。比如，分别把这两笔资金折算到 2025 年则有

$$100 \times (1+10\%)^3 = 133.1（元）$$
$$121 \times (1+10\%) = 133.1（元）$$

所以，把不同时点的两笔或两笔以上的不同数额的资金，在考虑资金时间价值条件下，折算到某一相同的时点，它们可能是等值的。

由于资金时间价值的存在，不同时点发生的资金支出或收入不能直接相加减，也不能直接进行比较。为了满足时间可比的条件，必须进行资金的等值计算。资金的等值计算就是指利用资金等值的概念，把不同时间点上的资金折算为某个相同的时点上的等值

资金的过程。

决定资金等值的三要素是：大小、时间和利率。其中利率是关键因素。

2. 资金等值计算公式

按照资金支付方式的不同，可将等值计算分为两大类：一次支付类型和多次支付类型。

（1）一次支付类型　一次支付又称为整付类型。这种类型所分析的系统的现金流量，无论是流入或是流出，均在一个时点上一次发生，如图 5–2 所示。

图 5–2　一次支付现金流量图

这里，对图中所出现的符号作一介绍：

P——现值，指现在的资金值或本金，即资金发生在（或折算为）某一特定时间序列起点的价值；

F——终值，指 n 期末的资金值或本利和，即资金发生在（或折算为）某一特定时间序列终点的价值；

i——计息期利率；

n——计息的期数。

在一次支付情况下，一般地，i 和 n 为已知，P 和 F 有一个为已知，另一个为未知，所以，整付类型有两个等值计算公式。

1）一次支付终值公式（已知 P，求 F）。在已知 i，n，P 的情况下，求 F，这里用表格来说明求解过程，见表 5–2。

表 5–2　终值计算过程表

计息期	期初金额	本期利息	期末本利和
1	P	Pi	$F_1 = P(1+i)$
2	$P(1+i)$	$P(1+i)i$	$F_2 = P(1+i) + P(1+i)i = P(1+i)^2$
3	$P(1+i)^2$	$P(1+i)^2 i$	$F_3 = P(1+i)^2 + P(1+i)^2 i = P(1+i)^3$
…	…	…	…
n	$P(1+i)^{n-1}$	$P(1+i)^{n-1} i$	$F_n = P(1+i)^{n-1} + P(1+i)^{n-1} i = P(1+i)^n$

则一次支付终值公式为：

$$F = P(1+i)^n \qquad (5-1)$$

这也就是复利法求本利和的公式。

此式表示在利率为 i，计息周期数为 n 的条件下，终值 F 和现值 P 之间的等值关系。式中，$(1+i)^n$ 称为复利终值系数，可用符号 $(F/P, i, n)$ 来表示。斜线右边的大写字母表示已知因素，左边表示待求的因素。则式（5–1）可写为

$$F = P(F/P, i, n) \qquad (5-2)$$

【例5-2】 某人在银行存款1000元,银行年存款利率为10%,那么5年后的本利和是多少?

解:$F = P(1+i)^n = 1000(1+10\%)^5 = 1610.5(元)$

即5年后的本利和是1610.5元。

2)一次支付现值公式(已知F,求P)。在已知i,n,F的情况下,根据式(5-1)可推导出现值P:

$$P = \frac{F}{(1+i)^n} = F(P/F, i, n) \tag{5-3}$$

一次支付现值计算是终值计算的逆运算。式(5-3)中$\frac{1}{(1+i)^n}$称为复利现值系数,可用(P/F,i,n)来表示。

【例5-3】 某人欲5年后购房,届时需交首付款10万元,如果银行年存款利率为10%,那么现在应存入多少钱?

解:$P = F(P/F, i, n) = 100000(P/F, 10\%, 5)$
$$P = 100000 \times 0.6209 = 62090(元)$$

即现在需存钱62090元。

(2)多次支付类型 多次支付类型是指所分析的系统中,现金流入或流出在多个时点上发生。用A_t来表示每期末发生的现金流量大小,我们可以用逐个折现或逐个求终值的方式来计算系列现金流量的现值或终值。也就是说,可以把系列现金流量看作n个一次支付的组合,然后利用一次支付的公式,求出系列现金流量的现值或终值。

假设从第1年末至第n年末有一系列现金流量,每年的现金流量为A_t,在考虑资金时间价值的条件下,n年内系统的总现金流量应与第n年末的终值F等值。F相当于系列现金流量的终值,如图5-3所示。

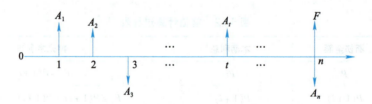

图5-3 多次支付现金流量图

那么,终值F就等于每期末现金流量的终值之和,即

$$F = F_1 + F_2 + \cdots + F_t + \cdots + F_n$$

从图知,每期末的现金流量A_t各自的计息期数是不相同的。

因此,系列现金流的终值是

$$F = A_1(1+i)^{n-1} + A_2(1+i)^{n-2} + \cdots + A_t(1+i)^{n-t} + \cdots + A_n(1+i)^0 \tag{5-4}$$

也可以类似地求现值。

上式中,如果A_t各不相同时,只能这样逐项计算。如果A_t相等、成等差数列或等比数列,则可以利用公式,大大简化计算过程。

1) 等额系列现金流量：即现金流量序列是连续的，而且各时点数额相等。

其系列现金流量通式为：$A_t = A = 常数，(t = 1, 2, \cdots, n)$ 其现金流量图如图 5-4 所示。

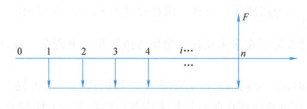

a) 年金与终值

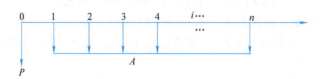

b) 年金与现值

图 5-4　等额系列现金流量图

① 年金终值公式（已知 A，求 F）。把 $A_t = A$ 代入式（5-4），则有

$$F = A(1+i)^{n-1} + A(1+i)^{n-2} + \cdots + A(1+i) + A(1+i)^0 \tag{5-5}$$

给上式两端各乘以 $(1+i)$，得：

$$F(1+i) = A(1+i)^n + A(1+i)^{n-1} + \cdots + A(1+i)^2 + A(1+i) \tag{5-6}$$

用式（5-6）-式（5-5）得：

$$F(1+i) - F = A(1+i)^n - A$$

$$F = A \frac{(1+i)^n - 1}{i} \tag{5-7}$$

相应地，用符号 $(F/A, i, n)$ 表示等额分付终值系数（或称年金终值因子）$\frac{(1+i)^n - 1}{i}$，则式（5-7）可写作：

$$F = A(F/A, i, n) \tag{5-8}$$

【例 5-4】　某房地产企业为了在 5 年后投资某项目，从现在起每年年末利润中提取 100 万元存入银行准备，设银行年存款利率为 6%，5 年后可从银行提取多少钱进行投资？

解：已知 $A = 100$ 万元；$i = 6\%$；$n = 5$；求 F

代入式（5-8）得：

$$F = 100(F/A, 6\%, 5) = 100 \text{ 万元} \times \frac{(1+6\%)^5 - 1}{6\%} = 563.71 \text{ 万元}$$

即该企业 5 年后可从银行提取 563.71 万元。

② 偿债基金公式（已知 F，求 A）。即把第 n 期末的终值转换为等额支付系列的等值计算公式。所以，偿债基金公式是年金终值公式的逆运算，可直接由式（5-7）导出，即

$$A = F\frac{i}{(1+i)^n - 1} = F(A/F, i, n) \tag{5-9}$$

其中 $\dfrac{i}{(1+i)^n - 1}$ 称为偿债基金系数，用符号 $(A/F, i, n)$ 表示。

此公式多用来计算为了在未来偿还一笔债务或积累一笔资金，在利率 i 的情况下，每年应存储的资金数量。

【例 5-5】 某房地产公司拟对所有物业在 3 年后进行一次大修，根据测算，需支付大修费用 50 万元，问该企业从现在起每年年末应等额储存多少大修基金？设利率为 10%。

解：已知 $F = 50$ 万元；$i = 10\%$；$n = 3$；求 A

代入式（5-9）得：

$$A = F(A/F, 10\%, 3) = 15.105(万元)$$

即为了积累大修基金，企业每年年末需提存 15.105 万元。

③ 年金现值公式（已知 A，求 P）。即已知 i，n，A，求 P，把一个等额支付系列转换成现值的计算。

可以利用已推导出的年金终值公式：$F = A\dfrac{(1+i)^n - 1}{i}$

给上式两边同乘复利现值系数 $(1+i)^{-n}$，则将终值转化成了现值：

$$P = A\frac{(1+i)^n - 1}{i(1+i)^n} = A(P/A, i, n) \tag{5-10}$$

其中 $\dfrac{(1+i)^n - 1}{i(1+i)^n}$ 称为年金现值系数或等额现值系数，用符号 $(P/A, i, n)$ 表示。

【例 5-6】 某房地产企业欲投资一商住楼出租，估计每年可得租金 100 万元。如果该楼可使用 20 年，那么，投资最高限额是多少？（$i = 10\%$）

解：根据题意绘出现金流量图，见图 5-5。

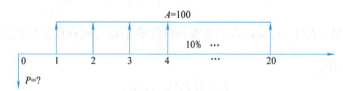

图 5-5　现金流量图

已知 $A = 100$ 万元；$i = 10\%$；$n = 20$；求 P

$$P = A(P/A, 10\%, 20) = 851.36(万元)$$

所以，该商住楼最高投资限额为 851.36 万元。

④ 资本回收公式（已知 P，求 A）。资本回收公式是年金现值公式的逆运算，即已知 i，n，P，求 A，把现值转换成以后各期期末（共 n 期）的一个等额支付系列的计算。

可以利用年金现值公式，推出资本回收公式，即

$$A = P\frac{i(1+i)^n}{(1+i)^n - 1} = P(A/P, i, n) \tag{5-11}$$

其中 $\dfrac{i(1+i)^n}{(1+i)^n-1}$ 称为资本回收系数,用符号 $(A/P,i,n)$ 表示。

资本回收系数的含义是单位现值的等额年金。对项目进行工程经济分析时,它表示在考虑资金时间价值的条件下,对应于工程项目的初始投资,在项目寿命期内每年至少应该回收的金额。如果项目每年投资的实际回收额小于这个值,在项目寿命期内就不可能将全部投资收回,项目是不可行的。在实际中此系数还常常用于求以贷款购置设备,然后分年从利润中等额还清本息的问题。

【例 5-7】 某房地产公司投资一大型项目。根据资金筹措和使用计划,此项目分 2 年投资。第 1、2 年初分别投资 1000 万元和 800 万元。投资期望在以后的 9 年内收回,问每年需等额回收多少?($i=10\%$)

解:先画现金流量图,见图 5-6。

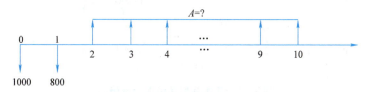

图 5-6 现金流量图

总投资折算到第一年末,得 $I=1000$ 万元 $\times(1+10\%)+800$ 万元 $=1900$ 万元

$$A=P(A/P,10\%,9)=329.84(万元)$$

所以,每年需等额回收 329.84 万元。

套用公式时注意其现金流量图应与标准现金流量图一致,即 P 在系列 A 的前一期发生;F 和最后一个 A 在同时发生;系列 A 连续;期数 n 应根据具体情况计算(应等于最后一个 A 发生的期数 $-P$ 发生的期数,如本例,$n=10-1=9$)。

2)等差系列现金流量:在许多问题中,现金流量每年均有一定的增加或减少。如房屋随其使用期的延伸,维修费将逐年有所增加;机械设备在使用过程中,随着磨损的增加,产量会有一定的减少。如果现金流量每年的增加或减少额不相等,我们只能利用一次支付公式逐年进行等值计算;如果相等,则此现金流量称为等差系列现金流量,可建立相应公式进行计算。

下面以等差递增现金流量为例,来说明其等值计算的公式。

将此现金流量分解成两个支付系列。如图 5-7 所示,一个是等额系列现金流量,另一个是由 G 组成的等额递增系列现金流量。那么,此现金流量的等值相当于两个分现金流量的等值之和。对于等额系列现金流量等值计算,如前所述已经有了现成的公式;关键在于等额递增系列现金流量等值的计算。这是我们这里要解决的问题。

① 等差系列终值计算(已知 G,求 F_G)。根据图 5-7,可以得出等差部分的终值,即

$$F_G=G(1+i)^{n-2}+2G(1+i)^{n-3}+\cdots+(n-2)G(1+i)+(n-1)G$$

两边同乘以 $(1+i)$,

得

$$(1+i)F_G=G(1+i)^{n-1}+2G(1+i)^{n-2}+\cdots+(n-2)G(1+i)^2+(n-1)G(1+i)$$

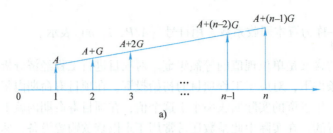

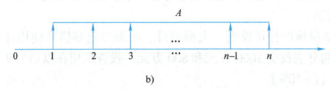

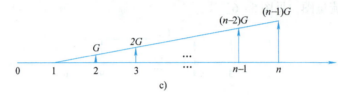

图5-7 等差系列递增现金流量图

两式相减,

得
$$F_G i = G(1+i)^{n-1} + G(1+i)^{n-2} + \cdots + G(1+i)^2 + G(1+i) + G - nG$$

即
$$F_G i = G\frac{(1+i)^n - 1}{i} - nG$$

$$F_G = G\left[\frac{(1+i)^n - 1}{i^2} - \frac{n}{i}\right] = G(F/G, i, n) \tag{5-12}$$

其中 $\left[\frac{(1+i)^n - 1}{i^2} - \frac{n}{i}\right]$ 称为等差系列终值系数,用 $(F/G, i, n)$ 表示。

② 等差系列现值计算(已知 G,求 P_G)。给式(5-12)乘以复利现值系数 $(1+i)^{-n}$,得

$$P_G = G\left[\frac{(1+i)^n - 1}{i^2(1+i)^n} - \frac{n}{i(1+i)^n}\right] = G(P/G, i, n) \tag{5-13}$$

其中 $\left[\frac{(1+i)^n - 1}{i^2(1+i)^n} - \frac{n}{i(1+i)^n}\right]$ 称为等差系列现值系数,用 $(P/G, i, n)$ 表示。

③ 等差系列等额年金计算(已知 G,求 A)。由式(5-12),等差部分的等额年金 A_G 可以按以下公式计算:

$$A_G = F_G(A/F, i, n) = G\left[\frac{(1+i)^n - 1}{i^2} - \frac{n}{i}\right]\left[\frac{i}{(1+i)^n - 1}\right]$$

化简,得

$$A_G = G\left[\frac{1}{i} - \frac{n}{(1+i)^n - 1}\right] = G(A/G, i, n) \tag{5-14}$$

其中 $\left[\dfrac{1}{i}-\dfrac{n}{(1+i)^n-1}\right]$ 称为等差系列等额年金系数，用 $(A/G, i, n)$ 表示。

这里要说明的是：

a) 等差递减现金流量的等值计算完全相同，只是 G 为负值。

b) 当 n 非常大（$n \geqslant 50$）的时候，可近似看为无限年，此时其现值（包括等额部分和等差部分）为 $\dfrac{C}{i}+\dfrac{G}{i^2}$。

c) P_G 发生在第一个 G 的前两期，A 发生在第一个 G 的前一期。

【例 5-8】 某房地产公司，第一年初投资 2000 万元，年末即可得到收益。已知第一年末收益为 200 万元，在以后每年收益递增 50 万元，问 20 年后的净收益是多少？（$i = 6\%$）

解：根据题意，绘制现金流量图见图 5-8。

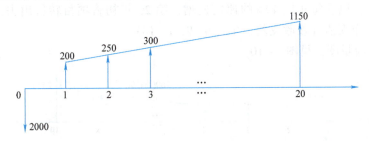

图 5-8 现金流量图

$A = 200$ 万元，$G = 50$，$i = 6\%$，$n = 20$

$F = -2000(F/P, i, n) + 200(F/A, i, n) + 50(F/G, i, n)$

$F = -2000\text{ 万元} \times 3.2071 + 200\text{ 万元} \times 36.7856 + 50\text{ 万元} \times 279.749 = 14930.36\text{ 万元}$

3) 等比系列现金流量。等比系列现金流量图如图 5-9 所示。

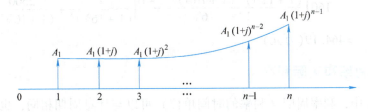

图 5-9 等比系列现金流量图

等比系列通式为 $A_t = A_1(1+j)^{t-1}$（j 为公比）。

① 等比系列现金流量现值计算。

$$P = \sum_{t=1}^{n} A_t(1+i)^{-t} = \sum_{t=1}^{n} A_1(1+j)^{t-1}(1+i)^{-t}$$

化简，得

$$P = \begin{cases} \dfrac{nA_1}{1+j} & i = j \\ A_1\left[\dfrac{(1+j)^n(1+i)^{-n}-1}{j-i}\right] & i \neq j \end{cases} \quad (5-15)$$

也可写为
$$P = A_1(P/A_1, i, j, n)$$
其中 $(P/A_1, i, j, n)$ 称为等比系列现值系数。

② 等比系列现金流量终值计算。

由 $F = P(1+i)^n$ 得

$$F = \begin{cases} nA_1(1+j)^{n-1} & i=j \\ A_1\left[\dfrac{(1+j)^n - (1+i)^n}{j-i}\right] & i \neq j \end{cases} \quad (5-16)$$

或者，可写为
$$F = A_1(F/A_1, i, j, n)$$
其中 $(F/A_1, i, j, n)$ 称为等比系列终值系数。

【例 5-9】 某人欲投资一房地产项目，已知共需投资 1000 万元，其中第一年需投资 150 万元，第二年需投资 250 万元，第三年需投资 600 万元，第四年开始收益 40 万元，第五年收益 160 万元，以后每年以 12% 的速度递增，第 20 年初将项目转售出去，得到 2500 万元。试求项目的净现值（设收支均发生在年初，$i = 16\%$）。

解：画现金流量图，见图 5-10。

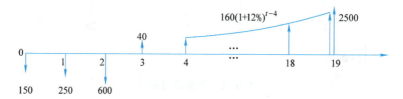

图 5-10 现金流量图

$$P = -150 - \frac{250}{1+16\%} - \frac{600}{(1+16\%)^2} + \frac{40}{(1+16\%)^3} +$$
$$160\left[\frac{(1+12\%)^{16}(1+16\%)^{-16} - 1}{12\% - 16\%}\right]\frac{1}{(1+16\%)^3} + \frac{2500}{(1+16\%)^{19}}$$
$$= 464.19(万元)$$

5.3.4　名义利率和实际利率

在复利计算中，利率周期（利率的时间单位）可以与计息周期相同，也可以不同。如年利率为 10% 时，可以每年复利一次，也可以根据需要，每季、每月复利一次。当利率周期与计息周期不一致的时候，就出现了名义利率和实际利率的概念。

名义利率是指计息周期利率 i 乘以一个利率周期内的计息周期数 m 所得的利率周期利率 r，即

$$r = im$$

若月利率（计息周期利率）为 1%，每月计息，则一年计息 12 次，年名义利率（利率周期利率）为 12%。很显然，计算名义利率时忽略了前面各期利息再生的因素，这与单利的计算相同。

若用计息周期利率来计算利率周期利率，并将利率周期内的利息再生因素考虑进去，这时所得的利率周期利率称为利率周期实际利率，又称有效利率。

根据1973年国际"借贷真实法",实际利率是1年利息额和本金(借到或贷出的金额)之比。那么,若月利率(计息周期利率)为1%,本金为P,则一年后本利和为$F=P(1+1\%)^{12}$,年实际利息为$P[(1+1\%)^{12}-1]$,则实际利率为$(1+1\%)^{12}-1$,大于12%。

一般地,已知名义利率r,一个利率周期内计息m次,则计息周期利率为$i=r/m$,该利率周期的实际利率即有效利率

$$i_{实}=\left(1+\frac{r}{m}\right)^m-1$$

【例5-10】 设年利率为8%,每季计息,问年实际利率是多少?如果存款1000元,一年后的本利和是多少?

解:
$$i_{实}=(1+8\%/4)^4-1=8.24\%$$
$$F=1000 元 \times (1+8.24\%)=1082.4 元$$

或者
$$F=1000 元 \times (1+8\%/4)^4=1082.4 元$$

当利率周期内,计息次数m无限增大时,可以得到连续复利利率:

$$i_{实}=\lim_{n\to\infty}\left[\left(1+\frac{r}{m}\right)^m-1\right]=e^r-1$$

可以将连续复利利率代替i引入普通的复利计算公式得到相应的连续复利计算公式。

5.4 房地产项目投资与成本费用

5.4.1 一般建设项目投资估算

1. 投资估算阶段划分

在国外一些发达国家,对建设项目从开发设想到施工图设计的各阶段的项目投资的预计额都称为估算。在不同阶段,设计深度不同,技术条件不同,投资估算的精度也不同。一般地,可将建设项目投资估算分为以下五个阶段:

(1)项目投资设想时期(毛估) 在项目投资设想时期,没有工艺流程图、平面布置图,也未进行设备分析。这时进行的投资估算是毛估,或叫比照估算。毛估主要根据设想的开发项目和平均单价指标及比照同类项目进行,允许误差大于±30%。

(2)项目投资机会研究时期(粗估) 在项目投资机会研究时期,应有初步的工艺流程图、主要生产设备的生产能力及项目建设的地理位置等条件。这时进行的投资估算是粗估,或叫因素估算。粗估的误差控制在±30%以内。

(3)项目初步可行性研究时期(初步估算) 在项目可行性研究时期,已经具有设备规格表、主要设备的生产能力和尺寸、项目总平面布置、主要建筑物大致尺寸、配套设施初步位置等条件。这时进行的投资估算是初步估算,或叫认可估算。初步估算的误差控制在±20%以内。

(4)项目详细可行性研究时期(确定估算) 在项目详细可行性研究时期,已经明确项目的细节,并进行了建筑材料、设备等的询价以及设计和施工的有关咨询,但工程图纸和技

术说明还不完备。这时进行的投资估算是确定估算，或叫控制估算。确定估算的误差控制在±10%以内。

（5）项目工程设计时期(详细估算) 在项目工程设计时期，已经具有建设项目的全部设计图纸、详细技术说明、材料清单、设备清单、工程现场勘察资料等。这时进行的投资估算是详细估算，或叫投标估算。详细估算的误差控制在±5%以内。

结合我国工程造价系统及投资估算实际工作来看，毛估和粗估是一般粗略指标估算和类似项目粗略指标估算；初步估算相当于进行概算指标估算；确定估算相当于进行概算定额估算；详细估算相当于施工图预算或招标投标清单计价。

2. 建设项目总投资构成

建设项目总投资包括固定资产投资和流动资金两大部分。

固定资产投资按照费用性质划分，包括① 建筑安装工程费；② 设备及工具器具购置费；③ 工程建设其他费用（其中包括土地费用、与项目建设有关的其他费用、与未来企业生产经营有关的其他费用）；④ 预备费（其中包括基本预备费、涨价预备费）；⑤ 建设期贷款利息；⑥ 固定资产投资方向调节税（暂停征收）。其中①、②、③、④ 中的基本预备费，称为固定资产投资的静态部分，④ 中的涨价预备费以及⑤、⑥，称为固定资产投资的动态部分。

流动资金是生产经营性项目投产后，用于购买原材料、燃料、支付工资及其他经营费用所需的周转资金。流动资金实际上是财务中的营运资金。流动资金在数额上等于流动资产减去流动负债。

当建设项目建成投入运营时，固定资产投资形成固定资产、无形资产和递延资产三部分。固定资产是指使用年限在一年以上，单位价值在规定标准以上，并在使用过程中保持原来物质形态的资产，包括房屋及建筑物、机器设备、运输设备、工具器具等。无形资产是指企业长期使用而没有实物形态的资产，包括专利权、非专利技术、商标权、土地使用权、商誉等。递延资产是指不能全部计入当年损益，应当在以后年度内分期摊销的各种费用，包括开办费（其中包括筹建期间的人员工资、办公费、培训费、差旅费和注册登记费等）、租入固定资产的改良支出等。

3. 投资估算方法

（1）固定资产投资静态部分的估算方法

1）单位生产能力估算法：根据有关调查统计资料，利用近似规模的单位生产能力投资额乘以建设规模，可以得到拟建项目投资额。其计算公式为

$$C_2 = \left(\frac{C_1}{Q_1}\right)Q_2 f$$

式中，C_1 为已建类似项目的投资额；C_2 为拟建项目投资额；Q_1 为已建类似项目的生产能力；Q_2 为拟建项目的生产能力；f 为不同时期、不同地点的定额、单价、费用变更等的综合调整系数。

这种方法将项目的建设投资与其生产能力的关系看作简单的线性关系，估算结果精度较差，估算误差可达±30%，故只能是粗略快速估算。

2）生产能力指数法：根据已建成的类似项目生产能力和投资额可以粗略估算拟建项目投资额。其计算公式为

$$C_2 = C_1 \left(\frac{Q_2}{Q_1}\right)^X f$$

式中，X 为生产能力指数，其他符号含义同前。当已建项目的生产能力与拟建项目的生产能力相差不大，生产能力比值在 0.5～2 之间，则指数 X 的取值近似为 1。如果已建项目的生产能力与拟建项目的生产能力差异较大，但生产能力比值在 50 以内，而且拟建项目的扩大是依靠增大设备规格来实现的，则指数 X 的取值在 0.6～0.7 之间；如果拟建项目的扩大是依靠增加设备的数量来实现的，则指数 X 的取值在 0.8～0.9 之间。

3）系数估算法：系数估算法又称因子估算法，具体包括设备系数法、主体专业系数法和朗格系数法等。其估算思路为以拟建项目的主体工程费或主要设备费为基数，以其他工程费占主体工程费的百分比为系数估算项目总投资。该方法简单易行，但精度较低，一般用于项目建议书阶段。

4）比例估算法：比例估算法是指根据调查统计资料，先计算出已有类似企业主要设备投资占全部建设投资的比例，然后估算拟建项目的主要设备投资，最后可以按比例求出拟建项目的建设投资额。

5）指标估算法：指标估算法是指将建设项目划分为建筑工程、设备安装工程、设备工具器具购置费及其他基本建设费等项目或单位工程，然后采用各种具体估算指标进行估算，汇总每一单项工程投资，再估算工程建设其他费用、预备费、建设期利息等，最后得到建设项目总投资。

采用指标估算法进行投资估算，决不能生搬硬套，必须对项目工艺流程、定额、价格及费用标准进行分析。套用指标时，使用的指标应密切结合每个单位工程或项目的特点，并正确反映其设计参数，如果套用的指标与具体工程之间的标准或条件有差异，应加以必要的调整和换算。

(2) 固定资产投资动态部分的估算方法　固定资产投资动态部分主要包括价格变动可能增加的投资额与建设期利息两部分，如果是涉外项目，还应该考虑汇率的影响。

1）涨价预备费的估算：涨价预备费的估算可按国家或行业部门的具体规定执行，一般计算公式为

$$PF = \sum_{t=1}^{n} I_t \left[(1+f)^t - 1\right]$$

式中，PF 为涨价预备费；I_t 为第 t 年投资计划额；f 为年均投资价格上涨率；n 为建设期年份数。

2）建设期利息：建设期利息是项目借款在建设期内发生并计入固定资产投资的利息。当总贷款是分年均衡发放，建设期利息的计算可按当年借款在年中支用考虑，即当年贷款按半年计息，上年贷款按全年计息。其计算公式为

建设期每年应计利息 =（年初借款本息累计 + 本年借款额/2）× 年利率

(3) 流动资金的估算　流动资金的估算方法主要有两种：

1）扩大指标估算法：扩大指标估算法是指参照同类生产企业的流动资金占销售收入、经营成本、固定资产投资等的比例，以及单位产量占用流动资金的比率来确定流动资金的方法。例如，百货、零售商店的流动资金可按年销售收入的 10%～15% 来估算等。

2）分项详细估算法：流动资金的估算一般应采用分项详细估算法，根据周转额与周转速度之间的关系，对构成流动资金的各项流动资产和流动负债进行分别估算。在项目可行性研究中，为了简化计算，只对存货、现金、应收账款、应付账款等四项内容进行估算。分项详细估算法的计算公式一般为：

$$流动资金 = 流动资产 - 流动负债$$
$$流动资产 = 应收账款 + 存货 + 现金$$
$$流动负债 = 应付账款$$
$$流动资金本年增加额 = 本年流动资金 - 上年流动资金$$

在具体估算中，应首先计算各类流动资产和流动负债的年周转次数，再分项估算占用资金额。

流动资金一般在投产前进行筹措，为了简化计算，规定流动资金在投产第一年按生产负荷进行安排，其借款部分按全年计算利息，流动资金利息应计入财务费用，项目计算期末收回全部流动资金。

4. 建设项目（产品）总成本费用构成

（1）总成本费用　总成本费用是指建设项目在一定时期内（通常为一年）为生产和销售产品花费的全部成本和费用，由生产成本、管理费用、财务费用和销售费用组成。

1）生产成本：包括各项直接支出和制造费用。直接支出指企业生产过程中实际消耗的直接材料、直接工资及其他直接支出等；制造费用指企业为生产产品和提供劳务而发生的各项间接费用，具体包括企业生产单位（分厂、车间）的非直接从事产品生产的职工及车间管理人员的工资、福利费、房屋、建筑物、机器设备折旧修理费、办公费等。

2）管理费用：指企业行政管理部门为管理和组织经营活动发生的各项费用，包括公司经费、工会经费、职工教育经费、税金、折旧费、修理费、无形资产与递延资产摊销费及其他管理费用等。

3）财务费用：指企业为筹集资金而发生的各项费用，包括企业生产经营期间发生的利息支出、汇兑净损失、调剂外汇手续费、金融机构手续费以及筹资发生的其他财务费用等。

4）销售费用：指企业在销售产品、自制半成品和提供劳务等过程中发生的各项费用，包括销售人员工资、职工福利费、销售有关折旧费、修理费及其他销售费用（广告费、办公费、差旅费等）。

（2）固定成本与变动成本　按照各种成本费用与产品产量的关系，可将产品成本费用划分为固定成本和变动成本两部分。

固定成本是指在一定生产规模限度内不随产品产量变动而变动的费用，如按直线法提取的固定资产折旧费、行政管理费、管理人员工资等。但是，固定成本并非永远固定，其是适用于产品产量发生短期波动（或经营条件发生变化）而企业还未根据变化调整固定生产要素的情况下。

变动成本是指产品总成本费用中随产量变动而变动的费用，如构成产品实体的原材料、燃料、动力、与产量挂钩的生产工人工资等。

另外，还有一些费用，虽然也随着产品产量的增减而变化，但并非成比例地变化，可以看成半变动成本。通常可以将半变动成本进一步分解为固定成本和变动成本。

固定成本和变动成本的确定是进行投资项目盈亏平衡分析的重要前提。

(3) 相关概念　在建设项目进行经济评价时，需要引进一些技术经济分析特有的"成本"概念，主要包括经营成本、机会成本和沉入成本。

技术经济分析的"经营成本"是为经济分析方便起见从产品总成本费用中分离出来的一部分费用，可用公式表达为

$$经营成本 = 总成本费用 - 固定资产折旧费 -$$
$$摊销费 - 维简费 - 利息支出$$

其中，维简费是指在采掘工业项目中实行按产量提取"维简费"，维简费是维持简单再生产资金的总称，不提折旧，也属非现金支出。应该注意，这里的"经营成本"与财务会计中的经营成本不同。

机会成本是指将一种具有多种用途的有限（或稀缺）资源置于特定用途时所放弃的收益。当一种资源用于某种特定用途，必然要放弃其他投入机会，同时放弃相应的收益，所放弃的机会中最佳的机会可能产生的收益，就是将这种资源用于特定用途的机会成本。

沉入成本是旧有固定资产的账面价值减去其当前市场价值的差值。一般地，固定资产经过折旧以后所剩下的账面价值，并不一定等于其当前的市场价值，常常有一个差值，或者说，过去购置的旧固定资产往往会产生一笔沉入成本。

5.4.2　房地产项目投资与成本费用估算

根据相关的房地产市场调查和分析，可以进行房地产项目投资与成本费用估算。

1. 房地产项目总投资

（1）房地产项目总投资构成　房地产项目的投资过程本身就是房地产产品的生产过程，所以投资估算与成本费用估算不容易截然分开，往往合二为一。

房地产项目总投资主要包括两大项内容：开发建设投资和经营资金。

1）开发建设投资：开发建设投资是指在开发期内完成房地产产品开发建设所需投入的各项费用，其可分为开发成本与开发费用两大部分。

房地产项目的开发成本一般包括以下几项：

① 土地费用。
② 前期工程费用。
③ 建筑安装工程费用。
④ 基础设施建设费用。
⑤ 公共配套设施建设费用。
⑥ 开发间接费用。
⑦ 开发期税费。
⑧ 其他费用。
⑨ 不可预见费用。

房地产项目的开发费用一般包括以下几项：

① 管理费用。
② 销售费用。
③ 财务费用。

开发建设投资在开发建设过程中形成以出售和出租为目的的开发产品成本和以自营自用

为目的固定资产及其他资产，通常应注意开发建设投资在开发产品成本与固定资产和其他资产之间的合理分摊划转。

开发产品成本的相关内容在后面将详细介绍。

房地产项目开发建设完成后，可能形成一定比例的开发企业资产，主要包括固定资产（开发企业办公用房、开发企业机器设备和运输设备、自营的商业和服务业用房等）、无形资产（主要包括土地使用权等）、递延资产（主要包括开发企业的开办费和租入固定资产的改良支出等）。当然，如果是纯粹的开发销售项目，则开发建设投资主要形成开发产品成本。

2）经营资金：经营资金是指开发企业用于日常经营的周转资金。

（2）房地产项目投资与成本费用估算

1）土地费用：房地产项目土地费用是指为取得房地产项目用地而发生的费用。房地产项目取得土地有多种方式，所发生的费用各不相同。主要有下列几种：土地征收费、出让土地的土地出让地价款、转让土地的土地转让费、租用土地的土地租用费、股东投资入股土地的投资折价。

① 土地征收费。土地征收费分为农村土地征收费（同"农村土地征用拆迁费"）和城镇土地征收费（同"城镇土地拆迁费"）。

农村土地征收费主要包括：土地补偿费、青苗补偿费、地上附着物补偿费、安置补助费、征地管理费、耕地占用税、拆迁费、其他费用。该项费用的具体估算可根据《中华人民共和国土地管理法》及国家和地方有关标准进行。

城镇土地征收费主要包括：地上建筑物、构筑物、附着物补偿费，搬家费，临时搬迁安置费，周转房摊销以及对于原用地单位停产、停业补偿费，拆迁管理费和拆迁服务费等。2011年我国颁布《国有土地上房屋征收与补偿条例》（2001年的《城市房屋拆迁管理条例》同时废止），规定：被征收人（以前的"被拆迁人"）可以选择货币补偿，也可以选择房屋产权调换；对被征收房屋价值的补偿，不得低于房屋征收决定公告之日被征收房屋类似房地产的市场价格以及其他相关规定。城镇土地征收费具体估算应结合国家和地方的相关规定。

② 土地出让地价款。土地出让地价款是指国家以土地所有者的身份将土地使用权在一定年限内让予土地使用者，并由土地使用者向国家支付土地使用权出让地价款。其主要包括向政府缴付的土地使用权出让金和根据土地原有状况需要支付的拆迁补偿费、安置费、城市基础设施建设费或征地费等。

一般地，以出让方式取得城市熟地土地使用权，土地出让地价款主要包括土地使用权出让金、拆迁补偿费、城市基础设施建设费等；以出让方式取得城市毛地土地使用权，土地出让地价款主要包括土地使用权出让金、城市基础设施建设费等，但开发商需要进行房屋拆迁和土地开发活动，相应支付城镇土地拆迁补偿费用；以出让方式取得农村熟地土地使用权，土地出让地价款主要包括土地使用权出让金、土地征用拆迁费、土地开发费或城市基础设施建设费等；以出让方式取得农村生地土地使用权，土地出让地价款主要包括土地使用权出让金、城市基础设施建设费（没有则不计）等，但开发商需要进行农村土地征用补偿及进行相应的土地开发，从而发生土地征用拆迁费及土地开发费等。

土地出让地价款的数额一般由土地所在城市、地区、地段、土地的用途以及使用条件、合同条件等多方面因素决定。许多城市对土地制定了基准地价，具体宗地的土地出让地价款可以在基准地价的基础上加以适当调整确定。

③ 土地转让费。土地转让费是指土地受让方向土地转让方支付土地使用权的转让费。依法通过土地出让或转让方式取得的土地使用权可以转让给其他合法使用者。土地使用权转让时，地上建筑物及其他附着物的所有权随之转让，并且应符合国家关于土地使用权转让的相关政策法规。土地转让费的具体数额可参照专业评估报告，根据市场行情确定。

④ 土地租用费。土地租用费是指土地租用方向土地出租方支付的费用。以租用方式取得土地使用权可以减少项目开发的初期投资，但在房地产项目开发中较为少见。

⑤ 土地投资折价。土地投资折价是指房地产项目土地使用权可以来自房地产项目的一个或多个投资者的直接投资。在这种情况下，不需要筹集现金用于支付土地使用权的获取费用，但一般需要对土地使用权评估作价。

在一般的房地产开发项目中，土地出让地价款或土地转让费发生的情况较多。

2) 前期工程费：房地产项目前期工程费主要包括项目前期规划、设计、可行性研究、水文、地质勘测，以及"三通一平"等阶段的费用支出。

① 项目前期规划、设计、可行性研究所需费用支出一般可按项目总投资的一定百分比进行估算，也可按估计的工作量乘以正常工日费率估算。项目水文、地质勘测所需费用支出可根据所需工作量结合有关收费标准进行估算。一般情况下，规划及设计费可按建筑安装工程费的 3% 左右估算；可行性研究费可按项目总投资的 0.2%～1% 估算；水文、地质勘测可按设计概算的 0.5% 左右估算。

② "三通一平"等土地开发费用，主要包括地上原有建筑物、构筑物拆除费用、场地平整费用、通水通电通路的费用。这些费用的估算可根据实际工作量，参照有关计费标准进行。应当注意的是，如果获得的开发土地是熟地，则在前期工程费中不计该项。在获得不同土地状态情况下，应注意该项费用不得与土地费用的相关项重复。

3) 建筑安装工程费：建筑安装工程费是指建造房屋建筑物所发生的建筑工程费用、设备采购费用和安装工程费用等。在可行性研究阶段，建筑安装工程费可以采用单元估算法、单位指标估算法、工程量近似匡算法、概算指标估算法、概预算定额法进行估算，也可以根据类似工程经验进行估算。具体估算方法的选择应根据资料的可取性和费用支出的情况而定。

① 单元估算法，是指以基本建设单元的综合投资乘以项目单元数得到项目或单项工程总投资的估算方法。例如，以每间客房的综合投资乘以客房数可以估算一座酒店的总投资。

② 单位指标估算法，是指以单位工程量投资乘以项目工程量得到单项工程投资的估算方法。例如，土建工程、水电安装工程及其他设备安装工程可以按照建筑平方米造价计算，其造价指标可参照有关类似案例及手册。

③ 工程量近似匡算法，是指先近似匡算工程量，再套算相应的概预算定额单价和取费标准，最后近似计算出项目投资。

④ 概算指标估算法，是指采用综合的单位建筑面积或建筑体积等建筑工程概算指标乘以工程项目的建筑面积或建筑体积等来获得建筑安装工程造价的方法。应该注意的是，测算对象往往与概算指标的技术条件不尽相同，而且概算指标编制年份的设备、材料、人工等价格与测算对象当时当地的价格也不会完全一样，因此，必须进行相应调整才能使用。

⑤ 类似工程经验法，是指在一定时期和相对稳定的市场情况下，采用客观的估算方法，并且对实际造价个案进行分析和总结，从而测算各类有代表性的房地产项目的建筑安装工程费用的大致标准水平，然后以此为依据进行估算。

当房地产项目包括多个单项工程时，应对各个单项工程分别估算建筑安装工程费用。

4）基础设施建设费：基础设施建设是指建筑物 2m 以外和项目用地规划红线以内的各种管线和道路工程，其费用包括供水、供电、供气、排污、绿化、道路、路灯、环卫设施等建设费用，以及各项设施与市政设施干线、干管、干道的接口费用。一般按实际工程量估算。

5）公共配套设施建设费：公共配套设施建设费是指居住小区内为居民服务配套建设的各种非营利性的公共配套设施（又称公建设施）的建设费用，主要包括：居委会、派出所、托儿所、幼儿园、公共厕所、停车场等。一般按规划指标和实际工程量估算。

需要说明的是，在房地产项目投资估算中，应该区分公建设施的营利性和是否销售。如果公建设施是非营利性，并且不进行经营销售的，则核算在该费用项下；如果公建设施是营利性，并且进行经营销售，则应核算在建筑安装工程费用项下，将来与住宅等并列计算得房成本，进行财务评价。实际上，从产权的角度来看，公共配套设施建设费所形成的实体的权益是属于小区全体业主的，故其得房成本中分摊该项费用。而可经营销售的公建如果由开发商销售，则权益属于购买人。当然，如果将可经营销售的公建费用分摊进小区业主的得房成本，理论上不是不行的，其意味着应由小区业主去进行销售或经营这些公建，现实中不具有操作性。

另外，该项费用下的公共配套设施一般指为整个居住小区服务的公建，不包括为单栋服务的公共用房、管理用房（一般位于单栋内部）等。为单栋服务的公共用房、管理用房等通常通过公摊面积（还包括楼梯间、电梯井、管道井等）摊给单栋的业主，其权益归单栋内的所有业主。关于公摊面积的内容在第 8 章有详细叙述。

6）开发间接费用：开发间接费用是指房地产开发企业所属独立核算单位在开发现场组织管理所发生的各项费用。主要包括：工资、福利费、折旧费、修理费、办公费、水电费、劳动保护费、周转房摊销和其他费用等。

当开发企业不设立现场机构，由开发企业定期或不定期派人到开发现场组织开发建设活动时，所发生费用可直接计入开发企业的管理费用。

7）开发期税费：开发期税费是指房地产项目投资估算中应考虑项目所负担的与房地产投资有关的各种税金和地方政府有关部门征收的费用。在一些大中型城市，这部分税费已经成为房地产项目投资费用中占较大比重的费用。其主要包括：固定资产投资方向调节税（暂停征收）、土地使用税、市政公用设施配套费、电话初装费、绿化建设费、消防配套设施费、水电增容费、污水集中处理建设费、人防设施建设费、教育设施配套费以及其他税费等。应该注意的是，如果房地产项目在获得土地时已缴纳基础设施建设费，此处不应重复计算。具体估算时，应根据当地有关部门的现行法规进行。

8）其他费用：其他费用主要包括临时用地费、临时建设费、工程造价咨询费、总承包管理费、合同公证费、施工执照费、工程质量监督费、工程监理费、竣工图编制费、工程保险费等。

9）不可预见费用：不可预见费用一般包括备用金（不包括工料等价格上涨的备用金）、不可预见的基础或其他附加工程增加的费用、不可预见的自然灾害增加的费用等。一般地，根据项目的复杂程度及前述各项费用估算的准确程度，以 1）～8）项费用之和的 3%～5% 进行估算。

需要说明的是，如果进行投资估算时，土地使用权已取得或已明确土地费用的价格，则不可预见费的取费基础中应不含土地费用。

10）管理费用：管理费用是指房地产开发企业的管理部门为组织和管理房地产项目的开发经营活动而发生的各项费用。主要包括：管理人员工资、职工福利费、办公费、差旅费、折旧费、修理费、工会经费、职工教育经费、劳动保险费、待业保险费、董事会费、咨询费、审计费、诉讼费、排污费、绿化费、房地产税、车船使用税、土地使用税、技术转让费、技术开发费、无形资产摊销、开办费摊销、业务招待费、坏账损失、存货盘亏、毁损和报废损失以及其他管理费用。如果房地产开发企业同时开发若干个房地产项目，管理费用应在各个项目之间进行合理分摊。

管理费用可以按照项目前述1）～9）开发成本之和为基数，取一个百分率计算，这个百分率通常为3%左右。但是，如果进行投资估算时，土地使用权（熟地）已获得，则管理费取费基础中应不含土地费用。另外，在实际操作中，对于项目公司可以按照公司管理运营的每月费用标准和开发周期时间来估算管理费用。

11）销售费用：销售费用是指房地产开发企业在销售房地产产品过程中发生的各项费用，以及专设销售机构的各项费用。主要包括销售人员工资、奖金、福利费、差旅费、销售机构的折旧费、修理费、物料消耗、广告费、宣传费、代销手续费、销售服务费及预售许可证申领费等。

在进行销售费用的估算时，通常以销售收入为基础，取一个百分率计算，这个百分率一般为4%左右。

12）财务费用：财务费用是指房地产开发企业为筹集资金而发生的各项费用。主要包括借款和债券的利息、金融机构手续费、代理费、外汇汇兑净损失以及其他财务费用。利息的计算，可参照金融市场利率和资金分期投入的情况按复利进行计算。对于利息以外的其他融资费用，一般可以按照利息的10%左右估算。

当房地产开发项目在竣工后采取出租或自营方式经营时，还应该估算项目经营期间的运营费用。运营费用一般包括：人工费、公共设施设备运行费、维修及保养费、绿地管理费、卫生清洁与保安费用、办公费、保险费、房产税、广告宣传及市场推广费、租赁代理费、不可预见费等。

（3）房地产开发项目投资与成本费用估算表（表5-3）。

表5-3 房地产开发项目投资与成本费用估算表

序号	项目	总投资	估算说明	得房成本		
				类别1	类别2	……
1	土地费用					
1.1	土地出让金					
1.2	征地费					
1.3	拆迁安置补偿费					
1.4	土地开发费					
1.5	城市建设配套费					
1.6	地价款					
1.7	土地租用费					
1.8	土地投资折价					
1.9	手续费及税金					
1.10	其他					

（续）

序号	项目	总投资	估算说明	得房成本		
				类别1	类别2	……
2	前期工程费					
2.1	策划费					
2.2	可行性研究费					
2.3	规划设计费					
2.4	水文地质勘察费					
2.5	三通一平费					
2.6	其他					
3	建筑安装工程费					
3.1	类别1					
3.2	类别2					
⋮	⋮					
4	基础设施建设费					
5	公共配套设施建设费					
6	开发间接费					
7	开发期税费					
8	其他费用					
9	不可预见费					
10	管理费					
11	销售费用					
12	财务费用					
	合计（按实际发生项目计算）					

注：1. 得房成本用可销售面积计算。
　　2. 财务费在贷款利息计算后填写。

2. 开发产品成本与经营成本

开发产品成本是指房地产项目产品建成时，按照国家有关财务和会计制度转入房地产产品的开发建设投资。当房地产项目有多种产品时，可分别估算每种产品的成本费用，但应注意开发建设投资在不同开发产品之间的合理分摊。

经营成本是指房地产产品在出售、出租时，将开发产品成本按照国家有关财务和会计制度结转的成本，主要包括：土地转让成本、出租土地经营成本、房地产销售成本、出租经营成本。对于分期收款的房地产项目，房地产销售成本和出租经营成本可按其当期收入占全部销售收入和租金收入的比率，计算本期应结转的经营成本。

开发产品成本与经营成本，是在2000年制定《房地产开发项目经济评价方法》中引入的新概念，实现了开发产品成本向经营成本的合理转化，解决了这一领域中长期存在的问题。应该注意，其不同于技术经济分析中的"经营成本"概念，与财务会计中的"经营成本"性质相同，但也有一定区别。

5.4.3 房地产项目资金使用计划

房地产项目应根据可能的建设进度和将会发生的实际付款时间和金额编制资金使用计划表。在房地产项目可行性研究阶段，计算期可取年、半年、季甚至月为单位，资金使用计划应按期编制。编制资金使用计划应考虑各种投资款项的付款特点，要考虑预收款、欠付款、预付定金以及按工程进度中间结算付款等方式对编制资金使用计划的影响。

通常，在编制资金使用计划时，项目进度已经明确，项目总体投资已经基本估算，这时，就可以具体安排建设资金的投放。房地产开发项目资金使用计划表的格式见表5-4。

表5-4 房地产开发项目资金使用计划表

费用		合计	开发经营期				
			1	2	3	…	N
1	土地费用						
1.1	土地出让金						
1.2	征地费						
1.3	拆迁安置补偿费						
1.4	土地开发费						
1.5	城市建设配套费						
1.6	地价款						
1.7	土地租用费						
1.8	土地投资折价						
1.9	手续费及税金						
1.10	其他						
2	前期工程费						
2.1	策划费						
2.2	可行性研究费						
2.3	规划设计费						
2.4	水文地质勘察费						
2.5	"三通一平"费						
2.6	其他						
3	建筑安装工程费						
3.1	类别1						
3.2	类别2						
⋮	⋮						
4	基础设施建设费						
5	公共配套设施建设费						
6	开发间接费						
7	开发期税费						
8	其他费用						

(续)

费用		合计	开发经营期				
			1	2	3	...	N
9	不可预见费						
10	管理费						
11	销售费用						
12	财务费用						
合计（按实际发生项目计算）							

5.5 房地产项目收入估算与资金筹措

5.5.1 房地产项目收入估算

根据房地产开发项目的策划方案，可以制定项目产品的出售、出租及自营等计划，简称租售计划。通过租售计划，则可以估算房地产项目可能的收入。租售计划有时在项目策划时已形成或初步形成，但应注意其与营销策略的结合，并符合国家相关政策法规的规定。

房地产项目租售计划通常需要先确定可供租售的房地产类型及数量、租售价格、收款方式等内容，然后进行租售收入的估算。

1. 可供租售的房地产类型及数量

可供租售的房地产类型及数量的确定，可以先根据项目特点明确项目可以提供的房地产类型及总量，然后根据市场条件，确定项目在整个租售期的每一期准备租售的房地产类型和数量。

2. 租售价格

租售价格的确定，一般是根据市场调查及预测，同时结合房地产项目的自身情况，通过市场交易信息的分析与比较来完成的。

3. 收款方式

收款方式的确定，一般应考虑购买人的支付能力与偏好，以及房地产交易的付款习惯和惯例，同时考虑开发企业对资金流的要求等。

4. 收入估算

收入估算是计算出每期所能获得的房地产收入，主要包括土地转让收入、商品房销售收入、出租房租金收入、配套设施销售收入及开发企业自营收入等。具体估算时，应注意以下问题：

（1）空置期 对于出租的情况，应考虑空置期对租金收入的影响。空置期是指项目竣工之后暂未租出的时间。

（2）空置率　对于出租的情况，应考虑空置率对租金收入的影响。空置率是指项目经营期间未出租面积与可出租面积的百分比，通常因经营、季节等而有不同变化。

（3）转售收入　对于出租的情况，应考虑经营期末出租物业的转售收入。

（4）上涨率　除特殊情况外，在进行租售收入的估算时，应考虑一定的租售价格上涨率。一般地，在可行性研究阶段的收入估算都是按照均价进行的，实际租售中再具体化，但对于经营期限较长的项目，这个均价也应分阶段考虑上涨率。对于出租情况，可以3～5年考虑一个租金上涨率；对于销售情况，尤其是分期开发，可以3～4年或每期考虑一个售价上涨率。

（5）其他　如果是估算房地产开发项目的自营收入，应考虑目前已有的和未来的商业及服务业项目对本开发项目建成后的影响，以及未来商业及服务业市场变化对本开发项目的影响等。

5. 收入估算表

房地产开发项目收入估算表的几种主要格式见表5-5～表5-8。

表5-5　销售总收入预测表

类别	销售面积	建议售价	销售收入
类别1			
类别2			
⋮			
合计			

表5-6　销售收入分期测算表

年份	销售计划			分年度销售金额					合计
	销售比例(%)	销售面积	销售价格	1	2	3	…	N	
1	一期类别1								
	一期类别2								
	一期类别3								
	其他								
2	一期类别1								
	一期类别2								
	一期类别3								
	其他								
3	一期类别1								
	一期类别2								
	一期类别3								
	其他								
⋮									
N									
合计									

表 5-7 销售收入与经营税金及附加估算表

序号	项目	合计	1	2	3	...	N
1	销售收入						
2	经营税金及附加						
2.1	增值税						
2.2	城市维护建设税						
2.3	教育费附加						
2.4	地方教育附加						
⋮	⋮						
3	土地增值税						
4	销售净收入						

表 5-8 出租收入与经营税金及附加估算表

序号	项目	合计	1	2	3	...	N
1	租金收入						
1.1	可出租面积						
1.2	单位租金						
1.3	出租率						
2	经营税金及附加						
2.1	增值税						
2.2	城市维护建设税						
2.3	教育费附加						
2.4	地方教育附加						
⋮	⋮						
3	租金净收入						
4	净转售收入						
4.1	转售价格						
4.2	转售面积						
4.3	转售成本						
4.4	转售税金						

5.5.2 房地产项目经营税费

房地产项目经营税费包括两大部分：开发期间税费和经营期间税费。开发期间税费是房地产开发项目投资的构成部分，前面已有所介绍。经营期间税费主要是在销售和交易阶段发生的税费，不参与投资与成本费用的构成，只是作为销售收入的扣减。

下面主要叙述房地产项目经营期间税费，并介绍其他相关税费。

1. 增值税及城市维护建设税、教育费附加、地方教育附加

（1）增值税　2017年11月19日，国务院发布《关于废止〈中华人民共和国营业税暂行条例〉和修改〈中华人民共和国增值税暂行条例〉的决定》，营业税退出，改征增值税。增值税是对境内销售货物或者加工、修理修配劳务，销售服务、无形资产、不动产以及进口

货物的单位和个人，就其销售货物、劳务、服务、无形资产、不动产的增值额和货物进口金额等作为计税依据而课征的一种流转税。

在此之前，2016年3月23日，财政部与国家税务总局发布《关于全面推开营业税改征增值税试点的通知》，自2016年5月1日起，在全国范围内全面推开营业税改征增值税（以下称营改增）试点，建筑业、房地产业、金融业、生活服务业等全部营业税纳税人，纳入试点范围，由缴纳营业税改为缴纳增值税。同时，公布了《营业税改征增值税试点实施办法》《营业税改征增值税试点有关事项的规定》《营业税改征增值税试点过渡政策的规定》和《跨境应税行为适用增值税零税率和免税政策的规定》。

按照《增值税暂行条例》（2017年修订）和《财政部 税务总局 海关总署关于深化增值税改革有关政策的公告》（2019年修订），纳税人销售交通运输、邮政、基础电信、建筑、不动产租赁服务，销售不动产，转让土地使用权等，增值税税率为9%。对于一般计税方法，应纳税额＝当期销项税额－当期进项税额。其中，销项税额＝销售额×税率，但一般计税方法的销售额不包括销项税额，当纳税人采用销售额和销项税额合并定价方法时，可以按照公式计算销售额：销售额＝含税销售额÷（1＋税率）；进项税额是指纳税人购进货物、加工、修理修配、劳务、服务、无形资产或者不动产，支付或者负担的增值税额。同时规定，一般纳税人发生应税行为适用一般计税方法计税，小规模纳税人发生应税行为适用简易计税方法计税。小规模纳税人发生应税销售行为，实行按照销售额和征收率计算应纳税额的简易办法，并不得抵扣进项税额。应纳税额计算公式为：应纳税额＝销售额×征收率，征收率为3%和5%，并根据不同时期不同情况进行减免，而一般纳税人发生应税销售行为若有规定可选择简易计税方法，以及针对其他各种情况的相关规定等。

（2）城市维护建设税　城市维护建设税（以下简称城建税）是为进一步扩大城市建设，提供城市维护和建设资金来源而对我国境内既享用城镇公用设施，又有经营收入的单位和个人征收的一种税。

根据《中华人民共和国城市维护建设税法》（2021年9月1日起施行），城建税以缴纳增值税、消费税的单位和个人为纳税人。城建税以纳税人实际缴纳的增值税、消费税税额为计税依据，一般实行的是地区差别利率。按照纳税人所在地的不同，税率分别规定为7%、5%、1%三个档次，即纳税人所在地在市区的，税率为7%；在县城、镇的，税率为5%；不在市区、县城或镇的，税率为1%。

（3）教育费附加　教育费附加是为加快发展地方教育事业，扩大地方教育经费的资金来源而征收的政府性基金，其计征依据和标准为：以单位和个人实际缴纳的增值税、消费税的税额为计征依据，教育费附加率为3%。

（4）地方教育附加　地方教育附加是为进一步规范和拓宽财政性教育经费筹资渠道，支持地方教育事业发展而征收的政府性基金，其计征依据和标准为：以单位和个人实际缴纳的增值税、消费税税额为计征依据，征收标准为2%。

城市维护建设税、教育费附加、地方教育附加一般与"两税"（增值税、消费税）同时缴纳。

2. 印花税

印花税是对经济活动中书立领受各种凭证而征收的一种税。在房地产经济活动中，书立设计合同、建筑施工承包合同、房产租赁合同、借款抵押合同、房地产权属转移合同及领受产权证书等均要按照规定缴纳印花税。

根据《中华人民共和国印花税法》（2022年7月1日起施行）附件《印花税税目税率表》规定，土地使用权、房屋等建筑物和构筑物所有权转让书据（不包括土地承包经营权和土地经营权转移），税率为价款的万分之五。

另外，各地还有一些与销售房地产有关的税费，如防洪工程维护费、交易服务费等。

3. 土地增值税

土地增值税是对有偿转让国有土地使用权及地上建筑物和其他附着物的单位和个人征收的一种税。其实质是对土地收益的课税。

（1）计税依据 土地增值税以纳税人转让房地产所取得的土地增值额为计税依据，土地增值额为转让房地产所取得的收入减去规定扣除项目金额后的余额。

（2）税率与应纳税额

1）税率：土地增值税实行四级超额累进税率：

① 增值额未超过扣除项目金额50%的部分，税率为30%。

② 增值额超过扣除项目金额50%，未超过100%的部分，税率为40%。

③ 增值额超过扣除项目金额100%，未超过200%的部分，税率为50%。

④ 增值额超过扣除项目金额200%以上的部分，税率为60%。

（每级"增值额未超过扣除项目金额"的比例均包括本比例数）

2）应纳税额：为了简化计算，应纳税额可以按照增值额乘以适用税率减去扣除项目金额乘以速算扣除系数的简便方法计算，速算公式如下：

① 增值额未超过扣除项目金额50%的：

$$应纳税额 = 土地增值额 \times 30\%$$

② 增值额超过扣除项目金额50%，未超过100%的：

$$应纳税额 = 土地增值额 \times 40\% - 扣除项目 \times 5\%$$

③ 增值额超过扣除项目金额100%，未超过200%的：

$$应纳税额 = 土地增值额 \times 50\% - 扣除项目 \times 15\%$$

④ 增值额超过扣除项目金额200%以上的：

$$应纳税额 = 土地增值额 \times 60\% - 扣除项目 \times 35\%$$

（3）增值额计算 土地增值额为转让房地产所取得的收入减去规定扣除项目金额后的余额。

1）转让房地产的收入：纳税人转让房地产所取得的收入，包括转让房地产的全部价款及相关的经济利益，具体包括货币收入、实物收入和其他收入。

2）扣除项目：

① 取得土地使用权时所支付的金额。

② 开发土地和新建房及配套设施的成本。

③ 开发土地和新建房及配套设施的费用。

④ 旧房及建筑物的评估价格。

⑤ 与转让房地产有关的税金。主要包括营业税、城市维护建设税、教育费附加、印花税等。

⑥ 财政部规定的其他扣除项目。对从事房地产开发的纳税人可按①、②项规定计算的

金额之和（即开发成本之和），加计 20% 的扣除。

另外，纳税人成片受让土地使用权后，分期分批开发、转让房地产的，其扣除项目金额的确定，可按转让土地使用权的面积占总面积的比例计算分摊，或按建筑面积计算分摊，也可按税务机关确认的其他方式计算分摊。

（4）免税规定　有下列情形之一的，可以免征土地增值税：① 纳税人建造普通标准住宅出售，增值额未超过扣除项目金额 20% 的；② 因国家建设需要依法征用、收回的房地产。

上面介绍了土地增值税的理论计算方法和步骤，但在实际操作中，一些城市为了简化土地增值税计算程序，制定了计算简化细则，可以方便计算土地增值税。

4. 其他相关税费

（1）企业所得税　企业所得税是对在中华人民共和国境内的企业和其他取得收入的组织的生产经营所得和其他所得征收的一种税。按照《中华人民共和国企业所得税法》（2008 年 1 月 1 日起施行 2017 年第一次修正，2018 年第二次修正），企业分为居民企业和非居民企业（个人独资企业、合伙企业不适用该法），居民企业是指依法在中国境内成立，或者依照外国（地区）法律成立但实际管理机构在中国境内的企业；非居民企业是指依照外国（地区）法律成立且实际管理机构不在中国境内，但在中国境内设立机构、场所的，或者在中国境内未设立机构、场所，但有来源于中国境内所得的企业。企业所得税的税率为 25%；非居民企业在某些特定情况下，适用税率为 20%；符合条件的小型微利企业，减按 20% 的税率征收企业所得税；国家需要重点扶持的高新技术企业，减按 15% 的税率征收企业所得税。企业每一纳税年度的收入总额，减除不征税收入、免税收入、各项扣除以及允许弥补的以前年度亏损后的余额，为应纳税所得额。

（2）个人所得税　在房地产市场的交易活动中，还涉及个人所得税的征收。根据《中华人民共和国个人所得税法》（2018 年第七次修正），在中国境内有住所，或者无住所而一个纳税年度内在中国境内居住累计满一百八十三天的个人，为居民个人。居民个人从中国境内和境外取得的所得，依法缴纳个人所得税。在中国境内无住所又不居住，或者无住所而一个纳税年度内在中国境内居住累计不满一百八十三天的个人，为非居民个人。非居民个人从中国境内取得的所得，依法缴纳个人所得税。下列各项个人所得应当缴纳个人所得税：① 工资、薪金所得；② 劳务报酬所得；③ 稿酬所得；④ 特许权使用费所得；⑤ 经营所得；⑥ 利息、股息、红利所得；⑦ 财产租赁所得；⑧ 财产转让所得；⑨ 偶然所得。

在房地产相关方面，财产租赁所得、财产转让所得，适用比例税率，税率为 20%。财产租赁所得，每次收入不超过 4000 元的，减除费用 800 元；每次收入为 4000 元以上的，减除 20% 的费用，其余额为应纳税所得额。财产转让所得，以转让财产的收入额减除财产原值和合理费用后的余额，为应纳税所得额。在具体执行中，针对房地产交易不同情况，国家制定了相应的减免个人所得税的规定。

（3）契税　契税是在土地、房屋权属发生转移时，对产权承受人征收的一种税。根据《中华人民共和国契税法》（2021 年 9 月 1 日起施行），契税的税率为 3%～5%。契税的计税依据为：① 土地使用权出让、出售，房屋买卖，为土地、房屋权属转移合同确定的成交价格，包括应交付的货币以及实物、其他经济利益对应的价款；② 土地使用权互换、房屋互换，为所互换的土地使用权、房屋价格的差额；③ 土地使用权赠与、房屋赠与以及其他没有价格的转移土地、房屋权属行为，为税务机关参照土地使用权出售、房屋买卖的市场价格依法核定的价格。纳税人申报的成交价格、互换价格差额明显偏低且无正当理由的,由税务机关依照《中华人民共和国税收征收管理法》的规定核定。

另外,国家对于某些具体情况还制定了减免契税的规定。

(4) 房产税 房产税是以房产为课税对象,向产权所有人征收的一种税。计税依据为:对于非出租的房产,以房产原值一次减除10%~30%后的余值为计税依据;对于出租的房产,以房产租金收入为计税依据。房产税采用比例税率,按房产余值计征的,税率为1.2%;按房产租金收入计征,税率为12%。相应的,其也有减免税的有关规定。

(5) 城镇土地使用税 城镇土地使用税是以城镇土地为课税对象,向拥有土地使用权的单位和个人征收的一种税。其计税依据为纳税人实际占用的土地面积。土地使用税采用分类分级的幅度定额税率,每平方米的年幅度税额按城市大小分四个档次(《中华人民共和国城镇土地使用税暂行条例》,经2006年、2011年、2013年修订):① 大城市1.5~30元;② 中等城市1.2~24元;③ 小城市0.9~18元;④ 县城、建制镇、工矿区0.6~12元。对于浮动范围,另有规定。相应的,其也有减免税的有关规定。

(6) 耕地占用税 耕地占用税是对占用耕地建设建筑物、构筑物或从事非农业建设的单位和个人,就其实际占用耕地面积而征收的一种税。其计税依据为纳税人实际占用耕地的面积,按照规定的适用税额一次性征收。耕地占用税实行定额税率,具体分为四个档次《中华人民共和国耕地占用税法》,2019年9月1日起施行:① 人均耕地不超过一亩的地区(以县、自治县、不设区的市、市辖区为单位,下同),每平方米为10元至50元;② 人均耕地超过一亩但不超过二亩的地区,每平方米为8元至40元;③ 人均耕地超过二亩但不超过三亩的地区,每平方米为6元至30元;④ 人均耕地超过三亩的地区,每平方米为5元至25元。另外,国家对耕地占用税的加成征税、减税、免税等有相关规定。

值得说明的是,房地产税费是国家进行市场调控的一个重要手段,所以,对于房地产税费的计算和把握,需要密切关注国家政策法规的变化和趋势。例如,2023年,国家为促进房地产市场平稳健康发展,采取了一系列税费变化措施进行调控。

5.5.3 房地产项目资金筹措

进行房地产项目资金筹措,需要编制相应计划,该计划是以项目资金使用计划和销售收入计划为基础,来确定资金的来源和相应的数量。房地产开发项目投资的资金来源主要有三种渠道:一是自有资金(资本金);二是银行贷款;三是预租售收入用于投资的部分。通常的做法是,优先使用自有资金,再考虑使用可投入的预租售收入,最后仍不满足资金需求时,可安排借贷资金。同时应考虑市场变化对预租售收入的影响,做好市场出现遇冷情况的资金筹措预案。

自有资金按规定不得低于总投资的20%,在调控时期提高到35%,可以通过公司及项目的多种运作筹集。预售收入用于投资的部分(对于销售项目)主要来源于投资回收和未分配利润,或者说主要来源于可投入的预售收入,即销售收入减去销售税金及附加、土地增值税、企业所得税、公益金、法定盈余公积金、应付利润等。借贷资金则是根据国家及银行相关规定进行。

在以上分析基础上,就可以编制投资计划与资金筹措表。房地产开发项目投资计划与资金筹措表格式见表 5-9。

表 5-9 投资计划与资金筹措表

序号	项目	合计	开发经营期				
			1	2	3	…	N
1	项目总投资						
1.1	开发建设投资						
1.2	经营资金						
2	资金筹措						
2.1	资本金						
2.2	借贷资金						
2.3	预售收入						
2.4	预租收入						
2.5	其他收入						

需要说明的是，项目可投入的预售收入，可以用来进行再投资，也可以用来进行借款的还本付息，但是，项目当年用于还本付息和再投资之和，不能超过项目当年的可投入的预售收入。

另外，为了减少开发企业筹资数额以降低筹资成本，在进行投资进度计划时，应尽可能将占用资金量大的费用项目往后安排。在施工项目招标和评标时，应审查施工组织设计及施工进度计划，是否将占用资金大的分项工程有意前移，或使用不均衡报价策略，有意抬高先进行的施工项目单价，压低后期工程单价。

在进行投资计划和资金筹措总体考虑时，应注意：项目进度计划、投资计划与筹资计划之间是否协调，是否存在矛盾；不同来源的资金使用得是否合理，预售收入再投入是否与销售计划相配合；投资使用计划是否科学等。

5.5.4 房地产项目还本付息

1. 项目还本付息的资金来源

通常，一般建设项目还本付息的资金来源主要是项目投产后的未分配利润、折旧额和摊销费等，在估算了这些数额后，就可以测算还本付息的时间。但是，有时特定还款方式下，会出现未分配利润、折旧额和摊销费等不足以按期归还本息，则需要通过短期借款来解决。

对于房地产开发项目，还本付息的资金来源主要是可投入的预售收入的未投入部分。当回收的资金不足，又不能修改还贷计划，则需要使用短期借款。对于出租及自营项目，其还本付息的资金来源与一般建设项目类似。

2. 计算方法

（1）有效利率

$$\text{有效利率} = [1 + (r_t/m)]^m - 1$$

式中，r_t 为名义期利率；m 为每期计息次数。

（2）每期应计利息计算公式　如前所述，按期计息时，为简化计算，假定借款发生当期均在期中支用，按半期计息，其后各期按全期计息；还款当期按期末偿还，按全期计息。每期应计利息的近似计算公式为：

$$每期应计利息 = (期初借款本息累计 + 本期借款/2) \times 利率$$

其中，"期"根据情况可以是年、季、月等，一般情况下为年。

（3）等额还本付息方式　等额还本付息是在借款的还贷期限内，每年支付相等的本息和。其计算公式如下：

$$A = I_C \frac{i(1+i)^n}{(1+i)^n - 1}$$

式中，A 为每期的还本付息额；I_C 为宽限期末固定资产投资和开发产品成本的借款本金或本息与初始经营资金借款本金之和；i 为期利率；n 为贷款要求的借款偿还时间（由还款期开始计算）。

等额还本付息中，各期偿还的本金和利息不相等，偿还的本金部分将逐期增多，支付的利息部分将逐期减少，其计算公式为：

$$每期支付利息 = 期初本金累计 \times 期利率$$
$$每期偿还本金 = A - 每期支付利息$$
$$期初本金累计 = I_C - 本期以前各期偿还本金累计$$

（4）等额还本，利息照付的方式　等额还本，利息照付的计算公式如下：

$$A'_t = \frac{I_C}{n} + I_C \left(1 - \frac{t-1}{n}\right) i$$

式中，A'_t 为第 t 期还本付息额。

"等额还本，利息照付"中各期之间的本金及利息之和是不相等的，偿还期内每期偿还的本金额是相等的，利息将随本金逐期偿还而减少。其计算公式为：

$$每期支付利息 = 期初本金累计 \times 期利率$$
$$每期偿还本金 = I_C/n$$

国外借款除支付银行利息外，还要另计管理费和承诺费等财务费用；为简化计算，可采用适当提高利率的办法进行处理。

3. 项目还本付息表

（1）格式　一般建设项目与房地产开发项目的还本付息表格式见表 5–10、表 5–11。

表 5–10　一般建设项目借款还本付息表

序号	项目	合计	建设投产生产期				
			1	2	3	…	N
1	长期借款						
1.1	年初累计长期借款						
1.2	本年新增长期借款						
1.3	本年应计利息						

（续）

序号	项目	合计	建设投产生产期				
			1	2	3	…	N
1.4	本年应偿还额						
1.4.1	其中：本金						
1.4.2	利息						
2	偿还本金资金来源						
2.1	折旧费						
2.2	摊销费						
2.3	未分配利润						
2.4	短期贷款						

注：采用等额还本，利息照付方式。

表 5–11　房地产开发项目借款还本付息表

序号	项目	合计	建设经营期				
			1	2	3	…	N
1	借款及还本付息						
1.1	年初借款累计						
1.2	本年借款						
1.3	本年应计利息						
1.4	本年还本付息						
1.5	年末借款累计						
2	偿还本息资金来源						
2.1	投资回收						
2.2	未分配利润						
2.3	短期贷款						

注：采用等额偿还本息的方式。另外，房地产开发项目也可采用等额还本，利息照付方式，则表中 2 为偿还本金资金来源。

（2）指标　项目还本付息表的指标主要包括借款偿还期、利息备付率、偿债备付率等。

1）借款偿还期。

① 国内借款偿还期。国内借款偿还期是指在国家规定及房地产项目具体财务条件下，在房地产项目开发经营期内，使用可用作还款的利润、折旧、摊销及其他还款资金，偿还房地产项目借款本息（I_d）所需的时间。

国内借款偿还期的计算公式如下：

$$I_d = \sum_{t=1}^{P_d} R_t$$

式中，P_d 为国内借款偿还期，从借款开始期计算；R_t 为第 t 期可用于还款的资金，包括利润、折旧、摊销及其他还款资金；I_d 为房地产项目借款本息。

在统筹合理还款条件下，借款偿还期可由资金来源与运用表或国内借款还本付息表直接计算，其详细计算公式为：

$$P_d = 借款偿还后开始出现盈余期数 - 开始借款期数 +$$
$$(当期偿还借款额/当期可用于还款的资金额)$$

以上计算结果是以期为单位，注意将其转换成以年为单位。

② 国外借款偿还期。涉及利用外资的房地产项目，其国外借款的还本付息，一般是按已经明确或预计可能的借款偿还条件（包括宽限期、偿还期及偿还方式等）计算。当借款偿还期满足贷款机构的要求期限时，即认为房地产项目具有清偿能力。

2）利息备付率：利息备付率，又称已获利息倍数，是指项目在借款偿还期内各年可用于支付利息的税息前利润与当期应付利息费用的比率。其计算公式为：

$$利息备付率 = 税息前利润/当期应付利息费用$$

式中，税息前利润是指利润总额与计入总成本费用的利息费用之和，当期应付利息费用是指计入总成本费用的全部利息。利息备付率可以按年计算，也可以按整个借款期计算。

利息备付率表示使用项目利润偿付利息的保障倍数。对于一般房地产投资项目，该指标值应大于2。否则，表示项目付息能力保障程度不足。对于出租经营或自营的房地产投资项目，该指标的计算非常重要。

3）偿债备付率：偿债备付率是指项目在借款偿还期内各年用于还本付息的资金与当期应还本付息资金的比率。其计算公式为：

$$偿债备付率 = 可用于还本付息的资金/当期应还本付息的资金$$

可用于还本付息的资金包括可用于还款的折旧和摊销，在成本中列支的利息费用，可用于还款的利润等。当期应还本付息的资金包括当期应还贷款本金及计入成本的利息。偿债备付率可以按年计算，也可以按整个借款期计算。

偿债备付率表示可用于还本付息的资金偿还借款本息的保障倍数。对于一般房地产投资项目，该指标值应大于1.2。当该指标小于1时，表示当期资金来源不足以偿付当期债务，需要通过短期借款来偿还已到期的债务。该指标的计算对出租经营或自营的房地产投资项目非常重要。

在实践中，根据具体情况可以在备付率指标（包括利息备付率和偿债备付率）和借款偿还期指标中进行二选一。利息备付率和偿债备付率指标适用于预先设定借款偿还期，按等额还本付息或等额还本利息照付方式计算借款还本付息的项目；对于要求按最大偿还能力计算借款偿还期的项目，计算备付率指标则无意义。

(3) 分析 利用项目还本付息表，可以分析项目债务清偿能力。项目还本付息表显示了项目还本付息的时间和数额，结合损益表、资金筹措表等，可以在一定程度上判断项目的债务清偿能力。同时，通过分析项目还本付息表，可以协助安排短期贷款。

另外，项目还本付息表展现了项目资金筹措方案所决定的筹资结构、筹资成本状况等，为方案的调整和优化提供了依据。通过项目还本付息表所提供的信息，还可以系统地分析项目负债结构、还贷方式、负债程度等的合理性，进而评价因负债带来的财务风险及降低风险的可能性。

对于新设法人项目，项目即企业，主要进行上述项目的借款偿还能力分析。对于既有法人项目，根据项目范围可能涉及项目和企业两个层次，则偿债能力分析包括企业和项目两个层次的偿债能力分析。

5.6 房地产项目财务评价

5.6.1 房地产项目财务评价概述

1. 房地产项目财务评价的含义

房地产项目财务评价是在房地产市场调查与预测，项目策划、投资、成本与费用估算，收入估算与资金筹措等基本资料和数据的基础上，通过编制基本财务报表，计算财务评价指标，对房地产项目的财务盈利能力、清偿能力和资金平衡情况进行分析。

2. 房地产项目财务评价的基本原理

房地产项目财务评价的含义表现了其基本原理，即从基本财务报表中取得数据，计算财务指标，再与基本参数比照，根据一定评价标准，判断项目的财务可行性，从财务角度决定项目的取舍。

3. 房地产项目财务评价的体系

房地产项目财务评价的体系主要由三部分组成：基本财务报表、财务评价指标和基本参数。

（1）基本财务报表　基本财务报表的编制需要依据基础数据资料和辅助性报表。基础数据资料主要通过市场调查、投资分析及预测分析取得，然后进行相关财务预测，进而形成辅助性报表。房地产开发项目财务评价的辅助性报表一般包括项目总投资估算表、投资计划与资金筹措表、借款还本付息表、经营成本估算表、销售收入与经营税金及附加估算表、出租收入与经营税金及附加估算表、自营收入与经营税金及附加估算表等。

基本财务报表主要包括全部投资财务现金流量表（项目投资现金流量表）、资本金财务现金流量表（项目资本金现金流量表）、投资者各方现金流量表（投资各方现金流量表）、资金来源与运用表（财务计划现金流量表）、损益表（利润与利润分配表）、资产负债表（资产负债表）。对于涉及外汇的项目，还需要编制财务外汇平衡表。需要说明的是，括号外与内分别表示《房地产开发项目经济评价方法》（建设部2000年发布）和《建设项目经济评价方法与参数》（2006第3版）中对基本财务报表的称法对应关系，但其中仍有一定差异，如2006版的项目投资现金流量表中的项目设置了"调整所得税"，即用息税前利润为基数计算的所得税，以区别于利润与利润分配表、项目资本金现金流量表、财务计划现金流量表中的所得税。《房地产开发项目经济评价方法》尚在修订中，本书中基本财务报表称法仍采用其称法。另外在应用时需要注意的是，《房地产开发项目经济评价方法》中的基本财务报表主要是按照独立法人房地产项目（项目公司）的要求进行科目设置，非独立法人房地产项目基本财务报表的科目设置，可参照独立法人项目进行，但应注意费用与效益在项目上的合理分摊。

（2）财务评价指标　一般地，根据财务评价指标体系的作用，可以将其分为：静态性盈利分析指标、动态性盈利分析指标和清偿能力分析指标。

① 静态性盈利分析指标。房地产项目的静态性盈利分析指标主要包括投资利润率、投资利税率、资本金利润率、资本金净利润率、静态投资回收期等。

② 动态性盈利分析指标。房地产项目的动态性盈利分析指标主要包括财务净现值（FNPV）、财务净现值率（FNPVR）、财务内部收益率（FIRR）、动态投资回收期等。

③ 清偿能力分析指标。房地产项目的清偿能力分析指标主要包括借款偿还期、财务比率（包括资产负债率、流动比率和速动比率）等。

另外，对于房地产置业投资项目，专门的有静态性盈利分析指标，如投资回报率、现金回报率等。

根据财务评价指标体系的性质，还可以将财务评价指标分为时间性指标（如贷款偿还期）、价值性指标（如财务净现值）、比率性指标（如资产负债率）及实物性指标等。

一般的财务评价通常包括财务盈利能力分析和清偿能力分析，对于涉及外汇的项目有时还需要进行外汇平衡分析。而且，还可根据项目特点和实际需要进行资金构成分析、资金平衡分析及其他分析。

(3) 基本参数　基本参数是指用于财务评价的行业或国家的参数，例如各行业的基准收益率、基准静态投资回收期、基准动态投资回收期等。

5.6.2　静态盈利分析

静态盈利分析主要通过编制损益表和分析损益表来进行。

1. 损益表概念

损益表是反映房地产项目开发经营期内各期的利润总额、所得税及各期税后利润的分配情况，可用以计算投资利润率、资本金利润率等评价指标的财务报表。

(1) 利润总额计算公式

$$利润总额 = 经营收入 - 经营成本 - 管理费用 - 销售费用 -$$
$$财务费用 - 经营税金及附加 - 土地增值税$$
$$经营收入 = 销售收入 + 租金收入 + 自营收入$$
$$销售收入 = 土地转让收入 + 商品房销售收入 + 配套设施销售收入$$
$$租金收入 = 出租房租金收入 + 出租土地租金收入$$
$$经营税金及附加 = 营业税 + 城市维护建设税 + 教育费附加$$
$$经营成本 = 土地转让成本 + 商品房销售成本 +$$
$$配套设施销售成本 + 出租房经营成本$$

(2) 弥补亏损　房地产开发企业发生的年度亏损，可以用下一年度的所得税前利润弥补，下一年度税前利润不足弥补的，可以在五年内延续弥补；五年内不足弥补的，用税后利润弥补。

(3) 利润分配　房地产开发企业交纳所得税后的利润，一般按照下列顺序分配：

① 弥补企业以前年度亏损。

② 提取法定盈余公积金。法定盈余公积金按照税后利润扣除前项后的10%提取，法定公积金已达到注册资本的50%时可不再提取。

③ 提取公益金。

④ 向投资者分配利润。

2. 损益表格式

独立法人的房地产开发项目（项目公司）的损益表格式见表5–12。

表5–12　损益表

序号	项目	合计	1	2	3	…	N
1	经营收入						
1.1	销售收入						
1.2	出租收入						
1.3	自营收入						
2	经营成本						
2.1	商品房经营成本						
2.2	出租房经营成本（摊销）						
3	出租房经营费用						
4	自营部分经营费用						
5	自营部分折旧、摊销						
6	自营部分财务费用						
7	经营税金及附加						
8	土地增值税						
9	利润总额						
10	弥补前年度亏损						
11	应纳税所得额						
12	所得税						
13	税后利润						
	公益金						
	法定盈余公积金						
	任意盈余公积金						
14	加：年初未分配利润						
15	可供投资者分配利润						
16	应付利润						
	A方						
	B方						
	C方						
17	年末未分配利润						

注：本表适用于独立法人的房地产开发项目（项目公司）。非独立法人的房地产开发项目可参照本表使用，同时应注意开发企业开发建设投资、经营资金、运营费用、所得税和债务等的合理分摊。

3. 静态盈利分析

（1）总投资利润率　对于以销售为主的房地产投资项目，应进行总投资利润率分析。总投资利润率是投资项目利润总额与项目总投资的比率，其计算公式为：

$$总投资利润率 = (项目利润总额/项目总投资) \times 100\%$$

当总投资利润率大于或等于该类型房地产的基准总投资利润率时,则项目可行。房地产项目的基准总投资利润率在确定时一般考虑的因素有:当前宏观经济状况、贷款利率及其他行业投资利润率水平;房地产项目的类型;房地产项目的开发经营周期等。

(2) 总投资利税率　对于以销售为主的房地产投资项目,应进行总投资利税率的分析。总投资利税率是投资项目利税总额与项目总投资的比率,其计算公式为:

$$总投资利税率 = (项目利税总额/项目总投资) \times 100\%$$

当总投资利税率大于或等于该类型房地产的基准总投资利税率时,则项目可行。

(3) 总资本金利润率　对于以销售为主的房地产投资项目,应进行总资本金利润率分析。总资本金利润率是投资项目利润总额与项目资本金总额的比率,其计算公式为:

$$总资本金利润率 = (项目利润总额/项目资本金总额) \times 100\%$$

当总资本金利润率大于或等于该类型房地产的基准总资本金利润率,则项目可行。

(4) 总资本金净利润率　对于以销售为主的房地产投资项目,应进行总资本金净利润率分析。总资本金净利润率是投资项目所得税后利润总额与项目资本金总额的比率,其计算公式为:

$$总资本金净利润率 = (项目所得税后利润总额/项目资本金总额) \times 100\%$$

当总资本金净利润率大于或等于该类型房地产的基准总资本金净利润率,则项目可行。

(5) 投资利润率、投资利税率、资本金利润率、资本金净利润率

投资利润率、投资利税率、资本金利润率、资本金净利润率的计算公式如下:

$$投资利润率 = (年平均利润总额/总投资) \times 100\%$$

$$投资利税率 = (年平均利税总额/总投资) \times 100\%$$

$$资本金利润率 = (年平均利润总额/资本金) \times 100\%$$

$$资本金净利润率 = (年平均所得税后利润总额/资本金) \times 100\%$$

其评价判断准则为:大于或等于部门或行业的平均投资利润率、平均投资利税率、平均资本金利润率、平均资本金净利润率,则项目可行。

(6) 静态投资回收期　静态投资回收期是在不考虑资金时间价值的条件下,以项目的净收益回收全部投入资金所需要的时间,一般以年为单位。静态投资回收期可以从项目建设开始年算起,也可以从项目投产年开始算起,但应注明。

静态投资回收期从建设开始年算起的计算公式如下:

$$\sum_{t=0}^{P_t} (CI - CO)_t = 0$$

式中,P_t 为静态投资回收期;CI 为现金流入量;CO 为现金流出量;$(CI - CO)_t$ 为第 t 年净现金流量。

具体计算方法分两种情况:

第一,项目产生收益后的各年净现金流量均相同,此时计算公式为:$P_t = I/A$,从产生收益年算起,式中,I 为项目投入的全部资金,A 为每年的净现金流量,即 $(CI - CO)_t$。

第二,项目产生收益后的各年净现金流量不相同,则静态投资回收期需要根据财务现金流量表中的累计净现金流量求出,此时计算公式为:

$$P_t = (累计净现金流量开始出现正值期数 - 1) + \\ (上期累计净现金流量的绝对值/当期净现金流量)$$

上式得出的是以期为单位的静态投资回收期，应再将之换算成以年为单位的投资回收期。

当计算出的静态投资回收期小于或等于基准静态投资回收期（P_c），则表明项目投资可以在规定时间收回，项目方案可以考虑接受。但该指标对项目在回收投资后的获利能力及总收益状况未能反映，因此是一种短期分析方法，可作为评价房地产开发效益的辅助分析方法。应该说明的是，静态投资回收期指标主要适用于出租和自营的房地产项目分析。

5.6.3 动态盈利分析

动态盈利分析主要通过编制财务现金流量表和分析现金流量表来进行。

1. 财务现金流量表的概念

财务现金流量表是反映房地产项目开发经营期的现金流入和现金流出，按期编制，用以计算各项评价指标，进行房地产项目财务盈利能力分析的财务报表。

按照投资计算基础的不同，现金流量表一般分为：全部投资现金流量表、资本金现金流量表和投资者各方现金流量表。

（1）全部投资现金流量表　全部投资现金流量表不分投资资金来源，以全部投资作为计算基础，用以计算全部投资财务内部收益率、财务净现值、投资回收期等评价指标，考察房地产项目全部投资的盈利能力，为比较各个投资方案（不论其资金来源及利息多少）建立共同的基础。

（2）资本金现金流量表　资本金现金流量表是从投资者整体的角度出发，以投资者的出资额作为计算基础，把借款本金偿还和利息支付视为现金流出，用以计算资本金财务内部收益率、财务净现值、投资回收期等评价指标，考察项目资本金的盈利能力。

（3）投资者各方现金流量表　投资者各方现金流量表是以投资者各方的出资额作为计算基础，用以计算投资者各方财务内部收益率、财务净现值、投资回收期等评价指标，反映投资者各方投入资本的盈利能力。

2. 财务现金流量表的形式

（1）全部投资财务现金流量表（项目公司）　全部投资财务现金流量表（项目公司）的格式见表 5-13。

表 5-13　全部投资财务现金流量表

序号	项目	合计	1	2	3	…	N
1	现金流入						
1.1	销售收入						
1.2	出租收入						
1.3	自营收入						
1.4	净转售收入						
1.5	其他收入						
1.6	回收固定资产余值						
1.7	回收经营资金						

（续）

序号	项目	合计	1	2	3	…	N
2	现金流出						
2.1	开发建设投资						
2.2	经营资金						
2.3	运营费用						
2.4	修理费用						
2.5	经营税金及附加						
2.6	土地增值税						
2.7	所得税						
3	净现金流量(1－2)						
	累计净现金流量						
	折现净现金流量						
	累计折现净现金流量						
4	所得税前净现金流量						
	累计所得税前净现金流量						
	所得税前折现净现金流量						
	累计所得税前折现净现金流量						

计算指标	所得税前	所得税后
内部收益率(FIRR)		
财务净现值(FNPV)		
投资回收期		
基准收益率(I_C)		

（2）资本金财务现金流量表（项目公司） 资本金财务现金流量表（项目公司）的形式见表5-14。

表5-14 资本金财务现金流量表

序号	项目	合计	1	2	3	…	N
1	现金流入						
1.1	销售收入						
1.2	出租收入						
1.3	自营收入						
1.4	净转售收入						
1.5	其他收入						
1.6	回收固定资产余值						
1.7	回收经营资金						

(续)

序号	项目	合计	1	2	3	...	N
2	现金流出						
2.1	资本金						
2.2	经营资金						
2.3	运营费用						
2.4	修理费用						
2.5	经营税金及附加						
2.6	土地增值税						
2.7	所得税						
2.8	借款本金偿还						
2.9	借款利息支付						
3	净现金流量(1−2)						
4	累计净现金流量						
5	折现净现金流量						
6	累计折现净现金流量						

计算指标　　　　　　　　　　所得税后
内部收益率(FIRR)
财务净现值(FNPV)
投资回收期
基准收益率(I_C)

(3) 投资者各方现金流量表　投资者各方现金流量表的形式见表5−15。

表5−15　投资者各方现金流量表

序号	项目	合计	1	2	3	...	N
1	现金流入						
1.1	应得利润						
1.2	资产清理分配						
(1)	回收固定资产余值						
(2)	回收经营资金						
(3)	净转售收入						
(4)	其他收入						
2	现金流出						
2.1	开发建设投资出资额						
2.2	经营资金出资额						
3	净现金流量(1−2)						
4	累计净现金流量						

(续)

序号	项目	合计	1	2	3	…	N
5	折现净现金流量						
6	累计折现净现金流量						

计算指标　　　　　　　　　所得税后
内部收益率（FIRR）
财务净现值（FNPV）
投资回收期
基准收益率（I_c）

3. 编制现金流量表应注意的问题

在编制财务现金流量表时，除有关表格内具体数据计算问题外，还应注意以下问题：

（1）基准收益率（I_c）　基准收益率是投资决策者对项目资金时间价值的最低标准的判断，是投资者可接受的最低收益率。当项目的内部收益率大于或等于基准收益率时，项目在财务上才是可行的。

基准收益率的确定一般以行业的平均收益率为基础，同时考虑资金来源的构成、投资的机会成本、项目投资风险程度、项目的性质和要求等因素。对于国家投资的项目，进行经济评价所采用的基准收益率通常由国家组织测定并发布行业基准收益率。对于非国家投资的项目，一般由投资者自行确定，通常主要考虑：

1）资金成本和机会成本（I_1）：资金成本是指为取得资金使用权所支付的费用，投资机会成本是指投资者将有限的资金用于除拟建项目以外的其他投资机会所获得的最好收益。显然，基准收益率应大于或等于单位资金成本与单位投资机会成本二者中的高值，即 $I_c \geq I_1$，I_1 取单位资金成本与单位投资机会成本二者中的高值。

2）投资风险（I_2）：一般地，需要以一个适当的风险补贴率 I_2 来提高基准收益率 I_c 值。

3）通货膨胀（I_3）：通货膨胀一般以通货膨胀率来表示。

4）资金限制：一般地，在资金短缺时，应通过提高基准收益率的办法进行项目经济评价。

因此，项目评价的基准收益率可大致确定，并分两种情况。

当项目现金流量是按当年价格预测估算（考虑相对价格变化和通货膨胀），则应以年通货膨胀率修正基准收益率，基准收益率公式如下：

$$I_c = (1+I_1)(1+I_2)(1+I_3) - 1 \approx I_1 + I_2 + I_3$$

当项目现金流量是按基年不变价格预测估算（但考虑相对价格变化），则预测结果已排除通货膨胀因素的影响，基准收益率公式如下：

$$I_c = (1+I_1)(1+I_2) - 1 \approx I_1 + I_2$$

（近似处理的条件为 I_1、I_2、I_3 均为较小的数）

在实际的项目经济评价中，一定要慎重选取基准收益率作为评价参数。在下面的动态盈利分析中将看到，基准收益率参数的选择直接影响项目财务可行性和项目取舍。

（2）财务评价价格　财务评价价格简称财务价格，是以现行价格为基础的预测价格。财务价格一般在现行价格基础上，需要考虑相对价格的变化和通货膨胀因素的影响。对于房地产项目，一般开发经营期较长，物价总水平上涨指数难以预测，因此进行财务评价时，计算期各年均可以期初物价总水平为基础，仅考虑相对价格的变化，不考虑通货膨胀因素影响。但是需要就可能的物价总水平变动因素对项目清偿能力和盈利能力的影响作敏感性分析。值得注意的是，进行项目经济评价时，财务价格与基准收益率在处理通货膨胀因素时应保持一致，考虑则都考虑，不考虑则都不考虑。

（3）现金流量　现金流量是现金流入和现金流出的统称，是以项目作为一个独立系统，反映项目在计算期内实际发生的流入和流出系统的现金活动及其流动数量。现金流入减现金流出为净现金流量。值得注意的是，现金流量只反映项目在计算期内的现金收支，不反映非现金收支，如折旧、摊销、应收及应付款等，并且如实反映现金收支实际发生的时间。

（4）关于全部投资现金流量表　全部投资现金流量表是考察房地产项目全部投资的盈利能力，为各个投资方案进行比较建立共同的基础。为更准确地表现其性质，2002年由国家计委发布的《投资项目可行性研究指南》中对全部投资现金流量表作了有关修改，改称全部投资现金流量表为"项目财务现金流量表"，并且只选择所得税前净现金流量，计算所得税前指标。这实质上表明全部投资现金流量（或项目现金流量）分析是建立在融资前分析的基础上，这一点认识是非常重要的。

4. 动态盈利分析

动态盈利分析是指用考虑了资金时间价值的动态评价指标评价项目整个寿命期内总的盈利能力。根据房地产项目研究阶段、研究深度以及项目类型的不同，动态盈利分析可以通过基本报表，有选择地计算下列评价指标：

（1）财务净现值（FNPV）　财务净现值是按照投资者最低可接受的最低收益率（MARR）或设定的基准收益率 I_c，将房地产项目开发经营期内各期净现金流量折现到开发期初的现值之和。采用 I_c，则财务净现值计算公式如下：

$$FNPV = \sum_{t=0}^{n}(CI-CO)_t(1+I_c)^{-t}$$

式中，FNPV 为财务净现值；I_c 为基准收益率；CI 为现金流入量；CO 为现金流出量；$(CI-CO)_t$ 为第 t 期的净现金流量；n 为开发经营期（开发期与经营期之和）。应该注意，当采用期末惯例法时，从 $t=0$ 开始，如果第 0 期末没有现金流量，可以从 $t=1$ 开始，其他公式同理。

财务净现值可根据财务现金流量表计算求得。财务净现值大于或等于零，即 FNPV≥0，房地产项目在财务上是可以考虑接受的。

需要说明的是，运用财务净现值评价项目投资效益的一个关键问题是选择合适的基准收益率或可接受最低收益率。如果选择的基准收益率偏低，即便 FNPV≥0，项目财务可行性仍存在问题；反之，如果选择的基准收益率偏高，可能会使财务可行的项目流失。可见，基准收益率确定合理与否，对投资方案经济效果的评价结论有直接的影响，确定过高或过低都会导致投资决策的失误。

关于如何确定基准收益率（或可接受最低收益率）在前面已论述，此处不再重复。

(2) 财务内部收益率（FIRR） 房地产项目的财务内部收益率是指房地产项目在整个开发经营期内各期净现金流量现值累计等于零时的折现率。其表达公式为：

$$\sum_{t=0}^{n}(CI-CO)_t(1+FIRR)^{-t}=0$$

式中，CI 为现金流入量；CO 为现金流出量；$(CI-CO)_t$ 为第 t 期的净现金流量；n 为开发经营期（开发期与经营期之和）。

根据上式计算财务内部收益率（FIRR），不易求解。在实际中，一般通过试算法进行计算，即先多次选用不同的折现率试算，如果用折现率 I_1 求得的各期（年）净现金流量的现值累计为正数，而用相邻的一个略高的折现率 I_2 求得的各期（年）净现金流量的现值累计为负数，则使各期（年）净现金流量的现值累计为零的 FIRR 必然在 I_1 和 I_2 之间，然后用插入法可求得 FIRR。其公式为：

$$FIRR = I_1 + \frac{|FNPV(I_1)|}{|FNPV(I_1)|+|FNPV(I_2)|} \times (I_2 - I_1)$$

式中，$FNPV(I_1)$、$FNPV(I_2)$ 分别为采用 I_1、I_2 时的财务净现值。折现率 I_1 与 I_2 之差一般不应超过1%～2%，否则，会因线性关系不成立而使所求的财务内部收益率误差过大。

需要说明的是，采用线性内插法计算 FIRR 只适用于具有常规现金流量的投资方案，而对于具有非常规现金流量的投资方案，由于其内部收益率的存在可能不是唯一的，因此线性内插法不太适用。常规投资项目是指计算期内净现金流量的正负号只变化一次；非常规投资项目是指在项目计算期内，带负号的净现金流量不仅发生在建设期（或生产初期），而且分散在带正号的净现金流量之中。非常规投资项目可能存在无内部收益率的情况，对此，相关教材已有叙述，这里不再展开。

在财务评价中，将求出的全部投资或资本金（投资者的实际出资额）财务内部收益率与投资者可接受的最低收益率（MARR）或设定的基准收益率 I_c 进行比较，当 FIRR≥MARR 或 FIRR≥I_c 时，即认为其盈利能力已满足最低要求，在财务上是可以考虑接受的。同样，这里也存在基准收益率（或可接受的最低收益率）的合理确定问题。

当财务报表是按月、季或半年编制时，计算求出的财务内部收益率应换算为以年为期的财务内部收益率，然后与企业最低可接受的收益率比较。例如，以季为期的单位，换算公式为：

$$FIRR_{年} = [(1+FIRR_{季})^4 - 1] \times 100\%$$

(3) 财务净现值率（FNPVR） 财务净现值率是指项目净现值与项目全部投资现值之比，是在 FNPV 基础上发展起来的，可作为 FNPV 的一种补充。财务净现值率是单位投资现值所能带来的净现值，用于考察项目的单位投资盈利能力。其计算公式如下：

$$FNPVR = \frac{FNPV}{I_P}$$

$$I_P = \sum_{t=0}^{m} I_t(P/F, I_c, t)$$

式中，FNPVR 为财务净现值率；I_P 为投入资金现值；I_t 为第 t 年投资额，m 为建设期年数；$(P/F, I_c, t)$ 为折现因子。

在财务评价中，当 FNPVR≥0，项目方案才能考虑接受。同时应注意，投资现值与净现值的研究期应一致，并且计算投资现值与净现值的折现率应保持一致。

（4）动态投资回收期（P_t'）　动态投资回收期是指在考虑资金时间价值的条件下，以项目净收益抵偿全部投资所需要的时间。其表达公式为：

$$\sum_{t=0}^{P_t'} (CI - CO)_t (1 + I_c)^{-t} = 0$$

式中，P_t' 为动态投资回收期，其余符号含义同前。

在实际中，动态投资回收期的具体计算公式为：

$P_t' = $（累计折现净现金流量开始出现正值的年份数 -1）+

（上年累计折现净现金流量绝对值/当年折现净现金流量）

将计算得出的动态投资回收期与行业基准动态投资回收期相比较，以判别项目的投资回收能力。当动态投资回收期 P_t' 小于或等于行业基准动态投资回收期 P_c'，即 $P_t' \leqslant P_c'$，表明项目的投资在规定的时间内可收回。动态投资回收期也是反映项目财务偿还能力的重要经济指标，但除特别强调项目偿还能力的情况外，一般只是作为方案评价选择的辅助指标。

5.6.4　清偿能力分析

清偿能力分析主要通过编制和分析资产负债表及前述还本付息表等来进行。

1. 资产负债表概念

资产负债表是综合反映房地产项目开发经营期内各年末资产、负债和所有者权益变化及对应关系的财务报表，其主要用于考察项目资产、负债、所有者权益的结构，进行项目清偿能力分析、资本结构分析等。

2002 年国家计委发布的《投资项目可行性研究指南》中没有要求任何项目都必须编制资产负债表。

2. 资产负债表的格式

资产负债表的格式见表 5-16。

表 5-16　资产负债表

序号	项目	1	2	3	…	N
1	资产					
1.1	流动资产					
1.1.1	应收账款					
1.1.2	存货					
1.1.3	现金					
1.1.4	累计盈余资金					
1.2	在建工程					
1.3	固定资产净值					
1.4	无形及递延资产净值					

(续)

序号	项目	1	2	3	…	N
2	负债及所有者权益					
2.1	流动负债总额					
2.1.1	应付账款					
2.1.2	短期借款					
2.2	借款					
2.2.1	经营资金借款					
2.2.2	固定资产投资借款					
2.2.3	开发产品投资借款					
	负债小计					
2.3	所有者权益					
2.3.1	资本金					
2.3.2	资本公积金					
2.3.3	盈余公积金					
2.3.4	累计未分配利润					

计算指标：
资产负债率：
流动比率：
速动比率：

3. 清偿能力分析

房地产项目的清偿能力，从静态看，是用项目资产清偿其长短期负债的能力；从动态看，是用项目收益偿还长短期债务的能力。项目的清偿能力是投资者、经营者、债权人及其他相关者特别关注的问题，如果清偿能力强，则项目的财务风险低，同时容易筹集所需资金和获得贷款利率及期限等方面的优惠；相反，则筹资困难，面临较大的财务风险。

在前面还本付息表中，介绍了相关清偿能力分析。下面主要就资产负债表的内容进行清偿能力分析。

（1）项目长期偿债能力分析

① 资产负债率。资产负债率是项目负债总额与资产总额之比，其计算公式为：

$$资产负债率 = (负债总额/资产总额) \times 100\%$$

资产负债率反映债权人所提供的资金占全部资产的比例，可以用来衡量清算时保护债权人利益的程度。资产负债率高，意味着企业资本金不足，对负债依赖性强，在信贷政策紧缩时，应变能力较差；反之，资产负债率低，则应变能力强。房地产开发企业一般情况下资产负债率较高。

资产负债率的合理值确定，并没有统一规定，其决定于项目的盈利率、银行贷款利率、通货膨胀率、国民经济积累率及国民经济发展水平等。一般地，项目盈利率较高，资金周转较快，可接受的资产负债率可以高一些。规模较大、期限较长、投资较大的项目，资产负债率也较高。房地产投资项目的资产负债率一般在70%～80%之间。

② 负债经营率。负债经营率是项目长期负债总额与所有者权益总额之比，其计算公式为：

$$负债经营率 = (长期负债总额/所有者权益总额) \times 100\%$$

负债经营率可以分析项目资金结构、评价项目资金来源的独立性、稳定性和项目风险。负债经营率的高低取决于项目经营利润率、银行贷款利率等。房地产投资项目的负债经营率一般较高。

③ 资本负债率。资本负债率是项目负债总额与所有者权益总额之比，其计算公式为：

$$资本负债率 = (负债总额/所有者权益总额) \times 100\%$$

资本负债率反映项目债务偿还的保障程度。房地产投资项目的资本负债率一般较高。

（2）项目短期偿债能力分析

① 流动比率。流动比率是项目流动资产与流动负债之比，其计算公式为：

$$流动比率 = 流动资产/流动负债$$

流动比率主要衡量企业流动资产在短期债务到期前，可以变为现金用于偿还流动负债的能力。其合理水平的确定因行业性质有较大差别。通常认为，流动比率为 2 时较为合理，小于 2 则偿还短期债务会遇到困难。但也有一些变化，如汽车、家电等流动比率下降到 1.2 以下，房地产企业的流动比率也在 1.2 左右。

② 速动比率。速动比率是项目速动资产与流动负债之比，其计算公式为：

$$速动比率 = 速动资产/流动负债$$

速动资产是指企业的流动资产减去存货和预付费用后的余额，主要包括现金、短期投资、应收票据、应收账款等项目，用于衡量流动资产中可以用于立即偿还流动负债的能力。作为债权人，一般认为速动比率为 1 或大于 1 时比较安全。但由于存货占用问题，很多行业的企业速动比率较低，例如，汽车、家电等为 0.9 左右，一些房地产企业为 0.65。

5.6.5 资金平衡分析

资金平衡分析主要通过编制和分析资金来源与运用表来进行。

1. 资金来源与运用表概念

资金来源与运用表是反映房地产项目开发经营期各期的资金盈余或短缺情况的财务报表，主要用于资金平衡分析，选择资金筹措方案，制定适宜的借款及偿还计划。

2. 资金来源与运用表的格式

资金来源与运用表（项目公司）的格式见表 5-17。

表 5-17 资金来源与运用表

序号	项目	合计	1	2	3	…	N
1	资金来源						
1.1	销售收入						
1.2	出租收入						
1.3	自营收入						
1.4	资本金						
1.5	长期借款						
1.6	短期借款						
1.7	回收固定资产余值						
1.8	回收经营资金						
1.9	净转售收入						

(续)

序号	项目	合计	1	2	3	…	N
2	资金运用						
2.1	开发建设投资						
2.2	经营资金						
2.3	运营费用						
2.4	修理费用						
2.5	经营税金及附加						
2.6	土地增值税						
2.7	所得税						
2.8	应付利润						
2.9	借款本金偿还						
2.10	借款利息支付						
3	盈余资金						
4	累计盈余资金						

3. 资金平衡分析

资金平衡分析主要是考察房地产项目开发经营期间的资金平衡状况。

在进行资金平衡分析时，作为房地产项目开发经营的必要条件是：各期累计盈余资金不应出现负值（即资金缺口），即表 5-17 中最后一栏"4 累计盈余资金"中不应出现负值。如果出现负值的资金缺口，则应采取适当措施予以解决，如进行短期贷款等。

在表 5-17 中，盈余净现金流量表示当年资金来源多于资金运用的数额，如果出现负值，则表示该年的资金短缺数额。但是，资金的平衡并不是要求各期的盈余资金均不出现负值，而是要求各期累计盈余净现金流量不应出现负值。当在某期累计盈余资金出现负值，就应选择采取以下措施：① 增加贷款；② 增加自有资金投入；③ 减少利润分配；④ 协商延期还款；⑤ 缩小投资规模，修订投资方案，甚至放弃项目等。

5.7 房地产项目不确定性分析

不确定性是指由于各种原因如数据统计偏差、通货膨胀、技术进步、市场供求结构及其他外部影响因素变化等引起的预测值与实际值的偏差。由于房地产开发投资周期长、影响因素多、资金投入量大，很难在一开始就对整个开发投资过程中有关费用和建成后的收益情况做出精确的估计，这样就存在着不确定性和风险，可能使房地产开发投资决策失误。所以，有必要就这些不确定性因素的变化对评价结果产生的影响进行深入研究，为投资决策提供更科学的依据，这时就要进行不确定性分析。

房地产开发项目不确定性分析主要是分析不确定性因素对项目可能造成的影响，并进而分析可能出现的风险。这种不确定性分析可以帮助投资者根据房地产项目投资风险的大小和特点，确定合理的投资收益水平，提出控制风险的方案，有重点地加强对投资风险的防范和控制。房地产项目不确定性分析是项目经济评价的重要组成部分，对房地产项目投资决策的成败有着重要的影响。

房地产开发项目不确定性分析主要包括盈亏平衡分析、敏感性分析和概率分析。可进行不确定性分析的因素主要有：租售价格、销售进度、出租率、开发周期、项目总投资、土地费用、建安工程费、融资比例、融资成本等。

5.7.1 盈亏平衡分析

随着不确定性因素的变化，项目盈利和亏损之间一般至少有一个转折点，这个点称为盈亏平衡点 BEP（Break Even Point）。在这点上，项目既不亏损也不盈利，这就是项目达到允许经济效益时的极限值。盈亏平衡分析，又称临界点分析，就是来测算一个或多个不确定性因素变化时，项目达到允许的最低经济效益时的极限值，并以不确定性因素的临界值组合显示项目的风险程度。

盈亏平衡分析分为线性盈亏平衡分析和非线性盈亏平衡分析。当产销量的变化不影响市场销售价格和生产成本时，成本与产量、销售收入与销量之间呈线性关系，此时的盈亏平衡分析属于线性盈亏平衡分析。当市场上存在垄断竞争因素影响时，产销量的变化会导致市场销售价格和生产成本的变化，此时的成本与产量、销售收入与销量之间呈非线性关系。一般地，随着项目销量的增加，市场上的单位价格就要下降；同时随着产量的增加，变动成本随着生产规模的不同与产量呈非线性的关系，一些半变动成本呈阶梯分布。这样，对应的盈亏平衡分析也就属于非线性盈亏平衡分析。

盈亏平衡分析的基本方法是建立成本与产量、销售收入与销量之间的函数关系，通过对这两个函数及其图形的分析，找出平衡点。

线性盈亏平衡分析的基本公式是：

年销售收入：$R = PQ$

年总成本费用：$C = F + VQ$

年利润：$B = R - C = (P - V)Q - F$

上式中，R 为年销售收入，C 为年总成本，F 为固定成本（在一定范围内不随产量的变化而变化的费用），V 为变动成本（随产量的增减按比例增减的费用），Q 为产销量（这里产量＝销量）。

当实现盈亏平衡时，有 $R = C$，由此可以推导出盈亏平衡产量，盈亏平衡价格，盈亏平衡单位产品变动成本；其中盈亏平衡产量是常用指标。

盈亏平衡产量：$BEP_Q = \dfrac{F}{P - V}$

盈亏平衡价格：$BEP_P = \dfrac{F}{Q} + V$

盈亏平衡单位产品变动成本：$BEP_V = P - \dfrac{F}{Q}$

如图 5-11 所示，当产销量超过平衡点数量 Q^* 时，总成本小于销售收入，项目处于盈利区域；当产销量小于 Q^* 时，总成本大于销售收入，项目处于亏损区域。

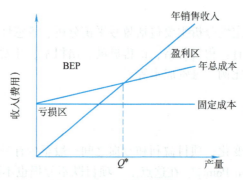

图 5-11 线性盈亏平衡分析图

房地产开发项目通常可进行盈亏平衡分析的因素有：

1. 最低售价和最低销售量、最低租金和最低出租率

售价和销售量是房地产项目重要的不确定性因素，能否在预定的价格下销售出预想的数量，通常是房地产项目成败的关键。最低售价是指房地产项目产品售价下降到预定可接受的最低盈利水平时的价格，售价低于这一价格时，项目盈利水平将不能满足预定的要求。最低销售量是指在预定的房屋售价下，要达到预定的最低盈利水平所必须达到的销售量。最低售价与预测售价之间的差距越大，最低销售量与房地产产品商品量之间的差距越大，说明房地产项目抗市场风险的能力越强。当房地产产品以出租为主时，可相应进行最低租金和最低出租率的分析。同样地，最低租金及出租率与预测租金、出租率之间的差距越大，则该房地产项目抗市场风险的能力越强。

2. 最高土地取得价格

土地费用是影响房地产项目盈利性的重要因素，也是重要的不确定性因素。现阶段由于房地产市场的变化迅速，地块现状比较复杂，土地交易市场不很健全，引起出让金、城市建设配套费和土地开发费用变化很大，所以很难准确估算土地费用。另一方面，随着城市发展和城市可利用土地资源的减少，土地费用在城市房地产开发项目总开发成本中所占的比例日益增大，这就使得土地费用成为房地产开发项目中一个重要的不确定性因素。最高土地价格是指在房地产项目销售额和其他费用不变的条件下，保持预期收益水平所能承受的最高土地费用。当土地费用超过这一价格时，项目将无法获得足够的收益。最高土地取得价格与实际估测的土地价格之间差距越大，最高土地取得价格越高，房地产项目承受土地使用权价格风险的能力就越强。

3. 最高工程费用

工程费用也是一个重要的不确定性因素。当土地开发工程量不大时，工程费用是指建筑安装工程费用。由于建安工程费用的估算时间与承包商报价时间经历了购置土地使用权等一系列前期准备工作，在此期间可能会发生建筑材料和劳动力价格水平的变化，在工程开工后这种变化同样可能发生，这样就会引起建安工程费的变化，从而引起成本的变化，影响开发商的利润。最高工程费用是指在预定销售额下，满足预期的项目收益要求所能承受的最高工程费用。最高工程费用与预测的可能工程费用之间差距越大，说明房地产项目承受工程费用增加风险的能力越强。

【例 5-11】 某房地产项目固定成本为 1000 万元，可变成本为 1500 元/m²。该项目可出售面积为 25000m²，市场上同类型项目售价为 2830 元/m²。① 试求项目的盈亏平衡点售价和销售量；② 如果项目的目标是盈利 1000 万元，求项目允许的最低售价和最低销售量。

解：总成本：$10000000 + 1500Q$

销售收入：$2830Q$

BEP(销售量) = $10000000/(2830-1500) = 7519(m^2)$

BEP(售价) = $10000000/25000 + 1500 = 1900(元/m^2)$

当期望利润为 1000 万元时，即总收入 − 总成本 = 10000000 元

最低销售量 = $(10000000+10000000)/(2830-1500) = 15037(m^2)$

最低售价 = $20000000/25000 + 1500 = 2300(元/m^2)$

非线性盈亏平衡分析的基本方法与线性盈亏平衡分析相同，即求收入和成本相等时不确定性因素的平衡点。但由于总成本或（和）销售收入与销售量不成线性关系，没有直接可以套用的公式，应具体问题具体分析。应该说明的是，非线性盈亏平衡分析的盈亏平衡点可能有多个。

在应用盈亏平衡分析进行方案选择时，应优先选平衡点较低的方案，这意味着该方案项目盈利的可能性较大，抗风险能力较强。

盈亏平衡分析简单明了，能够估计项目对市场变化情况的适应能力，度量项目风险的大小，但缺点也很明显：① 不能指出产生项目风险的根源；② 属于一种静态分析，没有考虑资金的时间价值因素；③ 建立在一些理想的基本假设条件基础上。所以仅用盈亏平衡分析很难给出一个全面的结论，有时需采用一些其他的方法配合，使用时应注意具体情况和目的。

5.7.2 敏感性分析

敏感性分析是通过研究项目不确定性因素发生变化时其经济效益的变化，来判断项目经济效益对于各个影响因素的敏感性，从中找出影响较大的不确定性因素，即敏感因素，从而预测项目承担风险的能力，为进一步的风险分析打下基础。敏感性分析的目的是：

1) 找出影响项目经济效益变动的敏感性因素，分析敏感性因素变动的原因，为进一步进行不确定性分析（如概率分析）提供依据。

2) 研究不确定性因素变动如引起项目经济效益值变动的范围或极限值，分析判断项目承担风险的能力。

3) 比较多方案的敏感性大小，以便在经济效益值相似的情况下，从中选出敏感性较小（风险较小）的投资方案。

4) 找出敏感性强的因素，向决策者提出是否需要进一步搜集资料进行研究，以提高经济分析的可靠性。

房地产项目敏感性分析主要包括以下几个步骤：

1) 确定用于敏感性分析的经济评价指标。通常采用的指标为内部收益率，必要时也可选用其他经济指标（如净现值等）。在具体选定评价指标时，应考虑敏感性分析的目标应与经济评价指标相一致，同时，不可能也不必要把每种经济评价指标都作为敏感性分析的指标，只需要选定一个或两个重要指标进行分析。应考虑分析的目的，显示的直观性、敏感

性，以及计算的复杂程度来确定。

2）确定不确定性因素及其可能的变动范围。如前所述，房地产项目的不确定性因素主要有租售价格、销售进度、出租率、开发周期、项目总投资、土地费用、建安工程费等，有的因素影响很大，而有些因素则影响甚小，敏感性分析并不要对方案所有的不确定性因素都进行逐个分析。一般预计未来变化不大的不确定性因素及可以肯定是非敏感的因素都可以不作敏感性分析。

3）计算不确定性因素变动时，评价指标的相应变动值。

4）通过评价指标的变动情况，找出较为敏感的变动因素，作进一步的分析。

测定各因素是否敏感的方法，通常是求出达到经济指标的临界点（如基准收益率、零点净现值、标准投资回收期等）时某种因素允许变化的最大幅度，这是因为临界点是项目可否接受的标准。如果某因素变化很小就接近临界点，这个因素就是强敏感因素，根据强敏感因素对方案经济指标影响程度，可判断方案风险性大小。

根据不确定性因素每次变动数目的多少，敏感性分析可以分为单因素敏感性分析和多因素敏感性分析。单因素敏感性分析即假设其他因素保持不变，只考虑一个因素的变动时所进行的敏感性分析。这种分析方法简单，但忽略了因素之间的相关性；多因素敏感性分析则是多个因素同时变动时所进行的敏感性分析。这种方法考虑了因素之间的相关性（一个因素的变动往往伴随着其他因素的变动），能反映几个因素同时变动对项目产生的综合影响，但比较复杂。一般项目可以只做单因素敏感性分析，对于一些重要项目或有特殊要求的项目，除进行单因素敏感性分析外，还应进行多因素敏感性分析。这里主要说明单因素敏感性分析。

进行房地产项目敏感性分析时，可以采用列表的方法表示由不确定性因素的相对变动引起的评价指标相对变动幅度，也可以采用敏感性分析图对多个不确定性因素进行比较。

【例5-12】 某项目基本方案的全部投资的现金流量表见表5-18，试以年销售收入、年经营成本和建设投资为不确定性因素进行单因素敏感性分析。基准收益率 $i_c = 8\%$。

表5-18 基本方案全部投资现金流量表

序号	项目	建设经营期					
		1	2	3	4	5	6
1	现金流入	0	1200	1200	1200	1200	1600
1.1	销售收入	0	1200	1200	1200	1200	1200
1.2	回收残值						400
2	现金流出	3000	500	500	500	500	500
2.1	建设投资	3000					
2.2	年经营成本		500	500	500	500	500
3	净现金流量	-3000	700	700	700	700	1100

解：选择内部收益率作为评价指标。

经计算，本项目基本方案的内部收益率为8.79%。

计算各敏感性因素变化对内部收益率的影响，列出敏感性分析表，见表5-19。

表 5-19　单因素敏感性分析表

不确定性因素	变化幅度				
	-10%	-5%	基本方案	5%	10%
	内部收益率				
销售收入	3.01	5.94	8.79	11.58	14.30
经营成本	11.12	9.96	8.79	7.61	6.42
建设投资	12.70	10.67	8.79	7.06	5.45

敏感性分析图见图 5-12。

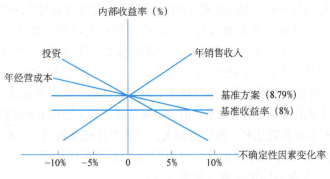

图 5-12　单因素敏感性分析图

计算方案对各因素的敏感度。

平均敏感度的计算公式是

$$\beta = \frac{\text{评价指标变化幅度}(\%)}{\text{不确定性因素变化幅度}(\%)}$$

所以

$$\text{年销售收入平均敏感度} = \frac{14.30 - 3.01}{20} = 0.56$$

$$\text{年经营成本平均敏感度} = \frac{|6.42 - 11.12|}{20} = 0.24$$

$$\text{建设投资平均敏感度} = \frac{|5.45 - 12.70|}{20} = 0.36$$

也就是说，内部收益率对年销售收入变化最敏感。

如果分析销售收入、经营成本同时变化时内部收益率的变化，可以得到双因素敏感性分析；若再加上建设投资的变化，可以得到三因素敏感性分析。

敏感性分析在一定程度上就各种不确定因素的变动对方案经济效果的影响作了定量描述，这有助于决策者了解方案的风险情况，同时有助于确定在决策及方案实施过程中需要重点研究与控制的因素，对提高方案经济评价的可靠性具有重要意义。但是，敏感性分析有其局限性，它只考虑了各个不确定因素对方案经济效果的影响程度，而没有考虑各不确定性因素在未来发生变动的概率，这可能会影响分析结论的准确性。实际上，各不确定性因素在未来发生变动的概率一般是不同的，有些因素非常敏感，一旦发生变动对方案的经济效果影响很大，但它发生变动的可能性（概率）很小，以至于可以忽略不计，而另一些因素可能不是很敏感，但它发生变动的可能性很大，实际所带来的风险比那些敏感因素更大。这个问题是敏感性分析所无法解决的，必须借助于概率分析。

5.7.3 概率分析

盈亏平衡分析和敏感性分析是不确定性分析最常用的两种方法，但这两种分析方法都隐含了一个假设，即各个不确定因素发生变动的可能性相同。事实上，各个不确定性因素在未来发生某一幅度变动的概率是不尽相同的，这就提出了概率分析的要求。《建设项目评价方法与参数》指出，在完成盈亏平衡分析和敏感性分析之后，根据项目特点和实际需要，有条件时还应进行概率分析。

概率分析，又称风险分析，是使用概率研究预测不确定性因素对房地产项目经济效益影响的一种定量分析方法。这种方法是通过分析房地产项目不确定性因素的变化情况和发生的概率，计算在不同概率条件下的经济评价指标（内部收益率或净现值），进而确定项目可行以及不可行的概率，说明其在特定收益状态下的风险程度。概率分析计算方法很多，常用的是计算净现值的期望值以及净现值大于等于零的累计概率。期望值是建立在概率基础上的数学概念，它是在重复随机试验中计算出的等同期望的平均值。也就是说，某一变量的期望值就是变量的结果与该结果各自发生的概率乘积的总和。期望值越大，或者累计概率值越大，项目的风险就越小。

一般来说，概率分析选用净现值作为分析对象，来计算其期望值，若其大于 0，则项目可行，否则不可行。净现值的期望值计算公式为：

$$E(\text{NPV}) = \sum_{j=1}^{k} \text{NPV}^{(j)} P_j$$

这里 j 是指第 j 种状态。

另外，还要计算项目净现值的标准差，净现值标准差反映净现值的离散程度，在一定的程度上，能够说明项目风险的大小。

$$\sigma = \sqrt{\sum_{j=1}^{k} [\text{NPV}^{(j)} - E(\text{NPV})]^2 P_j} = \sqrt{\sum_{j=1}^{k} (\text{NPV}^{(j)})^2 P_j - [E(\text{NPV})]^2}$$

但由于净现值标准差的大小与净现值期望值基本上呈同方向变动，期望值越大，标准差也越大，因此，单纯以净现值标准差大小衡量项目风险性高低，有时会不大准确。所以要计算标准差系数来消除净现值期望值大小的影响，计算公式为：

$$V = \frac{\sigma}{E(\text{NPV})} \times 100\%$$

一般来说，标准差系数越小，项目的相对风险就越小，反之越大。

判断投资方案优劣的标准是：净现值大于等于 0 的累计概率越大，项目的风险越小。

多方案比较时，期望值相同的情况下，标准差小的方案为优；若标准差相同，期望值大的方案为优；标准差系数小的方案为优。

实际计算中，最重要的就是分析确定每个不确定性因素发生的概率。概率分为客观概率和主观概率。客观概率是在某因素过去长期历史数据基础上，进行统计、归纳得出的；主观概率则建立在主观估计基础上。房地产开发项目评估中的各种变动因素，常常缺乏足够的历史统计资料，大部分不能完全用建立在大量统计数据基础上的客观概率来表达，所以在实践中经常使用主观概率。

概率分析的一般步骤为：

1) 列出需要进行概率分析的不确定性因素。

2) 选择概率分析使用的经济评价指标。

3) 分析确定每个不确定性因素发生的概率，并保证每个不确定性因素可能发生的概率之和等于1。

4) 计算在给定的概率条件下经济评价指标的累计概率，并确定临界点发生的概率。

5) 对概率分析结果做出说明。

【例5-13】 某房地产开发项目基本数据估算见表5-20。

表5-20 基本数据估算　　　　　　　　　　　　　　　　（单位：万元）

项目	年份				
	1	2	3	4	5
	估算金额				
租售收入	3200	12800	17600	17600	16400
开发成本	9000	11800	13800	3600	400
其他支出	—	—	—	5000	6000

根据估计，租售收入和开发成本变化范围见表5-21。

表5-21 租售收入和开发成本变化范围

因素	变化幅度		
	-20%	0	20%
	概率		
租售收入	0.3(A1)	0.6(A2)	0.1(A3)
开发成本	0.1(B1)	0.4(B2)	0.5(B3)

试对此项目进行概率分析并求NPV≥10000万元的概率。（$i=12\%$）

不确定性因素为租售收入和开发成本，其概率已知，所以所有的可能状态，见表5-22。

表5-22 净现值计算表

取值要求	概率P	净现值NPV/万元	NPV·P/万元
A1B1	0.03	7232.4	216.98
A1B2	0.12	561.6	67.39
A1B3	0.15	-6109.4	-916.41
A2B1	0.06	17554.4	1053.26
A2B2	0.24	10883.4	2612.02
A2B3	0.30	4212.6	1263.78
A3B1	0.01	27876.2	278.76
A3B2	0.04	21205.4	848.22
A3B3	0.05	15466.4	773.32
$E(NPV)$	1.00	—	6197.32

由表 5-22 得，净现值为非负的累计概率是：

$$P(NPV \geq 0) = 0.03 + 0.12 + 0.06 + 0.24 + 0.30 + 0.01 + 0.04 + 0.05 = 0.85$$

净现值大于等于 10000 的累计概率是：

$$P(NPV \geq 10000) = 0.06 + 0.24 + 0.01 + 0.04 + 0.05 = 0.4$$

结论：$E(NPV) = 6197.32$ 万元，本项目可行；$P(NPV \geq 0) = 0.85$，$P(NPV \geq 10000) = 0.4$，所以项目有较高的可靠性，抗风险能力较强。

5.8 房地产项目方案比选

5.8.1 房地产项目方案比选的概念

1. 含义

房地产项目方案比选是对房地产项目策划中提出的几种可供选择的开发经营方案，进行经济分析和计算，从中筛选出满足最低可接受收益率要求的可供比较方案，并对这些方案进行比选。广义的方案比选是包括经济分析计算在内的方案各因素的全面比选，狭义的比选仅包括经济分析，或称方案经济比选。本节主要介绍狭义的方案比选。

通常，房地产项目策划会提出若干个开发设想，经过初步讨论研究，形成几种开发方案。通过各种策划的开发方案的初步经济分析和整体方案的分析，可以筛选出 3～5 个方案，以供比选研究。

2. 前提

在进行可供比较方案经济比选时，应注意各方案之间的可比性，遵循费用与效益计算口径对应一致的原则，并根据实际情况，选择适当的经济评价指标作为比选指标。

3. 说明

在一些实际工作中，可行性研究的方案比选通常进行得很粗略，仅仅做一些大致的定性讨论和论证。但是，作为规范的可行性研究，尤其是详细可行性研究，应该进行认真的方案比选研究，方案比选是寻求合理房地产开发方案的必要手段。

在《投资项目可行性研究指南》中，要求可行性研究的结论和建议除对推荐方案进行总体描述及优缺点阐述外，还应对未被推荐的一些重大比选方案进行描述，阐述方案的主要内容、优缺点和未被推荐的理由，以便决策者从多方面进行思考并做出决策。

5.8.2 方案比选的方法

1. 动态指标方法

（1）一般比选指标　房地产项目通常采用的方案比选指标主要有以下几种：

1）差额投资内部收益率（ΔIRR）：差额投资内部收益率是指两个方案各期净现金流量差额的现值之和等于零时的折现率。其表达公式如下：

$$\sum_{t=0}^{n} [(CI-CO)'_t - (CI-CO)''_t](1+\Delta IRR)^{-t} = 0$$

式中，$(CI-CO)'_t$ 为投资大的方案第 t 期净现金流量；$(CI-CO)''_t$ 为投资小的方案第 t 期净现金流量；n 为开发经营期。

应用差额投资内部收益率（ΔIRR）评价一般互斥方案的经济效果的基本步骤如下：

① 计算各比选方案的内部收益率，分别与基准收益率比较，小于基准收益率的方案进行淘汰（实际是方案比选的前提）。

② 将大于基准收益率的方案按初始投资额由小到大进行排列。

③ 按初始投资额由小到大依次计算相邻两个方案的差额投资内部收益率（ΔIRR），若 $\Delta IRR \geq I_c(MARR)$，则说明初始投资大的方案优于初始投资小的方案，保留投资大的方案；反之，则保留投资小的方案。如此进行直到全部方案比较完毕，保留的方案就是最优方案。

需要说明的是，进行互斥方案经济评价时，不能直接按照各互斥方案的内部收益率（IRR）的高低来选择方案。因为直接按照各互斥方案的内部收益率高低选择方案不一定能选出净现值（基准收益率下）最大的方案或优选方案。

2）净现值（NPV）：应用净现值（NPV）评价一般互斥方案的经济效果的基本步骤如下：

① 计算各方案的净现值，剔除 NPV＜0 的方案。

② 对所有 NPV≥0 的方案比较其净现值，选择净现值最大的方案为最佳方案。

需要说明的是，容易证明，按照方案净现值的大小直接进行比较，与进行相对效果检验，即按照增量（差额）投资净现值的比较有完全一致的结论。

3）等额年值（AW）：等额年值（AW）的表达公式如下：

$$AW = NPV \frac{I_c(1+I_c)^n}{(1+I_c)^n - 1}$$

应用等额年值（AW）评价一般互斥方案的经济效果的基本步骤如下：

① 计算各方案的等额年值（AW），剔除 AW＜0 的方案。

② 对所有 AW≥0 的方案比较其等额年值，选择等额年值最大的方案为最佳方案。

4）注意问题：当可供比较方案的开发经营期相同时，可直接选用差额投资内部收益率、净现值、等额年值指标进行方案比选。但是，如果开发经营期不同，一般应采用等额年值指标进行比选。如果要采用差额投资内部收益率指标或净现值指标进行方案比选，必须对可供比较方案的开发经营期和计算方法按有关规定作适当处理，然后再进行比选。

（2）费用比选指标 对效益相同或基本相同的房地产项目方案进行比选时，为了简化计算，可以采用费用现值指标和等额年费用指标直接进行项目方案费用部分的比选。

1）费用现值（PC）指标：费用现值（PC）的表达公式如下：

$$PC = \sum_{t=0}^{n}(C-B)_t(1+I_c)^{-t}$$

式中，C 为第 t 期投入总额；B 为期末余值回收；其余符号含义同前。

在进行方案比选时，以费用现值小的方案为优选方案。

2）等额年费用（AC）指标：等额年费用（AC）的表达公式如下：

$$AC = PC \frac{I_c(1+I_c)^n}{(1+I_c)^n - 1}$$

在进行方案比选时，以等额年费用（AC）小的方案为优选方案。

同样，如果可供比较方案的开发经营期不同，一般应采用等额年费用指标进行比选。如果要采用费用现值指标进行方案比选，必须对可供比较方案的开发经营期和计算方法按有关规定作适当处理，然后再进行比选。

2. 静态指标方法

在进行一般互斥方案的经济效果评价和比选时，通常采用增量（差额）投资利润率、增量（差额）投资回收期、年折算费用、综合总费用等静态指标方法进行相对经济效果的静态评价。

5.8.3 关于开发决策

房地产开发项目的决策是在市场调查、策划及可行性研究的基础上，根据开发企业的目标和自身条件，决策者综合运用各种决策方法确定最后开发经营方案的过程。开发决策是决策者的权利和责任，直接决定着开发项目的未来。

开发决策是房地产项目开发的重要环节，需要综合考虑市场因素、项目方案、企业经营思想及经营目标，应用决策方法，并结合实践经验来进行。一般地，决策方法主要有：非确定型决策的方法，如最大最大法则等；风险型决策的方法，如贝叶斯（Bayes）法则等；多目的决策的方法，如多目的效用函数法等；确定型决策的方法，如财务评价法等，以及其他各种决策方法。关于决策方法与决策技术的问题，此处不再展开。

通常，经过市场调查，然后策划出各种开发方案，并进行初步筛选。通过可行性研究对各个筛选过的开发方案进行分析和研究，提出推荐方案和描述未被推荐的重要方案。在这个基础上，决策者开始进行科学的决策。需要注意的问题是，决策是决策者的行为，市场调查不能代替决策，策划不能代替决策，同样，可行性研究也不能代替决策。

5.9 房地产项目综合评价

5.9.1 房地产项目综合评价的概念

1. 适用情况

房地产项目经济评价分为财务评价和综合评价。通常，对于一般的房地产项目只需进行财务评价；对于重大的、对区域社会经济发展有较大影响的房地产项目，如经济开发区项目、成片开发项目等，在做出决策前应进行综合评价。

2. 含义

房地产项目综合评价是从区域社会经济发展的角度，考察房地产项目的效益和费用，评价房地产项目的合理性。综合评价通过分析和计算房地产项目对区域社会经济的效益和费用，评价项目对社会经济的净贡献，从而判断项目的社会经济合理性。

3. 内容

根据《房地产开发项目经济评价方法》（建设部 2000 年发布），房地产项目综合评价的内容主要包括综合盈利能力分析和社会影响分析，下面具体叙述。

5.9.2 综合评价的效益和费用

1. 综合评价的效益

综合评价中项目的效益是指房地产项目对区域经济的贡献，包括直接效益和间接效益。

（1）直接效益　直接效益是指房地产项目范围内政府能够得到的收益，一般包括：① 出让国有土地使用权所得的收益；② 因土地使用权转让而得到的收益，如土地增值税等；③ 项目范围内的工商企业缴纳的税费，如房产税、土地使用税、车船使用税、印花税、进口关税和增值税、营业税、城市维护建设税及教育费附加、消费税、资源税、所得税等；④ 项目范围内基础设施的收益，如供电增容费、供水增容费、排水增容费、城市增容费、电费、水费、电信费等。

（2）间接效益　间接效益是指由房地产项目引起的、在项目直接效益中未得到反映的那部分效益。主要有：增加地区就业人口、繁荣地区商贸服务、促进地区旅游业发展等带来的收益。

2. 综合评价的费用

综合评价中项目的费用是指区域经济为项目付出的代价，包括直接费用和间接费用。

（1）直接费用　直接费用是指在项目范围内政府所花费的投资和经营管理费用，一般包括：① 征地费用；② 土地开发和基础设施投资费用；③ 建筑工程和城市配套设施费用；④ 经营管理费用等。

（2）间接费用　间接费用是指由项目引起的、在直接费用中未得到反映的那部分费用。主要有：在项目范围外为项目配套的基础设施投资，为满足项目需要而引起的基础服务供应缺口使区域经济产生的损失等。当基础服务（如电力）供不应求时，为满足项目需求而使区域经济产生的损失，可用该项服务的当地最高价格计算。

在进行综合评价时，应遵循费用与效益计算口径对应一致的原则，防止重复计算或漏算。例如，具有行政职能的开发企业在开发过程中上缴政府的税费，如耕地占用税、建设期间的土地使用税等，在综合评价中应视作区域经济中的转移支付，不计为项目的效益或费用，一般商业性开发企业在开发过程中上缴政府的税费，在综合评价中应作为效益处理。另外，同类基础服务在不同情况下，可能使项目产生不同的效益和费用，对此应注意识别。

5.9.3 盈利能力分析与社会影响分析

1. 盈利能力分析

（1）概念　综合评价的盈利能力分析是根据房地产项目的直接效益和直接费用，以及可以用货币计量的间接效益和间接费用，计算综合内部收益率（CIRR），对房地产项目投资的盈利水平进行分析。

（2）评价指标 – 综合内部收益率（CIRR）　综合内部收益率（CIRR）是指房地产项目在整个计算期内，各期净现金流量现值之和等于零时的折现率。其反映房地产项目所占用资金的盈利率，考察项目的盈利能力，表达公式如下：

$$\sum_{t=0}^{n}(CI-CO)_t(1+CIRR)^{-t}=0$$

综合内部收益率（CIRR）的具体求法，可根据综合评价的现金流量表中的净现金流量用试差法进行计算，并且可以与政府的期望收益率或银行的贷款利率进行比较，判断项目盈利能力。

（3）综合评价现金流量表　综合评价的盈利能力分析主要通过编制和分析综合评价现金流量表来进行，该表不分投资资金来源，以全部投资作为计算基础，考虑直接与间接费用和效益，计算综合内部收益率指标，评价项目盈利能力。综合评价现金流量表的格式见表5-23。

表5-23　综合评价现金流量表

序号	项目	合计	1	2	3	…	N
1	现金流入						
1.1	国有土地使用权出让收益						
1.2	土地使用权转让收益						
1.3	工商企业税费收入						
1.4	基础设施增容费、使用费收入						
1.5	基础设施销售收入						
1.6	回收固定资产余值						
1.7	回收经营资金						
1.8	间接效益						
2	现金流出						
2.1	征地费用						
2.2	平整土地投资						
2.3	基础设施投资						
2.4	建筑工程、配套设施投资						
2.5	基础设施经营费用						
2.6	项目管理费用						
2.7	经营资金						
2.8	间接费用						
3	净现金流量						
4	累计净现金流量						
5	折现净现金流量						
6	累计折现净现金流量						

计算指标：

综合内部收益率（CIRR）：

注：根据需要可在现金流入和现金流出栏内增减项目。

2. 社会影响分析

社会影响分析是定性与定量地描述难以用货币计量的间接效益和间接费用的影响，主要包括：① 就业效果分析；② 对区域资源配置的影响；③ 对环境保护和生态平衡的影响；④ 对区域科技进步的影响；⑤ 对区域经济发展的影响；⑥ 对减少进口和增加出口的影响；⑦ 对节约及合理利用国家资源的影响；⑧ 对提高人民物质文化生活及社会福利的影响；⑨ 对远景发展的影响等。

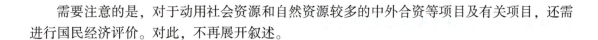

需要注意的是，对于动用社会资源和自然资源较多的中外合资等项目及有关项目，还需进行国民经济评价。对此，不再展开叙述。

5.10 房地产项目可行性研究报告

5.10.1 可行性研究报告格式与构成

房地产项目可行性研究报告的一般格式与构成如下：

1. 封面

封面主要反映的内容为：项目名称、研究阶段、委托单位与编制单位（加盖公章）、出版年月等。

2. 封一

封一为编制单位资质证书，如咨询资质证书、工程设计证书等。

3. 封二

封二主要反映的内容为：编制单位的项目负责人、技术管理负责人等。

4. 封三

封三主要反映的内容为：编制人、校核人、审核人、审定人等。

5. 目录

目录可以展现报告的大纲框架，可以使阅读者快速了解报告的分析主线，同时也方便查阅。目录的编排应清晰明了。

6. 前言或说明

前言主要说明项目可行性研究的背景情况、前提条件及其他需要说明的问题。

7. 正文

对于一般可行性研究报告，正文通常包括的主要内容有：总论、投资环境调研、市场调研、选址评价、项目开发条件、项目开发方案（包括规划设计方案、建设模式、经营模式、项目进度等）、节能节水及环境影响评价、劳动安全卫生与消防、组织机构与人力资源配置、项目评估基础数据预测与选定、项目经济效益评价、综合评价、不确定性分析、方案比选、结论与建议等。

8. 附表、附图、附件

附表一般包括：项目工程进度计划表、财务评价的基本报表和辅助报表、敏感性分析表等；附图一般包括：项目位置示意图、项目规划用地红线图、建筑设计方案图、竞争楼盘分布示意图等，以及一些数据分析图，如直方图、曲线图等；附件可以包括：国有土地使用权证、建设用地规划许可证等，以及公司营业执照、经营许可证等。

可行性研究报告文本的外形尺寸一般为 A4（210mm×297mm）。

5.10.2　可行性研究报告应注意问题

1. 不同目的的可行性研究报告

通常，规范完整的可行性研究报告具有多种作用和用途，例如，为投资决策提供依据，作为资金筹措的依据。但是，在实际工作中，根据具体目的的不同，会产生多种类型的可行性研究报告，主要有：针对房地产开发商投资决策的可行性报告、针对金融机构审查项目的可行性报告、针对项目招商的可行性报告、针对项目立项审批的可行性报告等。

虽然可行性研究报告一般有其通用的格式、基本构成及内容，但这些并不是永远固定不变的。根据房地产项目的具体规模和针对目的，可以在保持可行性研究报告基本内容的基础上，有不同的侧重和表现。

2. 不同阶段的可行性研究报告

一般地，在项目设想阶段，应形成房地产项目设想分析书；在机会研究阶段，应形成机会研究分析书；在项目立项阶段，应形成初步可行性研究报告；在大量投资开始前（一般为购买土地使用权之前），应形成详细可行性研究报告。对于重大或重要项目，需要对详细可行性研究报告进行审查，审查通过，才能组织建设开发，这时形成项目评价报告。另外，策划报告一般是在初步可行性研究报告之后形成。

3. 可行性研究报告的重点

可行性研究报告的重点可概括为三大部分：市场研究、技术研究、经济评价。这三大部分是可行性研究的三大支柱。对于房地产项目可行性研究报告，其重点即为：市场调研、开发方案和规划设计方案及相关技术方案、经济效果评价。在进行报告写作时，对这三大部分应分析透彻，表达清楚。

5.11　案例——某住宅区项目可行性研究（经济评价部分）

5.11.1　总论

1. 项目概况

（1）项目名称　××市××住宅区房地产项目。

（2）项目拟建地点　项目位于该市朝阳大街南侧，仓程路南段的两侧用地，是市中心区进行住宅开发的黄金地段。

（3）项目主要技术经济指标

1）整个规划区主要技术经济指标：

规划总用地面积：47.5 万 m^2

总建筑面积：56.32 万 m^2

其中：住宅建筑面积：40.48 万 m^2

　　　公建建筑面积：15.84 万 m^2

绿化面积：18 万 m^2

建筑密度：22%

容积率：1.19

绿化率：38%

整个规划区分为Ⅰ、Ⅱ、Ⅲ、Ⅳ、Ⅴ区，分区主要技术经济指标略。

2）项目开发区技术经济指标：由于仓程路南片区整个规划区存在现状住宅建筑、现状办公建筑及相关公共建筑，因此项目实质是通过仓程路南段建设，重点开发整个规划区的Ⅱ、Ⅲ、Ⅳ区，三个区建设开发的相关指标为：

总用地面积：414.07 亩

仓程路南段测算区域面积：31.68 亩

总建筑面积：37.17 万 m^2

其中，住宅：31.63 万 m^2

包括：砖混结构：11.07 万 m^2

　　　框架结构：20.56 万 m^2

　　公共建筑：5.54 万 m^2

包括：可售公建：4.94 万 m^2（在Ⅲ、Ⅳ区开发中）

　　　其他配套公建：0.6 万 m^2

可销售面积：31.63 + 4.94 = 36.57（万 m^2）

2. 项目建设必要性

3. 项目建设条件

4. 项目建设预期目标

项目建成后，预期达到12%以上的收益率水平，按期归还银行贷款，进一步改善城市人民的居住条件，形成良好的城市景观，获得良好的经济效益、社会效益和环境效益。

5. 项目建设单位

6. 研究主要结论

7. 可行性研究报告编制的依据

5.11.2 项目投资环境（略）

5.11.3 项目市场分析研究（略）

5.11.4 项目开发条件（略）

5.11.5 项目建设开发方案

1. 项目规划设计方案

2. 建设模式

建议建设模式采用公开招标方式选择施工单位，同时聘请工程监理公司，有效地进行项目工期、成本、质量的控制和合同与信息管理及相关协调工作。

3. 经营模式

经营模式主要采用开发建设仓程路南段及住宅和相关配套设施,进行有关推广宣传,最后出售产权的方式。

4. 开发方案设想与分析

基于市场推广计划和小区成片建设的需要,拟将整个规划区分三期开发:

第一期建设Ⅰ区,利用朝阳大街的成熟氛围拉升项目人气,Ⅰ区公共建筑的建成树立项目品质形象,沿街近街商业设施可较快启动。

第二期建设Ⅲ区、Ⅳ区(Ⅴ区另行安排),利用项目在一期的形象和人气,以及Ⅲ区、Ⅳ区、Ⅴ区的检察院、教育局、消防局的建设项目和中学、幼儿园的建设,进一步巩固其优质品质,拉升价格,华山大街的氛围更趋成熟,沿街商业可有较大获利空间。

第三期建设项目Ⅱ区,项目住宅的开发最佳区且开发量最大,整个项目环境已经成熟,其升值潜力已充分表现,价格上升,可充分实现利润。

5. 建设进度

建设周期拟共八年,分为三期。

第一期(二年):2004—2005年(建设开发Ⅰ区)

第二期(三年):2006—2008年(建设开发Ⅲ、Ⅳ、Ⅴ区另行安排)

第三期(三年):2009—2011年(建设开发Ⅱ区)

本可行性研究范围为第二期、第三期。

5.11.6 项目节能、环境影响及劳动安全与消防(略)

5.11.7 组织机构与人力资源配置(略)

5.11.8 投资估算及资金筹措

1. 项目建设的投资估算

(1)土地成本

$$63.36 \text{ 亩} \times 4 \text{ 万/亩} = 253.44 \text{ 万元}$$
$$414.07 \text{ 亩} \times 12 \text{ 万/亩} = 4968.84 \text{ 万元}$$

小计:253.44 + 4968.84 = 5222.28(万元),约5222万元。

(2)前期准备阶段有关费用

① 勘察费:

$$37.17 \times 650 \times 1‰ = 24.16 \text{(万元)}$$

② 规划设计费:

$$37.17 \times 9 \text{ 元/m}^2 = 334.53 \text{(万元)}$$

③ 可行性研究及策划:

$$10 + 30 = 40 \text{(万元)}$$

④ 三通一平费用:

$$(414.07 + 63.36) \times 667 \times 10 \text{ 元/m}^2 = 318.3 \text{(万元)}$$

小计：   24.16 + 334.53 + 40 + 318.3 = 717（万元）

（3）建筑安装工程费用

砖混结构：(11.07 + 4.94)万 m^2 × 530 元/m^2 = 8485.3 万元

框架结构：   20.56 万 m^2 × 800 元/m^2 = 16448 万元

小计：24933 万元

（4）小区基础设施配套费

$$37.17 万 m^2 × 30 元/m^2 = 1115.1 万元$$

仓程路建设：   704m × 1.8 万/m = 1267.2 万元

小计：2382 万元

（5）小区其他公共设施配套费

$$6000m^2 × 530 元/m^2 = 318 万元$$

（6）开发间接费　不计。

（7）管理费

$$(5222 + 717 + 24933 + 2382 + 318) × 1\% = 33572 × 1\% ≈ 336(万元)$$

（8）财务费　后面计算。

（9）销售费用

$$(11.07 × 1500 + 20.56 × 1950 + 4.94 × 3000) × 2\%$$
$$= 71517 × 2\% = 1430(万元)$$

（10）开发期税费

$$37.17 万 m^2 × 120 元/m^2 ≈ 4460 万元$$

（11）其他费用

$$37.17 万 m^2 × 10 元/m^2 ≈ 372 万元$$

（12）不可预见费

$$(5222 + 717 + 24933 + 2382 + 318 + 336 + 1430 + 4460 + 372) × 1\%$$
$$= 40170 × 1\% ≈ 401（万元）$$

总成本费用：

$$5222 + 717 + 24933 + 2382 + 318 + 336$$
$$+ 1430 + 4460 + 372 + 401 = 40571（万元）$$

总成本费用（含财务费用）：

$$40571 + 1415.7 = 41986.7 ≈ 41987（万元）$$

项目投资成本费用估算见表 5-24。

2. 资金筹措与使用计划

（1）资金筹措与投资计划　项目开发投资的资金来源有三个渠道：一是自有资金，二是向银行贷款，三是销售收入用于投资。资金运作方式为：自有资金全部用于投资；销售收入扣除与销售有关税费及其他税费后用于投资；缺口资金则向银行借贷。

根据本项目实际，资金筹措方面，自有资金 7000 万元，银行借贷 4415.7 万元（本金 3000 万元，利息 1415.7 万元），销售收入再投入 30570 万元。项目投资总额 41985.7 万元，其中，建设投资 40570 万元，贷款利息 1415.7 万元。

项目投资计划与资金筹措情况见表 5-25。

（2）贷款本金偿还及利息支付　销售收入扣除有关销售税费后及其他税费后，作为可运用资金，用于投资和还本付息。投资后余额一般按先付息后还本的原则支用，直至本息偿还完毕。

本项目贷款利率采用中国人民银行决定 2004 年 10 月 29 日调整后的利率，五年以上的贷款年利率为 6.12%，未考虑浮动。根据金融市场变化及项目具体情况等，可考虑三年期贷款及 10%～30% 的上浮，或进行长期贷款（可考虑贷款基准利率上浮）在宽限期后等额还本、利息照付，以及在宽限期后等额还本付息。

本项目在第一年向银行借款 3000 万元，到第七年年末本息合计 4415.7 万元，通过销售收入收回投资等，考虑特殊情况，在第七年年末本息一次还清。

具体还本付息情况见表 5-26。

5.11.9　项目销售收入估算

1. 销售单价的确定

根据项目成本估算及市场调查的结果，项目价格为住宅部分砖混结构销售价格均价 1500 元/m^2，框架结构和框架剪力墙结构的销售价格均价 1950 元/m^2，可售公建部分按均价 3000 元/m^2，测算依此数据，实际操作中，应按照开发方案，制定逐步拉升的分期销售均价及考虑各种因素的各期栋均价、层均价及具体每套住宅价格。

2. 销售总收入确定

项目总销售收入 71500 万元，其中，砖混住宅 16605 万元，框架住宅 40062 万元，可售公建 14820 万元。

销售总收入具体情况见表 5-27。

3. 销售收入分期测算

项目总销售收入 71500 万元，第一年无销售收入，第二年销售收入 10560 万元，第三年销售收入 10560 万元，第四年销售收入 14080 万元，第五年销售收入 10895 万元，第六年销售收入 10895 万元，第七年销售收入 14527 万元。

分期销售收入具体情况见表 5-28。

表中，A1：一期砖混，A2：二期砖混，A3：三期砖混
　　　B1：一期框架，B2：二期框架，B3：三期框架
　　　C1：一期可售公建，C2：二期可售公建，C3：三期可售公建

5.11.10　财务评价

1. 损益表与静态盈利分析

（1）销售税金及附加估算表　项目销售税金及附加总额 3967 万元，其中营业税总额为 3576 万元，城市维护建设税总额 250 万元，教育费附加总额 107 万元，印花税总额 34 万元。

详见表 5-29。

（2）土地增值税计算表　项目土地增值税总额 5331 万元，第一年为零，第二年 1046 万元，第三年 1046 万元，第四年 1395 万元，第五年 553 万元，第六年 553 万元，第七年 738 万元。

详见表 5-30。

(3) 损益表　通过测算，项目利润总额 20206 万元，所得税总额 6669 万元，税后利润总额 13537 万元，公益金总额 677 万元，盈余公积金总额 1353 万元，可分配利润总额 11507 万元。

详见表 5-31。

评价指标：

1) 总投资利润率 =（利润总额/总投资额）×100%

$$= (20206/41987) \times 100\%$$
$$= 48.12\%$$

2) 总投资利税率 =（利税总额/总投资额）×100%

$$= (20206 + 5331 + 3967)/41987 \times 100\%$$
$$= 70.27\%$$

3) 总资本金利润率 =（利润总额/自有资金总额）×100%

$$= (20206/7000) \times 100\%$$
$$= 288.66\%$$

4) 总资本金净利润率 =（税后利润总额/自有资金总额）×100%

$$= (13537/7000) \times 100\%$$
$$= 193.39\%$$

（注：以上指标为两期 7 年的建设经营期指标）

2. 现金流量表与动态盈利分析

(1) 全部投资现金流量表（$I_c = 12\%$）　基准收益率设定为 12%，通过测算，项目所得税前，财务净现值 10486 万元（大于零），动态投资回收期 2.451 年；项目所得税后，财务净现值 6356.9 万元（大于零），动态投资回收期 5.756 年。

详见表 5-32。

(2) 自有资金现金流量表（$I_c = 12\%$）　基准收益率设定为 12%，通过测算，项目所得税后，财务净现值 7038 万元（大于零）。

详见表 5-33。

3. 资金来源与运用表与资金平衡分析及清偿能力分析

(1) 资金来源与运用表　通过计算，项目在第一年累计盈余资金为零，在第二年累计盈余资金为 5203 万元，在第三年累计盈余资金为 7958 万元，在第四年累计盈余资金为 11459 万元，在第五年累计盈余资金为 13450 万元，在第六年累计盈余资金为 13146 万元，在第七年累计盈余资金为 20564 万元。评价中，可根据情况增加应付利润等项目，其他同理。

详见表 5-34。

(2) 资金平衡分析及清偿能力分析　根据资金来源与运用表，本项目每年累计盈余资金均大于或等于零，故本项目具有较强的资金平衡能力，而从偿债能力分析角度来看，该项目也是可行的。

结合贷款还本付息估算表与资金来源与运用表，项目在第一年向银行借款 3000 万元，到第七年年末本息合计4415.7万元，通过销售收入收回投资等在第七年年末本息一次还清。经测算，可运用的销售收入除部分用于投资外，其余款项用来还款是绰绰有余的。资金来源与运用表显示：项目从第二年起累计盈余资金均在5000万元以上，且保持增加趋势，相对3000万元的借款本金及其利息，始终保持很强的清偿能力。

5.11.11 不确定性分析

本项目的不确定性因素主要表现在：土地成本、建造成本、有关设计参数、销售价格、开发周期、贷款利率等方面，其受到国家的政治、经济、社会条件和地区经济及房地产市场的影响，有可能发生变化，影响本项目经济效益目标的实现。

因此进行相关不确定性分析，具体如下。

1. 盈亏平衡分析

假定本项目总投资不变，开发周期及销售价格如基准方案所设，则通过计算得，当销售率为67.5%，利润总额为零，即项目刚能保本。一般认为，当盈亏平衡点的销售率≤70%时，项目风险较低。

通过上述分析，可知本项目风险低。

2. 敏感性分析

本项目敏感性分析主要针对全部投资的评价指标，分别计算销售价格上下波动5%、10%和建设投资上下波动5%、10%时，对经济评价指标的影响。

当销售价格下降5%，项目财务净现值4199.1万元，全部投资税后总投资利润率28.11%；当销售价格下降10%，项目财务净现值2041.3万元，全部投资税后总投资利润率19.3%。

当建设投资增长5%，项目财务净现值5012.8万元，全部投资税后总投资利润率31.92%；当建设投资增长10%，项目财务净现值3668.6万元，全部投资税后总投资利润率26.96%。

详见表5-35。

通过上述分析，可知本项目抗风险能力强，风险低。但相对建设投资，销售价格更为敏感。

5.11.12 社会评价（略）

5.11.13 结论及建议

1. 综合结论

根据本报告各方面分析，综合起来，可得出以下结论：

1）本项目开发建设符合城市规划及城市发展需要，因而将得到政府的有力支持。
2）本项目在经济上具有充分可行性，将收到良好的经济效益（经济评价指标略）。
3）本项目具有很强的借债偿还能力（见清偿能力分析）。
4）本项目具有很强的抗风险能力（见不确定性分析）。
5）本项目在技术上具有现实可用的条件。

6）本项目将为丰富和美化城市景观及建立城市新形象做出贡献，因此，会带来良好的环境效益。

7）本项目的经济效果，将增加该市的就业机会，增加政府税收，更有利于该市城市发展及改善居民居住条件，因此，将收到良好的社会效益。

8）本项目是可行的。

2. 项目建议（略）

5.11.14 计算表

表5-24 投资成本费用估算汇总表

费用类别	总额/万元	得房成本	
		砖混/(元/m²)	框架/(元/m²)
土地成本	5222	143	143
前期费用	717	20	20
建安费用	24933	530	800
小区基础设施费	2382	65	65
小区公建配套费	318	9	9
开发间接费	0	0	0
管理费	336	9	9
财务费	1415.7	39	39
销售费	1430	39	39
开发期税费	4460	122	122
其他费用	372	10	10
不可预见费	401	11	11
合计	41986.7	997	1267
其中:开发成本		910	1180
开发费用		87	87

注：得房成本用可销售面积计算。
　　财务费在贷款利息计算后填写计算。

表5-25 投资计划与资金筹措表　　　　　　　　　　（单位：万元）

序号	项目	合计	建设经营期						
			1	2	3	4	5	6	7
1	建设投资	40570	5286	5286	7048	6885	6885	9180	
2	资金筹措	40570	5286	5286	7048	6885	6885	9180	
2.1	自有资金	7000	2286	2700	2014				
2.2	借款	3000	3000						
2.3	销售收入再投入	30570		2586	5034	6885	6885	9180	

注：贷款利率按6.12%。

表 5-26　贷款还本付息估算表　　　　　　　　　　　　　　　　　（单位：万元）

序号	项目	合计	建设经营期						
			1	2	3	4	5	6	7
1	年初借款累计		0	3091.8	3281	3481.8	3694.9	3921	4161
2	本年借款	3000	3000	0	0	0	0	0	0
3	本年应计利息	1415.7	91.8	189.2	200.8	213.1	226.1	240	254.7
4	本年底本息偿还	4415.7							4415.7
5	年末借款累计		3091.8	3281	3481.8	3694.9	3921	4161	0
6	归还借款本息来源	4415.7							4415.7
6.1	投资回收	4415.7							4415.7
6.2	其他投入								

注：贷款利率：6.12%

　　当年利息＝（年初借款本息累计＋当年借款/2）×年利率

表 5-27　销售总收入预测表

类别	销售面积/万 m^2	建议售价/(元/m^2)	销售收入/万元
砖混住宅	11.07	1500	16605
框架住宅	20.56	1950	40062
可售公建	4.94	3000	14820
合计			71500

表 5-28　销售收入分期测算表

年份	销售计划		分年度销售金额/万元						
	销售比例	销售面积/万 m^2	第2年	第3年	第4年	第5年	第6年	第7年	合计
第2年	30%A2	1.194	1791						10560
	30%B2	2.217	4323						
	30%C2	1.482	4446						
	其他								
第3年	30%A2	1.194		1791					10560
	30%B2	2.217		4323					
	30%C2	1.482		4446					
	其他								
第4年	40%A2	1.592			2388				14080
	40%B2	2.956			5764				
	40%C2	1.976			5928				
	其他								

（续）

销售计划			分年度销售金额/万元						
年份	销售比例	销售面积/万 m²	第2年	第3年	第4年	第5年	第6年	第7年	合计
第5年	30% A3	2.127				3191			10895
	30% B3	3.951				7704			
	30% C3								
	其他								
第6年	30% A3	2.127					3191		10895
	30% B3	3.951					7704		
	30% C3								
	其他								
第7年	40% A3	2.836						4254	14527
	40% B3	5.268						10273	
	40% C3								
	其他								
合计			10560	10560	14080	10895	10895	14527	71500

表5-29 销售税金及附加估算表 （单位：万元）

序号	项目	计算依据	合计	建设经营期					
				2	3	4	5	6	7
1	营业税	销售收入×5%	3576	528	528	704	545	545	726
2	城市维护建设税	营业税×7%	250	37	37	49	38	38	51
3	教育费附加	营业税×3%	107	16	16	21	16	16	22
4	印花税	销售收入×0.05%	34	5.28	5.28	7.04	5.45	5.45	7.26
合计			3967	586	586	781	604	604	806

注：本项目可行性研究在2005年，2016年5月1日起在全国范围内全面推开营业税改征增值税试点，以及近年来其他税费变化，故这里当前需要计算增值税、城市维护建设税、教育费附加、地方教育附加、印花税等，参见本教材5.5.2。

表5-30 土地增值税计算表 （单位：万元）

序号	项目	计算依据	建设经营期							合计
			1	2	3	4	5	6	7	
1	销售收入			10560	10560	14080	10895	10895	14527	
2	扣除项目金额	以下四项之和		7073	7073	9431	9051	9051	12067	
2.1	开发成本			5051	5051	6735	6598	6598	8797	
2.2	开发费用			426	426	568	529	529	705	
2.3	销售税金及附加			586	586	781	604	604	806	
2.4	其他扣除项目	取2.1项的20%		1010	1010	1347	1320	1320	1759	

（续）

序号	项目	计算依据	建设经营期							合计
			1	2	3	4	5	6	7	
3	增值额	1−2		3487	3487	4649	1844	1844	2460	
4	增值率	3/2		49.3%	49.3%	49.3%	20%	20%	20%	
5	增值税率	4套增值税区间，均≤50%		30%	30%	30%	30%	30%	30%	
6	速算扣除率	同上		0	0	0	0	0	0	
7	土地增值税	3×5−2×6		1046	1046	1395	553	553	738	5331

表5-31 损益表 （单位：万元）

序号	项目	计算依据	建设经营期							合计
			1	2	3	4	5	6	7	
1	销售收入			10560	10560	14080	10895	10895	14527	71517
2	总成本费用			5477	5477	7303	7127	7127	9502	42013
3	销售税金及附加			586	586	781	604	604	806	3967
4	土地增值税			1046	1046	1395	553	553	738	5331
5	利润总额	1−2−3−4		3451	3451	4601	2611	2611	3481	20206
6	所得税	5×33%		1139	1139	1518	862	862	1149	6669
7	税后利润	5−6		2312	2312	3083	1749	1749	2332	13537
8	公益金	7×5%		116	116	154	87	87	117	677
9	盈余公积金	7×10%		231	231	308	175	175	233	1353
10	可分配利润	7−8−9		1965	1965	2621	1487	1487	1982	11507
11	年末可分配利润			1965	3930	6551	8038	9525	11507	

注：本项目可行性研究在2005年，应注意2008年1月1日起施行的企业所得税法，企业所得税的税率一般为25%；此处总成本费用42013万元约等于投资成本费用估算汇总表（表5-24）中的41986.7万元，其计算误差源于表格计算的得房成本数值的四舍五入；计算损益表中各年总成本费用，当销售产品类型单一或简单时，可按其当期收入占全部销售收入的比率，将总投资成本费用分摊到各期（有时存在理论误差，但基本满足评价要求）；当销售产品类型较多及各期组合差异大时，损益表中各年总成本费用计算方法为，各类型产品的得房成本（设定计算精度）乘以本期该类型产品的销量再相加求和。

表5-32 全部投资现金流量表（$I_c = 12\%$） （单位：万元）

序号	项目	合计	建设经营期						
			1	2	3	4	5	6	7
1	现金流入	71517		10560	10560	14080	10895	10895	14527
1.1	销售收入	71517		10560	10560	14080	10895	10895	14527
1.2	其他收入								
2	现金流出	56537	5286	8057	9819	10579	8904	11199	2693

（续）

序号	项目	合计	建设经营期						
			1	2	3	4	5	6	7
2.1	建设投资	40570	5286	5286	7048	6885	6885	9180	
2.2	销售税金及附加	3967		586	586	781	604	604	806
2.3	土地增值税	5331		1046	1046	1395	553	553	738
2.4	所得税	6669		1139	1139	1518	862	862	1149
3	净现金流量(1−2)	14980	−5286	2503	741	3501	1991	−304	11834
	累计净现金流量		−5286	−2783	−2042	1459	3450	3146	14980
	折现净现金流量	6356.9	−4719	1995.4	527.4	2224.9	1129.7	−154	5353.1
	累计折现净现金流量		−4719	−2724	−2196	28.1	1157.8	1003.8	6356.9
4	税前净现金流量 (3+2.4)	21649	−5286	3642	1880	5019	2853	558	12983
	累计税前净现金流量		−5286	−1644	236	5255	8108	8666	21649
	折现税前净现金流量	10486	−4719	2903.4	1338.1	3189.7	1618.9	282.7	5872.8
	累计折现税前净现金流量		−4719	−1816	−478	2711.6	4330.5	4613.2	10486

计算指标：

	所得税前	所得税后
财务净现值 FNPV	10486	6357
动态投资回收期 P_t	2.451	5.756
基准收益率 I_c	12%	12%

表 5-33　自有资金现金流量表（$I_c = 12\%$）　　　　　　（单位：万元）

序号	项目	合计	建设经营期						
			1	2	3	4	5	6	7
1	现金流入	71517		10560	10560	14080	10895	10895	14527
1.1	销售收入	71517		10560	10560	14080	10895	10895	14527
1.2	其他收入								
2	现金流出	57952.7	2286	8057	9819	10579	8904	11199	7108.7
2.1	自有资金	7000	2286	2700	2014				
2.2	销售收入再投入	30570		2586	5034	6885	6885	9180	
2.3	销售税金及附加	3967		586	586	781	604	604	806
2.4	土地增值税	5331		1046	1046	1395	553	553	738
2.5	所得税	6669		1139	1139	1518	862	862	1149
2.6	贷款本息偿还	4415.7							4415.7
3	净现金流量(1−2)	13564.3	−2286	2503	741	3501	1991	−304	7418.3
	累计净现金流量		−2286	217	958	4459	6450	6146	13564.3
	折现净现金流量	7038	−2041	1995.4	527.4	2224.9	1129.7	−154	3355.7
	累计折现净现金流量		−2041	−45.7	481.7	2706.6	3836.3	3682.3	7038

计算指标：
财务净现值 FNPV：7038
基准收益率 I_c：12%

表5-34 资金来源与运用表　　　　　　　　　　　（单位：万元）

序号	项目	建设经营期						
		1	2	3	4	5	6	7
1	资金来源	5286	13260	12574	14080	10895	10895	14527
1.1	销售收入		10560	10560	14080	10895	10895	14527
1.2	自有资金	2286	2700	2014				
1.3	银行借贷	3000						
2	资金的运用	5286	8057	9819	10579	8904	11199	7109
2.1	建设投资	5286	5286	7048	6885	6885	9180	
2.2	借款还本付息							4415.7
2.3	销售税金及附加		586	586	781	604	604	806
2.4	土地增值税		1046	1046	1395	553	553	738
2.5	所得税		1139	1139	1518	862	862	1149
3	盈余资金(1-2)	0	5203	2755	3501	1991	-304	7418
4	累计盈余资金	0	5203	7958	11459	13450	13146	20564

表5-35 敏感性分析表

全部投资	基准方案	销售价格变动				建设投资变动			
		-10%	-5%	5%	10%	-10%	-5%	5%	10%
财务净现值	6356.9	2041.3	4199.1	8514.7	10672.5	9045.3	7701.1	5012.8	3668.6
税后总投资利润率	36.92%	19.30%	28.11%	45.74%	54.55%	46.92%	41.92%	31.92%	26.96%

复习思考题

1. 房地产开发项目可行性研究的作用有哪些？
2. 简述房地产开发项目可行性研究划分的阶段及各阶段的主要工作内容。
3. 简述房地产开发项目可行性研究的主要内容。
4. 某投资者欲投资房地产。若某房产现值为200万元，预测每年能给投资者带来收益25万元，5年后其价值为250万元。如果投资者的期望是年收益率20%，此房产投资是否能满足其要求？
5. 某家庭拟购买一套住宅，单价为6000元/m²，该家庭月收入9000元，其中30%可用来支付房款，银行可为其提供15年期的住房抵押贷款，贷款年利率为6%，按月计息，抵押贷款额度为房价的80%，问根据该家庭的支付能力最多可以购买多少m²的住宅？（提示：设可购买的面积为X，利用年金现值公式 $P = A \dfrac{(1+i)^n - 1}{i(1+i)^n}$ ）
6. 某家庭欲购买一套面积为70m²的经济适用住房，单价为3600元/m²，首付款为房价的25%，其余申请公积金和商业组合抵押贷款。已知公积金和商业贷款的利率分别为4.2%、6.6%，按月计息，期限均为15年，该公积金贷款的最高限额为10万元。问该家庭申请组合

抵押贷款后的最低月还款额是多少？（提示：分为公积金和商业贷款两个系列来利用年金现值公式）

7. 简述房地产开发项目的总投资构成。
8. 房地产项目经营税费主要包括哪些？
9. 试述房地产项目财务评价的含义与体系主要组成部分。
10. 某投资者以600万元的预售价格购买商业物业用于出租经营。该项目现金流情况如下表，目标收益率为18%，试求该项目各年净现金流量，计算财务净现值和财务内部收益率，并判断项目经济可行性。

收支	0	1	2	3	4	5	6	7	8	9	10
购楼投资/万元	60	180	360								
毛租金收入/万元				350	350	350	350	350	350	350	350
经营成本/万元				80	80	80	80	80	80	80	80
净转售收入/万元											800
装修投资/万元				100							160
净现金流量/万元											

11. 某投资者以3000万元的价格购买了一写字楼物业，该写字楼的可出租面积为10000m²，购买后立即可以出租。已知1~5年的月租金水平为100元/m²，出租率为80%，第6~10年的租金水平为110元/m²，出租率为85%，第11年停止出租，装修后将物业转售。已知整个运营期间的经营成本为租金收入的35%，投资者目标收益率为18%，置业投资、装修投资及净转售收入发生的时间和数量如下表所示。试计算该投资项目的各年净现金流量、财务净现值和财务内部收益率，并判断该投资项目的经济可行性（设置业投资发生在年初，其他收支均发生在年末）。

收支	0	1	2	…	11
置业投资/万元	3000				
装修投资/万元					700
净转售收入/万元					2000

12. 房地产项目敏感性分析的一般步骤是什么？
13. 房地产开发项目方案比选是指什么？主要有哪些方案比选方法？
14. 试述房地产项目综合评价的适用情况与含义，其主要包括哪些方面的分析？
15. 试述房地产开发项目可行性研究报告的重点。
16. 针对一个具体房地产开发项目，进行可行性研究，并编制可行性研究报告。

第6章 房地产项目开发主要程序及前期工作与建设管理

> **导读**
>
> 本章主要阐述房地产项目开发主要程序的四个阶段,即可行性研究与决策阶段、前期工作阶段、建设阶段及租售阶段,并对前期工作阶段内容进行系统介绍。同时需要说明的是,可行性研究与决策及房地产分析与策划主要集中在前五章进行叙述,在本章及随后两章中对建设阶段与租售阶段相关工作进行介绍。

6.1 房地产开发的主要程序与阶段

6.1.1 建立开发程序的原因

房地产项目开发需要按照一定程序进行,主要原因如下:

1. 房地产产品的形成规律

房地产项目开发就是形成房地产产品,然后进行租售和自营。而房地产产品的形成有其内在的规律性,从策划、可行性研究、设计到施工建设,从土地开发到房屋开发,其次序不能颠倒,这决定了房地产开发必须遵循这个规律,按照一定程序进行。

2. 减少投资风险

房地产项目开发的投资大、风险高,开发企业必须按照一定的科学程序,进行充分研究论证,精心设计,周密安排,才能决定开发什么项目及建设规模等,从而降低投资风险。

3. 符合各方利益和要求

房地产开发涉及面广、综合性强,一个项目的开发往往影响到诸多方的利益,如购买者的利益、其他公众利益、政府税收利益等。同时,房地产开发要遵守城市规划及相关政策法规的要求。因此,为了保护住房消费者等各方的利益,并使房地产开发符合规划及政策法规要求,城市政府制定了审批制度及程序,对房地产开发进行引导、监督和管理。

6.1.2 房地产项目开发的主要程序

房地产开发的程序从大的方面可分为四个阶段,即可行性研究与决策阶段、前期工作阶段、建设阶段和租售阶段。

1. 可行性研究与决策阶段

可行性研究与决策阶段是整个开发过程最重要的阶段，其对项目的成败起着关键的作用。正因为如此，本书前面将之作为重点，进行了大篇幅的叙述。需要说明的是，这里的可行性研究是指广义的可行性研究，即一般泛指房地产项目开工建设前的所有方面研究，包括了市场调查、策划、各种可行性研究等。另外，决策是决策者（包括个人和群体）以各种依据为基础所进行的项目决策，必须遵循科学的程序，采取科学的方法。

2. 前期工作阶段

从时间角度上，可行性研究与决策阶段和前期工作阶段有时合称为前期阶段，因为二者在时间上是平行的。之所以将二者分开，则是由于各自作用和性质不同。单纯的前期工作阶段是指具体落实开发思路，为开发项目建设实施作准备的阶段。其主要工作有：项目立项、购置开发场地、筹集资金、委托设计、项目报建、工程招标，以及征地、拆迁、现场的"三通一平"、市政设施接驳的谈判与协议等。通常，完成上述工作后，应该对项目再进行一次评估，尤其是市场评估和财务评估，用以反映变化的影响，然后进行行动决策。

房地产开发的前期工作是整个房地产开发过程的重要部分，是房地产开发的起始阶段，也是房地产开发过程最复杂的阶段。

3. 建设阶段

建设阶段是指房地产开发项目从开工到竣工验收的整个过程。开发企业在建设阶段的主要目标就是在投资预算范围内，按项目开发进度计划要求，高质量地完成开发项目。开发企业在建设阶段的主要工作是：从业主的角度对建设过程进行投资、进度、质量的控制，合同、信息、安全的管理，以及各方关系的协调，最后进行竣工验收。

房地产开发过程的工程项目管理，可由开发企业自己组织管理队伍管理，也可以委托专业的监理机构来进行（当前我国建设监理的重点在工程施工阶段），但应符合国家相关规定。

建设阶段是整个开发过程投资支出最大、耗费时间最长的阶段。所以，加强开发项目建设实施的管理，对于开发企业实现预期开发收益是非常重要的。

4. 租售阶段

房地产项目竣工后，便可以进行出租、销售经营和自行经营。对开发企业来讲，一般主要进行项目销售。通常，房地产产品销售工作并非是在项目竣工之后开始的。为了缩短房地产开发投资周期，开发企业在可行性研究阶段就要研究销售计划，在选择场地阶段就开始进一步寻找购房者（或承租人），在项目施工到一定程度则开始进行项目的预售工作，在项目竣工验收办理产权登记（一般只登记，不发初始登记证书）后开始正式现房销售。所以，租售阶段的工作是在开发过程的几个阶段中穿插进行的。如果仅从收益角度看，销售阶段开始于房地产产品预售，结束于销售完毕。

租售阶段通常是房地产开发最见效的阶段。在这个阶段，前期投资被大量收回，并获得相应的投资回报。因此，为了保障开发商的投资收益，开发企业必须加强项目的租售管理和经营。

值得说明的是，上述房地产开发的主要程序和阶段，是开发过程的基本步骤，并不是说各个阶段具有"严格"的先后次序（上一阶段完后才能进行下一阶段）。实际上，各个阶段的工作之间是有一定交叉的。

6.2　前期工作阶段的主要内容

房地产开发项目的前期工作阶段需要具体落实开发思路，并为建设实施进行各项准备，同时主要获得《国有土地使用证》（即《国有土地使用权证》）《建设用地规划许可证》《建设工程规划许可证》《建筑工程施工许可证》等证书和批准文件，此四证与之后获得的《商品房预售许可证》（或《商品房现售备案证》）并称为房地产开发项目的主要"五证"。

下面介绍前期工作的基本程序。需要说明的是，房地产开发项目的前期工作具有基本程序，但由于实际情况的变化，各程序间往往存在一定的超前和滞后。另外，由于我国各城市的机构设置不尽相同以及相关地方政策也有区别，所以各城市房地产开发项目前期工作的审批程序不尽相同。在实际工作中，应了解和遵循有关地方规定。

6.2.1　前期工作基本程序

1. 前期研究与立项

房地产开发企业在投资意向确立、投资机会分析及有关研究之后，如果准备进行项目开发，首先应提出立项申请。立项涉及的部门（对于市级项目，下同）主要有：市发改委、市规划局、市建委等；立项提交的主要资料有：申请报告、用地位置及范围图、初步可行性研究报告、规划意向及有关说明以及其他需要提交的文件和资料。

根据国发〔2004〕20号文件《国务院关于投资体制改革的决定》，对于企业不使用政府投资建设的项目，一律不再实行审批制，区别不同情况实行核准制和备案制。其中，政府仅对重大项目和限制类项目从维护社会公共利益角度进行核准，其他项目无论规模大小，均改为备案制，项目的市场前景、经济效益、资金来源和产品技术方案等均由企业自主决策、自担风险，并依法办理环境保护、土地使用、资源利用、安全生产、城市规划等许可手续和减免税确认手续。因此，对于不使用政府投资的一般商品房类房地产开发项目立项采用备案制。

另外，通过招标、拍卖或者挂牌方式出让获得土地使用权的一般商品房类开发项目，通常在获得合法土地交易手续证明或国有土地使用证后，到发改委办理项目（立项）的备案。

2. 规划审批程序

（1）选址定点审批　　开发建设单位持计划部门同意使用土地的文件、立项文件及相关资料，按照选址定点程序向市规划局申报。市规划局审核受理后，进行相关征询等工作，提出选址意见，核发《选址规划意见通知书》。之后，开发建设单位应持此通知书到市房地产主管部门办理有关手续。

（2）建设用地规划许可证审批　　《建设用地规划许可证》是从规划角度同意使用某块建设用地的法律文件。对于属于征收农地的建设项目，应在市政府（或省政府、国务院）

批复同意征地文件下发后，并持其他图纸和文件，申请办理《建设用地规划许可证》；对于使用国有土地的建设项目，应在房地产主管部门对寻址规划意见通知书提出使用国有土地的意见，规划管理部门审定设计方案及有关资料后，并持其他图纸和文件，申请办理《建设用地规划许可证》。

（3）规划设计条件审批　规划设计条件是设计部门进行建设方案设计的依据，主要包括：用地使用性质、容积率、建设规模、建筑高度、层数、退线要求、交通出入口、绿化要求、城市设计要求、市政要求等。开发建设单位在持计划部门的项目建议书批复或规划设计任务书及有关图纸和文件，到规划局办理规划设计条件，经审核后，下达《规划设计条件通知书》。开发建设单位将规划设计条件提供给设计单位进行方案设计。

（4）设计方案审批　设计单位根据规划设计条件和有关要求，设计两个以上方案，有时还应准备模型。如果设计方案符合规划要求，则规划部门签发《规划设计方案审批通知书》。

（5）建设工程规划许可证审批　《建设工程规划许可证》是规划部门从规划角度批准建设工程进行建设的法律文件。开发建设单位在取得审定设计方案通知书后，经过初步设计、扩初设计、施工图设计及有关审查，持相关文件、协议、资料及工程施工图纸等，向城市规划管理部门提出申请。城市规划管理部门主持召开市政配合会，组织有关单位进行会签等工作。如果均符合要求，则签发《建设工程规划许可证》。

对于上述规划审批程序，并不是所有建设项目都需要经过。如工程量小、处在非重要地段的简单建设项目，经规划局同意，可以简化有关程序。

3. 土地获得程序

开发建设单位在取得《建设用地规划许可证》后（在此之前办理土地使用权出让合同），便可以办理土地使用权的申请手续。开发企业持规划用地许可证和征地意见书，以及用地申请报告、可行性研究报告、规划设计方案、企业章程、营业执照副本、地形图以及其他资料和文件，到城市土地管理部门办理土地使用权申请手续。通过审查，缴纳土地出让金后，可以取得《国有土地使用证》。

对于实行招拍挂（招标、拍卖、挂牌出让）方式获得土地使用权的一般商品房类开发项目，其程序不同于上述。通常，首先是开发企业通过招拍挂的出让方式获得国有土地使用权，然后到发改委进行项目备案，并到规划局核发《建设用地规划许可证》，办理前述相关审批，获得《建设工程规划许可证》；一般在土地使用权招拍挂之前，规划局已进行《建设项目选址意见书》、规划设计条件及附图等审批工作。

土地使用权获得的方式主要有：出让方式、转让方式、划拨方式，出让方式又包括协议出让、招标出让、拍卖出让、挂牌出让等。土地使用权获得方式不同，其程序也不相同，相应地，整个前期工作程序也有所变化。

在获得土地的过程中，根据不同情况，需要进行的工作还有：征地、拆迁安置、建设用地的"三通一平"。其他的具体工作包括：到园林局申请伐树许可证；了解线路情况并与供电局协商改造和移线方案；燃气、道路、上下水等现状管线改路；到供电局申请用电报装，做正式供电方案，申请施工临时用电，委托施工等。

4. 筹集开发资金

房地产项目开发需要大量的资金，只凭开发企业的自有资金通常是不够的，还需要通过其他途径筹集开发资金，如银行借款等。房地产开发资金的筹集在可行性研究阶段就要考虑，应认真研究资金的筹集策略与方法，制定资金来源安全性好、成本低的筹资方案。之后，进行专业的融资分析。在开发项目的前期工作阶段，则需要进一步落实资金到位计划。开发资金的筹集是房地产项目运作的关键环节，开发商通常会给予突出的关注。为了资金的尽快到位和落实，开发资金筹集一般与其他前期工作平行进行。

5. 其他工作

房地产开发项目前期阶段的其他工作还包括规划设计及评价选择、办理开工审批手续与招标投标选择施工企业并签订合同，以及办理其他报建与缴纳相关税费、进行各类市政设施接驳协议等一系列工作。

6.2.2 土地使用权的获得

土地使用权的获得是房地产开发项目前期工作阶段的重要内容，并且近年来有很多新的变化和发展，下面介绍相关内容。

1. 有关土地政策制度

（1）中国现行土地所有制　中华人民共和国实行土地的社会主义公有制，即全民所有制和劳动群众集体所有制。土地的全民所有制即国家所有制，这种所有制的土地称为国家所有土地，简称国有土地；土地的劳动群众集体所有制具体采取的形式是农民集体所有制，这种所有制的土地称为农民集体所有土地，简称集体土地。

城市市区的土地属于国家所有；农村和城市郊区的土地，除由法律规定属于国家所有以外，属于农民集体所有；宅基地、自留地、自留山，属于农民集体所有。

同时，我国实行土地登记制度、土地有偿有限期使用制度、土地用途管制制度、保护耕地制度以及其他制度。

（2）土地使用权出让和划拨

1）土地使用权出让：土地使用权出让是指国家将国有土地使用权在一定年限内出让给土地使用者，由土地使用者向国家支付土地使用权出让金的行为。城市规划区内的集体所有土地，经依法征用转为国有土地后，该块国有土地的使用权才可以有偿出让。房地产开发是在依法取得国有土地使用权的土地上进行基础设施和房屋建设，对于集体土地，经依法征用转为国有土地后，才可以用于房地产开发。

土地使用权出让最高年限按用途确定为：① 居住用地70年；② 工业用地50年；③ 教育、科技、文化、卫生、体育用地50年；④ 商业、旅游、娱乐用地40年；⑤ 综合或者其他用地50年。

《中华人民共和国民法典》2021年1月1日起施行。《中华人民共和国婚姻法》《中华人民共和国继承法》《中华人民共和国民法通则》《中华人民共和国收养法》《中华人民共和国担保法》《中华人民共和国合同法》《中华人民共和国物权法》《中华人民共和国侵权责任法》《中华人民共和国民法总则》同时废止。《中华人民共和国民法典》物权编规定，住宅建设用地使用权期限届满的，自动续期。续期费用的缴纳或者减免，依照法律、行政法规的规定办理。非住宅建设用地使用权期限届满后的续期，依照法律规定办理。该土地上的房屋以及其他不动产的归属，有约定的，按照约定；没有约定或者约定不明确的，依照法律、行政法规的规定办理。

2）土地使用权划拨：土地使用权划拨是指县级以上人民政府依法批准，在土地使用者缴纳补偿、安置等费用后将该幅土地交付其使用，或者将土地使用权无偿交付给土地使用者使用的行为。缴纳补偿、安置等费用的情况有城市的存量土地、集体土地等；无偿交付的情况有国有的荒山、沙漠、滩涂等。除法律法规另有规定外，划拨土地没有使用期限的限制，但未经许可不得进行转让、出租、抵押等经营活动。

下列建设用地的土地使用权，确属必需的，一般可以由县级以上人民政府依法批准划拨：① 国家机关用地和军事用地；② 城市基础设施用地和公益事业用地；③ 国家重点扶持的能源、交通、水利等项目用地；④ 法律、行政法规规定的其他用地。

（3）农地征收与国有土地上房屋征收　农地征收与国有土地上房屋征收是获得土地使用权的两项重要相关工作。

1）农地征收：农地征收，即农民集体土地征收，是指国家为了公共利益的需要，依照法律规定对集体土地实行征收，并给予合理补偿的行为。在2004年修正的《中华人民共和国土地管理法》中，区分了土地征收和土地征用。依据党的第十届全国人大二次会议通过的宪法修正案中关于土地"征收"和"征用"的规定，对《中华人民共和国土地管理法》中规定的将集体所有的土地转为国有土地的"征用"情形修改为"征收"；第二条第四款修改为"国家为了公共利益的需要，可以依法对土地实行征收或者征用并给予补偿。""征收主要是所有权的改变，征用只是使用权的改变"，可理解为征收了就不再归还，征用了在特殊或紧急情况结束后应归还。

农地征收具有三个明显特点：① 具有一定强制性，征地是国家特有行为，被征地单位必须服从国家需要；② 妥善安置被征地单位人员的生产生活，用地单位给予被征地单位经济补偿；③ 土地所有权性质发生转移，即集体所有的土地转变为国家所有的土地。

对于征收集体土地，国家制定了严格的规定，如征收土地的范围、征收土地批准权限、征收集体土地补偿范围和标准，以及工作程序等。

2）国有土地上房屋征收：国有土地上房屋征收是指国家为了公共利益的需要，依照法律规定征收国有土地上单位、个人的房屋，并给予公平补偿的行为。2007年修正的《中华人民共和国城市房地产管理法》中，增加一条规定，"为了公共利益的需要，国家可以征收国有土地上单位和个人的房屋，并依法给予拆迁补偿，维护被征收人的合法权益；征收个人住宅的，还应当保障被征收人的居住条件。具体办法由国务院规定。"2011年颁布施行的《国有土地上房屋征收与补偿条例》，废止和取代了施行多年的城市房屋拆迁制度，创设了国有土地上房屋征收与补偿的新制度。《国有土地上房屋征收与补偿条例》分为五章，共三十五条，主要对征收决定、补偿、法律责任等内容做出详细规定。

（4）土地储备　土地储备是指县级（含）以上自然资源主管部门为调控土地市场、促进土地资源合理利用、落实和维护所有者权益，依法取得土地、实施资产管护、组织前期开发、储存以备供应的行为。土地储备工作统一归口自然资源主管部门管理，土地储备机构承担土地储备的具体实施工作。财政部门负责土地储备资金及形成资产的监管。各地应根据国民经济和社会发展规划、国土空间规划，编制土地储备三年滚动计划，合理确定未来三年土地储备规模，对三年内可收储的土地资源，在总量、结构、布局、时序等方面做出统筹安排，结合城市更新、成片开发等工作划定储备片区，优先储备空闲、低效利用等存量建设用地。

建立土地储备制度可以增强政府对土地市场的调控力度，通过土地的征购、收回、储备和有计划地投入市场，既充分合理地利用土地资源，也保证城市规划的有效实施。同时，建立土地储备制度可以完善土地供应方式，将国有土地使用权的"毛地出让"转变为"熟地出让"，增加土地成本的透明度。而且，建立土地储备制度有利于平衡政府对土地的收入和增值收益。因此，建立和完善土地储备制度，可以促进土地节约集约利用和高效配置，提高建设用地支撑和保障能力，推动高质量发展。

土地储备制度最早起源于20世纪80年代初期的香港。20世纪90年代后期，我国部分城市建立土地收购储备机构。2001年4月30日，国务院发出《关于加强国有土地资产管理的通知》（以下简称《通知》），在《通知》中指出："为增强政府对土地市场的调控能力，有条件的地方政府要对建设用地试行收购储备制度"。依据国务院的这一精神，土地储备制度得到快速发展，全国大部分城市相继成立了土地储备机构。同时，许多城市也先后制定了地方的土地储备条例。近年来，随着《国土资源部 财政部 人民银行关于印发〈土地储备管理办法〉的通知》（国土资发〔2007〕277号）、《国土资源部 财政部 人民银行 银监会关于加强土地储备与融资管理的通知》（国土资发〔2012〕162号）、《财政部 国土资源部 中国人民银行 银监会关于规范土地储备和资金管理等相关问题的通知》（财综〔2016〕4号）等政策法规的实施，我国土地储备制度得到进一步发展。2018年国土资源部、财政部、中国人民银行、原中国银行业监督管理委员会四部门印发通知，实施联合修订后的《土地储备管理办法》（以下简称《办法》）。为保证"净地"供应，《办法》规定存在污染、文物遗存、矿产压覆、洪涝隐患、地质灾害风险等问题的地块不得入库储备。土地储备机构要审核入库土地的取得方式和补偿情况，厘清权属关系，确保地块产权清晰。《办法》要求加强土地储备资金管理，资金收支严格执行财政部、国土资源部关于土地储备资金财务管理的规定，通过财政预算安排，实行"专款专用"。一是严格按照规定用途使用土地储备资金，不得挪用。土地储备机构所需的日常经费与土地储备资金实行分账核算，不得相互混用。二是按规定编制土地储备资金收支预算，年终时报送收支决算，由财政部门审核或者由同级财政部门指定具有良好信誉、执业质量高的会计师事务所等相关中介机构进行审核。三是土地储备专项债券资金管理执行财政部、国土资源部联合印发的《地方政府土地储备专项债券管理办法（试行）》等规定。《办法》还包括总体要求、全流程管理、强化土地储备债务风险防控等方面的规定。

对于纳入政府土地储备范围的土地，各地根据实际情况有所区别，一般主要包括：① 依法收回的国有土地；② 收购的土地；③ 行使优先购买权取得的土地；④ 已办理农用地转用、征收批准手续并完成征收的土地；⑤ 其他依法取得的土地。

2024年5月，为充分发挥土地储备制度对"净地"供应的保障作用，促进土地节约集约利用和高效配置，服务和支撑高质量发展，自然资源部会同财政部、中国人民银行、国家金融监督管理总局等部门开展《土地储备管理办法》修订工作。依据《中华人民共和国土地管理法》，起草了《土地储备管理办法》（征求意见稿），相关修订工作正在进行中。

(5) 国有建设用地使用权（国有土地使用权）的招拍挂　2002年，国土资源部第11号令《招标拍卖挂牌出让国有土地使用权规定》规定："商业、旅游、娱乐和商品住宅等各类经营性用地，必须以招标、拍卖或者挂牌方式出让"，"同一宗地有两个以上意向用地者的，也应当采取招标、拍卖或者挂牌方式出让"。11 号令自 2002 年 7 月 1 日起施行。2003 年 8 月 1 日起施行《协议出让国有土地使用权规定》，规定特殊情况下，才允许出现协议方式出让。

2004 年，由国土资源部、监察部联合下发《关于继续开展经营性土地使用权招标拍卖挂牌出让情况执法监察工作的通知》，要求各地"在 2004 年 8 月 31 日前将（《招标拍卖挂牌出让国有土地使用权规定》实施前的）历史遗留问题界定并处理完毕"，此后"不得再以历史遗留问题为由采用协议方式出让经营性土地使用权"。之后，全国普遍建立了经营性土地招标拍卖挂牌出让制度，商业、旅游、娱乐和商品住宅等经营性土地，全面实行了"招拍挂"出让。

2007 年，国土资源部发布了《招标拍卖挂牌出让国有建设用地使用权规定》（中华人民共和国国土资源部令第 39 号），自 2007 年 11 月 1 日起施行。根据相关政策法规及工作实践，39 号令首先将 11 号令中有关"国有土地使用权"表述一律修改为"国有建设用地使用权"；在 39 号令第二条明确：国有建设用地使用权可以采取招标、拍卖或者挂牌出让方式在土地的地表、地上或者地下设立；将原 11 号令第六条、第九条、第十五条、第十七条中拟出让土地的"位置"一律修改为："界址、空间范围"；同时，39 号令第四条明确规定：工业、商业、旅游、娱乐和商品住宅等经营性用地以及同一宗地有两个以上意向用地者的，应当以招标、拍卖或者挂牌方式出让（同时考虑到采矿用地的取得和使用要以取得探矿权或采矿权为前提条件，因此明确，工业用地包括仓储用地，但不包括采矿用地）；以及其他相关修订与规定的内容。

一般来说，六类情形的土地使用权出让必须实行招标拍卖挂牌方式：① 供应工业、商业、旅游、娱乐和商品住宅等各类经营性用地；② 其他土地供地计划公布后同一宗地有两个或者两个以上意向用地者的；③ 划拨土地使用权改变用途，《国有土地划拨决定书》或法律、法规、行政规定等明确应当收回土地使用权，实行招标拍卖挂牌出让的；④ 划拨土地使用权转让，《国有土地划拨决定书》或法律、法规、行政规定等明确应当收回土地使用权，实行招标拍卖挂牌出让的；⑤ 出让土地使用权改变用途，《国有土地使用权出让合同》约定或法律、法规、行政规定等明确应当收回土地使用权，实行招标拍卖挂牌出让的；⑥ 依法应当招标拍卖挂牌出让的其他情形。特别需要明确的是，2006 年国土资源部下发的《招标拍卖挂牌出让国有土地使用权规范》中，建立了国有土地出让的集体认定程序，对不能确定是否符合协议或招标拍卖挂牌出让范围的具体宗地，由国有土地使用权出让协调决策机构集体认定出让的具体方式。因此，对不能确定是否符合上述招标拍卖挂牌出让范围六种情形的出让宗地，应当经国有土地使用权出让协调决策机构集体认定，集体认定应当采取招标拍卖挂牌方式的，也应当以招标拍卖挂牌方式出让。

土地储备制度和国有建设用地使用权的招拍挂制度的实施，改变了开发商传统的获取土地使用权的程序，相应地也使有关前期工作程序产生了变化。

2. 土地使用权获得的方式

土地使用权获得的方式主要有以下几种：

（1）土地使用权出让　通过出让方式获取土地使用权，具体包括：招标出让、拍卖出让、挂牌出让、协议出让等四种。

1）招标出让国有建设用地使用权，是指市、县人民政府国土资源行政主管部门（以下简称出让人）发布招标公告，邀请特定或者不特定的自然人、法人和其他组织参加国有建设用地使用权投标，根据投标结果确定国有建设用地使用权人的行为。

2）拍卖出让国有建设用地使用权，是指出让人发布拍卖公告，由竞买人在指定时间、地点进行公开竞价，根据出价结果确定国有建设用地使用权人的行为。

3）挂牌出让国有建设用地使用权，是指出让人发布挂牌公告，按公告规定的期限将拟出让宗地的交易条件在指定的土地交易场所挂牌公布，接受竞买人的报价申请并更新挂牌价格，根据挂牌期限截止时的出价结果或者现场竞价结果确定国有建设用地使用权人的行为。

4）协议出让国有建设用地使用权，是指市、县国土资源管理部门以协议方式将国有建设用地使用权在一定年限内出让给土地使用者，由土地使用者支付土地使用权出让金的行为。出让国有建设用地使用权，除依照法律、法规和规章的规定应当采用招标、拍卖或者挂牌方式外，方可采取协议方式。一般地，国有建设用地使用权出让计划公布后，需要使用土地的单位和个人可以根据国有建设用地使用权出让计划，在市、县人民政府国土资源行政主管部门公布的时限内，向市、县人民政府国土资源行政主管部门提出意向用地申请。在公布的地段上，同一地块只有一个意向用地者的，市、县人民政府国土资源行政主管部门方可按照规定采取协议方式出让；但是工业、商业、旅游、娱乐和商品住宅等经营性用地除外。

（2）土地使用权划拨 土地使用权划拨的范围前已述及。至于房地产开发公司以划拨方式取得土地使用权的问题可以分为两个方面：一是开发企业涉及参与城市基础设施和公益事业项目及国家重点扶持项目等建设，二是开发企业开发经济适用房等项目。目前，经济适用房和廉租房项目用地一般是以行政划拨方式进行的。值得注意的是，对于划拨方式供地，在采取协议方式的同时，也逐步开始采用公开招标等竞争性方式。

（3）土地使用权转让 土地使用权转让是指土地使用者将土地使用权再转移的行为，包括出售、交换和赠予等。根据房地合一的原则，土地使用权转让时，其地上建筑物、其他附着物所有权随之转移，所以土地使用权转让按照不同情况，会涉及房地产单元转让、房地产项目转让等。对于房地产开发，下面主要介绍出让土地使用权的转让和划拨土地使用权的转让。

1）以出让方式获得土地使用权的转让：以出让方式取得土地使用权，转让房地产（包括土地使用权）时，应当符合下列条件：① 按照出让合同约定已经支付全部土地使用权出让金，并取得土地使用权证书；② 按照出让合同约定进行投资开发，完成一定开发规模后允许转让。具体分两种情况：一是属于房屋建设的，实际投入房屋建设工程的资金额占全部开发投资总额的25%以上；二是属于成片开发土地的，应形成工业用地或者其他建设用地条件。

2）以划拨方式获得土地使用权的转让：以划拨方式取得土地使用权，转让房地产（包括土地使用权）时，应当按照国务院规定，报有批准权的人民政府审批。具体分两种情况：

① 有批准权的人民政府准予转让的，应当由受让方办理土地使用权出让手续，并依照国家有关规定缴纳土地使用权出让金。

② 以划拨方式取得土地使用权的，转让房地产报批时，有批准权的人民政府按照国务

院规定决定可以不办理土地使用权出让手续的，转让方应当按照国务院规定将转让房地产所获收益中的土地收益上缴国家或者作其他处理。

需要说明的是，对于以划拨方式取得土地使用权的转让，其相关具体实施在土地储备制度和国有建设用地使用权招拍挂制度中有相应规定。

关于土地使用权转让的有关规定为：土地使用权转让时，土地使用权出让合同和登记文件中所载明的权利、义务随之转移；其地上建筑物、其他附着物所有权随之转移；土地使用者通过转让取得的土地使用权，其使用年限为土地使用权出让合同规定的使用年限减去原土地使用者已使用年限后的剩余年限；其他规定等。

（4）集体经营性建设用地 在房地产开发中，前述三种主要的土地使用权获取方式是指获取国有土地的使用权，这是相关法律法规所规定的。2019 年修正的《中华人民共和国土地管理法》（2020 年 1 月 1 日起施行）完善建设用地土地供应格局，允许集体经营性建设用地入市，即集体建设用地可以由集体依法出让、出租用于建设。同时，2019 年修正的《房地产管理法》（2020 年 1 月 1 日起施行）相应规定，城市规划区内的集体所有的土地，经依法征收转为国有土地后，该幅国有土地的使用权方可有偿出让，但法律另有规定的除外。为增强法律制度的可操作性，国家对《中华人民共和国土地管理法实施条例》进行全面修订，自 2021 年 9 月 1 日起施行。

根据《中华人民共和国土地管理法实施条例》，国土空间规划应当统筹并合理安排集体经营性建设用地布局和用途，依法控制集体经营性建设用地规模，促进集体经营性建设用地的节约集约利用。鼓励乡村重点产业和项目使用集体经营性建设用地。国土空间规划确定为工业、商业等经营性用途，且已依法办理土地所有权登记的集体经营性建设用地，土地所有权人可以通过出让、出租等方式交由单位或者个人在一定年限内有偿使用。土地所有权人拟出让、出租集体经营性建设用地的，市、县人民政府自然资源主管部门应当依据国土空间规划提出拟出让、出租的集体经营性建设用地的规划条件，明确土地界址、面积、用途和开发建设强度等。

因此，《中华人民共和国土地管理法实施条例》在《中华人民共和国土地管理法》关于集体经营性建设用地入市规定的基础上，进一步明确入市交易规则，完善集体经营性建设用地"入市"制度，对于建立完善城乡统一的建设用地市场具有十分重要的意义。对于房地产开发经营，则是增加了获得土地使用权的途径。

（5）其他方式 获得土地使用权还有其他一些方式，有的则属于转让方式的多样化。获得土地使用权的其他方式如通过租赁方式获得、通过与当前土地使用权拥有者合作获得、通过重组项目公司股权获得等，同时应注意提高资源利用效率及符合相关政策法规。

3. 房地产开发用地的选择

房地产开发用地的选择实质上属于房地产开发过程中可行性研究与决策阶段的工作，但在时间上与前期工作阶段交叉。

开发用地的选择主要包括两方面的工作：一是投资区域的确定，二是在投资区域内选择和确定开发地段地点。在选择投资区域时，应综合考虑政治环境、经济增长情况、投资环境、特大型建设投资等因素；在确定开发地段地点时，应综合考虑市场条件、城市规划、自然环境与工程地质条件、现有建设条件、地块面积与形状、投资经营计划等因素。

6.3 建设管理

广义的房地产项目建设管理是指房地产项目的管理者运用系统工程的观点、理论和方法，对房地产项目的前期、建设和使用进行全过程和全方位的综合管理。这里狭义的建设管理是指从项目开工到竣工验收过程中，运用系统的理论和方法，对工程项目进行的计划、组织、指挥、协调和控制等专业化活动，主要包括建设阶段的责任制度建立与执行、工程项目管理策划、采购与投标管理、合同管理、设计与技术管理（招标投标选择施工企业与合同签订及有关设计工作等在开工前的项目前期阶段）、进度管理、质量管理、成本管理、安全生产管理、绿色建造与环境管理、资源管理、信息与知识管理、沟通管理、风险管理及收尾管理等。在实际工作中，此阶段相关管理活动延续、完善及优化前期阶段有关内容，例如，对前期阶段所进行的相关建设制度构建、建设策划与设计、采购与招标投标、合同等实施后续工作。由于此部分建设工程管理内容通常设置专门课程，下面根据国家有关规范，主要结构性的介绍质量管理、进度管理、成本管理、合同管理、安全生产管理和收尾管理的相关内容。

6.3.1 质量管理

1. 质量管理概述

质量管理是指为确保项目的质量特性满足要求而进行的计划、组织、指挥、协调和控制等活动。组织应根据需求制定项目质量管理和质量管理绩效考核制度，配备质量管理资源。项目质量管理应坚持缺陷预防的原则，按照策划、实施、检查、处置的循环方式进行系统运作。项目管理机构应通过对人员、机具、材料、方法、环境要素的全过程管理，确保工程质量满足质量标准和相关方要求。

需要说明的是，上文名词的"组织"是指为实现其目标而具有职责、权限和关系等自身职能的个人或群体。对于拥有一个以上单位的组织，可以把一个单位视为一个组织。组织可包括一个单位的总部职能部门、二级机构、项目管理机构等不同层次和不同部门。工程建设组织包括建设单位、勘察单位、设计单位、施工单位、监理单位等。项目管理机构则是指根据组织授权，直接实施项目管理的单位，可以是项目管理公司、项目部、工程监理部等。项目管理机构也可以是组织实施项目管理的相关部门，如建设单位的基建办公室等。下面涉及名词组织的相关概念，即指此含义。

2. 质量管理的主要程序

项目质量管理的主要程序如下：

（1）确定质量计划　项目质量计划应在项目管理策划过程中编制。项目质量计划作为对外质量保证和对内质量控制的依据，体现项目全过程质量管理要求。项目质量计划主要包括：①质量目标和质量要求；②质量管理体系和管理职责；③质量管理与协调的程序；④法律法规和标准规范；⑤质量控制点的设置与管理；⑥项目生产要素的质量控制；⑦实施质量目标和质量要求所采取的措施；⑧项目质量文件管理。

（2）实施质量控制　项目管理机构应在质量控制过程中，跟踪、收集、整理实际数据，与质量要求进行比较，分析偏差，采取措施予以纠正和处置，并对处置效果复查。设计质量控制主要包括：① 按照设计合同要求进行设计策划；② 根据设计需求确定设计输入；③ 实施设计活动并进行设计评审；④ 验证和确认设计输出；⑤ 实施设计变更控制。采购质量控制主要包括：① 确定采购程序；② 明确采购要求；③ 选择合格的供应单位；④ 实施采购合同控制；⑤ 进行进货检验及问题处置。施工质量控制主要包括：① 施工质量目标分解；② 施工技术交底与工序控制；③ 施工质量偏差控制；④ 产品或服务的验证、评价和防护。

（3）开展质量检查与处置　项目管理机构应根据项目管理策划要求实施检验和监测，并按照规定配备检验和监测设备。对项目质量计划设置的质量控制点，项目管理机构应按规定进行检验和监测。质量控制点主要包括：① 对施工质量有重要影响的关键质量特性、关键部位或重要影响因素；② 工艺上有严格要求，对下道工序的活动有重要影响的关键质量特性、部位；③ 严重影响项目质量的材料质量和性能；④ 影响下道工序质量的技术间歇时间；⑤ 与施工质量密切相关的技术参数；⑥ 容易出现质量通病的部位；⑦ 紧缺工程材料、构配件和工程设备或可能对生产安排有严重影响的关键项目；⑧ 隐蔽工程验收。

（4）落实质量改进　项目管理机构应定期对项目质量状况进行检查、分析，向组织提出质量报告，明确质量状况、发包人及其他相关方满意程度、产品要求的符合性以及项目管理机构的质量改进措施。

6.3.2　进度管理

1. 进度管理概述

进度管理是指为实现项目的进度目标而进行的计划、组织、指挥、协调和控制等活动。组织应建立项目进度管理制度，明确进度管理程序，规定进度管理职责及工作要求。项目进度管理应遵循下列程序：① 编制进度计划；② 进度计划交底，落实管理责任；③ 实施进度计划；④ 进行进度控制和变更管理。

2. 进度计划

组织应提出项目控制性进度计划。项目管理机构应根据组织的控制性进度计划，编制项目的作业性进度计划。各类进度计划应包括：① 编制说明；② 进度安排；③ 资源需求计划；④ 进度保证措施。编制进度计划应遵循下列步骤：① 确定进度计划目标；② 进行工作结构分解与工作活动定义；③ 确定工作之间的顺序关系；④ 估算各项工作投入的资源；⑤ 估算工作的持续时间；⑥ 编制进度图（表）；⑦ 编制资源需求计划；⑧ 审批并发布。编制进度计划应根据需要选用方法：① 里程碑表；② 工作量表；③ 横道计划；④ 网络计划。

3. 进度控制

项目进度控制应遵循下列步骤：① 熟悉进度计划的目标、顺序、步骤、数量、时间和技术要求；② 实施跟踪检查，进行数据记录与统计；③ 将实际数据与计划目标对照，分析计划执行情况；④ 采取纠偏措施，确保各项计划目标实现。对勘察、设计、施工、试运行的协调管理，项目管理机构应确保进度工作界面的合理衔接，使协调工作符合提高效率和效益的需求。项目管理机构的进度控制过程应符合规定：① 将关键线路上的各项活动过程和主要影响因素作为项目进度控制的重点；② 对项目进度有影响的相关方的活动进行跟踪协调。项目管理机构应按规定的统计周期，检查进度计划并保存相关记录，进度计划检查后，应编制进度管理报告并向相关方发布。

4. 进度变更管理

项目管理机构应根据进度管理报告提供的信息，纠正进度计划执行中的偏差，对进度计划进行变更调整。进度计划变更可包括：① 工程量或工作量；② 工作的起止时间；③ 工作关系；④ 资源供应。项目管理机构应识别进度计划变更风险，并在进度计划变更前制定预防风险的措施，具体包括：① 组织措施；② 技术措施；③ 经济措施；④ 沟通协调措施。当采取措施后仍不能实现原目标时，项目管理机构应变更进度计划，并报原计划审批部门批准。项目管理机构在进行进度计划的变更控制时，应符合规定：① 调整相关资源供应计划，并与相关方进行沟通；② 变更计划的实施应与组织管理规定及相关合同要求一致。

6.3.3 成本管理

1. 成本管理概述

成本管理是指为实现项目成本目标而进行的预测、计划、控制、核算、分析和考核活动。组织应建立项目全面成本管理制度，明确职责分工和业务关系，把管理目标分解到各项技术和管理过程。组织管理层应负责项目成本管理的决策，确定项目的成本控制重点、难点，确定项目成本目标，并对项目管理机构进行过程和结果的考核。项目管理机构应负责项目成本管理，遵守组织管理层的决策，实现项目管理的成本目标。

项目成本管理应遵循下列程序：① 掌握生产要素的价格信息；② 确定项目合同价；③ 编制成本计划，确定成本实施目标；④ 进行成本控制；⑤ 进行项目过程成本分析；⑥ 进行项目过程成本考核；⑦ 编制项目成本报告；⑧ 项目成本管理资料归档。

2. 成本计划

项目管理机构应通过系统的成本策划，按成本组成、项目结构和工程实施阶段分别编制项目成本计划。项目成本计划编制依据应包括：① 合同文件；② 项目管理实施规划；③ 相关设计文件；④ 价格信息；⑤ 相关定额；⑥ 类似项目的成本资料。项目成本计划编制应符合下列程序：① 预测项目成本；② 确定项目总体成本目标；③ 编制项目总体成本计划；④ 项目管理机构与组织的职能部门根据其责任成本范围，分别确定自己的成本目标，并编制相应的成本计划；⑤ 针对成本计划制定相应的控制措施；⑥ 由项目管理机构与组织的职能部门负责人分别审批相应的成本计划。

3. 成本控制

项目管理机构成本控制应依据下列内容：① 合同文件；② 成本计划；③ 进度报告；④ 工程变更与索赔资料；⑤ 各种资源的市场信息。同时，应遵循下列程序：① 确定项目成本管理分层次目标；② 采集成本数据，监测成本形成过程；③ 找出偏差，分析原因；④ 制定对策，纠正偏差；⑤ 调整改进成本管理方法。

4. 成本核算

项目管理机构应根据项目成本管理制度明确项目成本核算的原则、范围、程序、方法、内容、责任及要求，健全项目核算台账。应按规定的会计周期进行项目成本核算，坚持形象进度、产值统计、成本归集同步的原则，并编制项目成本报告。

5. 成本分析

成本分析包括：① 时间节点成本分析；② 工作任务分解单元成本分析；③ 组织单元成本分析；④ 单项指标成本分析；⑤ 综合项目成本分析。成本分析应遵循下列步骤：① 选择成本分析方法；② 收集成本信息；③ 进行成本数据处理；④ 分析成本形成原因；⑤ 确定成本结果。

6. 成本考核

组织应根据项目成本管理制度，确定项目成本考核目的、时间、范围、对象、方式、依据、指标、组织领导、评价与奖惩原则；应以项目成本降低额、项目成本降低率作为对项目管理机构成本考核的主要指标；应对项目管理机构的成本和效益进行全面评价、考核与奖惩。项目管理机构应根据项目管理成本考核结果对相关人员进行奖惩。

6.3.4 合同管理

1. 合同管理概述

合同管理是指对项目合同的编制、订立、履行、变更、索赔、争议处理和终止等管理活动。组织应建立项目合同管理制度，明确合同管理责任，设立专门机构或人员负责合同管理工作。同时，组织应配备符合要求的项目合同管理人员，实施合同的策划和编制活动，规范项目合同管理的实施程序和控制要求，确保合同订立和履行过程的合规性。严禁通过违法发包、转包、违法分包、挂靠方式订立和实施建设工程合同。

2. 合同管理的主要程序

（1）合同评审　合同订立前，组织应进行合同评审，完成对合同条件的审查、认定和评估工作。以招标方式订立合同时，组织应对招标文件和投标文件进行审查、认定和评估。合同评审应包括：① 合法性、合规性评审；② 合理性、可行性评审；③ 合同严密性、完整性评审；④ 与产品或过程有关要求的评审；⑤ 合同风险评估。

（2）合同订立　组织应依据合同评审和谈判结果，按程序和规定订立合同。

（3）合同实施计划　组织应规定合同实施工作程序，编制合同实施计划。合同实施计划应包括：① 合同实施总体安排；② 合同分解与分包策划；③ 合同实施保证体系的建立。

（4）合同实施控制　项目管理机构应按约定全面履行合同。合同实施控制的日常工作应包括：① 合同交底；② 合同跟踪与诊断；③ 合同完善与补充；④ 信息反馈与协调；⑤ 其他应自主完成的合同管理工作。合同实施前，组织的相关部门和合同谈判人员应对项目管理机构进行合同交底。项目管理机构应在合同实施过程中定期进行合同跟踪和诊断，根据合同实施偏差结果制定合同纠偏措施或方案，经授权人批准后实施。同时，项目管理机构应按规定实施合同变更的管理工作，将变更文件和要求传递至相关人员，并且控制和管理合同中止行为，按照规定实施合同索赔的管理工作。

（5）合同管理总结　项目管理机构应进行项目合同管理评价，总结合同订立和执行过程中的经验和教训，提出总结报告。组织应根据合同总结报告确定项目合同管理改进需求，制定改进措施，完善合同管理制度，并按照规定保存合同总结报告。

6.3.5 安全生产管理

1. 安全生产管理概述

安全生产管理是指为使项目实施人员和相关人员规避伤害及影响健康的风险而进行的计划、组织、指挥、协调和控制等活动。组织应建立安全生产管理制度，坚持以人为本、预防为主，确保项目处于本质安全状态。同时，根据有关要求确定安全生产管理方针和目标，建立项目安全生产责任制度，健全职业健康安全管理体系，改善安全生产条件，实施安全生产标准化建设。根据相关规定，建立专门的安全生产管理机构，配备合格的项目安全管理负责人和管理人员，进行教育培训并持证上岗，并按规定提供安全生产资源和安全文明施工费用，定期对安全生产状况进行评价，确定并实施项目安全生产管理计划，落实整改措施。

2. 安全生产管理计划

项目管理机构应根据合同的有关要求，确定项目安全生产管理的范围和对象，制定项目安全生产管理计划，在实施中根据实际情况进行补充和调整。项目安全生产管理计划应满足事故预防的管理要求，并应符合下列规定：① 针对项目危险源和不利环境因素进行辨识与评估的结果，确定对策和控制方案；② 对危险性较大的分部分项工程编制专项施工方案；③ 对分包人的项目安全生产管理、教育和培训提出要求；④ 对项目安全生产交底、有对相关分包人制定的项目安全生产方案进行控制的措施；⑤ 应急准备与救援预案。

3. 安全生产管理实施与检查

项目管理机构应根据项目安全生产管理计划和专项施工方案的要求，分级进行安全技术交底。对项目安全生产管理计划进行补充、调整时，仍应按原审批程序执行。进行安全生产管理实施与检查，施工现场的安全生产管理应符合相关规定要求。项目管理机构应根据需要定期或不定期对现场安全生产管理以及施工设施、设备和劳动防护用品进行检查、检测，并将结果反馈至有关部门，整改不合格方面并跟踪监督。并且，全面掌握项目的安全生产情况，进行考核和奖惩，对安全生产状况进行评估。

4. 安全生产应急响应与事故处理

项目管理机构应识别可能的紧急情况和突发过程的风险因素，编制项目应急准备与响应预案，对应急预案进行专项演练，对其有效性和可操作性实施评价并修改完善。发生安全生产事故时，项目管理机构应启动应急准备与响应预案，采取措施进行抢险救援，防止发生二次伤害。在事故应急响应的同时，项目管理机构应按规定上报上级和地方主管部门，及时成立事故调查组对事故进行分析，查清事故发生原因和责任，进行全员安全教育，采取必要措施防止事故再次发生。组织应在事故调查分析完成后进行安全生产事故的责任追究。

5. 安全生产管理评价

组织应按相关规定实施项目安全生产管理评价，评估项目安全生产能力满足规定要求的程度。项目管理机构应按规定实施项目安全管理标准化工作，开展安全文明工地建设活动。

6.3.6 收尾管理

1. 收尾管理概述

收尾管理是指对项目的收尾、试运行、竣工结算、竣工决算、回访保修、项目总结等进行的计划、组织、协调和控制等活动。组织应建立项目收尾管理制度，明确项目收尾管理的职责和工作程序。项目管理机构应实施项目收尾工作：① 编制项目收尾计划；② 提出有关收尾管理要求；③ 理顺、终结所涉及的对外关系；④ 执行相关标准与规定；⑤ 清算合同双方的债权债务。

2. 竣工验收

项目管理机构应编制工程竣工验收计划，经批准后执行。工程竣工验收计划应包括：① 工程竣工验收工作内容；② 工程竣工验收工作原则和要求；③ 工程竣工验收工作职责分工；④ 工程竣工验收工作顺序与时间安排。工程竣工验收工作按计划完成后，承包人应自行检查，根据规定在监理机构组织下进行预验收，合格后向发包人提交竣工验收申请。工程竣工验收的条件、要求、组织、程序、标准、文档的整理和移交，必须符合国家有关标准和规定。发包人接到工程承包人提交的工程竣工验收申请后，组织工程竣工验收，验收合格后编写竣工验收报告书。工程竣工验收后，承包人应在合同约定的期限内进行工程移交。

3. 竣工结算

工程竣工验收后，承包人应按照约定的条件向发包人提交工程竣工结算报告及完整的结算资料，报发包人确认。工程竣工结算应由承包人实施，发包人审查，双方共同确认后支付。工程竣工结算依据应包括：① 合同文件；② 竣工图和工程变更文件；③ 有关技术资料和材料代用核准资料；④ 工程计价文件和工程量清单；⑤ 双方确认的有关签证和工程索赔资料。

4. 竣工决算

发包人应依据规定编制并实施工程竣工决算。编制工程竣工决算应遵循下列程序：① 收集、整理有关工程竣工决算依据；② 清理账务、债务，结算物资；③ 填写工程竣工决算报表；④ 编写工程竣工决算说明书；⑤ 按规定送审。工程竣工决算书应包括：① 工程竣工财务决算说明书；② 工程竣工财务决算报表；③ 工程造价分析表。

5. 保修期管理

承包人应制定工程保修期管理制度。发包人与承包人应签订工程保修期保修合同，确定质量保修范围、期限、责任与费用的计算方法。承包人在工程保修期内应承担质量保修责任，回收质量保修资金，实施相关服务工作。同时，承包人应根据保修合同文件、保修责任期、质量要求、回访安排和有关规定编制保修工作计划。

6. 项目管理总结

在项目管理收尾阶段，项目管理机构应进行项目管理总结，编写项目管理总结报告，纳入项目管理档案。项目管理总结完成后，组织应进行下列工作：① 在适当的范围内发布项目总结报告；② 兑现在项目管理目标责任书中对项目管理机构的承诺；③ 根据岗位责任制和部门责任制对职能部门进行奖罚。一般情况下，根据项目范围管理和组织实施方式的不同，需分别采取不同的项目管理总结方式。

复习思考题

1. 为什么要建立房地产开发的基本程序？
2. 房地产项目开发包括哪些主要阶段？
3. 房地产开发项目的主要"五证"是指什么？
4. 哪些土地使用权出让必须实行招标拍卖挂牌方式？
5. 土地使用权获得的方式有哪些？
6. 项目成本管理应遵循的程序是什么？

第7章 房地产营销

> **导读**
>
> 本章着重介绍狭义的房地产营销,即房地产销售,并主要针对新建商品房的销售。房地产销售是开发企业回笼资金的重要环节,也是房地产开发投资活动的重中之重,前期的策划与研究及建设阶段的工作,在市场角度方面都要通过销售阶段来检验,考察其是否获得市场认可。对于任何开发企业,都需要在项目全程围绕如何实现成功销售而开展相关经营管理工作。

7.1 概述

7.1.1 房地产营销与销售

1. 房地产营销

对于房地产营销可以从广义和狭义两个方面理解。广义的房地产营销是指关于房地产产品、构思、劳务等的设计、定价、促销和渠道的规划与实施过程,旨在导致个人和组织目标的交换。或者说,房地产营销是以满足市场需求和达成交易为目的,包括市场调查、分析、决策、定价及销售等的全过程系统工作。而作为狭义的房地产营销,则可以仅指房地产销售。本章的房地产营销主要从该狭义角度来叙述。

2. 房地产销售

房地产销售主要指房地产产品开始销售到销售结束这一阶段的工作,同时还涉及可行性研究及前期阶段的有关销售计划等工作。房地产商品房销售包括商品房现售和商品房预售:现售是指房地产开发企业将竣工验收合格的商品房出售给买受人(购房者),并由买受人支付房价款;预售则是指开发企业将正在建设中的商品房预先出售给买受人,并由买受人支付定金或者房价款。

对于房地产销售来讲,其主要考虑的问题是:面对已经建成的房地产产品或在建的房地产产品(产品方案已形成),如何将它卖出去。

7.1.2 房地产销售方式

房地产开发企业开发的房地产产品，可以自行销售，也可以委托代理机构进行销售。

1. 开发企业自行销售

委托代理公司销售房地产产品，通常需要支付 3% 左右的佣金，同时还涉及有关的管理和协作等问题，所以开发企业有时愿意自行销售。自行销售一般适用于下述情况：

1）开发企业是大型的房地产公司集团。在这种情况下，开发公司实力雄厚，往往拥有自己专门的销售队伍和销售网络。

2）房地产市场高涨，市场供不应求，所开发项目深受市场欢迎。

3）开发企业开发的项目为定向开发，即项目已经有固定的销售对象。或者项目的销售对象已基本明确，如存在大量购买意向。

2. 委托代理机构销售

（1）代理机构的优势　开发企业有时愿意委托代理机构销售项目，因为代理机构拥有自身优势。代理机构的主要优势是：

1）熟悉市场。由于自身业务需要，代理机构会接触到大量的开发公司、消费者以及相关部门机构，获得了很多的市场信息。

2）经验丰富。相对于开发企业主要进行开发建设，代理机构是专门的房地产销售公司。开发企业开发一个项目，代理机构可能已销售几个甚至十几个项目。

3）拥有销售网络和客户资源。大型的代理机构通常具有全国性甚至国际性的销售网络，这对于销售高档项目和商业项目等非常重要；代理机构销售各个项目的同时，通过销售沟通，会积累大量未来项目的潜在客户。

4）分类物业市场操作。在一些大型代理机构，随着业务的展开，专业分工细化，逐渐形成内部的普通住宅、高档住宅、商业项目、写字楼项目等的专门销售队伍。

（2）代理方式种类　房地产代理的方式主要有以下几种：

1）独家销售权代理。是指在合同有效期内，不论是谁将房地产产品售出，开发企业都必须支付给代理机构佣金。

2）开发企业与代理机构独售权代理。是指在合同有效期内，开发企业自行销售房地产产品不需支付给代理机构佣金，但开发企业只能与一家代理机构签订委托合同。

3）联合代理。是指开发企业委托联合代理，由两家或两家以上的代理机构共同承担项目的代理工作，各代理机构之间有分工和协作，通过联合代理合同规定各代理机构的职责范围和佣金分配方式。

4）包销。商品房包销是指出卖人与包销人签订商品房包销合同，约定在包销期内，出卖人将已竣工或者尚未建成但符合预售条件的房屋，确定包销基价交由包销人以出卖人的名义与买受人签订商品房买卖合同，包销期届满，包销人以约定的包销价格买入未出售的剩余商品房的行为。

商品房包销盛行于我国港台地区，后传入内地。对其性质的认定有三种观点：附条件的代理、买卖、代理和买卖的两合行为。到 2003 年，最高人民法院公告公布《最高人民法院关于审理商品房买卖合同纠纷案件适用法律若干问题的解释》（以下简称《解释》）中明确了有关问题,将包销合同定性为无名合同(未对包销行为的性质归类);规定对包销期满后的剩余房屋,当事人有约定的,按照约定处理,没有约定的或约定不明的,由包销人按包销价格购买;规定如果出卖人违反包销合同约定,自行出卖已经约定由包销人销售的房屋,应当承担违约责任,赔偿包销人的损失;同时《解释》对包销人在商品房买卖合同纠纷中的诉讼地位也予以了明确。

包销这种方式涉及开发企业经营思想、品牌的执行以及具体包销价格的确定等问题。对于代理机构也存在约定包销期满后的剩余房屋等问题,故此,这种"代理"方式的合同制定及合作管理较复杂,选择应慎重。

5)其他方式。随着代理市场的发展和国际化的推进,新的代理方式不断产生和运用,如优先选择权代理、首席代理与分代理等。

7.1.3 房地产销售分析

在房地产项目销售之前,必须进行销售分析,以便对整个销售过程实施管理和控制。房地产项目的销售分析主要进行以下工作:

1. 市场分析与产品分析

房地产项目准备开盘销售时,房地产产品已经基本定型,如何将其顺利销售,应首先进行市场分析与产品分析。市场分析主要是基于项目策划时的分析,重点研究经过一段时间市场变化对项目的影响;产品分析主要是根据市场变化和产品特征及设计变更等,分析项目产品的优势、劣势、机会和威胁以及挖掘卖点等。

2. 销售策略制定

销售策略的制定,首先涉及开发企业目标的完成,即通过销售满足开发商预期收益的要求以及经营思想和品牌策略的正确贯彻。其次是实现目标的具体销售策略的分析与制定,如宣传策略、广告策略、定价策略等。

3. 销售方案制定

销售方案是整个销售过程的工作计划,是指导销售阶段工作的重要文件,其正确制定与调整对销售效果具有重要影响。销售方案是基于前两项工作,即市场分析与产品分析、销售策略分析,所制定的总体销售计划,主要包括三个方面:

(1)销售工作基本环节 主要包括:
1)明确销售总目标及获取有关销售基本资料。
2)市场分析与产品分析。
3)销售策略制定。
4)销售进度计划制定。
5)具体销售战术分析。
6)销售费用预算。
7)销售实施步骤与控制措施制定。
8)其他。

(2)销售基础工作 主要包括:
1)销售面积计算。

2）具体销售价格计算。
3）具体付款计算。
4）其他。

(3) 销售实施工作　主要包括：
1）广告宣传推广及其他。
2）销售人员培训。
3）销售及激励机制实施。
4）售楼部现场工作管理。
5）合同签订与成交管理。
6）其他。

7.2　房地产销售面积

7.2.1　商品房销售的计价方式

根据《商品房销售管理办法》(2001年)，商品房销售可以按套（单元）计价，也可以按套内建筑面积或者建筑面积计价。

1. 按建筑面积计价

当前，商品房销售普遍采用按建筑面积计价的方式。按建筑面积计价销售，买卖双方应当在合同中约定套内建筑面积和分摊的共有建筑面积。有关内容下面详细介绍。

2. 按套内建筑面积计价

当前，国内一部分项目采用了按套内建筑面积计价的方式。按套内建筑面积计价销售，买卖双方除约定套内建筑面积外，还应当在合同中注明建筑面积和分摊的共有建筑面积。

3. 按套（单元）计价

当前，国内使用按套（单元）计价方式的较少，有的是出现在高档住宅项目（如别墅）中。按套（单元）计价销售，商品房买卖合同中应当注明建筑面积和分摊的共有建筑面积。对于现售，当事人对现售房屋实地勘察后可以在合同中直接约定总价款。对于预售，房地产开发企业应当在合同中附所售房屋的平面图。平面图应当标明详细尺寸，并约定误差范围。

7.2.2　商品房销售的面积测算

下面主要介绍按建筑面积计价销售方式的面积计算。

成套房屋的建筑面积由套内建筑面积和共有建筑面积的分摊组成。在实际操作中，为了简单明了，一些项目通常将成套房屋的建筑面积称为"销售面积"，将套内建筑面积简称为"套内面积"，将共有建筑面积的分摊简称为"公摊面积"，即对于一套住宅，其销售面积是由套内面积和公摊面积组成的。

1. 套内建筑面积

成套房屋的套内建筑面积由套内房屋的使用面积、套内墙体面积、套内阳台建筑面积三部分组成。

（1）套内房屋的使用面积　套内房屋的使用面积为套内房屋使用空间的面积，以水平投影面积按以下规定计算：

1）套内使用面积为套内卧室、起居室、过厅、过道、厨房、卫生间、厕所、储藏室、壁柜等空间面积的总和。

2）套内楼梯按自然层数的面积总和计入使用面积。

3）不包括在结构面积内的套内烟囱、通风道、管道井均计入使用面积。

4）内墙面装饰厚度计入使用面积。

（2）套内墙体面积　套内墙体面积是套内使用空间周围的围护或者承重墙体或其他承重支撑体所占的面积，其中各套之间的分隔墙和套与公共建筑空间的分隔墙以及外墙（包括山墙）等共有墙，均按水平投影面积的一半计入套内墙体面积。套内自有墙体按水平投影面积全部计入套内墙体面积。

（3）套内阳台建筑面积　根据《房产测量规范》（GB/T 17986—2000），套内阳台建筑面积均按阳台外围与房屋外墙之间的水平投影面积计算。其中封闭的阳台按水平投影面积全部计算建筑面积，未封闭的阳台按水平投影的一半计算建筑面积。

《建筑工程建筑面积计算规范》（GB/T 50353—2013）自2014年7月1日起实施，适用于新建、扩建、改造的工业与民用建筑工程建设全过程的建筑面积计算，建设全过程是指从项目建议书、可行性研究报告至竣工验收、交付使用的过程。其中规定：在主体结构内的阳台，应按其结构外围水平面积计算全面积；在主体结构外的阳台，应按其结构底板水平投影面积的1/2计算。因此，建筑物的阳台，不论其形式如何，均以建筑物主体结构为界分别计算建筑面积。目前，《房产测量规范》（GB/T 17986—2000）根据相关政策法规及工作实践正在修订中。

2. 共有建筑面积的分摊

（1）共有共用面积的处理和分摊公式　共有共用面积包括共有的房屋建筑面积和共用的房屋用地面积。其处理原则为：产权各方有合法权属分割文件或协议的，按文件或协议规定执行；无产权分割文件或协议的，可按相关房屋的建筑面积按比例进行分摊。按相关建筑面积进行共有或共用面积分摊，可按下式计算：

各单元参加分摊所得的分摊面积 = 面积的分摊系数 × 各单元参加分摊的建筑面积

面积的分摊系数 = 需要分摊的分摊面积总和／参加分摊的各单元建筑面积总和

（2）共有建筑面积的分摊

1）共有建筑面积的内容。共有建筑面积的内容包括：电梯井、管道井、楼梯间、垃圾道、变电室、设备间、公共门厅、过道、地下室、值班警卫室等，以及为整幢服务的公共用房和管理用房的建筑面积，以水平投影面积计算。共有建筑面积还包括套与公共建筑之间的分隔墙，以及外墙（包括山墙）水平投影面积一半的建筑面积。但是，独立使用的地下室、车棚、车库、为多幢服务的警卫室，管理用房，作为人防工程的地下室都不计入共有建筑面积。

2）共有建筑面积的计算方法：整幢建筑物的建筑面积扣除整幢建筑物各套套内建筑面积之和，并扣除已作为独立使用的地下室、车棚、车库、为多幢服务的警卫室、管理用房，以及人防工程等建筑面积，即为整幢建筑物的共有建筑面积。

3）共有建筑面积的分摊方法。

① 住宅楼共有建筑面积的分摊方法。住宅楼以幢为单元，根据各套房屋的套内建筑面

积，求得各套房屋应分摊所得的共有建筑分摊面积，即：

$$各套房屋分摊面积 = 面积分摊系数 \times 各套套内建筑面积$$

$$面积分摊系数 = 需要分摊的分摊面积总和 / 各套套内建筑面积总和$$

② 商住楼共有建筑面积的分摊方法。首先根据住宅和商业等的不同使用功能，按各自的建筑面积将全幢的共有建筑面积分摊成住宅和商业两部分，也就是住宅部分分摊得到的全幢共有建筑面积和商业部分分摊得到的全幢共有建筑面积。然后住宅部分和商业部分将所得的分摊面积再各自进行分摊。

对于住宅部分，将分摊得到的幢共有建筑面积，加上住宅部分本身的共有建筑面积，依照前述方法和公式，按各套的建筑面积分摊计算各套房屋的分摊面积。对于商业部分，将分摊得到的幢共有建筑面积，加上本身的共有建筑面积，按各层套内的建筑面积依比例分摊至各层，作为各层共有建筑面积的一部分，加至各层的共有建筑面积中，得到各层的共有建筑面积，然后再根据层内各套房屋的套内建筑面积按比例分摊至各套，求出各套房屋分摊得到的共有建筑面积。

一般地，根据房屋共有建筑面积的不同使用功能，分摊的共有建筑面积可分为三类：一是幢共有建筑面积，即为整幢服务的共有建筑面积，如为整幢服务的配电房等；二是功能共有建筑面积，即为某一建筑功能（如住宅功能、商场功能等）服务的共有建筑面积，如为商场功能服务的专用电梯、楼梯间等；三是本层共有建筑面积，即为本层服务的共有建筑面积，如本层共有走廊等。

③ 多功能综合楼共有建筑面积的分摊方法。多功能综合楼共有建筑面积可以按照各自的功能，参照商住楼的分摊计算方法进行分摊。

7.3 房地产定价策略与方法

房地产项目的定价是房地产开发经营的重要环节，如何制定科学合理的价格，是开发企业尤为关注的问题。价格过高，则影响销售速度；价格过低，则影响销售利润。在定价过程中，开发企业应综合考虑企业经营目标、项目营销目标、市场环境、产品生命周期及企业和项目自身条件等因素。

7.3.1 房地产项目定价目标

房地产项目定价目标是使所制定的价格与销售效果符合企业与项目的目标要求，并适应市场。房地产项目定价目标主要有以下几种：

1. 获取最大利润的定价目标

获取最大利润的定价目标是指开发企业以获取最大限度的利润作为定价的目标，这通常是开发企业在财务角度所追求的。但是，应该区分短期的利润最大化与长期的利润最大化，如果一味追求短期利润最大化，往往会有损长期利润最大化。而且，长期利润最大化目标的实现一般需要通过先实现各个细分目标。

2. 获取预期投资收益的定价目标

获取预期投资收益的定价目标是指开发企业将获取预期收益作为定价目标。如果预期收益确定,当市场高涨时,可能销售快而流失利润;当市场低迷时,可能会销售困难。所以,一般应在开始销售时根据市场对预期收益进行一定的调整。

3. 提高市场占有率的定价目标

提高市场占有率的定价目标是指开发企业将提高市场占有率或获得竞争优势作为定价目标。在这种情况下,开发企业除在其他方面有所举措外,从价格上可能会采取低价策略,甚至有一定量的低于成本价销售。

4. 过渡或特殊时期的定价目标

过渡或特殊时期的定价目标是指开发企业在过渡时期或某一特殊时期的短期定价目标。例如,当建筑材料价格上涨、市场竞争激烈、有效需求不足时,开发企业进行大幅度折扣,以成本价甚至低于成本价出售商品房,以便收回资金,维持营业。

5. 稳定价格的定价目标

稳定价格的定价目标是指开发企业为维护企业形象,采取基本稳定价格的做法。对于一些具有一定品牌的开发企业,往往会在销售项目时,保持一种稳健的销售价格。但这并不意味着一成不变的定价。

7.3.2 房地产项目定价策略

从不同角度出发,房地产项目有多种类型的定价策略。根据销售过程的发展,相应的定价策略一般有以下几种。

1. 低开高走策略

低开高走策略一般用于期房销售,项目以低价开盘,随着房地产产品的建成和工程不断接近竣工,根据销售进展情况,每到一个调价时点,按预先确定的幅度将价格调高一次,如此进行。项目低开的目的是吸引市场关注,对于一些大盘在一期开盘中往往会以接近成本价或略低于成本价的价格开始销售。项目高走可以形成房地产增值的表现,给前期购房者以信心,给购房意向者以刺激,造成旺盛的人气。

运用该策略应注意的是:

1) 通过测算,应保证销售目标的整体实现。

2) 开盘价格应在充分调查竞争楼盘价格和消费者心理价格基础上,结合销售测算和成本测算确定。

3) 调价的频率应适当,不应凭空主观调价,吸引需求才是关键。

4) 调价的幅度一般情况下应是小幅递增。

2. 高开低走策略

高开低走策略是指项目以高价开盘销售房地产产品,经过一个阶段后,降低价格销售的策略。该策略可在以下情况选择采用:

1) 某些高档商品房销售。当市场竞争比较平缓时,开发企业以高价开盘取得成功,基本完成预期营销目标,之后通过降价或变通降价及谈判降价等将剩余部分迅速售出,达到尽快回笼资金的目的。

2) 当宏观环境变化,市场出现衰退时,或者,当市场竞争过度时,前期高价开盘后销售遇阻，开发企业不得不降低价格来推动销售。

3）在一般项目的尾盘销售中，通常有类似策略，即在项目产品大部分销售完毕，剩余少量物业单位销售时采用低价（接近成本价或略低于成本价）。

3. 稳定策略

稳定策略是指在房地产项目整个销售期间，产品销售价格保持相对稳定（非一成不变），既不进行大幅度提价，也不进行大幅度降价。该策略可在以下情况选择采用：

1）一些规模小的房地产项目的销售。

2）某些品牌开发企业塑造企业形象或树立企业文化。

房地产项目在销售中，还可以根据销售的不同阶段采用不同的定价策略。房地产销售阶段一般划分为：预热期（一般为开盘前几个月）、强销期（一般为开盘后几个月）、持续销售期、尾期。

开发企业还可以采取很多灵活定价策略。例如，采用心理定价策略，根据消费者"有零数价格比整数价格便宜"的消费心理而采用尾数定价，利用企业声誉进行定价等；采用折扣定价策略，对一次性付款的购房者给予一定折扣，对批量购买者给予折扣等。

值得说明的是，制定定价策略应具有变化的观念和意识，房地产产品价格是根据市场变化和销售进展而变化的，不应该是一成不变的。同时，应做好根据实际变化而调整价格的计划。

7.3.3 房地产项目定价方法

房地产项目定价的方法主要有三种，即成本导向定价、购买者导向定价和竞争导向定价。

1. 成本导向定价

成本导向定价的含义是，确定房地产产品价格是从产品的成本出发来进行的。具体的定价方法有成本加成定价法、目标定价法等。成本加成定价法简便常用，下面予以主要介绍。

成本加成定价法是指开发企业按照所开发房地产产品的成本加上一定百分比的加成来确定销售价格。这里，加成的含义就是一定比例的利润。其计算公式如下：

$$销售单位价格 = 单位成本 \times (1 + 目标利润率) / (1 - 销售税费率)$$

其中，目标利润率是扣除销售环节税费后的利润率。

成本加成定价法有其自身缺点，就是忽视了当前需求、购买者预期价值及竞争对价格的影响。

2. 购买者导向定价

购买者导向定价的含义是，确定房地产产品价格是从购买者的角度出发来进行的。具体的定价方法有认知价值定价法、价值定价法等。

认知价值定价法是开发企业根据购买者对房地产产品的认知价值来确定价格的一种方法。其基本做法是，策划房地产项目的概念、质量、价格等，市场调查该价格下所能销售的数量，根据销售量决定投资额和单位成本，计算在该价格和成本条件下能否获得满意利润。如果可以，则进行开发；否则，放弃该方案计划。认知价值定价法的关键是准确评价顾客对公司物业的认识及采取措施提高顾客对物业的认识，当前，品牌定价法就是认知价值定价法的主要方法之一。

价值定价法是指开发企业制定相对于竞争对手较低的产品价格，同时通过各种渠道树立项目形象和企业形象的一种方法。这种定价方法对于消费者来说，意味着较低的价格，相同的质量，或者相同的价格，更高的质量，也就是"物美价廉"。其不同于认知价值定价法的"高价格、高价值"的定价哲学。

3. 竞争导向定价

竞争导向定价的含义是，确定房地产产品价格是从竞争的角度出发来进行的。具体的定价方法有领导定价法、挑战定价法、随行就市定价法等。

领导定价法是指某些开发企业实力雄厚、声望卓著，在房地产行业或同类物业开发中居于领导地位，而对同类的房地产产品制定较高的销售价格。实际上，严格地讲，这是一种定价策略。

挑战定价法是指采用该方法的开发企业所制定的价格比市场领导者的定价略低或低很多，但其所开发的房地产产品在质量上与市场领导者的相近。采用这种方法，一般要求开发企业具有相当的实力，或者成本较低，或者资金雄厚。

随行就市定价法是指开发企业按照行业中同类房地产产品的平均现行价格水平来定价。这种定价方法实质上是最基本的竞争导向定价，可以采用市场比较法来具体确定价格。市场比较法定价的基本做法是，市场调查同类房地产项目价格，根据具体交易情况、交易日期、区域因素、个别因素等对其进行修正，使其符合本项目条件，得到本项目房地产产品价格。

4. 房地产项目定价实际操作步骤

对于一个房地产项目（以住宅项目为例），其实际的定价操作主要步骤为：

1）确定总体均价。实际上，前面所介绍的三种定价方法，即成本导向定价、购买者导向定价和竞争导向定价，都是来确定项目总体均价的。而且，一般不是只使用一种方法，通常是三种方法的综合运用。例如，在市场景气时，以市场比较法确定价格的上限，以成本加成法确定价格的下限，综合考虑确定总体均价。

2）确定分期均价。如果房地产项目规模很大，分期开发每期规模较大，时间较长，通常也是每期进行核算的。这时分期均价的确定仍需采用前述三种定价方法。如果分期开发的每期规模不大，时间不长，则分期均价在总体均价下按销售方案及策略进行分配。

3）确定各栋均价。根据各栋在小区的分布，如各栋的景观差别、朝向差别、采光差别、通风差别、噪声状况、空气状况、风水观念等，以分期均价为基础，通过打分评价法分别确定各栋均价。

4）确定各层均价。以各栋均价为基础，根据各层的分布情况来确定。例如，普通砖混六层住宅，一般一、六层比较便宜，三、四层比较贵；高层住宅一般层数越高价格越贵。

5）确定各套价格。以各层均价为基础，根据各套的朝向、采光、通风、户型、面积、景观、环境等的差别，确定各套价格。

6）计算付款方式及销售各阶段优惠等的优惠折扣系数。

7）确定售楼部销售价目表价格，并在销售各阶段进行调整。

具体定价过程的基本原则是，在其他条件不变，项目按照销售方案进行销售的情况下，各套单元销售收入之和等于销售方案测算的项目总销售收入。故此，在定价过程中应使用销售收入平衡方程及其他相关方法。

7.4 房地产促销组合与销售实务

7.4.1 房地产促销组合

1. 促销组合的含义

促销组合是指开发企业根据促销的需要，对广告、销售促进、公关宣传、人员推销等各种促销方式进行合理的选择和综合运用。促销组合又称沟通组合。在房地产开发经营中，企业不仅要开发优秀的产品，制定具有吸引力的价格，使目标客户容易购买，还要与现时的和潜在的客户沟通，每个企业最终都不可避免地担当起沟通者和促销者的角色。沟通不应任其自然，为了有效地与客户沟通，应该使用促销组合方法。

2. 促销组合的主要工具

促销组合的主要工具包括：广告、公关与宣传、销售促进、人员推销、直销等。

（1）广告 广告是当前房地产项目促销的主要方式之一，常见的形式有：报纸广告、电视广告、广播广告、广告牌等。

（2）公关与宣传 促销组合中的宣传，是指发起者无须花钱付款，在某种出版媒体上发布重要商业新闻，或者在广播、电视中和银幕、舞台上获得有利的报道、展示、演出等，用非人员形式来刺激目标顾客对某种产品、服务或商业单位的需求。其常见形式有：记者招待会、演讲、年度报告、研讨会等。

（3）销售促进 销售促进是指为鼓励购买或销售某种房地产产品或服务而实行的短期刺激方法。其常见的形式有：折扣、以旧换新、低息贷款、竞赛、游戏、样板房展示等。

（4）人员推销 人员推销是指营销人员与一个或多个潜在购买者交谈，为达到推销商品的目的所做的口头劝说。其常见的形式有：销售介绍、销售会议、上门服务、样品试用等。

（5）直销 直销是指有选择性地将最新商品信息传递给特定消费者来进行直接销售。其常见的形式有：电话营销、电子营销、电视购物、邮寄等。

近年来，上述促销组合主要工具与微信、抖音等相结合，实现精准营销，显示出新的时代特征。

7.4.2 房地产销售管理

1. 人员培训

在进行销售人员培训之前，应对其进行分类。如分成：完全没有销售经验的；有一般销售经验，但无房地产销售经验的；有房地产基本知识，但无销售经验的；房地产知识和销售经验丰富的。然后，根据人员的不同类别，制定不同的培训计划或具有可调整的培训计划。应该注意的是，在招聘销售人员时，应考查拟招人员的意志、性格等，看其是否具有销售工作潜质。

销售人员培训的课程通常包括：① 建筑及房地产方面知识。如建筑构造、建筑识图、小区规划、房地产市场等。② 营销方面知识。③ 公司政策及经营方针等。如公司沿革、背景、组织机构、业绩、制度、经营思想等。④ 销售技巧。

在培训时，应坚持理论联系实际。通常的培训方式应综合采用以下几种：① 理论讲授。② 实例分析。③ 实战模拟。一般是由学员扮演销售员或顾客进行演练，专家或优秀销售员指出问题，并进行示范，学员再次对练，及时总结，反复进行。④ 通过售楼部的实际操作，进一步发现问题，提升能力。

2. 销售业务流程

销售业务流程根据不同公司、不同项目都是有区别的，但一般具有以下基本环节：

1）寻找客户：客户来源的渠道主要有：现场接待、咨询电话、房展会、促销活动、上门拜访、朋友介绍等。

2）现场接待：应热情适度地迎接客户，重点突出地介绍项目。

3）谈判：了解客户需求后，应主动选择一种户型介绍，对客户确定喜欢的单元详细介绍价格、首付款、月供还款、相关手续费等。带领客户实看现场，参观样板间及意向单元。对客户提出的异议，应合理运用说服技巧。如果暂未成交，应将项目有关宣传资料发给客户，在征得客户意愿后留下客户联系方式。

4）客户跟踪：应填写客户资料登记表，并及时联系客户。

5）筛选与计划：对于确有购买意向的客户，保持联系，并争取其再次看房与谈判。对于可能性不大的客户应考虑暂时放下，以便集中精力在主要工作上。对于一些写字楼及批量购买的客户，销售人员一般应主动上门拜访，为此，在初次接触及适当筛选后，应制定拜访计划。

6）洽谈与协商：当进一步接触沟通时，应就销售存在的主要障碍进行洽谈与协商，充分利用销售技巧，促成交易。

7）签约：在客户交付定金后，及时安排合同的签订，并办理相关手续。

8）收款：配合公司按照合同规定方式收取房价款，并办理相关手续。

9）办理入住手续及房产证等，并进行售后服务跟踪。

3. 报酬与激励机制

良好的报酬与激励机制对房地产项目的销售非常重要，开发企业应从物质与精神两个方面建立科学合理的报酬与激励机制。报酬的给付方式一般有两种，一是固定底薪加奖金，二是固定底薪加提成。根据不同房地产项目、不同的市场状况及不同企业经营理念，可选择采用或综合运用。科学的销售管理，不能只进行物质奖励与激励，还应加强销售人员的思想激励与品质培养，例如，树立销售人员的进取心、事业心及职业奋斗目标，共建企业文化等。但是，应避免单纯的理论说教，一定要切实考虑销售人员的利益和需求，通过具体措施帮助销售人员建立坚定的思想品质。

房地产销售管理涉及的内容较广，相关的方面还有市场信息管理、销售资料管理、客户管理、现场管理、合同管理等。

7.4.3 房地产销售有关问题

在进行房地产销售时，对国家所制定的相关规定应有所了解。通常，应注意以下方面：

（1）销售条件 房地产销售的现售和预售，国家都规定了现售条件（《商品房销售管理办法》，2001年）和预售条件（《城市商品房预售管理办法》，2004年）。开发企业进行销售应遵守执行，同时取得商品房预售许可证或商品房现售备案证，否则，属于违规销售。

（2）广告规定　根据《房地产广告发布规定》（国家工商行政管理总局令第 80 号，2021 年修正），房地产广告必须真实、合法、科学、准确，不得欺骗、误导消费者。房地产广告、房源信息应当真实，面积应当表明为建筑面积或者套内建筑面积，并不得含有下列内容：① 升值或者投资回报的承诺；② 以项目到达某一具体参照物的所需时间表示项目位置；③ 违反国家有关价格管理的规定；④ 对规划或者建设中的交通、商业、文化教育设施以及其他市政条件作误导宣传。同时要求，房地产广告中对价格有表示的，应当清楚表示为实际的销售价格，明示价格的有效期限；不得利用其他项目的形象、环境作为本项目的效果；使用建筑设计效果图或者模型照片的，应当在广告中注明；不得出现融资或者变相融资的内容；以及发布广告房地产的限定范围、证明文件、广告内容及表述等其他方面规定。

（3）明码标价与销售合同网上签约备案登记　在商品房销售明码标价实践基础上，为加强房地产市场价格监管，2011 年国家发展改革委制定了《商品房销售明码标价规定》，要求商品房经营者在销售商品房时按照规定的要求公开标示商品房价格、相关收费以及影响商品房价格的其他因素；对取得预售许可或者办理现房销售备案的房地产开发项目，商品房经营者要在规定时间内一次性公开全部销售房源，并严格按照申报价格明码标价对外销售；对已销售的房源，商品房经营者应当予以明确标示，如果同时标示价格的，应当标示所有已销售房源的实际成交价格；以及其他相关规定。

随着互联网技术发展及政府网站建设逐步完善，很多城市和地区相继发布和实施了商品房买卖合同网上签约、备案及登记的办法和规定。通常，房地产开发企业办理入网手续，签订网上服务协议，并将开发企业、代理企业和商品房销售项目等基本信息录入房地产综合业务系统，在商品房获准销售后，房地产市场管理部门在网上公布相关信息；当购房人要求购买已在网上公布的可供销售的商品房时，房地产开发企业应提供并进行网签商品房买卖合同等，办理备案、打印已经备案的商品房买卖合同，并与购房人共同在书面合同上签名（盖章）及进行房地产登记申请等相关工作。通过网签，有利于维护房地产市场秩序，规范商品房销售行为，提高商品房交易信息的透明度及保障交易公平公正。

（4）面积误差处理规定　国家规定，按套内建筑面积或者建筑面积计价的，当事人应当在合同中载明合同约定面积与产权登记面积发生误差的处理方式。合同未做规定的，按以下原则处理：

1）面积误差比绝对值在 3% 以内（含 3%）的，据实结算房价款。

2）面积误差比绝对值超出 3% 时，买受人有权退房。买受人退房的，开发企业应在买受人提出退房之日起 30 日内将买受人已付房价款退还，同时支付已付房价款利息。买受人不退房的，产权登记面积大于合同约定面积时，面积误差比在 3% 以内（含 3%）部分的房价款由买受人补足；超出 3% 部分的房价款由开发企业承担，产权归买受人。产权登记面积小于合同约定面积时，面积误差比绝对值在 3% 以内（含 3%）部分的房价款及利息由开发企业返还买受人；绝对值超出 3% 部分的房价款由开发企业双倍返还买受人。其中，面积误差比计算公式为：

$$面积误差比 =(产权登记面积 - 合同约定面积/合同约定面积) \times 100\%$$

（5）两书规定　国家规定，开发企业应当向买受人提供住宅质量保证书和住宅使用说明书。

（6）保修规定　国家规定，房地产开发企业应当对所出售商品房承担质量保修责任。

当事人应当在合同中就保修范围、保修期限、保修责任等内容做出约定。保修期从交付之日起计算。商品住宅的保修期限不得低于建设工程承包单位向建设单位出具的质量保修书所约定保修期的存续期；存续期少于规定中确定的最低保修期限的，保修期不得低于规定中确定的最低保修期限。例如，《建设工程质量管理条例》（2019 年修订）规定，屋面渗漏的保修期为 5 年，自竣工之日算起；《商品住宅实行住宅质量保证书和住宅使用说明书制度的规定》（1998 年）中确定的保修期为 3 年，自交付之日起计算。某商品住宅竣工 1 年后出售并交付使用，则开发企业向购房者的质量保修期不得低于 4 年；但如果竣工 3 年后交付使用，开发企业向购房者的质量保修期不是不低于 2 年，而是不低于 3 年。

另外，非住宅商品房的保修期限不得低于建设工程承包单位向建设单位出具的质量保修书约定保修期的存续期。

（7）其他规定　如销售商品房的房地产开发企业应取得营业执照、资质证书，不得一房多售，不得返本销售等。

复习思考题

1. 在哪些情况下开发企业自行销售？委托代理机构销售一般有哪些种类？
2. 商品房销售的计价方式有哪些？
3. 套内建筑面积由哪几部分组成？
4. 共有建筑面积的内容是如何规定的？
5. 房地产项目定价目标主要有哪些类型？
6. 什么是房地产促销组合？其主要工具有哪些？

第8章 房地产运作经营

导读

房地产运作经营从面向市场的角度，以系统科学的方法构建运营模式，涵盖房地产开发、经营、管理、服务等的项目运行全程。在房地产市场转型时期，房地产开发需要重整思路，重建模式，实现集约化、规模化与专业化；房地产经营管理及服务则面对市场变化与市场机遇，在做好传统房地产经营管理的同时，需要结合具体情况创新商业模式。本章基于前述，对于房地产开发仅作结构性的阐述，主要介绍房地产经营管理及服务的相关知识。

8.1 概述

8.1.1 房地产运作经营基本概念

1. 房地产运作的含义

运作是运行和操作的简称，指进行中的工作状态，将其应用于经济领域，则多指企业为实现一定的经济效益目标，所进行的计划、实施、协调、监督、检查等管理组织工作。房地产运作则是指房地产开发企业为实现预定的开发经营目标而进行的经营管理活动，根据其应用范围，可将其含义分为广义和狭义两种。广义的房地产运作涵盖房地产开发经营活动全过程，包括房地产开发企业设立、项目策划、规划设计、建设实施、竣工验收、物业管理等方面；狭义的房地产运作仅考察房地产项目建成投入使用后的经营管理活动，主要包括：房地产交易、物业管理等方面。

2. 房地产经营的含义

经营是指筹划和管理。房地产经营通常指房地产企业以市场需求为导向，围绕企业经营目标与发展战略，有效地占有并利用企业资源，筹划和管理企业的全部经济活动，从而为企业争取最大经济效益，并追求可持续发展。广义的房地产经营存在于整个房地产企业的经济活动中，狭义的房地产经营主要指流通环节和持有阶段的经济活动。

房地产运作与房地产经营在含义上具有很大相似性，在有些时候甚至可以不区分，均理解为"经营"。但二者仍有不同侧重，房地产运作侧重于表达项目运行的大思路与关键操作环节的具体方法；房地产经营则侧重于表达项目对市场的适应性，即企业如何对外经营。

房地产开发销售活动在我国房地产市场多年来占有主流位置，其属于大经营的范畴。而在我国房地产市场转型期，本书提到的房地产运作经营，则是指房地产企业在传统经营的基础上，集约化、信息化、专业化地面向市场的运行操作与创新发展。

房地产运作经营的研究和实践对当前房地产市场具有重要意义。根据国际经验，户均住宅套数接近1.1之前，住宅存量会保持较快增长，之后，住宅市场进入成熟稳定阶段。2013年我国城镇户均住宅超过1.05套，意味着我国房地产市场开始逐步进入转型期，这在2014年和2015年的房地产市场也有所表现。近两年来，开发企业纷纷意识到转型期的到来，在房地产市场由"黄金时代"逐步向"白银时代"发展的前提下，原有单纯以地产项目开发运作为核心的房地产操作模式正在被以存量资产经营为核心的新型理念所取代，存量资产的运作与经营水平正在逐步成为衡量房地产商的核心能力标杆。

房地产市场已从单纯的开发步入经营时代。客观地讲，房地产市场进入增量交易与存量交易并重的阶段，即住宅开发销售高增长的时期已经过去，但基于城镇化进程等因素，住宅开发销售在未来几年仍将占据市场重要位置，同时，二手住宅及产业地产等经营占据关键位置，是房地产企业实现成功转型的核心所在。

8.1.2 经营思想与性格理论

1. 房地产企业经营思想的含义

房地产企业经营思想是指房地产企业在分析企业外部环境与内部条件以及经营目标的基础上，形成的指导企业决策、计划、组织、控制等经营管理活动的思想体系。企业经营思想在确定之后达到成熟，需要经历一个长期复杂的过程。如果将一个企业拟人化，企业的经营思想就相当于人的性格。

2. 性格相关理论

根据性格理论，客观事物的影响通过认识过程、情绪过程和意志过程在个体的反映机构里保存并巩固，形成个体一定的态度体系，并以一定的形式表现在个体的行为中，构成个体一定的行为方式。因此，性格是人对客观现实的稳固的态度以及与之相适应的惯常的行为方式的心理特征。例如，坚强、勇敢、宽宏大量、坚毅果断、懒惰、怯懦等。性格的形成受到先天因素和后天因素及自我意识、自我教育的共同作用。性格在人的一生中扮演着重要角色，从某种角度看甚至是起到决定性的作用。通常，正直、开朗、自信、勇敢、持之以恒等良好性格特征，对人生的成功具有重要作用。

3. 房地产企业经营思想的重要性

房地产企业经营思想的成熟过程是企业生存与发展过程中经验与教训上升到哲理高度的归纳、总结与升华，因此企业经营思想又可称为企业经营哲学。同时，企业经营思想受到企业领导人的个性、知识、思想方法、阅历与经验等的深刻影响。

企业经营思想是企业运作经营的灵魂，对企业运营成败具有至关重要的作用。企业经营思想的正确与否，很大程度决定着企业的生存与发展。当经营思想表现为唯利是图与偷工减料，可能在短期经营中会获得较大利润，但在长远发展中通常会失去客户与市场而遭遇困境；当经营思想表现为以人为本与担负社会责任，在企业短期经营中可能没有获得高额利润，但具有可持续发展潜力，如果其他方面配合得当，逐步会得到市场认可，长期来看，企业经营具有良好效益。

另一方面，企业经营思想在某些方面没有绝对的正误区分，表现出各有利弊，或者针对不同企业与决策者表现出不同特性。例如，经营思想在风险方面的态度和认识，既表现出"无限风光在险峰"，又表现出"小心驶得万年船"。对待风险的合理态度是适度，但一般很难把握，成功的创业者通常的风险偏好性稍高或较高，保守型和不计风险型往往很难成功。而在实际运营操作中常常存在"逆向规律"，即保守型经营者应适当加大风险，激进型经营者应适当减少风险。经营思想的这些方面使企业经营表现出一定的不确定性，甚至是随机性，或者存在未被认识的客观规律。

企业经营思想是企业的"性格"，在一定程度上，企业经营思想决定经营决策者长期的整体的命运，有什么样的经营思想，就有什么样的企业命运，这是决策者在创立企业之初就应该清楚认识的。也可以反过来说，决策者应在创立企业之初就确定要追求什么样的命运，由此决定建立什么样的经营思想。例如，在对待风险方面的经营思想，当企业建立"稳健"风格，面对激进型企业在市场高涨时期取得的巨大业绩应平心静气，因为自身选择了"稳健"风格，即规避了高风险及其伴随的高利润，而激进型企业在获得巨大业绩的同时可能会在市场突变时遭受巨大损失。同样，当企业建立"激进"风格，如果在市场突变时遭受巨大损失，也应坦然面对，这是自身选择了"激进"风格的结果。通常，"常青树"企业具有系统思维、以人为本、勇于开拓创新、讲求效率、具备社会责任感等经营思想。

4. 房地产企业经营思想的主要内容

房地产企业经营思想的主要内容包括价值取向观念、系统观念、竞争观念、客户观念、人力资源观念、风险与创新观念、效率观念等。

（1）价值取向观念　企业的本质是盈利，没有盈利，企业就无法生存发展与贡献社会。但是，盈什么样的利，是企业价值取向的关键。正确的价值取向观念是以社会主义核心价值观为基础的、高质量发展为方向的企业经济效益、社会效益、环境效益的统一，而非唯利是图、偷工减料与欺骗客户，这是企业长远发展的根本与基石。

（2）系统观念　企业在经营管理中，面对错综复杂的市场和千头万绪的项目，往往剪不断理还乱，只有坚持系统观念，才能看清事物本质，把握事物发展规律。通过系统思维与分析，厘清事物系统的各要素、结构、功能及环境，从而透过纷乱的事物表象抓住本质，掌握规律及解决问题，同时避免挂一漏万。

（3）竞争观念　竞争的存在使企业产生优胜劣汰，形成市场的高效率，有利于市场发展。但是，竞争对于每一个企业来讲，带来生存压力，如果不在竞争中取得优势，就可能被市场淘汰。房地产企业在运作经营中应树立竞争观念，使竞争形成一种习惯。

（4）客户观念　房地产企业在对待客户方面，应树立提高人民生活品质的思想，建立以人为本、客户至上的观念。通过市场调查，透彻了解客户的现实需求和潜在需求，在产品的研发、设计、建造及服务过程中，以客户为中心，打造精品，最大限度满足客户体验。但是，需要说明的是，客户至上的观念并非是无条件地满足客户所有要求，对于客户提出的不合理要求，应坚持原则并耐心解释与说明。

（5）人力资源观念　世界是人的世界，企业是人的企业，企业竞争与生存发展的关键是人力资源。房地产企业应在人才的吸引与选聘、培训、评价及激励等方面树立正确的观念，例如，英雄不问出处，唯才是用，量才而用，用人不疑，疑人不用，海纳百川，以及业绩评价、动态评价与有效激励等。应该注意的是，对人才不可求全责备，山愈高而谷愈深，优点突出的人往往缺点也突出，关键在于如何合理用人，扬长避短。

（6）风险与创新观念　风险客观存在于房地产企业运营的方方面面，一味回避和完全不计风险都是不可取的。房地产企业需要根据决策层个体的风险偏好特征，结合企业具体情况、行业特征及所处的环境，确定企业运作经营中的风险态度。在现代市场经济中，房地产企业必须树立创新观念。只有在瞬息万变的市场中，务实创新，不断推出满足客户新需求的新产品，并在当今互联网时代大潮中，锐意进取，敢为天下先，开拓新的商业模式并不断完善，才可能成为新经济的弄潮儿。如果企业墨守成规，面对激烈的市场竞争，势必会被淘汰出局。

（7）效率观念　企业在竞争环境中为求生存发展，不仅需要拼搏精神和创新精神，而且必须树立效率观念。市场竞争不仅是不进则退，而且是慢进则退。在互联网等新技术高速发展的今天，竞争在很大程度上表现为效率的竞争。如果缺乏效率观念，即便房地产企业在各方面规划布局，励精图治，辛勤运作，或许超越了过去的自己，但相对进步缓慢，会使企业失去很多机遇，处于竞争劣势，甚至难以生存。

8.1.3　房地产运作经营的分类与体系

根据物业的不同使用功能，房地产运作经营可分为居住房地产的运作经营、写字楼房地产的运作经营、工业房地产与产业地产的运作经营、商业房地产的运作经营等。

1. 居住房地产的运作经营

居住房地产的运作经营主要包括住宅开发与销售、租赁、存量租售、抵押、典当、物业管理及其他居住房地产运作经营。

（1）住宅开发与销售　住宅开发与销售在我国经过多年高速发展，形成了多种模式。其中，中国香港地区模式与美国模式具有代表性，并且总体表现为中国香港地区模式向美国模式的过渡。所谓中国香港地区模式，是指开发商独立完成项目的前期研究、买地、建造、销售、管理等主要开发流程；所谓美国模式，是指房地产开发的全部流程各个环节可由不同的专业公司来完成，强调专业分工细化。在从中国香港地区模式向美国模式的过渡过程中，我国房地产开发市场已逐步形成以开发企业为主导，整合各方资源与合作关系，多专业公司分工协作的格局。各个专业化公司诸如策划咨询公司、设计公司、建筑公司、销售代理公司、物业服务公司等，而开发企业的工作主要集中在前期研究决策、资金运作、获得土地使用权、报建及各专业公司协作管理。随着市场分工的发展，在一些城市还出现了开发企业工作的进一步细分，前期开发企业进行项目前期阶段的运作经营，房屋开发企业进行住宅建造、销售及综合运作经营。通常，前期开发企业是本地企业，熟悉项目前期程序；而房屋开发企业一般是实力雄厚的大型集团公司，在各城市进行开发时，分工出地区性显著的前期环节（施工与销售亦有专业公司），集中精力在资金运作、资源与协作关系整合及综合管理等优势环节。在有些情况下，例如对于小盘项目，房屋开发公司通常是本地中小型企业。

除此之外，还有一些各具特色的创新模式。例如，"先建环境"模式，一些大型开发园区在基础设施与公共设施建设理念的基础上，致力于园区绿色生态建设与人文环境建设，形成新型宜居环境，有效提升区域形象与价值，成为投资热点地区；"项目经营"模式，对于一些上千亩用地的开发项目，大型房地产公司获得土地使用权并进行土地开发及前期工作，然后划分成多个地块，由诸多开发企业进行房屋开发和销售，形成大型项目高效运作的新模式；"产品线"模式，一些实力雄厚的房地产企业在各大城市的房地产开发中，对具有类似需求特征的目标市场采用某一特定产品线，并根据具体情况做适当调整和修正，通过合理的产品线长度（一条产品线内的产品种类数）和产品线宽度（产品线的总数），开发企业可以很大程度地降低成本、缩短工期、复制扩张，同时保证品质，树立品牌，这在一定程度上改写了传统房地产理论的房地产产品独一无二性，是开发企业在规模化发展中的创新。

在我国房地产市场的转型期，开发模式的转变至关重要，由于市场需求总量将一定程度下调或增幅下调，总体趋势将表现为分类开发与集约开发、保障房开发与精品开发，同时相当程度地结合金融与互联网技术。前几年，一些开发企业进军三四线城市，仍沿用一二线城市的开发模式，导致遭遇困境，实际上总体来看，三四线城市的房地产开发，乃至未来的乡镇房地产开发，具有广阔的市场，关键是寻找针对性的开发模式。

(2) 住宅租赁与存量租售　住宅新房的租赁在纯市场化的运作经营中比较少见，目前主要存在于政府保障房系列的公共租赁住房和廉租住房，并轨后称公共租赁住房。在政府购买服务机制完善的条件下，开发企业可以参与其中。值得注意的是，随着共有产权房制度的推出和实施，涉及限价房、经济适用房、公租房和廉租房的相关政策，将给住宅新房的租赁带来较大变化。

存量租售主要指二手住宅的租赁和买卖。相对于住宅新房的开发与销售，二手住宅租售在我国总体发展较慢，这与发达国家以二手房交易为主的情况不同，是市场的一个发展阶段，在市场转型期后，将逐渐出现二手房交易主导的情况。近年来，北京、上海、深圳等大城市已出现二手房交易非常活跃的现象。二手房租售长期以来是房地产中介企业的主要业务，发展规模一度受到各种条件的制约，而随着房地产市场的变化，以及互联网技术的发展与金融的渗透，房地产中介企业近年来取得里程碑式的发展，有的甚至成为上市企业，一些开发企业纷纷与中介企业密切合作，或者开始布局二手房市场。

(3) 住宅抵押与典当　住宅抵押是指房屋的所有者因借贷或为第三人担保债务的履行，将房屋作为债权人对债务人不转移占有而供作债权担保的一种行为。其中，债务人或第三人称为抵押人，债权人称为抵押权人，提供担保的财产或房屋称为抵押物。另外，预购商品住宅贷款抵押是指购房人在支付首期房价款后，由贷款金融机构代其支付其余购房款，将所购商品住宅抵押给贷款银行作为偿还贷款履行担保的行为；在建工程抵押则是指抵押人为取得在建工程继续建造资金的贷款，以其合法方式取得的土地使用权及在建工程的投入资产，以不转移占有的方式抵押给贷款银行作为偿还贷款履行担保的行为。根据《中华人民共和国民法典》物权编规定，抵押权人在债务履行期限届满前，与抵押人约定债务人不履行到期债务时抵押财产归债权人所有的，只能依法就抵押财产优先受偿。抵押期间，抵押人可以转让抵押财产。当事人另有约定的，按照其约定。抵押财产转让的，抵押权不受影响。抵押人转让抵押财产的，应当及时通知抵押权人。抵押权人能够证明抵押财产转让可能损害抵押权的，可以请求抵押人将转让所得的价款向抵押权人提前清偿债务或者提存。转让的价款超过债权数额的部分归抵押人所有，不足部分由债务人清偿。

住宅典当在理论上，典和当是有区别的，典是指出典人（借款人）将房屋让出并交给典当行，承典人（典当行等贷款机构）支付典金，对房屋可以占有、使用及收益，在典期内，承典人不支付房屋房租，出典人不支付典金利息，即"房不计租，钱不计息"，也是在一般情况下不区分典和当所理解的典当；而当是指借款人将房屋让出并交给典当行封存保管，典当行支付一定的当金，借款人在约定期限内归还当金和交付利息及综合费用并收回房屋。需要说明的是，现实中一些典当行所从事的房地产抵押典当业务，并不是上述的典和当，实质上是典当行经营的房地产抵押贷款融资活动。

（4）物业管理及其他居住房地产运作经营　物业管理可以划分为传统物业管理和创新物业管理。传统物业管理主要是对物业管理区域内房屋及配套的设施设备和相关场地进行维修、养护、管理，维护物业管理区域内的环境卫生和相关秩序，在提供常规服务（物业服务费对应的基本服务内容）和无偿服务（如设置医药箱、地图册，提高社会效益和长期效益）的基础上，进行委托特约服务（如代购机票、代室内清洁等）和经营服务（如室内装修、代理经租等）。

创新物业管理从严格意义上讲，虽然与物业管理有交叉内容，但很多已经超出了传统物业管理范畴，实质是对住宅小区的经营，在近年房地产市场转型及互联网时代背景中，呈现出巨大的发展潜力。具体表现在，房地产开发企业不再仅仅争取提供一个好的房子，还要提供好的家，更要提供好的生活。开发企业开始深耕社区服务市场，实现从开发商到服务商的转变，开展社区资产经营、养老服务、社区商业等专业业务。

其他居住房地产运作经营包括长租公寓、家庭旅馆、宿舍楼及养老院等的运作与经营。

2. 写字楼房地产的运作经营

写字楼房地产的运作经营目前在我国主要有三种形式，其一是开发后即销售，这种形式一度占据较大市场份额，且粗放开发特征明显，描述笼统，客户定位不清晰，如甲级、5A等；近些年表现出一定的集约化与细分，如面向企业总部的不同体量的"整购"写字楼、面向中小企业的写字楼、面向专业服务公司的写字楼、面向金融机构的写字楼、面向文化娱乐时尚的写字楼等。其二是开发后持有再转售与收购，这是发达国家写字楼运作经营较成熟的做法，开发企业在建造写字楼后，持有写字楼进行出租经营或委托经验丰富的机构经营，五至十年后，写字楼盈利稳定，再次装修后以较高价格售出；写字楼市场同时会出现大型企业集团的整栋收购活动，往往伴随着高风险高收益；对于这些活动，附加以抵押贷款等金融杠杆作用，如果时机把握得当，则获利丰厚。其三是新服务理念写字楼，这是近年的写字楼运作经营新模式，房地产企业充分利用互联网思维与技术，不再仅仅注重写字楼销售与收购，而将运营、管理，尤其是服务作为核心竞争力，推出创客空间等新型联合办公场所。上述三种形式各具特点，具有不同适应性，同时并存于当前写字楼市场。

3. 工业房地产与产业地产的运作经营

工业房地产是指工业用地及其地上建筑物与附属物，包括工业厂房、物流仓库、研发用房等，也称工业地产。产业地产通常是工业地产的升级，通过整合工业物业、商业物业、写字楼物业及其他各方面资源，提供城市化、工业化、产业化、集群化的物质空间与发展平台，对进驻企业进行全方位的综合配套服务，同时有效促进区域经济增长。

工业地产与产业地产的运作经营从运营主体的角度可以分为四种模式，一是政府主导的开发园区模式；二是大型企业集团自建产业园区模式，主要是开发建设并引进自己主业的上下游企业及相关企业；三是房地产开发商的市场化开发模式，包括各类型产业地产专业运营商与各大中型开发企业根据市场需求进行项目开发与运行管理；四是上述模式的综合运作模式。对于房地产开发商的市场化开发模式，具体操作类型有多种，主要包括：① 出售工业物业；② 出租工业物业；③ 持有物业上市；④ 进行物业服务、咨询服务、产业服务等配套服务；⑤ 收购闲置厂房等存量工业物业，改造成为创新工业园区或创意产业园区等。

4. 商业房地产的运作经营

狭义的商业房地产包括了店铺、超市、购物中心等零售与批发商业房地产，广义的还包括了写字楼、酒店及度假村房地产等。由于运作方式的差异与专业差别，在有些情况下对写字楼和酒店及度假村房地产进行单列区分。

商业房地产的运作经营模式主要包括三类，一是开发后即拆零销售，将商业项目划分为若干个商铺或者若干个份额进行零售，项目资金回笼快、获利迅速，但后期经营风险大，产权多元化容易造成经营管理难协调问题；为保障投资者利益及开发企业品牌，此模式操作需要极高的整合能力并探索改善途径。二是开发或直接购置后采取租售结合、全部出租或自主经营。对于租售结合，房地产企业往往可以通过出售收回投资，然后经营持有物业获得营运利润，但亦存在产权分化带来经营矛盾的可能；对于全部出租与自主经营，房地产企业或投资商持有完全产权，可以进行整体策划，合理布局商业业态，统一招商、统一管理、统一经营，具有良好的可操作性；在具体运作方面，通常需要首先寻求与大型零售商业企业合作构造核心业态，然后确定其他相关业态与中小企业，借助商业巨头影响力，加快各类中小店铺招商；同时，项目运行需要房地产企业或投资商具有商业经营能力和丰富经验，但对此一般很难满足，成功案例也较少，毕竟各有社会分工，通常需要委托专业管理公司进行运营。三是开发后采取售后包租等融资方式促进商业物业销售，国家对此通常采取限制或否定的态度。《商品房销售管理办法》规定，开发企业不得采取返本销售或者变相返本销售的方式销售商品房，不得采取售后包租或者变相售后包租的方式销售未竣工商品房。因此，返本销售商业物业在我国是被禁止的，售后包租销售未竣工商业物业是被禁止的，对已竣工商品房的售后包租销售未作规定。

其他房地产的运作经营包括酒店与旅游地产、高尔夫球场、飞机场、赛马场、车站、码头等房地产的运作与经营。房地产运作经营从广义的角度涵盖了房地产项目全寿命周期的运营管理，本章对房地产开发环节不再赘述，侧重于介绍房地产持有阶段的运营管理。

8.2 居住物业管理

8.2.1 物业管理与居住物业管理

1. 物业管理及其发展

（1）物业 "物业"一词由我国港澳地区传入内地并逐渐被民众接受和使用。在国际上，"物业"是一个通用的专业词汇，泛指各类房屋、附属设施以及相关的场地，与房地产、不动产具有相近的含义，但在我国，"物业"则有其约定俗成的含义，与房地产、不动产有一定的区别,是指已经建成并投入使用的各类房屋及配套和相关场地。各类房屋可以是建筑群,如居住小区、工业园区,也可以是单体建筑,如一栋写字楼、商业大厦等。配套的设施设备和相关场地则是指与上述房屋相配套或为房屋使用者提供服务的室内外各类设备、市政公用设施及与之相邻的场地、广场、道路等。简单地说,物业是一种具体的存在形态,由土地和附属建筑物构成,是建筑物与建筑地块的统一。

(2) 物业管理　《中华人民共和国民法典》物权编规定,业主可以自行管理建筑物及其附属设施,也可以委托物业服务企业或者其他管理人管理。对建设单位聘请的物业服务企业或者其他管理人,业主有权依法更换。根据《物业管理条例》(2018年3月19日修订),物业管理是指业主通过选聘物业服务企业,由业主和物业服务企业按照物业服务合同约定,对房屋及配套的设施设备和相关场地进行维修、养护、管理,维护物业管理区域内的环境卫生和相关秩序的活动。要正确理解物业管理的含义,需把握如下三点:

首先,物业管理具有委托性和有偿性两个基本特征。委托性是指业主(委托人)通过与物业服务企业(受托人)签订物业服务合同,将其所属的物业委托给受托人统一经营管理。物业服务企业进行的物业服务活动本质上属于业主委托的有偿契约行为。

其次,物业管理服务主体是物业服务企业及其从业人员。根据住房和城乡建设部的规定,从事物业管理活动的物业服务企业和从业人员应具有相应资质和资格,物业管理人员必须通过相应的资格考试,持证上岗。

最后,物业管理的服务对象是业主,管理对象是物业。物业管理的目的是为业主提供高效、优质、便捷的综合性服务。而物业管理的对象是已竣工并投入使用的各类房屋及其附属配套设施、设备和场地,服务内容主要包括物业所辖范围内的环境卫生、绿化养护、消防安全和道路交通组织等。

(3) 物业管理的发展　计划经济时代,我国的物业管理基本上是由各单位的行政部门或地方政府的房管部门来进行的,并没有形成现代服务业意义上的物业管理体系。20世纪80年代后,改革开放的大环境使国外先进的物业管理经验得以在我国引进和传播。广东、上海及北京等地房地产业的有识之士在学习国外经验的同时,又结合国内的实际情况进行了探索,开始尝试建立具有中国特点的物业管理事业。

从我国房地产业的发展趋势看,专业性物业公司的出现具有重大意义。原各物业机构大而全、小而全的管理格局将逐渐被所有权与经营权分离,配套服务诸如专项维修、清洁、保安等工作由相应的专业公司承担的新格局所取代。2003年,国务院颁布《物业管理条例》(国务院令第379号),这是中国物业管理行业以国务院的名义颁布的第一部法律法规,标志着我国物业管理行业进入了依法管理的轨道。2007年,《中华人民共和国物权法》(国家主席令第62号)颁布实施,在产权方面奠定了物业管理的法律基础,明确了物业管理的法律性质和物权人在物业管理活动中的地位、权利、义务和职责,确立了物权人在物业管理活动中的主体地位,并根据《中华人民共和国物权法》的相关规定对《物业管理条例》进行了修订。同年11月,建设部发布了《建设部关于修改〈物业管理企业资质管理办法〉的决定》(建设部令第164号),对原有的《物业管理企业资质管理办法》进行了修订,其中将"物业管理企业"修改为"物业服务企业",强化了物业管理行业的服务性质。2018年3月,住建部发布废止《物业服务企业资质管理办法》的决定,继之前取消物业公司注册资本限制、取消物业管理人员从业资格限制、取消物业公司资质核定,到此次资质管理办法取消，进一步激发了市场活力，促进着行业向更深层次的市场化和专业化发展。

我国物业管理服务行业正在步入良性快速的发展轨道，一批法律法规的实施和优化将促进物业管理服务的正规化、标准化、专业化，必将进一步确立物业管理服务业在我国的地位，标志着我国物业管理行业进入了新的发展时期。

2. 居住物业管理及其重要性

居住物业是指具备居住功能、供人们生活居住的建筑，包括住宅小区、高级公寓、别墅等，以及与之相配套的公用设施、设备和公共场地。居住物业主要提供居住功能，不同类型的居住物业能满足人们对居住的安全性、舒适性以及便利性等的要求。居住物业管理是指物业服务企业或其他经营主体受居住物业业主委托，对居住物业进行日常管理，为业主提供居住物业保值增值服务的经营行为。居住物业管理对于物业的保值增值极其重要，主要体现在以下方面：

（1）居住物业管理是构建和谐社区的物质基础　社区是社会的基本构成要素，和谐社区是构建和谐社会的基础。社区是社会的基本单元，是人们生活的基本空间，它作为人们生产和生活的"共同体"和重要活动场所，人的许多需求，通过社区服务和物业管理得以满足。通过物业管理，建立良性互动的双向沟通机制，一是物业服务企业与业主委员会、居委会的良性互动，物业服务企业定期向业主委员会汇报物业管理工作、沟通信息；二是物业服务企业与业主的良性互动，能使业主的需求和意见及时地反馈给物业服务企业，真正建立起由业主当家做主的机制。物业管理是构建和谐社区的重要手段，和谐社区是构建和谐社会的切入点，社区和谐和社会的稳定发展有着十分密切的互动关系。

（2）有利于提高居住品质，进而提高城市文明程度　居住小区物业管理的目的是保证和发挥物业的实用功能，为业主创造和保持整洁、文明、安全、舒适的生活和工作环境。住宅小区物业管理是人民居住水平的一个重要标志，是生活质量的重要体现，最终实现社会效益、经济效益、环境效益的统一和同步增长，提高城市的现代文明程度。

（3）使居住物业得以不断保值、增值　居住物业具有价值大、耐用年限长的特点，是人类赖以生存和发展的物质基础之一。住宅小区物业管理能使住宅小区发挥其正常的功能和效用，能有效保证房屋的安全和住户的正常使用。通过对物业不断的维修、保值，同时可以节约资源，节省投资，从而实现经济效益和社会效益的统一。

3. 居住物业管理分类

按照物业类型的不同可将居住物业划分为住宅小区、高级公寓及别墅等类型，相应地，居住物业管理也可划分为住宅小区物业管理、高级公寓与别墅物业管理等。

（1）住宅小区的物业管理　住宅小区是指按照统一规划、合理布局、综合开发、配套建设和统一管理的原则开发建设的，并达到一定规模，具有比较齐全的公共配套设施，能够满足业主正常物质文化需求，并为交通干道所分割或自然界限所围成的相对集中的居住区域。引入物业服务企业对住宅小区进行统一管理服务，对于提升住宅和人居环境质量，改善人民生活，推进城市发展具有重大意义。住宅小区的物业管理就是要通过科学的管理服务和专业化的技术手段来实现住宅小区利益相关方经济效益、社会效益、环境效益的统一。

（2）高级公寓的物业管理　高级公寓一般指建筑质量高、附属设备设施高档、完善，有独自房号及专门出入通道，成为各个独立居住单位的物业形式。目前，高级公寓多以高层形式呈现，内部装修精致，外部环境优质，物业服务水平较高。相较于住宅小区的物业管理，高级公寓的物业管理具有如下特点：

第一，高级公寓物业服务市场化程度高，服务标准高。高级公寓的业主对于居住条件和物业服务要求较高。这就对物业服务人员的素质、数量乃至物业服务企业的管理水平提出了更高的要求。业主在要求全方位、多项目服务的同时，对较高的物业服务价位也有充分的预期并能够接受。在高级公寓的物业服务中，服务水平的提升与较高的收费标准相匹配，成为高级公寓业主与物业服务企业的共识，市场化的物业服务交易也逐步得以推进。

第二，高级公寓业主相对稳定，服务周期长。高级公寓主要通过出售和出租两种形式进行经营管理，较高的总价或租金水平为业主的进驻设置了较高的门槛，也为业主的相对稳定性提供了保障。业主的相对稳定性为物业服务企业获取长期稳定的收益提供了保障，也增加了物业服务企业提高物业服务水平和质量的积极性。

（3）别墅的物业管理　别墅是指带有庭院的，二至三层的独立居室和住宅形式，它可以分为独立式和连体式两种类型。别墅多建立在城市近郊或风景区，选址一般与自然景观、人文景观相互融合，主要用于休养、娱乐、度假等功能。相较于其他居住物业形式，别墅具有建筑样式各不相同、室内装修不同、室外环境不同的特点，有可能为注重标准化、规范化的物业服务企业带来挑战。

8.2.2　居住物业管理的相关各方

1. 物业服务企业

（1）概念及特点　物业服务企业是指是指依法设立、具有独立法人资格，从事物业管理服务活动的企业。国家提倡业主通过公开、公平、公正的市场竞争机制选择物业服务企业。

物业服务企业具有专业性、平等性、经营性的特点。专业性是将有关物业的各专业管理都纳入物业服务企业的范畴之内，物业服务企业可以通过设置分专业的管理职能部门来从事相应的管理业务。同时，物业服务企业也可以将一些专业管理以经济合同的方式交给相应的专业经营服务公司，进行社会化专业分工，其主要进行相应的组织、协调和管理。平等性是指物业服务企业与业主是受托和委托的关系，其法律地位是平等的，双方对于是否建立服务企业关系具有平等的自主选择权。经营性强调物业服务是一项有偿业务，物业经营应在围绕"服务业主"的基础上，开发能产生一定经济效益，能满足业主多种需求的经济增长业务，从而达到"双赢"的目的。

（2）相关规定　从事物业管理活动的企业应当具有独立的法人资格。一个物业管理区域由一个物业服务企业实施物业管理。业主委员会应当与业主大会选聘的物业服务企业订立书面的物业服务合同。物业服务合同应当对物业管理事项、服务质量、服务费用、双方的权利义务、专项维修资金的管理与使用、物业管理用房、合同期限、违约责任等内容进行约定。物业服务企业应当按照物业服务合同的约定，提供相应的服务。

物业服务企业承接物业时，应当与业主委员会办理物业验收手续。业主委员会应当向物业服务企业移交规定的资料。物业服务合同终止时，物业服务企业应当将物业管理用房和所规定的资料交还给业主委员会。物业服务合同终止时，业主大会选聘了新的物业服务企业的，物业服务企业之间应当做好交接工作。

物业服务企业可以将物业管理区域内的专项服务业务委托给专业性服务企业，但不得将该区域内的全部物业管理一并委托给他人。物业管理区域内，供水、供电、供气、供热、通信、有线电视等单位应当向最终用户收取有关费用。物业服务企业接受委托代收前款费用的，不得向业主收取手续费等额外费用。

2. 业主、业主大会与业主委员会

（1）业主与物业使用人　业主指物业的所有权人，即土地使用权和房屋所有权人，是所拥有物业的主人，简称业主。根据《物业管理条例》第六条规定，"房屋的所有权人为业主"。《中华人民共和国民法典》物权编关于"业主的建筑物区分所有权"中，直接使用了"业主"一词，即"房屋的所有权人"，但这并没有排除业主对与房屋相配套的设备、设施和相关场地拥有的相关权利。这是因为中国实行房屋所有权与土地使用权归属同一个主体的原则，拥有了房屋的所有权在事实上即拥有了与房屋相配套的设备、设施和相关场地的相关权利。

使用人是指不拥有物业的所有权但通过某种形式而获得物业使用权并实际使用该物业的人。包括：① 与业主共同居住的亲友；② 物业的租户。业主与使用人的根本区别在于使用人没有对物业的最终处分权，例如对物业的买卖和处置。

（2）业主大会　由物业管理区域内全体业主组成，是区域内物业管理的最高权力机构，是物业管理的决策机构。《中华人民共和国民法典》物权编规定，"业主可以设立业主大会"，《物业管理条例》确定了业主大会的内涵，即"物业管理区域内全体业主组成业主大会"。

业主大会是基于业主的建筑物区分所有权的行使而产生的，由全体业主组成，是居住社区区划内房屋及其附属设施、设备的管理机构，因此只要是居住社区区划内的业主，就有权利参加业主大会，行使专有部分以外共有部分的共有权以及共同管理的权利，并对小区内的业主行使专有部分的所有权做出限制性规定，以维护本居住社区区划内全体业主的合法权益。由于业主大会是由业主自行组成的维护物业整体利益的组织，因此它具有民主性、自治性和代表性等特征。

《物业管理条例》与《业主大会和业主委员会指导规则》规定了业主大会成立条件，即业主大会根据物业管理区域的划分成立，一个物业管理区域成立一个业主大会。物业管理区域的划分应充分考虑物业的共用设施设备、建筑物规模、社区建设等因素。业主大会自首次业主大会会议表决通过管理规约、业主大会议事规则，并选举产生业主委员会之日成立。

业主大会的职责主要包括：① 制定和修改业主大会议事规则；② 制定和修改管理规约；③ 选举业主委员会或者更换业主委员会成员；④ 制定物业服务内容、标准以及物业服务收费方案；⑤ 选聘和解聘物业服务企业或者其他管理人；⑥ 筹集和使用专项维修资金；⑦ 改建、重建建筑物及其附属设施；⑧ 改变共有部分的用途；⑨ 利用共有部分进行经营以及所得收益的分配与使用；⑩ 法律法规或者管理规约确定应由业主共同决定的事项。

（3）业主委员会　作为业主大会的常设机构和执行机关，行使日常事务的管理权。由业主大会选举产生，并向业主大会负责。具体来讲，业主委员会是一个物业管理区域中长期存在的，代表业主行使业主自治管理权的机构，是业主自我管理、自我教育、自我服务，实行业主具体事务民主制度，办理本辖区涉及物业管理的公共事务和公益事业的社会性自治组织。业主委员会的活动经费，经业主大会审核后，由全体业主分担。

业主委员会是业主大会的执行机构、在业主大会授权下进行工作，并向其负责。它的主

要职责如下：① 执行业主大会的决定和决议；② 召集业主大会会议，报告物业管理实施情况；③ 与业主大会选聘的物业服务企业签订物业服务合同；④ 及时了解业主、物业使用人的意见和建议，监督和协助物业服务企业履行物业服务合同；⑤ 监督管理规约的实施；⑥ 督促业主交纳物业服务费及其他相关费用；⑦ 组织和监督专项维修资金的筹集和使用；⑧ 调解业主之间因物业使用、维护和管理产生的纠纷；⑨ 业主大会赋予的其他职责。

3. 街道办事处与居委会

街道办事处是市辖区人民政府或功能区管委会的派出机关，受市辖区人民政府或功能区管委会领导，行使区人民政府或功能区管委会赋予的职权。居民委员会是居民自我管理、自我教育、自我服务的基层群众性自治组织，是我国城市基层政权的重要基础，也是政府联系人民群众的桥梁和纽带之一。

物业服务与管理是城市建设与社区建设的重要组成部分。物业服务企业与业主大会、业主委员会应当接受街道办事处、乡镇人民政府和居民委员会的工作指导，并积极配合其开展城市建设与社区基层管理工作。

4. 物业管理行业协会

物业管理行业协会是物业服务市场的民间性、自律性与自服务性组织，其本质是社会团体法人，不以盈利为目的，代表物业服务行业的共同利益，并为其服务。物业服务企业应积极参加各级物业管理行业协会及其组织的活动，接受其业务指导。在社会主义市场经济条件下，政府对行业的行政管理仅是一个底线，对于物业管理这样一个专业性很强的行业来讲，行业管理应该越来越依靠行业组织的自律管理。

中国物业管理协会简称"中国物协"，英文名称为 China Property Management Institute，缩写为 CPMI，是经国家民政部批准并注册登记，具有社团法人资格的全国性社会团体。其主管部门为中华人民共和国住房和城乡建设部。中国物业管理协会于 2000 年 10 月在北京举行第一次全国会员代表大会，会上通过了《中国物业管理协会章程》，选举产生了第一届理事会和常务理事会、名誉会长、会长、副会长、秘书长和副秘书长，会议宣告中国物业管理协会成立。协会总部设在北京。中国物业管理协会是以物业服务企业为主体，相关企业参加，按照有关法律、法规自愿组成的全国行业性的自律组织，具有国家一级社团法人资格，现有会员千余个。

5. 国家行政主管部门及相关部门和单位

根据《物业管理条例》，国务院建设行政主管部门负责全国物业管理活动的监督管理工作，是国家一级的物业管理主管机构，主要进行全国物业管理的宏观管理和调控，配合国务院价格主管部门制定物业服务收费办法、会同国务院财政部门制定专项维修资金收取、使用和管理办法，以及查处物业管理活动中的违法行为等工作。

县级以上地方人民政府房地产行政主管部门负责本行政区域内物业管理活动的监督管理工作，是地方一级的物业管理活动的监督管理机构，主要职能包括组织编制地方物业服务行业发展规划、标准规范等并组织实施，进行物业服务企业业务规范监管工作、地方物业服务企业和从业人员的监督管理工作、物业管理用房缴交确认管理工作。监督管理前期物业服务招标投标工作，进行物业监管相关信息化建设管理工作。指导和监督业主大会、业主委员会的建设运作，指导物业专项维修资金和物业保修金的归集、使用管理。参与物业服务指导价格的拟订与市场价格的监测分析，组织实施物业管理改善工作。

同时，物业管理涉及面广，需要主管部门的监督管理，也需要相关部门和单位的大力协助。因此，公安、民政、物价、工商、建设、规划、市政公用等有关行政管理部门需要按照各自的职责，协同进行相关工作。

8.2.3 居住物业管理服务内容

实施居住物业管理的目的是保障居住物业的房屋、建筑物及其设备和公共设施的正常使用，创造清洁优美、舒适方便、文明安全的使用环境，因此居住物业管理最基本的业务就是对物业及其配套设施的维修养护，如房屋、机电、水电等公共设施的维修，随后扩大到环境卫生（如绿化、清洁等）、消防、保安等。随着人们生活水平的提高，对居住物业管理的要求也越来越高，"以人为本"成为物业管理的新主题，进入这一阶段，居住物业管理的范畴进一步拓展。目前，除上述内容外，居住物业管理更加注重对环境配套的设计，互联网＋物业管理运用等，尤其是居民文化生活的配套，营造社区文化氛围，利用互联网平台开展全面的社区生活服务。

1. 居住物业的工程管理

（1）房屋的维修与保养　物业服务企业定期对整栋房屋外墙、公共交通部分（公共走廊、楼梯等）、屋顶及其他公共场所进行日常维修，以延长居住物业的使用寿命。

（2）设备的保养与维修　为了保证物业管理范围内的设备能够正常使用，必须对其进行保养与维修。这部分工作包含两部分内容：一是指日常维护，所有设备必须保证其性能良好，正常运行；二是指一旦设备发生故障，维修工必须及时到场维修。要做好上述工作，还需要建立设备档案，以备出现故障时查验使用。

（3）居住物业装修与管理　居住物业的业主在房屋交付使用后有权对物业进行装修，但装修必须在规定范围内进行。业主在对居住物业实施装修时，应当遵守相关法律法规及管理规约。

2. 居住物业环境管理

居住物业环境范畴很广，包括居住环境、文化环境、商业环境、安全环境等方面。物业环境管理是指物业服务企业对所管物业区域内所有环境的管理，物业服务企业通过为业主和使用人提供保洁服务、绿化管理和污染的防治等业务活动，为业主和使用人提供整洁、舒适和美观的居住与工作环境。居住物业环境管理的内容主要包括保洁管理、绿化管理、环境污染防治。

（1）保洁管理　保洁管理是指物业服务企业通过宣传教育、监督治理和日常保洁服务工作，保护居住物业区域环境，防止环境污染，定时、定点、定人进行垃圾的分类收集、处理与清运，通过清扫、擦拭、整理等专业性操作，维护辖区公共地方、公共部位的清洁卫生，保持环境整洁，提高居住社区环境效益。保洁管理的范围主要包括受委托物业管理区域内的公共区域（如道路、广场等）、共用部位（如楼梯、走廊等）、垃圾处理。

（2）绿化管理　绿化管理是指受托居住社区绿地建设和绿化养护管理。绿化具有保护和改善居住环境、陶冶情操和修身养性的作用。根据中国城市绿化分工的有关规定，居住小区道路红线之内的部分归房管部门或物业服务企业绿化和养护管理。物业辖区内绿化系统包括：公共绿地、公用设施绿地、住宅旁和庭院绿地、街道绿地、垂直绿化等。

（3）环境污染防治　环境污染是指人们将其在生产、生活和其他活动中产生的废弃物或者有害物质过量地排入环境，其数量和浓度超过了环境自净能力或生态负载限额，导致环境质量下降或恶化的现象。环境污染包括：大气污染、水体污染、噪声污染及固体废弃物污染等。污染防治是指控制人类活动向环境排放污染物的种类、数量和浓度。随着人们对居住环境质量要求的提升，环境污染防治已成为物业服务企业工作不可或缺的部分。

（4）车辆管理　车辆是联系物业区域与外部世界的重要载体，道路是联系物业区域与外部世界的通道。在物业管理中对车辆和道路的管理是非常重要的工作内容。随着人民生活水平的提高，车辆数量逐年增加，车位不足、车辆乱停乱放、车辆被盗等事故屡屡发生，为物业服务企业提出了全新的挑战。车辆管理内容包括：道路管理、交通组织、进出管理、停车管理等方面。

（5）安全管理　居住物业安全管理是指物业服务企业采取各种措施和手段，保证业主和使用人的人身、财产安全，维护正常生活秩序的一种管理服务活动。其主要内容包括居住社区的治安管理与消防管理等方面。

另外，物业管理服务的内容还包括物业服务区域的承接查验、物业入住服务、物业档案资料的管理等。同时，物业服务企业可以将保安、保洁、绿化、房屋与设备维修等专项服务业务委托给专业性服务企业，也可以接受委托代收供水、供电、供气、供热、通信、有线电视等费用（但不得向业主收取手续费等额外费用），还可以根据业主的委托提供物业服务合同约定以外的服务项目，服务报酬由双方约定。

8.2.4　居住物业管理服务的早期介入、前期物业管理服务与通常物业管理服务

1. 早期介入

物业管理服务的早期介入是指物业服务企业或相关机构组织在物业进行规划、设计和建设时就开始参与其中，从物业管理服务的角度提出意见和建议，使建成后的物业能够更好地满足业主和使用人的需求。

2. 前期物业管理服务

前期物业管理服务是指业主大会和业主委员会成立前的这一时期的物业管理服务。根据《物业管理条例》，在业主、业主大会选聘物业服务企业之前，建设单位选聘物业服务企业的，应当签订书面的前期物业服务合同。

建设单位应当在销售物业之前，制定临时管理规约，对有关物业的使用、维护、管理，业主的共同利益，业主应当履行的义务，违反临时管理规约应当承担的责任等事项依法做出约定。建设单位制定的临时管理规约，不得侵害物业买受人的合法权益。当然，此时若已选聘物业服务企业，可以由物业服务企业制定临时管理规约。

建设单位应当在物业销售前将临时管理规约向物业买受人明示，并予以说明。物业买受人在与建设单位签订物业买卖合同时，应当对遵守临时管理规约予以书面承诺。

国家提倡建设单位按照房地产开发与物业管理相分离的原则，通过招标投标的方式选聘物业服务企业。建设单位与物业买受人签订的买卖合同应当包含前期物业服务合同约定的内容。

3. 通常物业管理服务

通常物业管理服务即物业管理服务，是指业主大会和业主委员会成立后的这一时期的物业管理服务。根据《物业管理条例》，业主委员会应当与业主大会选聘的物业服务企业订立书面的物业服务合同。物业服务企业承接物业时，应当与业主委员会办理物业验收手续。业主委员会应当向物业服务企业移交规定的资料。

8.2.5 住宅专项维修资金

1. 概念

住宅专项维修资金是指专项用于住宅共用部位、共用设施设备在保修期满后的维修和更新、改造的资金。住宅共用部位是指根据法律、法规和房屋买卖合同，由单幢住宅内业主或者单幢住宅内业主及与之结构相连的非住宅业主共有的部位，一般包括住宅的基础、承重墙体、柱、梁、楼板、屋顶以及户外的墙面、门厅、楼梯间、走廊通道等。共用设施设备是指根据法律、法规和房屋买卖合同，由住宅业主或者住宅业主及有关非住宅业主共有的附属设施设备，一般包括电梯、天线、照明、消防设施、绿地、道路、路灯、沟渠、池、井、非经营性车场车库、公益性文体设施和共用设施设备使用的房屋等。

2. 交存

（1）交存主体　根据《住宅专项维修资金管理办法》，下列物业的业主应当按照规定交存住宅专项维修资金：① 住宅，但一个业主所有且与其他物业不具有共用部位、共用设施设备的除外；② 住宅小区内的非住宅或者住宅小区外与单幢住宅结构相连的非住宅。物业属于出售公有住房的，售房单位应当按照规定交存住宅专项维修资金。

（2）交存标准　商品住宅的业主、非住宅的业主按照所拥有物业的建筑面积交存住宅专项维修资金，每平方米建筑面积交存首期住宅专项维修资金的数额为当地住宅建筑安装工程每平方米造价的5%至8%。

对于出售公有住房的：① 业主按照所拥有物业的建筑面积交存住宅专项维修资金，每平方米建筑面积交存首期住宅专项维修资金的数额为当地房改成本价的2%。② 售房单位按照多层住宅不低于售房款的20%、高层住宅不低于售房款的30%，从售房款中一次性提取住宅专项维修资金。

3. 归属与使用

根据《中华人民共和国民法典》，建筑物及其附属设施的维修资金，属于业主共有。经业主共同决定，可以用于电梯、屋顶、外墙、无障碍设施等共有部分的维修、更新和改造。建筑物及其附属设施的维修资金的筹集、使用情况应当定期公布。紧急情况下需要维修建筑物及其附属设施的，业主大会或者业主委员会可以依法申请使用建筑物及其附属设施的维修资金。

8.2.6 业主的建筑物区分所有权

1. 概念

业主的建筑物区分所有权是指业主对建筑物内的住宅、经营性用房等专有部分享有所有权,对专有部分以外的共有部分享有共有和共同管理的权利。业主的建筑物区分所有权是一个集合权,包括对专有部分的所有权、对共有部分的共有权和共同管理权利。这三种权利不可分离,专有部分所有权为主导地位,是其他两个权利的前提与基础,没有专有部分所有权,就没有其他两个权利。

建筑区划内符合下列条件的房屋,以及车位、摊位等特定空间,应当认定为《中华人民共和国民法典》第二编第六章所称的专有部分:① 具有构造上的独立性,能够明确区分;② 具有利用上的独立性,可以排他使用;③ 能够登记成为特定业主所有权的客体。

除法律、行政法规规定的共有部分外,建筑区划内的以下部分,应当认定为《中华人民共和国民法典》第二编第六章所称的共有部分:① 建筑物的基础、承重结构、外墙、屋顶等基本结构部分,通道、楼梯、大堂等公共通行部分,消防、公共照明等附属设施、设备,避难层、设备层或者设备间等结构部分;② 其他不属于业主专有部分,也不属于市政公用部分或者其他权利人所有的场所及设施等。建筑区划内的土地,依法由业主共同享有建设用地使用权,但属于业主专有的整栋建筑物的规划占地或者城镇公共道路、绿地占地除外。

根据《最高人民法院关于审理建筑物区分所有权纠纷案件适用法律若干问题的解释》,《中华人民共和国民法典》第二百七十八条第二款(业主共同决定事项)和第二百八十三条(建筑物及附属设施的费用分摊和收益分配)规定的专有部分面积,可以按照不动产登记簿记载的面积计算;尚未进行物权登记的,暂按测绘机构的实测面积计算;尚未进行实测的,暂按房屋买卖合同记载的面积计算。

2. 相关规定

根据《中华人民共和国民法典》,业主对其建筑物专有部分享有占有、使用、收益和处分的权利。业主行使权利不得危及建筑物的安全,不得损害其他业主的合法权益。业主对建筑物专有部分以外的共有部分,享有权利,承担义务;不得以放弃权利为由不履行义务。业主转让建筑物内的住宅、经营性用房,其对共有部分享有的共有和共同管理的权利一并转让。

建筑区划内的道路属于业主共有,但是属于城镇公共道路的除外。建筑区划内的绿地属于业主共有,但是属于城镇公共绿地或者明示属于个人的除外。建筑区划内的其他公共场所、公用设施和物业服务用房,属于业主共有。建筑区划内,规划用于停放汽车的车位、车库的归属,由当事人通过出售、附赠或者出租等方式约定。占用业主共有的道路或者其他场地用于停放汽车的车位,属于业主共有。建筑区划内,规划用于停放汽车的车位、车库应当首先满足业主的需要。

同时,《中华人民共和国民法典》规定,下列事项由业主共同决定:① 制定和修改业主大会议事规则;② 制定和修改管理规约;③ 选举业主委员会或者更换业主委员会成员;④ 选聘和解聘物业服务企业或者其他管理人;⑤ 使用建筑物及其附属设施的维修资金;⑥ 筹集建筑物及其附属设施的维修资金;⑦ 改建、重建建筑物及其附属设施;⑧ 改变共有部分的用途或者利用共有部分从事经营活动;⑨ 有关共有和共同管理权利的其他重大事项。

对于业主共同决定的事项,应当由专有部分面积占比三分之二以上的业主且人数占比三分之二以上的业主参与表决。决定上述⑥、⑦、⑧项规定的事项,应当经参与表决专有部分面积四分之三以上的业主且参与表决人数四分之三以上的业主同意。决定上述其他事项，应当经参与表决专有部分面积过半数的业主且参与表决人数过半数的业主同意。此为《民法典》对小区业主共同决定事项和表决规则进行的重大修订，解决小区共治难题。对第⑥、⑦、⑧项实际实行了"过半数决"即 $2/3 \times 3/4 = 1/2$，不需要之前的"双三分之二"以上表决同意，仅需"双二分之一"以上表决同意即可。对其他表决事项实际实现了"三分之一决"即 $2/3 \times 1/2 = 1/3$，不需要之前的"双三分之二"以上表决同意，仅需"双三分之一"以上表决同意即可。

另外，《中华人民共和国民法典》规定了业主不得违反法律、法规以及管理规约，将住宅改变为经营性用房。业主将住宅改变为经营性用房的，除遵守法律、法规以及管理规约外，应当经有利害关系的业主一致同意。同时，还包括其他方面的有关规定。

8.3 居住物业交易

8.3.1 居住物业交易概述

1. 居住物业交易的概念

（1）居住物业交易　居住物业交易是居住物业交易主体之间以居住物业这种特殊商品作为交易对象所从事的市场交易活动。居住物业交易是一种极其专业性的交易。按交易形式的不同，可分为居住物业转让、居住物业抵押、居住物业租赁等类型。

（2）居住物业交易管理机构　居住物业交易管理是指政府设立的房地产交易管理部门及其他相关部门以法律、行政、经济手段，对居住物业的交易行为和活动实施指导、监督等管理职能。居住物业交易管理机构是指由国家设立的从事房地产交易管理的职能部门及其授权机构，包括国务院建设行政主管部门即中华人民共和国住房和城乡建设部，省、自治区人民政府建设行政主管部门即各省、自治区住房和城乡建设厅及直辖市房地产管理局，市县级建设行政主管部门、各市县级房地产管理部门以及房地产管理部门授权的房地产交易中心等。

其主要职能是：①对房地产经营进行指导和监督，查处违法行为，维护当事人的合法权益；②办理房地产交易登记、鉴证等手续；③协助财政、税务部门征收与房地产交易有关的税款；④为房地产交易提供洽谈协议，交流信息，展示行情等各种服务；⑤建立定期信息发布制度，为政府宏观决策和正确引导市场发展服务。

2. 居住物业交易基本制度

《中华人民共和国城市房地产管理法》规定了五项基本制度，即国有土地有偿有限期使用制度、房地产价格申报制度、房地产价格评估制度、房地产价格评估人员资格认证制度和房地产权属登记发证制度。其中与居住物业交易直接相关的主要包括房地产价格申报制度、房地产价格评估制度和房地产权属登记制度。

（1）房地产价格申报制度　《中华人民共和国城市房地产管理法》规定："国家实行房地产成交价格申报制度。房地产权利人转让房地产，应当向县级以上地方人民政府规定的部门如实申报成交价，不得瞒报或者作不实的申报。"2001年8月原建设部发布的

《城市房地产转让管理规定》（原建设部令第 96 号，以下简称转让管理规定）中也规定："房地产转让当事人在房地产转让合同签订后 90 日内持房地产权属证书、当事人的合法证明、转让合同等有关文件向房地产所在地的房地产管理部门提出申请，并申报成交价格"；"房地产转让应当以申报的成交价格作为缴纳税费的依据。成交价格明显低于正常市场价格的，以评估价格作为缴纳税费的依据"。这些规定为房地产成交价格申报制度提供了法律依据，如实申报房地产成交价格是交易当事人的法定义务，是房地产交易受法律保护的必要条件之一。

房地产权利人转让房地产、房地产抵押权人依法处分抵押房地产，应当向房屋所在地县级以上地方人民政府房地产管理部门如实申报成交价格，由国家对成交价格实施登记审验后，才予办理产权转移手续，取得确定的法律效力。这一规定改变了原来计划经济体制下价格由国家确定或审批的管理模式，实行交易双方自愿成交定价，向房地产管理部门申报价格的制度。房地产管理部门在接到价格申报后，如发现成交价格明显低于市场正常价格，应当及时通知交易双方，并不要求交易双方当事人更改合同约定的成交价格，但交易双方应当按不低于房地产行政主管部门确认的评估价格缴纳了有关税费后，方为其办理房地产交易手续，核发权属证书。

房地产经纪人在代办有关交易手续时，应坚持如实申报，不可迁就当事人意愿瞒价申报，避免可能的房地产交易纠纷及由此引发的含税收征管在内的一系列法律责任，防范执业风险。如果交易双方对房地产管理部门确认的评估价格有异议，可以要求重新评估。重新评估一般应由交易双方和房地产管理部门共同认定的房地产评估机构执行。交易双方对重新评估的价格仍有异议，可以按照法律程序，向人民法院提起诉讼。通过对房地产成交价格进行申报管理，既能防止房地产价格大起大落，又能有效防止交易双方为偷逃税费对交易价格做不实的申报，保证国家的税费不流失。

（2）房地产价格评估制度　《中华人民共和国城市房地产管理法》规定：国家实行房地产价格评估制度。房地产价格评估应当遵循公正、公平、公开的原则，按照国家规定的技术标准和评估程序，以基准地价、标定地价和各类房屋的重置价格为基础，参照当地的市场价格进行评估。基准地价、标定地价和各类房屋重置价格应当定期确定并公布。

（3）房地产权属登记制度　《中华人民共和国城市房地产管理法》规定："国家实行土地使用权和房屋所有权登记发证制度。"从此可以看出，中国的房地产权属登记包括两种类型，即土地使用权登记和房屋所有权登记。也就是说，一宗房地产要办理两个产权证书：一个是国有土地使用权证书，一个是房屋所有权证书。这与中国现阶段土地和房屋分开管理的行政管理体制是相适应的，但基于房屋和土地的不可分割性，我国已开始试行两证合一的制度，以简化手续，节约交易和公示成本。2015 年 3 月，《不动产登记暂行条例》颁布实施，2016 年 1 月国土资源部正式颁布《不动产登记暂行条例实施细则》，细则对集体土地所有权登记、国有建设用地使用权及房屋所有权登记、宅基地使用权及房屋所有权登记等各种不动产权利的登记做出了详细规定，标志着不动产登记制度正式落地实施。2019 年和 2024 年，《不动产登记暂行条例》和《不动产登记暂行条例实施细则》均进行了相关修订和修正，包括将"《中华人民共和国物权法》"修改为"《中华人民共和国民法典》""国土资源主管部门"修改为"自然资源主管部门"，以及在线申请不动产登记与电子证书证明等相关事项内容。

8.3.2 居住物业转让

1. 居住物业转让的概念及特征

（1）居住物业转让的概念　居住物业转让是居住物业交易的一种重要形式，是指居住物业权利人通过买卖、赠予或者其他合法方式将其居住物业转移给他人的行为。居住物业转让的实质是居住物业相关权属发生转移。《中华人民共和国城市房地产管理法》规定，房地产转让时，房屋所有权与该房屋所占用范围内的土地使用权同时转让。

（2）居住物业转让的特征　居住物业转让具有以下四方面的特征：① 居住物业转让人必须是居住物业的权利人，而且该权利人对该物业拥有处分权，如所有权人、抵押权人等；② 居住物业转让的对象是特定的权利，包括：国有土地使用权和建在国有土地上的居住物业房屋所有权；③ 居住物业转让的方式包括买卖、赠予、互易、继承、遗赠等合法方式；④ 居住物业转让时，房屋的所有权必须与土地使用权一起转让。即地产转让时，该土地上的房屋必须同时转让；房产转让时，房屋的所有权及其土地使用权一并转让。

2. 居住物业转让的条件

居住物业转让最主要的特征就是发生权属变化，即房屋所有权与房屋所占用的土地使用权发生转移。《中华人民共和国城市房地产管理法》明确规定了房地产转让应当符合的条件及禁止条件。

1）以出让方式取得土地使用权的房地产转让条件：① 按照出让合同约定已经交付全部土地使用权出让金，并取得土地使用权证书。设定此项条件主要是确保转让土地使用权的合法性。只有完全支付了土地使用权出让金，并获得了土地使用权证书，才能确保转让人完全合法享有土地使用权转让的处置权，同时保障受让人合法权益。② 按照出让合同约定进行投资开发，属于房屋建设工程的，完成开发投资总额的25%以上；属于成片开发土地的，形成工业用地或者其他建设用地条件。③ 转让房地产时房屋已经建成的，还应当持有房屋所有权证书。

2）以划拨方式取得土地使用权的，转让房地产时，应当按照国务院规定，报有批准权的人民政府审批。有批准权的人民政府准予转让的，应当由受让方办理土地使用权出让手续，并依照国家有关规定缴纳土地使用权出让金。以划拨方式取得土地使用权的，转让房地产报批时，有批准权的人民政府按照国务院规定决定可以不办理土地使用权出让手续的，转让方应当按照国务院规定将转让房地产所获收益中的土地收益上缴国家或者作其他处理。

3）房地产转让的禁止条件：① 以出让方式取得土地使用权的，不符合上述必备条件的。② 司法机关和行政机关依法裁定、决定查封或者以其他形式限制房地产权利的。司法机关和行政机关可以根据合法请求人的申请或社会公共利益的需要，依法裁定，决定限制房地产权利，如查封、限制转移等。在权利受到限制期间，房地产权利人不得转让该项房地产。③ 依法收回土地使用权的。根据国家利益或社会公共利益的需要，国家有权决定收回出让或划拨给他人使用的土地，任何单位和个人应当服从国家的决定，在国家依法做出收回土地使用权决定之后，原土地使用权人不得再行转让土地使用权。④ 共有房地产，未经其他共有人书面同意的。根据《中华人民共和国民法典》物权编相关规定，下列共有不动产的处分例外，即：未经共有人书面同意擅自转让不动产，受让人支付合理价款，善意取得并办理登记手续的，共有人无权追回该不动产，只能向出卖人请求赔偿，即转让有效。⑤ 权属有争议的。权属有争议的房地产，是指有关当事人对房屋所有权和土地使用权的归属发生争议，致使该项房地产权属难以确定。转让该类房地产有可能影响交易的合法性，因此在权属争议解决前，该项房地产不得转让。⑥ 未依法登记领取权属证书的。产权登记是国家依法确认房地产权属的法定手续，未履行该项法律手续，房地产权利人的权利不具有法律效力，因此也不得转让该项房地产。⑦ 法律、行政法规规定禁止转让的其他情形。

3. 居住物业转让程序

居住物业转让应当按照一定的程序，经房地产管理部门办理有关手续后，方可成交。《房地产转让管理规定》对房地产转让的程序作了如下规定：房地产转让当事人签订书面转让合同；房地产转让当事人在房地产转让合同签订后 90 日内持房地产权属证书、当事人的合法证明、转让合同等有关文件向房地产所在地的房地产管理部门提出申请，并申报成交价格；房地产管理部门对提供的有关文件进行审查，并在 7 日内做出是否受理申请的书面答复，7 日内未做书面答复的，视为同意受理；房地产管理部门核实申报的成交价格，并根据需要对转让的房地产进行现场查勘和评估；房地产转让当事人按照规定缴纳有关税费；房地产管理部门办理房屋权属登记手续，核发房地产权属证书。

此外，凡地产转让或变更的，必须按照规定的程序先到房地产管理部门办理交易手续和申请转移、变更登记，然后凭变更后的房屋所有权证书向同级人民政府土地管理部门申请土地使用权变更登记。不按上述法定程序办理的，其房地产转让或变更一律无效。

8.3.3 居住物业抵押与租赁

1. 居住物业抵押

（1）基本概念 居住物业抵押是指抵押人以其合法的居住物业，以不转移占有的方式，向抵押权人提供债务履行担保的行为。债务人不履行债务时，抵押权人有权依法以抵押的居住物业的拍卖所得，优先受偿。居住物业抵押概念具有以下含义：

首先，不转移占有，抵押权人既可以获得债权的担保，又不需保管抵押物；作为抵押物的居住物业必须具备以下条件：一是抵押居住物业必须具备合法性，当债务到期不能清偿时能够依法顺利处置，不会引起纠纷；二是抵押的居住物业依法处置后的价值应当不小于贷款的本息之和。

其次，应重点防范居住物业抵押行为不规范带来的操作风险。有些抵押居住物业权属上存在一些瑕疵，手续不是完全合规，有可能为以后处置带来隐患，存在处置风险。

最后，居住物业的抵押价值应当是假设债务履行期届满债务人不能履行债务，拍卖、变卖抵押居住物业最可能所得的价款或者抵押房地产折价的价值扣除优先受偿的款额后的余额。由于居住物业同时具有独一无二和价值量大两个特性，无论从专业能力要求，还是从防范风险的角度看，金融机构难以依靠自己的力量确定居住物业的抵押价值，更难以预测处置抵押居住物业时的价值，应委托专业机构进行估价。

此外，还应对两个相关概念予以掌握，即抵押人和抵押权人。抵押人是指将依法取得的居住物业提供给抵押权人，作为本人或者第三人履行债务担保的公民、法人或者其他组织；抵押权人则是指接受居住物业抵押作为债务人履行债务担保的公民、法人或者其他组织。

（2）居住物业抵押权的设定

1）不可以用作抵押的居住物业：① 权属有争议的居住物业；② 用于教育、医疗、市政等公共福利事业的居住物业；③ 列入文物保护的建筑物和有重要纪念意义的其他建筑物；④ 已依法公告列入拆迁范围的居住物业；⑤ 被依法查封、扣押、监管或者以其他形式限制的居住物业；⑥ 依法不得抵押的其他房地产。

2）同一房地产设定两个以上抵押权的，抵押人应当将已经设定过的抵押情况告知抵押权人。房地产抵押后，该抵押房地产的价值大于所担保债权的余额部分，可以再次抵押，但不得超过余额部分。

3）以两宗以上房地产设定同一抵押权的，视为同一抵押房地产。但当事人另有约定的除外。

4）预购商品房贷款抵押的，商品房开发项目必须符合房地产转让条件并取得商品房预售许可证。

5）以出租的房地产抵押的，抵押人应将租赁情况告知抵押权人，并将抵押情况告知承租人。原租赁合同继续有效。

6）居住物业抵押应当签订书面抵押合同，并办理抵押登记，抵押合同自登记之日起生效，房地产抵押未经登记的，抵押权人不能对抗第三人，对抵押物不具有优先受偿权。

（3）居住物业抵押权的效力　关于抵押物在抵押期间是否可以转让，《中华人民共和国民法典》物权编改变了原《中华人民共和国物权法》比较严格的规定，采纳了从宽的规则，根据《中华人民共和国民法典》，抵押期间，抵押人可以转让抵押财产。当事人另有约定的，按照其约定。抵押财产转让的，抵押权不受影响。抵押人转让抵押财产的，应当及时通知抵押权人。抵押权人能够证明抵押财产转让可能损害抵押权的，可以请求抵押人将转让所得的价款向抵押权人提前清偿债务或者提存。转让的价款超过债权数额的部分归抵押人所有，不足部分由债务人清偿。

转让抵押物的价款明显低于其价值的，抵押权人可以要求抵押人提供相应的担保；抵押人不提供的，不得转让抵押物。

抵押权不得与债权分离而单独转让或者作为其他债权的担保，抵押权与其担保的债权同时存在，债权消灭了，抵押权也消灭。抵押人的行为足以使抵押物价值减少的，抵押权人有权要求抵押人停止其行为。抵押物价值减少时，抵押权人有权要求抵押人恢复抵押物的价值，或者提供与减少的价值相当的担保。抵押人对抵押物价值减少无过错的，抵押权人只能在抵押人因损害而得到的赔偿范围内，要求提供担保。抵押物价值未减少的部分，仍作为债权的担保。

2. 居住物业租赁

（1）基本概念　《中华人民共和国城市房地产管理法》规定：房屋租赁是指房屋所有权人作为出租人将其房屋出租给承租人使用，由承租人向出租人支付租金的行为。居住物业租赁是居住物业市场中一种重要的交易形式。随着房地产市场逐步开放，居住物业租赁在房地产市场中日渐活跃，居住物业租赁的发展对于转变经济增长方式，发展现代服务业，盘活房地产存量，改善人民群众居住条件，都起到积极作用。

（2）居住物业租赁登记备案　居住物业租赁双方应签订房屋租赁合同，租赁合同是出租人与承租人签订的，用于明确租赁双方权利义务关系的协议。合同签订后，应及时到房地产职能部门进行登记备案。实行房屋租赁合同登记备案，一方面可以较好地防止非法出租房屋，减少纠纷，促进社会和谐稳定；另一方面，也可以有效地防止国家税费流失。

1）申请。签订、变更、终止租赁合同的，房屋租赁当事人应当在租赁合同签订后30天内，持有关部门证明文件到市、县人民政府房地产管理部门办理登记备案手续。申请房屋租赁登记备案提交的证明文件包括：房屋租赁合同、房屋租赁当事人身份证明、房屋所有权证书或其他合法权属证明、主管部门规定的其他材料。

出租共有房屋，还需要提交其他共有权人同意出租的证明材料，出租委托代管的房屋，还需要提交代管人授权出租的书面证明材料。房屋租赁当事人提交的材料应当真实、合法、有效，不得隐瞒真实情况或者提供虚假材料。

2）审查。对于符合相关要求的，直辖市、市、县人民政府建设（房地产）主管部门应当在3个工作日内办理完成房屋租赁登记备案，向租赁当事人开具房屋租赁登记备案证明。相关要求主要包括如下内容：

① 申请人提交的申请材料齐全且符合法定形式。
② 出租人与房屋所有权证书或者其他合法权属证明记载的主体一致，不存在疑义。
③ 不属于不得出租的房屋范围，不得出租房屋范围包括：属于违法建筑的；不符合安全、防灾等工程建设强制性标准的；违反规定改变房屋使用性质的；法律、法规规定禁止出租的其他情形。

8.4 写字楼物业与工业物业经营

8.4.1 写字楼物业与工业物业

1. 写字楼物业

（1）写字楼物业概念　写字楼物业是指用于办公的建筑物，或者是由办公室组成的大楼，它是供政府机构的行政管理人员和企事业单位的职员行政办公和从事商业经营活动的物业形式。作为收益型物业，写字楼也常常被用来出租或出售，以收回投资和取得利润。在写字楼集中的地区往往形成城市的"中心商务区"，大大缩短了社会各方面人员的空间距离，写字楼已经成为现代城市发展的重要组成部分。由于其建筑物档次高、设施设备复杂，且办公的人员密度大，时间集中，因而经营与管理难度较大，要求较高。

（2）写字楼物业分类　目前我国写字楼尚无统一分类标准，可按照建筑规模、功能、现代化程度进行分类。按照写字楼的建筑面积，可将写字楼划分为小型写字楼、中型写字楼和大型写字楼。小型写字楼建筑面积一般在1万m^2以下；中型写字楼建筑面积一般在1万~3万m^2；大型写字楼一般在3万m^2以上，如上海浦东新区新近建成的上海中心大厦，其设计高度超过附近的上海环球金融中心。项目建筑面积433954m^2，建筑主体为118层，总高为632m，结构高度为580m。

按照使用功能对写字楼进行分类，可分为单纯型写字楼、商住型写字楼、综合型写字楼。单纯型写字楼基本上只有办公一种功能。商住型写字楼是具有办公和居住两种功能的写字楼。综合型写字楼以办公为主，同时又具备其他多种功能，如有公寓、商场、健身房等多种用房的综合型物业。

按照现代化程度进行分类，可分为智能型写字楼和非智能型写字楼。智能型写字楼是指具备高度自动化功能的写字楼，通常包括通信自动化、办公自动化、楼宇管理自动化等功能；非智能型写字楼是指没有智能化设施、设备的传统写字楼物业。

此外，还可按照位置、建筑物状况、收益水平等综合条件标准分类，即甲级写字楼、乙级写字楼与丙级写字楼。甲级写字楼是指具有优越的地理位置和交通条件，建筑物的物理状况良好，建筑质量达到或超过有关建筑条例或规范的要求，其收益能力与新建成的写字楼相当，有完善的物业管理服务。相较于甲级写字楼，乙级写字楼与丙级写字楼在位置、建筑物状况、收益水平方面则相形逊色。

2. 工业物业

（1）工业物业概念　工业物业是指用于或者适用于开展工业生产相关活动的场所，包括土地、建筑物及其辅助设施。工业物业一般建在城市边缘地区，常以工业园区的形式出现，以生产用房为主，办公用房、生活用房及各种服务设施为辅，工业园区就像一个小社会，各独立建筑物虽有各自独立的用途，但却又相辅相成，互相联系。

（2）工业物业分类　工业物业根据其用途可以分为以下几类：① 重工业厂房，通常建造标准较高，建筑物设计需要符合特定工艺流程与设备安装的要求，对层高、负重及电力等供应有特殊要求，一般适合特定重工业企业，如石油化工、炼钢、汽车制造等企业；② 轻工业厂房，能满足一般轻工业生产，在行业上具有较高的通用性，适合食品、饮料、纺织品、服务等企业；③ 仓储物业，主要用于储备原材料和储藏产品，其建设对消防、产品防护、交通运输、储存产品流向等有特殊要求；④ 研究与发展用房，在建筑形态上同时具有写字楼和简单生产厂房的特点，在行业上具有更高的通用性；⑤ 其他类型，如高新技术产业用房、总部基地类多功能厂房等。另外，按照承租人的数量，工业物业可以分为单一承租人的工业厂房、多个承租人的工业厂房及工业园区。

8.4.2　写字楼物业经营

1. 写字楼物业经营的概念

写字楼物业经营是指经营主体以写字楼物业为经济活动的中心，对写字楼的建造、租赁、信托、交易、维修及土地使用权的出让、转让等按照价值规律所进行的有预测、有目标、有组织的经济活动，其根本目的是实现写字楼经营主体的利益最大化，实现写字楼物业的保值增值。经营主体对写字楼物业的管理、经营与服务是相辅相成的。服务是其基本职责，经营是其生存发展的基础，管理是确保经营和服务正常运行的枢纽。

2. 写字楼物业经营的特点

（1）经营内容的特殊性　写字楼物业经营的内容既要有全面性又具有针对性。在不同档次的写字楼里，客户群体构成的差异性很大。写字楼物业经营管理的特殊性取决于客户的差异性服务需求。

（2）经营管理的要求高、时效性强　由于现代写字楼本身规模大、功能多、设备复杂先进，加之进驻的多为大型客户，自然各方面的管理要求都较高；此外，由于写字楼具有收益型物业的特征，较高的入驻率是经营主体获得良好稳定收益的保证。经营管理不当，就不能赢得客户信任，入驻率便得不到保障，而当期空置率较高则意味着当期现金流得不到保障，因此写字楼物业经营时效性较强。

（3）经营管理的不确定性　写字楼物业经营管理活动具有不确定性，主要体现在主观和客观两个方面。主观不确定性主要来源于写字楼经营主体，主要由于经营主体自身在能力、经营方式等方面的主观因素而带给企业的不确定性。客观不确定主要来源于写字楼市场环境的不确定性，写字楼作为一种特殊商品，价格受到供求、市场结构等各方面影响，市场环境瞬息万变，市场环境的变化必然会为写字楼经营管理带来一定风险。

3. 写字楼物业经营的内容

写字楼物业经营的内容主要包括：租售招商、承租商管理、设备/设施维修保养、环境管理、安全管理、客户服务等方面。

（1）租售招商　为了保障写字楼具有较高的入驻率，从而获得较高的收益，写字楼经营主体必须做好招商和营销活动。写字楼营销的市场调研和营销、招商计划制定、整体品牌策划、宣传推介产品服务，引导客户考察写字楼物业，与客户的联络、谈判、签约，协助客户与物业所有权人沟通等活动均属于写字楼租售招商活动的范畴。

（2）承租商管理　招商完成后，需对承租客户进行统一规范管理。管理手段包括在承租合同中约定相应的管理条款，或采用写字楼管理公约的形式等。对于产权较为分散的写字楼来讲，一般宜采用管理公约的形式，明确业主、经营者和管理者的责任、权利及义务，也可由各方成立管理委员会，制定管理条例，从而规范各方行为，营造良好的经营管理氛围。

（3）设备/设施维修保养　写字楼大多采用中央空调等大型复杂设备、设施，对这些设备、设施进行维修保养，保障写字楼正常运转，是写字楼经营管理的重要内容。经营管理主体应重视对写字楼水电暖设施的全面管理与维修，建立设备台账，保障中央空调、电梯、电力系统的正常运行。

（4）环境管理　对写字楼公共部分进行环境保洁，设立专门部门与人员负责保洁工作，将垃圾杂物及时清理外运。绿化管理也是经营管理主体的日常管理工作，应按照绿化的不同品种、不同习性、不同季节、不同生长阶段合理确定不同的绿化养护重点。

（5）安全管理　安全管理包括写字楼日常保卫工作与消防管理工作。安排专门保安人员，购置必要保安装备，建立日常巡视制度，在硬件上配置监控报警设备、设施，对写字楼实施全天候监控。写字楼人流密集，消防安全非常重要，应注重消防宣传，定期组织承租商进行消防演习，清除消防隐患，定期组织和安排消防检查。

（6）客户服务　在写字楼市场竞争日益激烈的背景下，为客户提供优质服务与方便舒适的商务环境是赢得客户美誉度的关键所在。写字楼客户服务包括日常办公服务、客户出行代理服务、商服服务等方面。日常办公服务包括前台问讯、留言、钥匙分发、信件报刊收发、洗衣送衣、会议安排等；客户出行代理服务包括行李搬运、寄存、火车票机票预订、出租车预约等。商服服务包括秘书、翻译、商务信息咨询、培训等项服务。

4. 写字楼物业经营模式

（1）自主经营型　自主经营型是物业服务企业自行组建经营管理团队，对经营项目实施经营管理，自负盈亏。这种经营模式的优点主要有：① 切合实际地满足业主期望与客户需求；② 不用受制于专业公司，也能节约必须用于支付专业公司的酬金或利润。但其缺点也显而易见，主要包括：① 自己的队伍可能水平不够，管理效果差、成本高；② 需要自行办理营业执照、资质等相应经营手续；③ 需要投入一定前期资金，承担全部经营管理运行成本费用，具有一定经营风险。自主经营模式要求企业有较强的写字楼物业经营管理经验，储备有足够的专业经营管理人才。

（2）联合经营型　联合经营型是物业服务企业和专业服务企业共同经营管理为客户所提供的服务项目，运行成本、利润的分配由双方协商决定。

该种模式下的优点主要有：① 不用自行办理营业执照、资质等相应合法经营手续；② 可以充分发挥物业服务企业和专业服务企业各自具有的优势，为客户提供的服务更加专业；③ 降低经营成本，经营风险共同承担等。其缺点包括：① 两个经营管理团队需要磨合，不同的企业，文化不同，工作习惯要求不同，员工间沟通协调渠道可能不畅，容易出现利益纷争；② 容易出现责任不明晰的情况，不利于保证服务质量，不利于充分满足客户的服务需求等。

（3）委托经营型　委托经营型是物业服务企业将经营项目委托给专业服务企业进行经营管理，并向其收取一定的佣金。这种模式融合了上述两种模式的优势，利益双方可以优势互补，各尽其用，是写字楼物业较常采用的经营模式。

5. 写字楼物业经营的新趋势

随着我国房地产市场逐步从"黄金时代"进入"白银时代"，以及互联网行业的骤然兴起，写字楼物业经营正在向智能型、创业型实施转型，经营思路不断拓展。

（1）智能型写字楼　智能型写字楼是指具有楼宇自动化、通信自动化、办公自动化等智能功能，以办公用途为主的智能物业，包括办公自动化系统（OA）、通信自动化系统（CA）、消防自动化系统（FA）、安保自动化系统（SA）、楼宇自动控制系统（BA）。智能型写字楼具有如下特点。

① 创造了安全、健康、舒适宜人的办公、生活环境。智能建筑首先确保入驻人员的安全和健康，其防火与保安系统要求智能化；其空调系统能监测验出空气中的有害污染物含量，并能自动消毒，使之成为"安全健康大厦"。智能大厦对温度、湿度、照度均加以自动调节，甚至控制色彩、背景噪声与气味，使人们像在家里一样心情舒畅，从而能大大提高工作效率。

② 节能环保。以现代化的商厦为例，其空调与照明系统的能耗很大，约占大厦总能耗的70%。在满足使用者对环境要求的前提下，智能型写字楼应通过其"智慧"，尽可能利用自然光和大气冷量（或热量）来调节室内环境，以最大限度减少能源消耗。按事先在日历上确定的程序，区分"工作"与"非工作"时间，对室内环境实施不同标准的自动控制，最大限度地节省能源是智能建筑的主要特点之一，其经济性也是该建筑得以迅速推广的重要原因。

③ 能满足多种用户对不同环境功能的要求。智能建筑要求其建筑结构设计必须具有智能功能，具备开放、大跨的结构特点，允许用户迅速而方便地改变建筑物的使用功能或重新规划建筑平面。室内办公所必需的通信与电力供应也具有极大的灵活性，通过结构化综合布线系统，在室内分布着多种标准化的弱电与强电插座，只要改变跳接线，就可快速改变插座功能，如变程控电话为计算机通信接口等。

④ 现代化的通信手段与办公条件有效提高工作效率。在智能建筑中，用户通过国际直拨电话、可视电话、电子邮件、声音邮件、电视会议、信息检索与统计分析等多种手段，可

及时获得全球性金融商业情报、科技情报及各种数据库系统中的最新信息；通过国际计算机通信网络，可以随时与世界各地的企业或机构进行商贸等各种业务工作。空前的高速度，将有利于企业决策与竞争。

（2）以创业为主题的写字楼　国发〔2015〕32号《国务院关于大力推进大众创业万众创新若干政策措施的意见》指出：推进大众创业、万众创新，是推动我国发展的动力之源，也是富民之道、公平之计、强国之策，对于推动经济结构调整、打造发展新引擎、增强发展新动力、走创新驱动发展道路具有重要意义，是稳增长、扩就业、激发亿万群众智慧和创造力，促进社会纵向流动、公平正义的重大举措。

在国务院的直接推动下，"大众创业、万众创新"势头正在全国兴起，一批"创客空间"结合传统写字楼物业，正在写字楼领域形成新的经营模式，涌现了"Vintel万创奔腾""优客工场""SOHO3Q"等新的写字楼经营案例。

2015年10月，万科集团首个活力创客空间徐汇万科中心"Vintel万创奔腾"在上海启动。"Vintel万创奔腾"由万科地产投资打造，由上海市大学生创业基金会接力空间和桔子空间负责运营，功能分区主要包括：创客办公、活力空间、咖啡沙龙等，是上海万科首个活力创客空间，同时也是一个汇聚人才、资金、信息、空间、前端产品等为一体的创业平台。

优客工场由知名地产人士毛大庆先生发起，旨在打造成为新型高端创业平台，成为中国最具规模的联合办公空间。优客工场"让创业简单，让生命精彩"，致力于打造中国最温暖的创业办公、人脉社交与服务生态圈。优客工场为创业者提供一个平台，这个平台将在创业的道路上引导他们避开不必要的崎岖，培养他们的商业能力和企业家精神，为他们提供具有良好黏性的社交环境，扶助他们达成梦想。2015年9月，阳光100优客工场旗舰店启幕。

SOHO3Q是SOHO中国发布的新产品。SOHO3Q运用O2O模式，即线上Online、线下Offline的双向结合，与网上购物类似，从选房、订房、付款交易，每个环节都在线上进行，为流动人群提供O2O模式的办公场所。将SOHO中国的写字楼办公室以短租的形式对外出租，预订、选位、支付等所有环节都放在线上完成，可随时随地线上预约、付款，还可享受餐点、咖啡、复印打印等服务，只需要带简单的设备即可前来工作。

8.4.3　工业物业经营

1. 工业物业经营的概念

工业物业经营，就是经营主体将工业物业管理服务过程中所能涉及的所有资源和生产要素，包括人、财、物、品牌及知识产权等有形资产和无形资产，都作为可以经营的资源，通过对这些资源的综合运营利用，获得相应经济效益的过程。

2. 工业物业经营的特点

工业物业经营具有以下特点：

（1）经营管理覆盖面广，工作量繁重　以工业园区为例，占地面积往往达到几平方公里，甚至几十平方公里，覆盖范围广，招商经营难度较大。一个工业园区往往分属不同的经营主体，协调管理任务繁重。同时，园区中涉及不同物业类型，对经营主体的经营管理水平提出了更高要求。

（2）基础设施必须保证正常运转　对于工业物业而言，停水、停电、停气等都将会为业主客户带来负面影响，造成经济损失。因此工业物业必须保持连续的供水、供电、供气。

（3）生产设备与辅助设施种类多，专业性强　工业物业经营的另一个特点是生产设备与辅助设施种类多，专业性强。经营者必须对这些设备设施具体情况有所了解和掌握，以便制定出具有针对性的管理制度。在对设备、设施进行日常维护时，应安排专业人员运用专业手段实施维修保养。

3. 工业物业经营的内容

工业物业经营除履行常规的经营管理内容外，还要结合工业物业的特点开展经营管理，具体包括如下几点：

（1）工业物业招商引资工作　工业物业的入驻率是获得较高经营收益的基础，因此经营主体必须做好招商引资工作。招商引资工作包括：招商方案拟定、市场调研、商业推广、整体品牌策划、商务谈判、协助客户入驻等工作。招商引资的成败对于工业物业效益的实现起到决定性作用。

（2）工业厂房仓库建筑物及其附属设施的管理　工业厂房及仓库多安放机器设备、原料及相关产品，这些设备、物料会对建筑物本身带来一定程度的损害。因此应注重对厂房仓库建筑物的日常保养与维修，以尽量延长建筑物的经济寿命。

（3）保持厂区内部物流畅通　厂区内部物流是否畅通，关系到生产资料能否得到及时供应，成品能否及时运送出去，直接关系到生产组织能否顺利开展。因此，保持厂区内物流畅通是工业物业经营管理中一个非常重要的工作环节。应对各功能区合理布局，功能衔接与生产工艺间应能协调匹配。管理人员应经常检查厂区内部交通设施现状，发现问题及时整改，以保证厂区道路完好畅通。

（4）工业物业安全管理　工业物业具有特殊性，有些厂房存放易燃易爆物料，极易造成火灾风险，因此工业物业的消防工作应得到格外重视。同时，还应做好安全保卫工作，避免重要设备、物料丢失与损坏。

（5）工业物业环境管理　搞好工业物业及其周边的环境管理工作，能够为工人的工作、生活、娱乐提供优美的环境。相较于其他物业形式，工业物业环境管理工作任务重，工作量大，一些行业对于环境质量要求较高，如精密仪器、制药等行业，而重工业厂房难以保持清洁，这就给保洁人员的工作带来极大挑战。此外，工业物业在绿化管理工作方面也应力求突破，根据行业特点引进专业树种，起到排除异味，减少污染的功效。

8.5　商业物业经营

8.5.1　商业物业经营概述

1. 商业物业的概念

商业物业一般是指可以通过出租经营给投资者带来经常性的租金收入现金流的房地产，也称经营性物业、收益性物业或投资性物业。其可出租经营，但不限于出租经营，亦可自主营业；其具有经济收益或潜在经济收益，但不限于当时是否有收益，具有收益能力即可，如空置商场；其还具有服务性和公众性，即物业主要经营第三产业，并且服务于公众。

狭义的商业物业主要指可用于零售业与批发业的商业房地产，包括百货商店、大型综合商场、超级市场、购物中心、便利店、专业店、专卖店、家居中心、仓储式超市、批发市场等。广义的商业物业，除了包括上述以外，还包括商务办公、酒店、餐饮、娱乐、健身、休闲等房地产。

从商业物业的概念来看，出租的住宅、出租的工业厂房、出租的码头也基本符合商业物业的界定，但住宅出租通常不会改变其普通居住功能，工业厂房出租通常不会改变其工业生产功能，码头出租则一般不会改变其特殊房地产性质。按照国内外对房地产物业类型的一般分类，即居住物业、工业物业、商业物业、特殊物业（建成后的特殊房地产，特殊房地产见第一章），同时考虑行业惯例，故将上述住宅、厂房、码头分别归类于居住物业、工业物业和特殊物业。

实际上，我国对商业物业尚无统一明确的界定标准，而且随着房地产运营的实践发展，不断出现创新物业类型及跨界物业，如家庭旅馆、商业综合体、城市综合体、产业地产等，在一定程度上改写着传统理论。因此，传统理论需要在传承经典的同时与时俱进地发展，把握商业物业的本质，即可以通过出租经营给投资者带来经常性的租金收入现金流的房地产，且物业主要经营第三产业，并在具体分析复合物业时进行合理的比例分配。

2. 商业物业的类型

从广义和狭义的角度，商业物业类型有不同的划分。

（1）广义商业物业的类型　广义商业物业类型主要包括商贸物业、商务办公物业、酒店物业、餐饮物业、娱乐休闲健身物业。

1）商贸物业。主要是指为商品销售活动提供的场所，包括零售商业物业和批发商业物业，即狭义的商业物业。

2）商务办公物业。主要是指为企业及其他类似单位进行各种业务经营活动而提供的建筑物与附属设施及相关场地等，即写字楼物业。

3）酒店物业。主要是指提供客房、餐饮、设施及服务等的场所，通常可分为星级酒店和非星级酒店，星级酒店一般有五个等级，五星级是等级最高的酒店。另外，还有超五星级酒店，如白金五星级酒店，以及近年来市场出现的远超五星级酒店的七星级酒店"迪拜帆船酒店"（Burj Al Arab）。另外，还有各种创新特色的酒店，如产权式酒店、时权酒店及经济型酒店等。

4）餐饮物业。餐饮物业根据经营规模、档次及特征，可分为酒楼、连锁店及小吃店等，其经营效益在受到地段与环境等房地产因素影响的同时，更大程度决定于经营特征、菜品与口味、经营品牌等经营因素。

5）娱乐休闲健身物业。根据物业设施与功能，可分为综合性的娱乐休闲健身物业，如会所、娱乐城、康乐中心、俱乐部、夜总会、游乐场等，以及专项性的娱乐休闲健身物业，如KTV店、迪厅、电影院、手工坊、茶馆、咖啡厅、足疗店、羽毛球馆等。

（2）狭义商业物业的类型　狭义商业物业类型主要包括市级购物中心、地区购物中心、社区商场、邻里服务商店、特色商店等零售商业物业和不同商品类型批发市场的批发商业物业。

1）市级购物中心。市级购物中心通常位于城市繁华地段，建筑规模大，商业辐射范围覆盖整个城市，其档次一般可分为高档和中档两类。在经营方面，通常由一家或多家大型零售企业作为主力店，同时经营种类丰富齐全，包括家电、通信及数码产品、珠宝及化妆品、眼镜、服装、鞋类、健身器材等，以及餐饮、KTV、影剧院、电玩城、汽车服务中心、银行分支机构等。另外，随着近年汽车的普及，还出现了在城乡接合部和交通要道附近设置的大型综合购物中心。

2）地区购物中心。地区购物中心通常位于地区繁华地段，中型建筑规模，商业辐射范围为城市某一分区或片区，以中型零售百货商店为主力店，根据不同情况，可以设置餐饮店、礼品店、书店、服装店及家具店等。

3）社区商场。通常位于居住小区附近交通便利的地方，为城市中的一个或多个居住小区服务，主要经营日用百货和各类食品，有时也配置普通礼品店、小型维修店、水果店及小型药店等。

4）邻里服务商店。一般位于居住小区内或小区主要出入口附近，主要服务于特定小区及商店周边近距离的居民，通常经营方便食品、水果、蔬菜、日用五金、烟酒茶叶等，经营商品具有明显的即时消费性、小容量和应急性等特点。

5）特色商店。主要是指商品或服务经营具有特色的商店，如户外用品商店、精品店、专卖店、连锁经营商店、直销店等。

6）批发市场。批发市场按规模可以分为大型、中型和小型批发市场；按照商品种类可以分为农产品批发市场、海产品批发市场、服装及鞋类批发市场、电子产品批发市场、古玩及玉器批发市场、各种生产资料批发市场等，其经营受到区位、交通、货源、价格、集聚效应等因素影响。

3. 商业物业经营应注意的问题

广义商业物业的经营根据商贸、写字楼、酒店、餐饮、娱乐休闲健身等行业类别的不同具有各自特点，通常归属于不同专业领域。其中，商贸物业即狭义商业物业，是一般所理解的商业物业，其在经营中应注意以下问题。

1）应具有合理的商业网点布局和物业定位。城市中市级购物中心、地区购物中心、社区商场、邻里服务商店等各级商业物业应形成合理布局。但是，现实中不少城市存在大型购物中心密集扎堆、过剩、布局不合理等问题，而社区购物中心等新型商业物业发展缓慢。商业物业经营者应在了解城市规划与市场调查基础上，建立市场导向的商网结构体系，并在此基础上，合理定位物业的规模、档次、业态组合及经营方式等。

2）应科学务实地确定经营业态。我国一些城市的购物中心很大程度存在经营业态同质化现象，经营内容基本上都是百货店、专业店、专卖店、超市、电影城、KTV、健身中心、餐饮等，当这些物业过度集中于城市中心商业区，则导致效益下降或停业倒闭。商业经营者应在业态互补中追求适度的集聚效应，避免同质化经营，实施特色与品牌经营，并不断进行业态与经营方式的创新，如近年市场中出现的生活体验式购物中心。

3）应加强电子商务的建立与合作。近年来，电子商务迅猛发展，在满足消费者需求的同时，许多互联网企业与商家取得了前所未有的业绩和成长。这对实体商业带来了一定的冲击，使实体商业企业的经营受到不同程度影响。值得思考的是，实体商业地产应如何经营？多年来，不少实体商业地产采取粗放式经营，重数量轻质量，重销售轻经营，而电子商务在经历多年蛰伏而崛起，正是以其精准的市场需求满足，将便捷与产品多样化做到了极致，赢得了消费者的青睐。因此，商业物业的经营应再次认真审视市场需求，平衡大型商业中心与社区商业服务，创新商业模式。同时，随着时代的发展，商业物业经营已经不仅仅是实体的经营，还需要附加互联网模式，建立商业物业经营的电子商务系统与平台，或者与互联网企业和电商企业进行合作。

传统商业物业经营与电商经营比较，劣势在于房租与人工成本的负担，以及产品空间的有限性等，但如果附加电商平台，不但可以实现便捷性与产品多样化，而且可以实现房租与人工成本的价值。在服装及鞋类等体验式购买中，对于同质产品，避免线下体验而因价格另外线上购买；在餐饮及娱乐等体验式消费中，利用互联网模式拓展业务，扩大客户数量，精确推广营销。这样，现代商业物业经营与电商经营，各自充分利用资源，各有千秋。

4）应重视商业物业经营专业团队建设。商业物业经营专业团队分为两类，一是面向商业物业开发与经营的专业团队，是房地产市场中商业物业细分市场的房地产企业的核心队伍；二是面向商业经营的专业团队，通常是零售与批发商业企业的核心队伍，有时房地产企业也建立此专业团队。商业物业专业团队主要针对商业地产的前期市场调研、项目报批、规划设计、建设施工、竣工验收、销售或出租或营业等方面进行运作，在国内已有不少成熟且业绩卓著的队伍，但对于整个国内市场，此类团队仍是非常紧缺。很多商业物业的开发与经营，缺乏专业团队，以住宅开发思路进行商业物业开发，导致空置、转让或倒闭。商业经营专业团队主要针对商业零售与批发的商品市场调研、进货、库存、销售及售后等方面进行运作，在传统商业与新商业领域具有很多成功队伍，但总体来看，仍是人才难求。实际上，商业物业开发与经营的成败关键仍然是人才与专业团队，房地产企业只有打造能征惯战的高品质商业物业专业团队，并与商业企业的优秀商业经营专业团队合作，才可能真正获得商业物业经营的成功及开创商业物业的新局面。

5）应重视商业物业项目的融资问题。商业物业项目的开发成本高，投资量大，通常需要经历较长的投资回收期，这一点不同于住宅开发与销售。当然，前述商业房地产运作经营包括了开发后即拆零销售、开发或直接购置后采取租售结合、全部出租或自主经营等模式。拆零销售在投资回收方面类似住宅开发，租售结合在投资回收方面介于住宅开发与持有商业物业之间，全部出租与自主经营则投资回收期较长。从长期利弊和发达国家与地区的经验来看，持有商业物业进行全部出租经营或不同层面的自主经营是未来发展趋势。为了解决投资回收期长及投资量大等所带来的资金压力，商业物业经营必须做好项目融资。由于以前房地产企业融资渠道相对有限，主要是银行贷款，一些企业在解决此类问题时，往往通过租售结合来提供一定现金流，影响了商业物业的整体运作。随着近年来房地产金融的快速发展，商业物业项目融资可以在自有资金、银行贷款、预租预售款及定金的基础上，进一步拓展上市融资、房地产信托，尤其是房地产投资信托基金（REITs），以及探索众筹、产业基金和金融机构股权投资等。

8.5.2 社区商业物业经营

1. 社区商业物业的概念

根据住建部《智慧社区建设指南（试行）》（2014），社区是指由小区、家庭及社区居委会、业主委员会、物业公司、公共和商业服务公司等构成的社会共同体。在实际中，通常按照有利于服务和管理、有利于居民自治、有利于资源开发利用，以及地域的独立完整性、居民的认同感和归属感等因素，进行不同规模与类型的社区划分。社区商业物业则是指以社

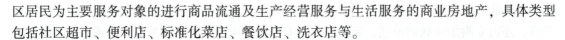

区居民为主要服务对象的进行商品流通及生产经营服务与生活服务的商业房地产,具体类型包括社区超市、便利店、标准化菜店、餐饮店、洗衣店等。

2. 社区商业业态类型

业态通常指经营形态,最初主要用来研究零售商业,后来衍生应用于各领域。2005 年商务部《社区及社区商业业态划分说明》中将社区商业业态划分为十二类(社区商业业态类型与社区商业物业类型具有对应关系)。

(1) 社区商业中心、商业街　社区商业中心是在城市的区域中心建立的,面积在 5 万 m² 以内,集购物、餐饮及其他服务等多业态为一体的商业中心;商业街是指社区内配置包括购物、餐饮及其他商业服务设施的街道,商业服务设施一般临街设立。

(2) 餐饮店　餐饮店是指通过即时加工制作、商品销售和服务性劳动等手段,向消费者提供饮料、食品、菜肴、消费场所和设备的经营单位。包括各种酒家、酒楼、饭店、饭馆、餐馆、面馆、早餐店、糕点店、咖啡店、休闲吧、酒吧、烧烤店等。

(3) 超市、大型超市　超市是指开架售货,集中收款,满足社区消费者日常生活需要的零售业态。根据商品结构不同,可分为食品超市和综合超市;大型超市是实际营业面积 6000m² 以上,品种齐全,满足顾客一次性购齐的零售业态。

(4) 便利店　便利店是指以满足顾客便利性需求为主要目的的零售业态。

(5) 食杂店　食杂店是指以香烟、酒、饮料、休闲食品为主,独立传统的无明显品牌形象的零售业态。

(6) 维修店　维修店是指社区内配备的家电维修、自行车摩托车修理、汽车维修服务、修鞋、配钥匙等店铺。

(7) 洗染店　洗染店是指从事洗衣、熨衣、染色、织补以及皮革衣物的清洗、上光等服务项目的经营单位。

(8) 美容美发店　美发:根据宾客头型、脸型、发质和要求,为其设计、剪修、制作发型,提供肩部以上按摩及其相关服务;美容:根据宾客的面型、皮肤特点和要求,运用多种美容技术、器械和化妆品,为其提供真皮层以上的护肤美容、化妆美容及其相关服务。

(9) 旧货废弃物回收站　旧货废弃物回收站是指社区内配置的收取居民废品的单位。

(10) 家庭服务　家庭服务是指提供家庭钟点工、家政服务、家庭护理等服务的机构。

(11) 书店、音像店　书店、音像店是指社区内配置的经营书籍、音像制品的经营单位。

(12) 照相馆　照相馆是指运用照相机、传统感光材料、存储卡和灯光设备,在室内外拍摄人物、风光、广告等景象,并通过后期加工等技法,来塑造可视画面形象,以及运用彩照扩印设备、彩色相纸、冲洗药液、打印等从事冲卷、扩印、放大彩色和黑白照片的经营单位和机构。

3. 社区商业物业的开发建设与经营原则

社区商业物业是社区商业的物质基础,对满足居民综合消费具有重要作用,其开发建设与经营应遵循以下原则。

(1) 以人为本,便民利民　社区商业物业的开发建设与经营需要细致研究社区居民及相关人群的消费需求特点,根据需求来决定如何开发建设与经营;同时研究该消费群的生活行为与习惯等，进行适度的消费引导。社区商业物业经营具有广阔前景，关键在于如何动态把握社区居民的消费需求特征及变化，不少社区商业存在经营理念及经营方式的陈旧与落后问题。值得注意的是，社区商业物业经营与其他商业物业经营比较，重要的特征是体现便捷性，经营良好的社区商业物业，可以实现居民出家门步行约 5 分钟到达便利店，约 10 分钟到达超市、餐饮店及菜市场，骑车或驱车约 15 分钟可到达购物中心。

（2）政府引导，市场化运作　社区商业物业的开发建设与经营应在政府引导下，实施市场化运作。商务部在 2005 年发布《关于加快我国社区商业发展的指导意见》，随后各地结合实际情况，相继出台支持社区商业发展的具体政策措施。对于社区商业物业的具体运作，则需要各种所有制企业及经营者根据市场机制进行灵活多样的经营和创新，同时对一些社区商业必备型业态建设加大政策扶持力度，如菜市场、直销菜店等。

（3）规划先行　对社区商业网点进行合理的规划是实现社区商业服务功能，满足不同消费水平、消费特点、消费习惯的前提。社区商业服务功能主要包括：① 购物服务功能，如提供食品与生活用品；② 餐饮服务功能，如提供早餐、午餐及晚餐；③ 其他基本生活服务功能，如提供理发、医药保健、日用品维修、废旧物资回收等；④ 娱乐休闲服务功能，如提供 KTV、棋牌活动、陶艺体验等；⑤ 增强与提升生活服务功能，如提供家政服务、网上购物服务、代缴收费服务、打字复印服务等；⑥ 其他创新型服务功能。社区商业网点规划需要对这些服务功能进行科学定位与配置。另一方面，对具体的某社区商业物业，其策划与规划是否先进合理，极大程度地影响该物业的建成后经营效果。

（4）商住分离　社区商业物业的开发建设应遵循商住分离的原则，使住宅与商业物业保持各自独立，有利于形成居民住宅的宜居环境和商业物业的规范经营环境，以及减少和避免产生商住纠纷。

（5）业态多元化与结构合理化　为了满足社区居民基本生活和提高生活质量的综合消费需求，社区商业物业的开发建设与经营应实现社区商业业态的多元化与结构合理化。当多元业态覆盖社区商业所需服务功能，并且业态结构比例基本合理，尤其是菜市场、直销菜店及维修店等配置适当，才能真正体现社区消费的便捷性。同时，随着时代进步，社区居民的消费需求和消费结构正在发生显著变化，对满足新时代需求的业态应给予考虑。

4. 社区商业物业的规划

（1）在总体配置方面　对于老社区（2000 年以前建成），大型社区人均商业用地面积不宜小于 $0.7m^2$，中型社区人均商业用地面积不宜小于 $0.5m^2$；对于新建社区（2000 年（含）以后建成），大型社区人均商业用地面积不宜小于 $0.9m^2$，中型社区人均商业用地面积不宜小于 $0.7m^2$；对于在建社区（已完成社区商业建设规划，且正在建设当中的社区），社区人均商业用地面积不宜少于 $1m^2$。

（2）在总体布局方面

1）大中型社区应按人口、地块条件配置多点式便利商业组合，小型社区可结合自身情况集中配置便利社区商业组合。

2）社区商业设施应配置在社区对外开放、人流多、道路相对宽敞，便利的地方，应临街或临路设置。

3）大中型社区应建社区商业中心或社区商业街等集中式商业形式。社区商业中心或社区商业街应配有功能较完善的商业服务业网点 15 个以上。社区商业中心内应有不少于 10 种业态店铺的规划，各业态搭配协调。规划中的社区商业中心与居住区的距离不少于100m，辐射半径约1000m。

4）一般社区商业物业的商业辐射半径不宜超过500m。

（3）在业态组合方面　对于整体社区商业物业的商业业态结构比例，可参考的比例是，购物：餐饮：其他服务约为4：3：3。一些开发企业往往偏好加大购物与餐饮的比重以便获得较多利润，但应考虑业态比例均有其适度值，需要根据实际需求及整体结构合理性，进行各种业态的科学组合。

（4）在社区商业物业建筑方面　对于社区集中独立商业建筑，要求层高最低4.5m，柱距在6m以上，楼层2层以下为宜，特殊情况下不超过3层；满足不同招商目标对于面宽进深比的要求和房屋荷载的要求及业态可转换；设置货流通道，设置适当的停车位；根据未来用途和商家，在结构上预留强弱电、空调、电梯等设施设备的安装条件。

对于社区商业物业的底商（底层或低层的商铺），要求层高最低3.5m，层数不超过2层，面宽与进深之比以1：2为宜，不低于1：3；预留水、电、气、污等各项设施的接驳；预留商家招牌的设置。

5. 社区商业物业的经营方法

社区商业物业的经营范围主要为居民日常生活所需，服务半径比较小，但作为市场化运作的实体需要实现盈利来生存和发展，因此经营者应在市场调研与学习借鉴的基础上，灵活经营及创新经营。同时，应注意以下方面。

（1）应遵循科学的程序　在国家加快社区商业发展的政策支持下，各地对各社区商业建设与改造正在逐步到位。首先，政府相关管理部门对社区居民的总体情况、现有商家及业态分布等进行调查。然后，在城市商业网点规划的基础上，制定社区商业网点专项规划。最后，在政府引导下各种所有制企业及各类经营者实施完成规划并经营。

在借鉴国外社区购物中心、商业街及公共服务模式的基础上，政府、企业及相关经营者共同构建和谐的社区商业服务。政府通过投资自建、收购入股、产权回购、场地租营、财政贴息、租金补贴等多种办法，加快菜市场、直销菜店等社区商业必备型业态网点的建设，同时对特定项目落实其应享受的税费减免、资金补贴和小额担保贷款等政策；对于开发企业的商业项目经营，则应在市场调研的基础上，根据社区商业网点专项规划，进行务实的总体策划与规划，以及经营策略与经营方案的制定等；对于独立商铺的经营，则应对社区居民的总数与收入水平及类似与互补业态等进行调查，然后决定经营的种类、方式以及位置等。

（2）诚信经营，塑造经营亲和力，建立商家与顾客友谊　社区商业物业的服务对象主要是附近社区居民，服务内容多属于居民经常性的消费，如果经营中缺斤短两、弄虚作假，势必难以持久，因此诚信经营在社区商业经营中的作用更为突出。同时，在经营中应塑造经营亲和力，包括商品亲和力，即商品各方面特征吸引消费者购买的能力；服务亲和力，即服务行为及语言等对顾客具有情感、亲和及协助购买消费的能力；商店或品牌的亲和力，即商店或品牌在消费者心目中的形象、亲近程度及消费信任程度。在此基础上，社区商业物业的经营者可以与顾客建立良好的友谊关系。在一些经营良好的社区商店里，经营者与很多顾客不再仅仅是商家与客户的关系，而是已经成为生活中的朋友。

（3）创新业态与服务体系　随着经济发展及互联网时代的到来，社区居民的消费需求结构不断发生变化，只有坚持创新经营才是生存之道。社区商业物业经营者可以根据自身特点、发展网上交易、网上服务及线上线下整合营销，开展送货上门、送餐上门、维修上门的"三上门"服务。同时，建立客户需求信息系统，及时采集、分析、存储客户信息，为居民提供定向、快捷、周到的服务。

（4）发展专业化与连锁化经营　随着社区商业的发展及其具有的广阔前景，一些大型商家开始进驻社区商业，同时，不少实力企业开始专门从事社区商业运作，由此带来了社区商业经营的专业化与连锁化，其标准化、规范化的运作与服务，不仅有利于保证服务质量，而且有利于实现规模经济的盈利。大型商家与实力企业可以与中小商业物业经营者有不同形式的合作，通过特许加盟、收购、兼并等整合社区商业资源，或者通过合理规划与业态互补，实现共赢。

（5）根据不同社区的具体情况进行灵活经营　通常，在大型社区应开发建设社区商业中心或商业街；在大中型社区应配置超市、便利店、餐饮店、洗染店、维修店、美容美发店、家庭服务网点及旧货废弃物回收站等；在小型社区应配置便利店、餐饮店、洗染店、美容美发店、旧货废弃物回收站等。

对于社区商业中心的经营，其成败关键在于调研、选址、总体规划、业态组合及经营策略等，与购物中心经营具有一定类似性，相关内容在8.5.3中叙述；对于社区连锁商店的经营，其采购、配送、服务等的统一标准化及其品牌建设尤为重要；对于社区超市的经营，则需要有多样业态复合，以及丰富的产品品种满足日常用品基本一次购齐等；对于社区便利店的经营，则需要着力打造部分商品即经常消费型畅销商品，而非要求齐全，同时可提供快递服务及复印服务等。

8.5.3　购物中心的经营

1. 购物中心及其相关概念

购物中心起源于欧美发达国家，19世纪出现萌芽，二战后蓬勃兴起。20世纪90年代，我国开始建设购物中心，之后得到快速发展。购物中心以其多业态复合的丰富产品与服务带来全新的一站式消费，改变着人们的购物与生活。

（1）购物中心　购物中心一词源自英文Shopping Center和Shopping Mall，前者即购物中心，是集中的购物场所，后者意思是购物林荫道，购物与消费犹如漫步林荫道。有时，购物中心还可能表示为Plaza、Square、Pavilion、Marketplace、Hall、Shopping City等。

关于购物中心的定义，在各国及各流派的表述都各具特点，不尽相同。我国《零售业态分类》对购物中心定义为：多种零售店铺、服务设施集中在由企业有计划地开发、管理、运营的一个建筑物内或一个区域内，向消费者提供综合性服务的商业集合体。

我国《购物中心建设及管理技术规范》对购物中心的特征定义如下：

1）在统一规划、开发、拥有和运营的建筑或建筑群中，由业主或专业的管理公司通过租赁场地提供给零售、服务、餐饮娱乐等多种功能的商业租户。

2）在统一的专业化商业管理和物业管理前提下，使商业租户从事各自的经营活动，并借助业态组合和品牌汇聚的效应实现互惠互利。

3）其定位、规模、类型、租户数量等与其所服务的商圈和市场特征密切相关。

4）一般根据需要提供便利的停车场设施。

（2）商业综合体　商业综合体是通常以零售商业（购物、餐饮等）为主要功能之一，并组合办公、酒店、展览、会议、咨询、休闲、娱乐等两种或两种以上商业服务功能，形成相互依存、相互补充、相互受益、相互融合的多功能、高效率、统一化的建筑群体和设备设施及相关场地等的整体。商业综合体按照区位划分，可以有市区型商业综合体和郊区型商业综合体，其较为成熟的开发模式为购物中心、酒店、办公的业态组合，有时复合以酒店式公寓等，其中购物中心处于核心位置。

（3）城市综合体　城市综合体是多种城市功能聚集并有机结合的建筑群体及其他相关的城市构成要素，可以理解为浓缩的城市，其具有街区特点，表现城市建筑群发展的空间巨型化、价值复合化和功能集约化。城市综合体在国外有时称为HOPSCA，即酒店（Hotel）、写字楼（Office）、公园（Park）或交通及停车系统（Parking）、购物中心（Shopping mall）、会议中心（Convention）或会所（Club）、公寓（Apartment）的第一个英文单词缩写，意思是购物中心主要汇聚融合了这些功能。

从发展角度来看，购物中心的升级产生商业综合体，商业综合体的升级产生城市综合体。从理论上讲，购物中心和商业综合体是城市综合体的具体形态或细分形态，但有时在现实生活中这三者没有进行明确而规范的区分。

2. 购物中心的主要类型

购物中心的主要类型包括都市型购物中心、地区型购物中心、社区型购物中心、厂家直销店购物中心（factory outlets）。

（1）都市型购物中心　其主要特征为：① 功能定位：以满足中高收入人群的高端和时尚购物需求为主，餐饮服务的时尚休闲特色较为突出；② 选址：位于城市的核心商圈或中心商务区；③ 规模体量：不包括停车场的建筑面积在50000m²以上；④ 商圈辐射范围：可以覆盖甚至超出所在城市；⑤ 建筑形态：街区型或封闭型。

（2）地区型购物中心　其主要特征为：① 功能定位：购物、餐饮、休闲和服务功能齐备，所提供的产品和服务种类丰富，可以满足不同收入水平顾客的一站式消费需求；② 选址：位于城市新区或城乡接合部的商业中心或社区聚集区，紧邻交通主干道或城市交通节点；③ 规模体量：不包括停车场的建筑面积在50000m²以上；④ 商圈辐射范围：在人口密集的大中城市，辐射半径大约在5km以上；⑤ 建筑形态：以封闭的独立建筑体为主。

（3）社区型购物中心　其主要特征为：① 功能定位：配备必要的餐饮和休闲娱乐设施，服务功能齐全，以满足周边居民日常生活所需为主；② 选址：位于居民聚居区的中心或周边，交通便利；③ 规模体量：不包括停车场的建筑面积为10000～50000m²；④ 辐射范围：在人口密集的大中城市，辐射半径大约3km以内；⑤ 建筑形态：以封闭的独立建筑体为主。

（4）厂家直销店购物中心　其主要特征为：① 功能定位：以品牌生产商或经销商开设的零售商店为主体，以销售打折商品为特色；② 选址：在交通便利或远离市中心的交通主干道旁，或开设在旅游风景区附近；③ 规模体量：不包括停车场的建筑面积在50000m²以上；④ 辐射范围：辐射所在城市或周边城市群；⑤ 建筑形态：街区型或封闭型，以街区型为主。

3. 购物中心的等级划分

（1）等级划分原则　购物中心可以划分为宝鼎级和金鼎级，金鼎级高于宝鼎级。宝鼎级购物中心按照评估指标评定，不再进一步分类；金鼎级购物中心按照评估指标又分为都市型、地区型和社区型三类。

（2）等级划分依据　购物中心等级划分依据为：业态与品牌、经营与管理、服务与设施、诚信与和谐、安全及保障、环保与节能、信息与智能。

（3）等级评定　按照商务部《购物中心等级划分规范》，购物中心等级划分及评定采取企业自愿申报、分级评定的方法，凡连续经营一年（含）以上、建筑面积在 10000 m^2 以上的购物中心均可申报。宝鼎级购物中心评估指标包括业态与品牌等七项一级指标及相应二级指标和三级指标，满分为 100 分；总得分为各项三级指标得分之和，定性指标计分方法为：达标满分，不达标零分；总得分超过 95 分（含）以上可列入宝鼎级购物中心备选名单。

金鼎级购物中心在宝鼎级购物中心的基础上产生，其评估指标亦包括业态与品牌等七项一级指标及相应二级指标和三级指标，具体分为都市型金鼎级购物中心评定指标、地区型金鼎级购物中心评定指标和社区型金鼎级购物中心评定指标，满分均为 100 分；总得分为各项三级指标得分之和；定量指标计分方法为：按项目实际指标对应满分指标等比例打分；定性指标计分方法为：达标满分，不达标零分（可考虑按达标程度等比例打分）；对应申报奖项类别的评分标准，总得分超过 95 分（含）以上可列入对应获奖类别购物中心备选名单。

2023 年《购物中心等级划分与评定（征求意见稿）》中，将"宝鼎级""金鼎级"购物中心调整合并为"3A 级""4A 级"和"5A 级"购物中心，增加了"便民型""主题型""奥特莱斯型"和"文旅型"购物中心术语、类型，以及其他调整及修改等，待审核定稿后正式发布。

4. 购物中心的开发建设

（1）前期调查　购物中心开发建设的前期调查包括宏观因素和微观因素，但重点是其商业辐射区域的调查，或称商圈的调查，实际是指该购物中心商圈调查（因为现实存在各地区形成的不同商圈）。购物中心商圈分为核心商圈、次级商圈和辅助商圈，一般地，购物中心营业额的 60%～75% 来自核心商圈，15%～20% 来自次级商圈，5%～15% 来自辅助商圈。前期调查需要对购物中心商圈的以下方面进行认真调查：① 人文环境；② 地理环境；③ 经济水平；④ 经济发展趋势；⑤ 金融环境；⑥ 政策导向；⑦ 市政基础设施状况；⑧ 人口数量；⑨ 收入水平；⑩ 消费心理和消费特点；⑪ 商业竞争态势等；⑫ 购物中心对当地经济、环境、能源等方面的影响。

（2）项目分析　项目分析是对以上各方面的调查进行分析论证，最后进行购物中心的选址定位、类型定位、规模定位、业态定位、营销策略定位、招商策略定位、运营管理策略定位及其他各方面定位。之后，还应对购物中心开发建设项目进行可行性研究。

（3）建设实施　经过规划设计与报建等前期工作，购物中心开始进行建设实施。需要说明的是，规划设计仍是购物中心开发建设的重要环节，应注重其空间规划与动线规划，以及建筑设计、机电系统设计、绿色建筑设计、环境设计等，并尽可能使未来主力店及相关店的经营者参与进来。购物中心项目的建设实施与其他开发项目类似，主要包括办理开工审批手续、采用招标投标方式选择施工企业、进行工程管理与控制及竣工验收等。

5. 购物中心的运营管理

购物中心的运营管理广义地包括项目全寿命周期的运营管理，狭义地包括项目开业准备期、开业期、运行初期及运行稳定期等阶段的运营管理。购物中心的运营管理应注意以下各方面。

（1）管理模式　购物中心的管理模式有多种，但从实践效果来看，基本模式应采用统一运营管理的模式。对于细分模式，目前主要包括业主自行管理模式和委托专业管理公司管理模式，并且后者相对更具优势。

（2）经营定位　经营定位是对购物中心经营涉及的各方面进行市场位置的确定，具体包括购物中心辐射范围定位、购物中心档次定位、商品种类定位、商品结构定位、商品价格定位、商品品质定位、经营业态定位、经营服务定位、经营环境定位、招租方式定位及管理方式定位等。购物中心的经营定位应考虑目标消费群、竞争者及地区发展情况等，实际上经营定位从项目筹划阶段已经开始，在购物中心开业前确定，并在运行期动态调整。

经营定位应做好基础定位与特色定位，基础定位对购物中心运营的基础工作找准位置和方向，使购物中心运行达到既定标准；特色定位确定购物中心的差异化运营内容，使购物中心不同于其他购物中心而出奇制胜，例如商品品质卓越、自由退换服务、自然景观环境、假日主题购物、厂家直销、高科技及信息化等。

（3）业态规划　商业业态规划应注意以下方面：① 应考虑商业业态的组合，各业态的面积占比，各业态在购物中心的布局；② 应考虑功能的多样性和各业态之间的互补性；③ 各商业业态所占面积比例应合理，并考虑主力业态和其他业态的比例关系；④ 各商业业态布局应合理，考虑相互间的互联性和互动性，避免因布局不合理造成经营中的矛盾。

对于购物中心的业态组合，可参考以下标准，具体应根据实际情况，尤其对于专业型购物中心。

1）都市型购物中心的业态组合。其业态组合比例：购物 70%～85%；餐饮 10%～20%；休闲娱乐 5%～10%；服务（如培训教育、房屋中介、家政服务、维修、摄影等）低于 5%。其业态组合特点：时尚或高端定位，个人消费、休闲消费为主，家庭消费为辅。其主力店配置：以高端百货为主力店，或以次主力店为主，主力店面积占比在 20% 以下。

2）地区型购物中心的业态组合。其业态组合比例：购物 50%～70%；餐饮 20%～30%；休闲娱乐 10%～20%。其业态组合特点：中端或大众定位，家庭消费为主，强调生活方式的一站式解决方案。其主力店配置：以百货、大型超市为主力店；主力店和次主力店的面积占比在 40%～60%，同时配有大型家电、家居建材商店、服装专业店等次主力店。

3）社区型购物中心的业态组合。其业态组合比例：购物 40%～60%；餐饮 20%～35%；休闲娱乐 5%～15%；服务 5%～10%。其业态组合特点：根据商圈消费群定位，以家庭日常消费为主，强调服务功能的完备性。其主力店配置：以大型超市或超市为主力店；主力店面积占比在 30%～50%。

4）厂家直销店购物中心的业态组合。其业态组合比例：购物 85%～95%；餐饮低于 10%；休闲娱乐低于 5%。其业态组合特点：品牌消费，价值导向，追求物超所值。其主力店配置：一般无主力店。

（4）招租及经营管理　购物中心的招租应进行统筹规划，制定招租政策，建立招租管理制度及相关工作流程。对于租户的选择，首先确定主力店租户及次主力店租户，其对购物中心的定位、客流带动、品牌引领、收入贡献有重要影响及某个或多个方面有较大影响，应主要考虑大型连锁店、知名商店、国际品牌店，并在平面布局、位置及租金政策等方面给予优先安排和优惠；其次确定普通租户，在考虑与主力店、次主力店协调一致的同时，各普通租户的经营种类与业态应互补互动，同业保持适度竞争的商店数量，过分集中可能产生不良竞争，具体工作中还应对承租的经营者进行资质审查与筛选，并在位置与租金等方面给予合理安排和适当优惠；最后，对于所有租户，应客观评价其当前财务能力，以及了解其经营现状与声誉，具体细节如商家对消费者的态度、上柜商品更迭频率、销售人员对商品熟悉程度、广告宣传推广程度等。

　　购物中心经营的租金主要包括两部分，一是基础租金，又称最低租金，是指租户租用每平方米可出租面积按月或按年支付的租金，是购物中心经营者获得的、与租户经营业绩（营业额）无关的可出租面积的最低收入。二是百分比租金，又称超额租金或比例租金，是指对超出某一营业额以外的这一部分营业额，按照一个规定百分比计算的租金。例如，某租户的基础租金为 11 万元/月，如果经协商规定营业额的 5% 为百分比租金，则可计算：11 万元/5% = 220 万元，通常当月营业额超过 220 万元，对超过部分的营业额收取百分比租金；若未超过 220 万元，则收取 11 万元/月的基础租金。上述每月 220 万元营业额为自然平衡点，但租户和购物中心经营者还可以商量一个人为平衡点，人为平衡点可能高于或低于自然平衡点。百分比租金可以按月或季度支付，而且其规定的百分比因租户经营的商品种类与经营方式不同而不同。

　　另一方面，当租约采用毛租形式时，租金包括经营场地费用及所有相关经营费用，对于水电费类则可协商由租户另外支付，不包括在租金内。当租约采用净租形式时，租金主要包括经营场地费用，而其他的购物中心物业经营费用不包括在租金内，由租户另外支付。根据租户另外支付经营费用种类的多少，净租也有多种形式，如仅另外支付按比例分摊的与物业有关的税项；另外支付中再增加与物业有关的保险费；另外支付中包括与物业有关的税项、保险费、公共设施设备使用费、物业维护维修费、公用面积维护费、相关物业管理费等，而购物中心经营者只负责建筑结构部分的维修费用。在实际中，另外支付可根据具体情况有不同组合。

　　购物中心的各类租约期限一般都较长，因此需要在租约中明确租金调整方法。租金调整根据具体情况可以每 5 年调整一次或每年调整一次，也可以协商确定调整频率。对于租金的调整比率或幅度，通常根据消费者价格指数、零售物价指数等测算，或者根据同类物业租金变化情况进行类推。需要注意的是，租约中的租金调整条款一般只对基础租金有效，百分比租金在行业盈利水平发生大的变化等特殊情况下租赁双方协商调整，购物中心的相关经营费用根据每年的市场行情变化并结合实际情况确定。

　　(5) 运营管理的其他方面　　购物中心运营管理的其他方面还包括营销管理、合同管理、服务管理、质量保证、人力资源管理、安全管理、环境管理及工程管理等。

8.5.4　商业物业经营的风险

1. 目标消费群定位风险

　　一些商业物业经营中，缺乏细致的前期调研论证，对目标消费群定位出现偏差，往往表现为不符合实际的求大求全。目前不少大中城市大型购物中心、商业综合体、城市综合体已趋于饱和，但仍有很多的在建、立项、准备立项的同类项目，各开发企业都不同程度力图使自身项目成为城市最大规模、最高品质的商业王国，为城市广大消费者服务，甚至覆盖周边城市，另外还有很多定位高端的项目。但是，不论高端消费还是普通消费，市场容量是客观的，冷静分析会发现其中的矛盾问题。因此，商业物业经营的重中之重仍是前期调研论证，然后准确定位目标消费群。另一方面，应注意满足目标消费群不同需求的差异化定位，这是同类商业物业竞争共赢的关键。

2. 运营管理模式风险

对于大型商业物业，如果采用分散运营管理模式，通常存在很大经营失败的风险。因为在分散运营管理情况下，很难形成统一的策划布局、统一的业态规划、统一的营销管理及统一的招商管理等，大型商业物业的整体运作优势无法发挥，往往在同类物业经营的竞争中处于劣势，甚至亏损或倒闭。因此，大型商业物业经营应采用统一运营管理模式。为便于实行统一运营管理模式，大型商业物业一般不宜分割出售，避免多个业主意见不一致而带来经营管理中较多难以协调的问题。

3. 业态组合风险

在商业物业经营中，由于各种原因导致业态组合不合理会带来经营上的风险，尤其对于大型商业物业。在实际操作中，大型商业物业的开发经营者应在项目筹划阶段就研究物业的商业业态规划，并根据时代发展进行业态更新与业态创新，形成科学有效的业态组合，并在经营过程中动态调整。需要注意的是，一些大型商业物业在前期阶段及开业准备期的工作不到位，导致开业后租户不足或稀少，生意冷清，情急之下仓促招商，很大程度违背甚至放弃业态组合规则，来吸引商户进场，结果造成后期经营的严重问题。对此，应冷静处理，坚持原则，即便是推迟开业时间，也一定要遵循商业物业经营的基本规律。

4. 租户选择风险

不同类型与档次的商业物业经营需要不同的租户，只有租户与商业物业在主要方面相互匹配，租赁双方才更容易实现各种目标与双赢。如果出现不匹配，则存在认知误区，也会给以后经营带来阻力。但不论是什么类型什么档次的商业物业，经营者都希望选择的租户在进场后生意兴隆，如果租户生意持续冷清，则产生租户选择风险。对此，通常有两种做法，一是选择原本生意兴隆的商户进场后带来老客源并继续共同培养新客源，二是对符合资质条件的商户进场后共同努力培养新客源。一般商业物业经营者喜欢选择前者，特殊情况下兼顾选择后者。

5. 租金政策风险

商业物业在经营中，如果租金政策缺乏吸引力或出现较大偏差，则容易产生租户不足现象，带来经营风险。例如，一些商业物业经营中给租户提供装修免租期或经营初期低租或免租期，则对不提供优惠的商业物业相对缺乏吸引力；开业前制定的租金政策中租金水平偏高，则影响招商与商户入驻；物业经营中租金水平调整频次与幅度不当，则可能影响租户经营与发展，甚至可能使某些租户更换经营场所。实际上，商业物业经营的重要方面是使租户盈利，只有租户盈利并且持久盈利，商业物业经营才可持续。当然，租户盈利取决于租户经营及多方面因素，并且商业物业经营者需要考虑自身经营目标与策略。但是，商业物业经营者，尤其是大型商业物业经营者应发挥整体运作优势、全程运作优势及规模运作优势，在租户进场和经营初期给予全面支持，特别是在租金政策方面能够提供实实在在的优惠，帮助租户较快进入稳定盈利阶段。

6. 其他风险

商业物业经营还包括其他的系统风险和个别风险,如市场供求风险、购买力风险、或然损失风险、选址风险、财务风险、工程风险等。

复习思考题

1. 房地产企业经营思想是指什么?主要包括哪些方面的内容?
2. 住宅的"典"和"当"有何区别?
3. 物业管理的定义是什么?应如何正确理解物业管理的含义?
4. 居住物业管理的相关各方有哪些?
5. 居住物业管理服务的内容主要包括哪些?
6. 写字楼物业经营的内容主要包括哪些?
7. 简述社区商业物业的开发建设与经营原则。
8. 简述我国对购物中心特征的定义。

第9章 房地产金融与房地产新发展

> **导读**
>
> 随着房地产市场的发展与转型期的到来，房地产交易从过去的增量交易为主逐渐转变为增量交易与存量交易并重，房地产企业开始寻求转型升级的创新之路。从粗放式规模开发到集约化品质开发的转变，从重资产开发经营到运用金融创新的轻资产运作探索，从传统的开发经营理念到现代互联网化思维，从开发基本功能产品到创新科技赋能的智能化产品表现出时代新特征。新时期的城市更新，优化城市功能和空间布局，改善人居环境，传承历史文脉，激发城市活力。房地产发展新模式的构建，适应房地产市场供求关系重大变化，优化完善供应体系，转变运营方式，完善调控政策，强化安全监管，为市场发展指引正确的方向。

9.1 房地产金融

9.1.1 房地产金融概述

1. 房地产金融的概念

金融是指货币资金的融通和信用活动，其融通的主要方式是有借有还的信用方式，融通的对象是货币资金，融通的中介机构是银行和其他金融机构。通常，金融活动包括货币的发行与保管、货币资金的收付与借贷、票据的买卖与贴现、债券股票的发行与转让、外汇的买卖等。金融活动按照是否有金融机构组织，分为直接金融活动和间接金融活动。直接金融活动是货币资金的实际融出方和实际融入方直接进行资金融通，如有价证券的直接买卖等；间接金融活动是货币资金的实际融出方和实际融入方通过银行等金融机构作为中介进行资金融通，如银行贷款等。直接金融活动和间接金融活动的区分，有时还需按照金融活动具体性质分析；同时根据不同具体情况，一些直接金融活动需要相关金融机构的一定参与。

房地产金融是指围绕房地产开发、经营、流通和消费等环节进行的筹资、融资及相关金融服务等的总称。房地产金融是房地产行业的金融活动，是房地产业与金融业的渗透和融合。房地产金融包括政策性的房地产金融和商业性的房地产金融，政策性的房地产金融主要涉及住房公积金制度及保障性住房各类贷款政策等；商业性的房地产金融则是以盈利为目的的金融业务，是本书的侧重叙述内容。

房地产金融的参与者主要涉及资金的实际融出者、实际融入者、金融机构及其他相关服务机构，包括各种形式的资金融出与资金融入两个方面。资金融出主要表现为投资，资金融入主要表现为狭义的融资。房地产直接投资（开发投资与置业投资）从投资角度可以纳入广义房地产金融，但通常以其具体运作过程而归入房地产活动，而房地产间接投资［购买房地产企业股票及 REITs（Real Estate Investment Trusts，房地产投资信托基金）股票等］一般属于房地产金融范畴。对于各类形式的融入房地产货币资金及信用（发行各种房地产金融产品等），通常属于房地产金融范畴。房地产金融活动具体包括房地产专项存款、住房储蓄、房地产贷款及房地产抵押贷款、房地产典当、房地产保险、房地产信托、房地产相关证券化等。

2. 房地产金融机构

我国房地产金融机构可以分为五大类，一是银行类，如中国建设银行、中国工商银行、中国银行、中国农业银行、交通银行等其他商业银行；二是保险公司类，如中国人民保险集团公司、中国人寿保险（集团）公司、中国太平洋保险（集团）公司等；三是信托公司类，如中信信托有限责任公司、中海信托股份有限公司、平安信托有限责任公司等；四是证券公司类，如申银万国证券股份有限公司、中国银河证券股份有限公司等；五是其他类，如财务公司、金融资产管理公司、信用社等非银行金融机构和视作金融机构的典当行等。

3. 房地产金融市场分类

1）按市场层次可以分为：房地产金融的一级市场，即房地产资金在筹资者与投资者之间初始交易的市场，也称初级市场或发行市场，包括首发房地产信贷、房地产证券发行销售等；房地产金融的二级市场，即房地产金融工具在不同投资者之间买卖流通再交易的市场，也称流通市场或次级市场，包括房地产有价证券再转让、房地产贷款证券化交易等。金融工具又称融资工具，是金融市场中可交易的金融资产，包括票据、债券、外汇、股票等。

2）按金融工具的期限可以分为：货币市场，即交易期限在一年以内的短期金融工具的市场，包括银行短期信贷市场、商业票据市场等；资本市场，即金融工具期限在一年以上的融通长期资金的市场，包括中长期信贷市场和股票市场等。

3）按资金融通方式可以分为：直接融资市场，即房地产资金的实际融出方和实际融入方直接进行资金融通，如房地产企业发行股票和债券的市场；间接融资市场，即通过银行等金融机构作为中介进行房地产资金融通的市场，如房地产存贷款市场。需要注意的是，在直接融资市场通常也有金融中介机构，其往往不是进行资金中介，而是相关信息中介和服务中介等。

9.1.2 房地产信贷

1. 房地产信贷的概念

房地产信贷是指金融机构或受委托的金融机构向房地产开发、经营、流通、消费领域投放贷款的总称。信贷则可理解为基于信用的借贷，实际上，金融中信用即"借贷"行为或形式，是指商品买卖中的延期付款或货币的借贷行为等，是以偿还为条件的价值运动的特殊形式。需要说明的是信贷并不是指信用贷款，信用贷款是基于借款人信誉而发放的贷款。

2. 房地产信贷的分类

（1）按照贷款用途划分，房地产信贷可以分为土地储备贷款、房地产开发贷款、房地产经营贷款和房地产消费贷款。

1）土地储备贷款，是指金融机构向土地储备机构发放的按照国家有关规定征收、收购、优先购买、收回土地以及对其进行前期开发等所使用的资金的贷款。根据《关于规范土地储备和资金管理等相关问题的通知》（财综〔2016〕4号），土地储备机构新增土地储备项目所需资金，应当严格按照规定纳入政府性基金预算，从国有土地收益基金、土地出让收入和其他财政资金中统筹安排，不足部分在国家核定的债务限额内通过省级政府代发地方政府债券筹集资金解决。自2016年1月1日起，各地不得再向银行业金融机构举借土地储备贷款。

2）房地产开发贷款，是指金融机构向房地产开发企业发放的用于住房、商业用房和其他房地产开发建设的中长期项目贷款，贷款期限一般不超过三年（含三年），原则上应采取抵押担保或借款人有处分权的国债、存单及备付信用证质押担保方式，担保能力不足的部分可采取保证担保方式。房地产开发贷款具体类型包括住房开发贷款、商业用房开发贷款、土地开发贷款、房地产开发企业流动资金贷款等。需要注意的是，房地产开发企业流动资金贷款是开发企业用于生产周转的流动资金用途的贷款，一般为短期贷款，用以支持房地产开发。

3）房地产经营贷款，是指金融机构为支持房地产经营活动而向房地产企业发放的贷款。例如，商业银行针对商业营业用房、办公用房、宾馆酒店、大型购物中心、酒店式公寓、工业和仓储用房等物业形式发放的经营性物业抵押贷款，可用于物业在经营期的资金需求。

4）房地产消费贷款，是指金融机构向消费者发放的用于房地产的购买、建造、改造、维修等的贷款。例如，个人住房消费贷款，一些金融机构向自然人发放用于借款人在住房一级市场上购买现房或期房的人民币担保贷款，担保方式可以采用不动产抵押、有价证券质押、第三方保证中的一种或几种，贷款额最高通常为全部购房价款的一定百分比，如80%，并要求首付款为全部购房价款的一定比例，如20%。

（2）按照贷款有无担保划分，房地产信贷可以分为房地产的担保贷款和房地产的信用贷款。

1）房地产的担保贷款，具体又分为房地产的抵押贷款、房地产的质押贷款和房地产的保证贷款。房地产的抵押贷款是以借款人或第三人的财产作为抵押物的房地产贷款，一般作为抵押物的财产即为房地产，这时是通常所说的房地产抵押贷款（另有房地产的抵押贷款为贷款用途是房地产相关活动）；房地产的质押贷款是以借款人或第三人的动产或权利作为质押物的房地产贷款；房地产的保证贷款是以第三人承诺在借款人不能偿还贷款时，按约定承担一般保证责任或连带责任为前提的房地产贷款。

2）房地产的信用贷款，是指以借款人的信誉发放的房地产贷款，通常借款人不需要提供担保。

3. 房地产抵押贷款

（1）房地产抵押贷款的概念　房地产抵押贷款是指抵押人（借款人或第三人）以合法房地产并用不转移占有的方式向抵押权人（贷款人）提供债务履行担保为前提，由贷款人向借款人发放的贷款。贷款人包括银行等金融机构，借款人包括公司、企业、其他经济组织和个人等。当债务人不履行到期债务或者发生当事人约定的实现抵押权的情形时，债权人有权就抵押的房地产优先受偿。通常，按照贷款对象的不同，房地产抵押贷款可以分为两类：一是个人房地产抵押贷款，包括个人住房抵押贷款、个人商业用房抵押贷款等；二是企业等法人房地产抵押贷款，包括房地产企业的商用房地产抵押贷款和在建工程抵押贷款等。

（2）个人住房抵押贷款　个人住房抵押贷款是指借款人或第三人以其拥有的房产作抵押而发放的贷款，用途包括购房、装修、购车、家居等消费，但有时针对具体情况会有不同限制政策，如不能用于购房等。

当个人购买住房并以所购住房抵押进行贷款，这时实际上是个人购房的住房抵押贷款，一般采用按揭形式，即住房按揭（抵押）贷款，属于房地产按揭贷款的一种类型，是围绕抵押贷款并涉及开发企业、购房人、银行等金融机构三方关系的较复杂形式的贷款。普通个人住房抵押贷款是借款人将自己或第三人已购买的住房抵押，而住房按揭贷款是借款人将自己将要购买的住房抵押。

通常，住房按揭贷款是购房者在购买现房或期房时，基于各种原因需要贷款用于支付房款，与房地产开发企业签订《商品房销（预）售合同》，并交付首付款给开发企业，向银行等金融机构提出贷款申请，经调查、审查、审批后，银行等金融机构、购房借款人和开发公司三方共同签订《住房按揭（抵押）贷款合同》（或《商品房按揭抵押贷款合同》等），贷款以购房借款人购房款名义，全额划转存入开发公司在银行等金融机构开立的结算账户，银行等金融机构通知购房借款人贷款已经发放，并收取开发企业出具的收款证明，之后购房借款人按期还款，贷款结清后，持有效身份证件和银行等金融机构出具的贷款结清凭证领回由银行等金融机构收押的法律凭证和有关证明文件，并持贷款结清凭证到原抵押登记部门办理抵押登记注销手续。

同时，办理住房按揭贷款应注意以下方面：一是金融机构的楼盘审查，金融机构进行楼盘审查后，与开发企业签订《个人购房消费贷款项目合作协议》，审查包括营业执照、税务登记证、法人代码证、企业章程等公司资料，以及建设用地规划许可证、建设工程规划许可证、建设工程施工许可证、国有土地使用证、商品房预售许可证等项目资料。二是金融机构对购房借款人的要求，如借款人及配偶的有效身份证件及婚姻状况证明、借款人户籍证明、借款人经济收入证明及职业证明、信用记录、《商品房销（预）售合同》、首期付款证明、有效担保等。三是贷款的额度、期限和利率，贷款的额度一般为70%～80%，根据不同时期政策调控；贷款的期限一般最长为30年，且借款人年龄与贷款期限之和不超过60～70年，各金融机构有所不同，通常两个（含）以上共同借款人借款的，可按照满足贷款条件中年龄较小的确定贷款期限；贷款的利率按照中国人民银行有关规定执行，在同期同档次基准利率的基础上，可在规定的范围内浮动。需要说明的是，对于首套住房按揭抵押贷款，根据国家相关政策，贷款额度较之第二套住房会高一些，利率会优惠一些，并且可以办理政策性的住房抵押贷款，即住房公积金按揭抵押贷款（具有利率低等特点）。四是其他方面，如开发企业在金融机构开立结算账户和担保保证金专户，购房借款人办理或委托办理所购抵押住房保险投保、抵押登记、公证等。

（3）商用房地产抵押贷款　商用房地产抵押贷款是以商用房地产作为抵押而发放的贷款，具体可以分为两种情况。一是当抵押物为已购商用房地产时，包括个人商用房地产抵押贷款和企业商用房地产抵押贷款；二是当抵押物为将要购买的商用房地产时，包括个人购房的商用房地产抵押贷款和企业购房的商用房地产抵押贷款，可采用按揭形式，并按相关政策调控。商用房地产抵押贷款的贷款价值比率（抵借比）通常不超过60%或65%，贷款期限最长不超过10年，贷款利率一般高于个人住房抵押贷款的利率。

（4）在建工程抵押贷款　在建工程抵押贷款，是指抵押人以其合法方式取得的土地使用权连同在建工程的投入资产，以不转移占有的方式抵押给贷款银行作为偿还贷款履行担保，取得的在建工程继续建造资金的贷款。根据相关法规，在建工程抵押贷款的指定用途是继续建造工程，不能挪作他用，并且在建工程已完工部分与土地使用权同时抵押，以及需要取得国有土地使用权证、建设用地规划许可证、建设工程规划许可证、建设工程施工许可证及相关审批手续等。

9.1.3　房地产信托

1. 信托简述

信托，就是信任而委托，是指委托人基于对受托人的信任，将其财产权委托给受托人，由受托人按委托人的意愿以自己的名义，为受益人的利益或者特定目的，进行管理或者处分的行为。信托可以简洁地概括为"得人之信，受人之托，代人理财，履人之嘱"。在我国信托实际上被定位成委托人将自己的财产委托给所信任的第三人（受托人），按照一定的目的即信托目的，为受益人的利益（委托人自己的或者他人的），而管理或者处分该财产的制度，也就是理财制度。

信托起源于国外，其后得到广泛传播和发展，并且产生了不同程度的变化。国外一些国家地区的信托将相关所有权转移给受托人，在我国如果委托人将财产交付信托，就丧失其对该财产的所有权，不再属于其自有财产，则不太容易接受，同时还涉及已有法律传统。因此，我国对此的处理是，委托人有权依照法定的规则自主选择财产权的使用权、收益权、管理权、处分权等四种权利的多样组合，作为信托中委托人所委托的财产权，在具体金融业务中应符合实际相关要求。另外，需要注意的是，在信托中，受托人是以自己的名义进行财产的管理及处分等。

2. 房地产信托的概念

房地产信托具有信托的一般属性，具体来讲就是指以融资、融物与财产管理相结合，受托人一般是银行或非银行信托机构，标的物是房屋、土地或与其相关的财产和权利的信托业务。房地产信托一般主要包括房地产资金信托、房地产财产信托及房地产相关其他信托。

3. 房地产资金信托

房地产资金信托是指信托公司通过信托方式受托委托人合法拥有的资金，按委托人的意愿以自己的名义，为受益人的利益或者特定目的，以不动产或其经营企业为主要运用标的，对房地产信托资金进行管理、运用和处分的行为。

按委托人数量的不同，房地产资金信托分为单一资金信托和集合资金信托。房地产单一资金信托是指信托公司接受单个委托人的资金委托，单独管理和运用房地产资金的信托；房地产集合资金信托是指由信托公司担任受托人，按照委托人意愿，为受益人的利益，将两个以上（含两个）委托人交付的资金进行集中管理、运用或处分等的房地产资金信托。在很多情况下，房地产单一资金信托在资金运用的方式和对象等方面都更多体现委托人意愿，而房地产集合资金信托则是信托公司起着主导作用。房地产单一资金信托的委托人经常是机构，并且其在市场中总量规模较大。房地产集合资金信托的委托人多数是自然人，房地产集合资金信托计划是信托公司的典型产品，利用信托制度的聚集资金功能将资金运用于需要大量资金的房地产开发项目或房地产经营项目，以获得良好收益。

按照资金运用方向的不同，房地产资金信托分为抵押贷款型、股权投资型、产权投资型及收益权投资型、夹层融资型。抵押贷款型是指信托公司将筹集来的资金贷款给房地产开发企业，开发企业办理抵押担保并在信托产品到期后还本付息的资金信托方式，类似于银行信贷，但其资金主要来源于委托人资金，贷款利率基本围绕银行同期贷款利率浮动。股权投资型是指信托公司将资金投资于房地产项目公司股权，直接参与开发经营来获取收益，或者在约定时间由项目公司回购该部分股权，或者采取信托资金其他退出机制的资金信托方式。通常，为保证投资者利益，信托公司要求在项目公司中控股。产权投资型是指信托公司将资金用于购买并拥有物业，物业一般为经营性物业，通过出租方式获得稳定而长期的租金等收益的资金信托方式；收益权投资型是指信托公司用资金直接购买收益性物业的收益权的资金信托方式。夹层融资型是指基于夹层融资模式的信托公司（基金）混合投资的资金信托方式，即信托公司（基金）将资金投资于介于风险较高的股权投资与风险较低的债务投资之间的一种创新融资安排的资金信托方式，本质是债务融资对应的债务投资。例如，对于夹层债模式，信托公司（基金）通过将资金借给实际借款者的母公司或者拥有实际借款者股份的实力较强公司，这些公司将其对实际借款者的股份权益（包括实际借款者的收入分配权）抵押给信托公司（基金），从而保证在清偿违约时，信托公司（基金）可以优于股权人得到清偿，运用结构性的方式使信托公司（基金）的相关权益位于普通股之上，债券之下。除了夹层债模式，夹层融资型还包括优先股模式、可转换债模式、混合模式等夹层融资的资金信托方式。

4. 房地产财产信托

房地产财产信托是指房地产法律上或契约上的拥有者将该房地产委托给信托公司，由信托公司按照委托者的要求进行管理、处分和收益，信托公司对该信托房地产进行租售或委托专业物业公司进行物业管理，使投资者获取溢价或管理收益。这里的管理、处分和收益主要包括保管、维修、出租及收取租金、缴纳税款及出售物业等，所委托的房地产主要包括写字楼、商厦及商铺、酒店、宾馆、工业厂房、长租公寓等。此时，房地产拥有者融通了租金收益等资金，信托公司融通了房地产财产。在此基础上，如果房地产拥有者将经营性物业的收益权委托给信托公司，则转让信托受益权时可取得对价融资，或将收益权抵押进行债务融资，或将收益权证券化进行权益融资。

5. 房地产相关其他信托

房地产相关其他信托还包括开发经营企业托管、委托代建信托等广义房地产信托，以及个人住房贷款债权信托和房地产投资信托基金等涉及房地产证券化的房地产信托。

9.1.4 房地产证券化

1. 房地产证券化的概念

证券是记载并代表一定权利的凭证，按所载内容不同，可以分为：① 商品证券，包括财物证券（如提货单、房屋产权证）、凭据证券（如火车票、船票）及其他商品证券；② 货币证券，如银行汇票、支票；③ 资本证券，如股票、债券。通常狭义的证券是指资本证券，即股票、债券、基金及其金融衍生品种等。

房地产证券化是指房地产及其项目与企业的相关权益的证券化，基本属于资本证券范畴，主要包括融资证券化和资产证券化。房地产融资证券化是指房地产经营机构通过发行房地产证券筹集资金运用于房地产领域的过程，如房地产企业发行的股票、债券、短期融资券和中期票据，从某种角度也包括房地产投资信托基金（公司）（REITs）发行的股票。房地产资产证券化是指将缺乏流动性的房地产投融资资产转化为可在金融市场进行出售和流通的证券的过程，基于产生现金流的不同来源，具体又分为产权证券化和债权证券化。房地产产权证券化是基于房地产产权相关权益在未来可产生的出售收入与出租收入等收益现金流而发行证券的过程，如经营性物业收益权证券化等；房地产债权证券化是基于房地产债权可在未来产生的还本付息等现金流而发行证券的过程，如个人住房抵押贷款证券化（住房抵押支持证券）。

2. 住房抵押贷款证券化

住房抵押贷款证券化是指银行业金融机构作为发起机构将其所持有的住房抵押贷款债权转让给特殊目的机构（Special Purpose Vehicle，SPV 或 Special Purpose Trust，SPT），该机构以此住房抵押贷款的还本付息为基础而在资本市场上发行证券的过程。住房抵押贷款证券化的主要流程为：① 商业银行（发起机构）进行可行性分析、方案设计及选择相关服务机构等前期工作；② 商业银行组建资产池，即对所发放的个人住房抵押贷款按照贷款期限、利率、抵借比等进行整理筛选，组成一定规模的抵押贷款资产池；③ 由商业银行组建或委托信托公司作为特殊目的机构 SPV（SPT），购买抵押贷款资产池，并满足真实出售，实现破产隔离（银行对资产池没有追索权）；④ 特殊目的机构 SPV（SPT）是发行人，是使住房抵押贷款证券化的专门机构，其购买作为基础资产的抵押贷款后，通过信用增级手段对信用资产进行信用增级，以便吸引投资者（投资机构）和降低融资成本；同时聘请信用评级机构对信用增级后的个人住房抵押贷款资产进行信用评级，通常需要进行两次，即初评和跟踪评级；⑤ 评级完成并公布结果后，SPV（SPT）将其交给证券承销商进行承销，并将承销商的发行现金收入，扣除发行费用或按事先约定价格向银行支付购买抵押贷款资产的价款；⑥ SPV（SPT）通常聘请作为发起机构的银行担任贷款服务机构，贷款服务机构依照服务合同约定管理抵押贷款资产，如收取贷款本金和利息、管理贷款及将全部收入存入 SPV（SPT）指定的资金账户等；⑦ SPV（SPT）委托资金保管机构保管抵押贷款资产的账户资金，在向投资者（投资机构）支付证券（个人住房抵押贷款资产支持证券）收益的间隔期内，资金保管机构只能按照合同约定的方式和 SPV（SPT）的指令，将证券收益投资于流动性好、变现能力强的金融产品，如国债、政策性金融债及中国人民银行允许投资的其他金融产品,并应注意证券化发起机构(商业银行)和贷款服务机构(通常仍是发起机构商业银行)不得担任同一交易的资金保管机构;⑧根据《债券发行、登记及代理兑付服务协议》,SPV(SPT)委托资产支持证券的登记托管机构提供登记托管和代理兑付服务,按时向投资者(投资机构)偿本付息。

在整个证券化过程中,作为发起机构的商业银行,可以产生的收益包括:抵押贷款资产转让收益、作为贷款服务机构进行收取贷款本息等工作的收入(通常占比0.1%~0.5%);证券产品到期偿付后资产池可能剩余的全部或部分;按规定自持证券的收益;提前收回资金,进行再投资获得收益;转移了贷款风险,提高了资本充足率;在不同模式下上述各项的组合不同。SPV(SPT)的收益主要为出售证券收入与购买贷款价款的差额,或者信托服务报酬,以及到期剩余(有的模式包括此项)等。信用评级机构、资金保管机构及会计事务所等服务机构收取一定报酬或服务费及相关费用。投资者(投资机构)定期获得本息收益,进一步在此基础上设计衍生工具可产生交易带来的相关收益。

住房抵押贷款证券化的基本模式包括:①表外证券化,即银行"真实出售"贷款资产,实现破产隔离;②表内证券化,即抵押贷款实质是发行债券的抵押物,未实现破产隔离;③准表外证券化,包括银行全资或控股子公司作为SPV,通过特别安排,当银行发生破产清算,投资者(投资机构)对出售资产有优先受偿权;信托机构作为SPV,即SPT,基于信托原理实现破产隔离。常见的证券化工具包括抵押贷款传递证券(MPT)、抵押贷款支持债券(MBB)和抵押贷款转付债券(MPTB),以及在三种类型基础上的衍生品种,如抵押贷款担保证券(CMO)、仅付本金债券(PO)、仅付利息债券(IO)等。国际上各国对住房抵押贷款证券化的操作模式和证券类型叫法不尽相同,有时相近的证券名称有不同的含义和操作。我国住房抵押贷款证券化在借鉴国际经验基础上体现了自身特点,前述运作流程主要基于我国实际情况。

我国目前的住房抵押贷款证券化采用的主要模式是基于信托原理的信贷资产证券化,即银行业金融机构作为发起机构,将信贷资产信托给受托机构,由受托机构以资产支持证券的形式向投资机构发行受益证券,以该财产所产生的现金支付资产支持证券收益的结构性融资活动。因此,特殊目的机构由信托公司担任,也称SPT(Special Purpose Trust),同时将证券化的抵押贷款作为信托财产,实现破产隔离。其他的方案还有:大型银行建立全资或控股子公司作为SPV,建立政府支持的国有独资公司作为SPV,政策性银行设立独立部门或全资子公司作为SPV,而从各方面因素与实际情况看,SPT具有较高可行性。应注意的是,为了防范和控制金融风险,我国信托模式的住房抵押贷款证券化,并未采用完全表外证券化及抵押贷款传递证券(MPT),不是通过溢价或交易价格来实现证券化参与各方收益,而是主要将抵押贷款的利息收益在商业银行、信托公司、各服务机构及投资者(投资机构)之间进行分配,参与各方盈利空间相对有限。例如,抵押贷款利率大于资产支持证券利率的差额利率所对应的收益,需要用来支付发行费用、服务机构收费或报酬及相关税费等,剩余部分为商业银行收益,即全部偿付完毕,如果资产池现金流有剩余则返还给发起机构银行;除此之外,商业银行收益包括作为贷款服务机构所获得的报酬、按规定自持证券的收益、回收资金再投资收益、转移风险与提高资本充足率。

目前我国个人住房抵押贷款资产支持证券在全国银行间债券市场发行与交易,投资者主要为机构投资者,如商业银行、信托公司、保险公司、证券公司及符合一定条件的投资公司，个人投资者很难进入。2016 年，人民银行发布《全国银行间债券市场柜台业务管理办法》，允许合格的个人投资者直接进入银行间债券市场，即年收入不低于五十万元，名下金融资产不少于三百万元，具有两年以上证券投资经验的个人投资者可投资柜台业务的全部债券品种和交易品种；不满足上述条件的投资者只能买卖发行人主体评级或者债项评级较低者不低于 AAA 的债券，以及参与债券回购交易。

3. 房地产投资信托基金

房地产投资信托基金属于信托范畴，其可以发行股票或上市交易基金份额，又使之具有融资证券化与资产证券化的特点，这里对其总体概况作一介绍。房地产投资信托基金是指以公司或信托（契约）基金的组织形式经营，采用发行受益凭证或发售基金份额的方式汇集特定多数投资者（私募形式下）或不特定多数投资者（公募形式下）的资金，运用于房地产投资、经营与管理或房地产抵押贷款投资等，并将所获得的收益分配给股东或投资者的集合投资方式，其本意是为房地产投资目的而设立的一定数量的基本资金或基础资金，一般也指基金公司或基金产品。

按照不同组织结构，房地产投资信托基金分为契约型和公司型。契约型 REITs 是指委托人与受托人及相关方达成以房地产投资为标的信托契约的基础上，将该契约的受益权划分成许多份额，并且投资人取得这种代表权利的受益凭证。公司型 REITs 则是指设立股份有限公司（基金公司），并以房地产投资为目的，通过公开发行股票的方式使投资人取得公司的股份，即成为该公司股东，公司则将收益以股利形式分配给投资人。

按照不同投资方向，房地产投资信托基金分为权益型、抵押贷款型和混合型。权益型 REITs 是指投资与拥有房地产，同时进行经营，主要收入来自房租及房地产出售收益，并且运用投资组合策略对经营性物业，如写字楼、购物中心、长租公寓等，进行不同比例的投资。抵押贷款型 REITs 是指将募集资金用于发放房地产抵押贷款及投资于住房抵押支持证券，收入主要来自抵押贷款的手续费和利息，以及抵押支持证券收益。混合型 REITs 是指权益型与抵押贷款型的混合，投资标的包括房地产实体及收益权、抵押贷款及其债权等，并进行不同比例的投资组合。

房地产投资信托基金还有其他一些类型，如按不同存续期限，分为有明确期限 REITs 和无明确期限 REITs；按是否可以追加或赎回，分为不能追加或赎回的封闭型 REITs（规模固定）和可以追加或赎回的开放型 REITs（规模可变）。

9.1.5　房地产项目融资

1. 房地产项目融资的概念

项目融资是一种国际融资方式，在 20 世纪 80 年代引进我国，并在一些项目中成功应用。广义的项目融资是指为项目的开发建设与经营运作等一切融资活动。狭义的项目融资可引用美国银行家彼德·内维特（Peter K. Nevitt）的定义，即为一个特定的经济实体所安排的融资，其贷款人在最初考虑安排贷款时，满足于使用该经济实体的现金流量和收益作为偿还贷款的资金来源，并且满足于使用该经济实体的资产作为贷款的安全保障。因此，项目融资中的第一还款来源是项目自身的现金流量和收益，一般为项目产生的销售收入；而作为贷款偿还保证的是项目（公司）的资产价值。狭义的项目融资是以项目为基础的融资，其有别于公司融资，公司融资是以公司本身的资信能力为基础所进行的融资。通常，金融行业的项目融资是指狭义的项目融资，建设行业的项目融资多指狭义的项目融资，有时也指广义的项目融资。

《项目融资业务指引》（银监发〔2009〕71号）从金融角度解释了项目融资：① 项目融资的贷款用途通常是用于建造一个或一组大型生产装置、基础设施、房地产项目或其他项目，包括对在建或已建项目的再融资；② 项目融资的借款人通常是为建设、经营该项目或为该项目融资而专门组建的企事业法人，包括主要从事该项目建设、经营或融资的既有企事业法人；③ 项目融资的还款资金来源主要依赖该项目产生的销售收入、补贴收入或其他收入，一般不具备其他还款来源。

房地产项目融资亦有广义和狭义之分，通常指狭义的，具有项目融资的一般属性，是项目融资这一金融工具在房地产上的应用，具体可以定义为：为房地产项目进行融资并完全以该项目自身的现金流作为偿债基础的融资方式。一般地，房地产项目发起人（一家公司或投资者联合体等）为该房地产项目的融资和经营而成立项目公司，以房地产项目的未来经营收入或销售收入作为还款来源，以项目公司的资产及权益作为抵押，而发放贷款的金融机构对房地产项目的发起人无追索权或只有有限追索权。需要注意的是，房地产项目融资在大多数情况下是针对经营性物业项目，即主要为商业房地产项目。

2. 房地产项目融资的特点

（1）项目导向　房地产项目融资是以房地产项目本身的现金流量和项目资产来考虑如何发放贷款，而不是考虑投资者（发起人）的资信状况。因此，贷款银行通常以偿债能力分析为核心，重点从房地产项目的技术可行性、财务可行性和还款来源可靠性等方面评估项目风险，作为贷款的重要依据；同时要求将符合抵押条件的项目资产及项目预期收益等权利为贷款设定担保，并根据需要，将项目发起人持有的项目公司股权为贷款设定抵押担保；按照固定资产投资项目资本金制度的规定，综合考虑项目风险水平和自身风险承受能力等因素，来确定贷款金额；根据房地产项目的预测现金流和投资回收期等因素，确定贷款期限和还款计划；以及根据风险收益匹配原则，综合考虑项目风险、风险缓释措施等因素，来确定贷款利率等。

（2）无追索与有限追索　项目融资追索是指在借款人在未按期偿还债务时，贷款人有权要求借款人使用除抵押资产之外的其他资产来偿还债务，即要求借款人提供有关担保，以便可以追索到项目之外的资产。项目融资的追索通常是控制在一定范围内，不采用公司融资的完全追索形式，完全追索形式即借款人不能偿还贷款时，将可能对其所有资产进行处置。

根据项目融资原理，房地产项目融资可分为无追索权的项目融资和有限追索权的项目融资。其中，无追索权的房地产项目融资是指贷款人（发放贷款的金融机构）对项目发起人无任何追索权，不能追索到项目借款人除项目之外的资产，只能以房地产项目产生的经营收入或销售收入及项目公司的资产与权益作为还本付息的来源。有限追索权的房地产项目融资是指贷款人根据房地产项目的性质、现金流量、可预测性等具体情况，以及借贷双方对未来风险的分担情况等，在项目的某一特定阶段、金额的某一规定范围及设定一定的边界进行追索，即项目发起人在一定限度内承担债务责任和义务。例如，在房地产项目开发建设期和试运营期，贷款人有权向项目发起人进行相关追索；项目进入正常运营期，项目融资可能变成无追索；如果房地产项目在运营期，没有产生足额的现金流量，则贷款人有权就差额部分对项目发起人进行追索，在此之前，可以要求借款人使用金融衍生工具或发起人提供资金缺口担保；对于通过单一目的房地产项目公司进行的融资，发起人也没有为项目公司提供担保，则贷款人只能追索到项目公司，不能对项目发起人进行追索。

一般情况下，有限追索权项目融资应用最为广泛，无追索权项目融资根据具体情况亦有应用。需要注意的是，一些项目融资理论对无追索权项目融资有不同的定义，即贷款人对项目发起人无任何追索权，并仅以项目的现金流量和收益作为还本付息来源。对此，由于贷款金融机构的风险高，匹配的贷款利率亦高，程序复杂，效率较低，一般很少使用，只有在特殊情况下显示出其效率与优势。另外，有时可能会涉及完全追索权项目融资，以股东直接担保与间接担保等形式在贷款期内提供完全信用保证，其已很大程度削弱了项目融资的优势，一般较少应用。其实，无论是哪种类型的项目融资，关键仍是建立参与各方的合理、适当的风险分担机制，各自承担风险及匹配利益，才能使项目高效融资和运作。

（3）风险分担　项目融资主要运用于大型房地产项目及其他大型项目，项目发起人往往很难通过传统方式融通项目巨额资金，或者不希望由发起人承担所有风险，或者资金规划等方面原因，从而选择项目融资这一金融工具。从这一角度看，贷款人具有较高风险，如果常规操作，贷款利率必然提高，但通常风险高到无法操作，除了个别特殊项目。现代项目融资之所以能够推广应用，关键是其建立了一套行之有效的风险分担机制。贷款人之所以能够以项目收益与资产来进行贷款并进行有限追索，是因为贷款人通过一系列的风险分担，认为足以保证项目正常运营，如果某一环节出现风险问题，则可以通过已签相关契约诉求赔偿或追偿等，再加上特定情况下设定的有限追索，实际上是在借款人及相关人实现风险隔离与有限责任的同时，有效降低和分散了风险，从结构层面保证了合理承担风险和获得对应收益。正是由于这样，项目融资的实施需要大量前置条件和复杂的多种契约签订等，因而耗时较长，成本较高。

（4）项目信用多样化　项目融资复杂的风险分担体系决定了项目信用的多样化，如贷款人要求借款人或者通过借款人要求项目相关方签订总承包合同、投保商业保险、建立完工保证金、提供完工担保和履约保函、签订长期供销合同、使用金融衍生工具或者发起人提供资金缺口担保以及相关权益转让等。

（5）融资成本高　项目融资涉及面广，包括房地产、建筑、工程、法律、税务、保险、技术、环保和监理等各个方面，并且关联者多，结构复杂，存在大量技术工作，如风险分担、资产评估、信用组合等，从而导致工作量大及花费时间长，再加上有限追索带来的贷款利率提高因素等，使项目融资的成本费用通常比传统融资的要高出一些。

3. 房地产项目融资的体系

房地产项目融资的体系由四部分组成，即项目投资结构、项目融资结构、项目资金结构和项目信用结构。

（1）房地产项目投资结构　房地产项目投资结构是指房地产项目投资者对项目资产权益的法律拥有形式和项目投资者之间的法律合作关系，通常表现为项目资产所有权结构或项目发起人投入股本结构。房地产项目投资结构表明项目发起人对资产的拥有形式，决定着发起人对项目现金流量和资产的控制程度和相应的责任，从而影响到项目融资的融资结构等方面。项目投资结构的选择从某种角度讲也就是项目所对应的企业形式的选择，企业形式通常包括个人独资企业、合伙企业、股份有限公司、有限责任公司等。

（2）房地产项目融资结构　房地产项目融资结构是项目融资的核心内容，可分为广义融资结构和狭义融资结构。广义融资结构指项目融资中各种融资工具与方式的运用及组合，包括权益融资结构和债务融资结构；狭义融资结构仅指项目融资中的债务融资结构。融资结构是为实现投资目标并在投资结构的约束下，结合金融市场与具体行业市场的情况，对如何安排融资和各融资方式如何合理分担风险等特征的一个体系，可通过各种各样的融资模式具体表现。房地产项目融资模式通常有"自有资金+银行贷款"模式、"自有资金+银行贷款+信托计划"模式等。

（3）房地产项目资金结构　房地产项目资金结构是指在房地产项目的投资结构、融资结构、信用结构等的约束下，形成的项目（公司）的各类资金的数量和相互比例关系及资金总量等关于资金构成的体系，其中，具体表现如权益资本与债务资本的数量与比例；短期债务融资与长期债务融资的数量与比例；普通股融资与优先股融资的数量与比例等。

（4）房地产项目信用结构　房地产项目信用结构即信用保证结构，是指项目融资中各类担保及其组合。广义的房地产项目信用结构是房地产项目融资中所有资金安全的保证与措施的体系；狭义的房地产项目信用结构则仅指房地产项目融资中债务资金安全的保证与措施体系。房地产项目融资的担保主要包括项目本身的担保和项目之外的担保，如项目不动产和有形动产的抵押、项目无形动产的抵押、项目权益转让及发起人提供资金缺口担保等。

4. 房地产项目融资的创新

房地产项目融资的创新主要表现在融资结构与融资模式的创新上，在银行借贷融资、发行债券融资等传统方式基础上，随着市场的发展，许多创新的房地产项目融资方式与模式相继出现，如信托计划融资、杠杆租赁融资、回租融资、回购融资、各种证券化融资等，以及其他创新的房地产项目融资模式或具有借鉴意义的融资模式，如 BOT（Build-Operate-Transfer 建设-经营-移交模式）及其衍生类、PPP（Public-Private Partnership 公共部门与私人企业合作模式）、PFI（Private-Finance-Initiative 私人主动融资模式）、TOD（Transit-Oriented-Development 交通导向发展模式）等，还有近年来兴起的房地产互联网众筹等融资创新。需要注意的是，各种融资创新适应了市场的发展，但同时应符合相关政策法规，逐步标准化与规范化，完善运作机制与风险防范。

9.2 房地产经营管理的互联网化

随着科技进步与经济发展，人们走进了互联网时代。2015年12月，第二届世界互联网大会发布《乌镇倡议》指出，互联网作为人类文明进步的重要成果，已成为驱动创新、促进经济社会发展、惠及全人类的重要力量。互联网将世界变成了"地球村"，使国际社会日益形成相互依赖的命运共同体。我国"十三五"规划纲要提出，实施网络强国战略。当前，互联网正在快速向社会各领域深度融合，与其他行业一样，房地产行业同样在积极拥抱互联网。

9.2.1 房地产经营的互联网化

房地产经营的互联网化表现在房地产对外经营的各领域，近年来突出表现在互联网社区服务、互联网房地产众筹、互联网房地产中介等方面。

1. 互联网社区服务

为了适应市场变化，房地产企业积极进行升级转型，开拓互联网社区服务则是其一个重要方面。根据《中国社区服务现状和发展趋势》，全国物业公司在管和可管的物业面积已超过200亿 m²；500户以上的社区全国有6万多个，按人均年消费1万元计算，每年的年均消费额在万亿元以上水平。而近年来互联网平台服务取得前所未有的发展，网购等交流简洁、成交便捷、足不出户的新型消费模式已被广泛接受。因此，互联网化的社区服务具有广阔的市场空间。

通常，大中型房地产开发企业旗下大多拥有物业公司。物业公司曾一度让房地产开发企业感到左右为难，一方面希望物业公司延伸房地产服务及塑造品牌形象，另一方面不少物业公司盈利空间有限甚至经营困难。但在这次"互联网+社区服务"的热潮中，物业公司开始变得备受关注和欢迎，"物业管理""物业服务"等升级转型成为"社区服务"，O2O的概念及模式被引进，并得到应用和拓展。

O2O，来自英文"Online To Offline"，"2"是"to"的谐音，意思是线上到线下，是指建立互联网平台，将线上与线下的交易及服务结合起来的一种新型商业模式。通常，互联网网上平台通过多种方式将线下商家的商品、服务及优惠等推送给线上用户，用户可以在线完成咨询、下单、支付等流程，然后再以订单凭证等到线下商家获取商品或享受服务。不同于B2C（Business-to-Customer）侧重于网上购物，O2O更侧重于服务类消费，如餐饮、电影、美容、旅游、健身及体验式购物等。

但是，社区O2O并未使用O2O的严格概念，而是采用了其广义概念，即商业模式中既涉及线上又涉及线下就通称为O2O模式。因此，社区O2O是指通过构建互联网平台（尤其是移动互联网平台），运用O2O电子商务模式，整合线上和线下资源，并有效完成商品与服务的"最后一公里"（或"最后100米"等）配送，使社区居民便捷地获得丰富多样的服务，又称智慧社区O2O。

与很多O2O与B2C的不提供上门服务相区别，社区O2O的典型特点是"最后一公里"配送，即在物业公司长期工作的基础上，凭借熟悉社区居民及日常工作交往关系，可以方便地完成社区到居民家中的这一距离配送，有效提供上门服务。通过建立社区APP，为社区居民提供健康医疗咨询、自检诊断、送药上门等服务；为老年人提供远程看护、上门服务、安全预警等居家养老服务；提供公共维修基金查询服务；采取小区门禁出入视频监控、人脸识别、公安联网比对等安防措施，建立建筑消防安全数字化系统；提供车辆出入管理、计费管理，可支持不停车进出，在车辆进出社区停车时进行信息比对，防止车辆被盗；实现闲时车位的信息发布，停车费在线支付，并与车位所属业主建立公平合理的补偿回报机制，通过手机等移动终端设备APP进行出入和停车位的身份验证，以提高车位利用效率；以及社区O2O的日常主要商品购物、家政服务、绿色出行、餐饮服务、房屋租赁服务及金融服务等。

2014年6月，花样年控股旗下的彩生活服务集团有限公司在香港联交所主板挂牌交易，股份代号为1778，以每手1000股为单位进行买卖，三天后市值涨至55.6亿港元。彩生活成为国内首家上市的最大社区服务运营企业，获得了资本市场的认同。在此之后，有多家物业服务公司在新三板上市。作为全国物业管理"第一股"的彩生活，其彩生活彩之云APP可实现网上购物、缴费、维修、扫码开门等日常服务，以及房屋增值与金融理财等其他服务；其盈利模式也不局限于收取物业管理费，而是主打社区增值服务与社区金融；其彩生活彩富人生增值计划则是通过社区理财产品收益充抵物业管理费，实现物业"零收费"。另外，推出社区 O2O 平台的企业还有万科、保利、龙湖等大型房地产集团公司，以及很多大中型房地产企业。

社区 O2O 的新概念、新模式及其广阔的发展空间，促使众多房地产企业竞相开拓，有的企业获得了成功，也有不少企业盈利状况堪忧。社区 O2O，实际上是社区商业 O2O，本质是如何经营商业，绝不是仅仅做了 APP 平台就可以了，有一系列社区商业经营问题需要解决。例如，如何与互联网公司建立合作或者进行相关开拓；凭借社区居民的信任度和熟悉度，如何让居民到社区网上商城购物，商城销售哪些商品，居民又是需要哪些商品；购物、餐饮、家政等服务如何与垂直细分市场电商进行竞争与合作；以及物业公司已有的社区居民生活大数据如何分析与应用等。同时，房地产企业的物业公司在管物业规模是影响社区 O2O 的一个重要因素，大型企业的在管物业规模可以在上亿平方米以上，便于应用电子商务，实现规模效益；对于中小规模的物业面积，则需要探索新的模式，如对不同社区考虑提供标准 O2O 等。

社区 O2O 是互联网、社区商业、物业服务的跨界经营，是市场发展中出现的新业态，未来的发展可能产生两种类型。一是集合互联网、社区商业、物业服务等人才所形成的专业公司经营的社区 O2O；二是基于标准化与社会分工细化，所形成的互联网公司、社区商业公司、物业公司的对接与合作的社区 O2O。无论怎样，社区 O2O 需要创新与实践来打开广阔市场，同时也不是一蹴而就的，不能简单化思考，其仍是一场机遇与挑战并存的创新实践。

2. 互联网房地产众筹

众筹即大众筹资，是指筹资人通过互联网众筹平台集中众多出资人的多笔小额资金用于支持具体项目或组织，并且出资人获得相应回报的一种新型融资方式。众筹（Crowdfunding）起源于美国，一般可以分为捐赠模式、借贷模式和股权模式等，具有融资的低成本与高效率的特点。2012 年 4 月，美国颁布 JOBS 法案，允许通过互联网为项目募集资金，引发全球关注，而此前众筹在北美和欧洲已初具规模。2012 年末，第一个互联网房地产众筹产品在美国诞生。

2014 年，房地产众筹在中国兴起，并在 2015 年取得了快速的发展。我国目前对房地产众筹尚无明确界定，从实践来看，其基本含义是指通过微信、互联网等平台筹集众多出资人的资金用于房地产投资并使出资人获得投资回报的融资活动。

我国房地产众筹的主要模式包括以下类型。① 融资开发型。筹资人（房地产开发企业）在获得土地使用权后通过互联网众筹平台进行众筹，为项目建设阶段提供低成本资金，在项目完成后，出资人可以拥有某一套住房整体或者部分的权益，并可以选择众筹权利转换为产权，或者是委托开发商卖房后实现收益权。出资人往往是购房意向人，在建设过程中可以以微开发商的身份，对项目提出建议并适当参与，实现一定程度的产品定制化。其中，出资人的收益主要来自众筹的标的价格低于楼盘的销售价格的价差；筹资人通过众筹降低融资、销售等环节的成本；众筹平台的收益来自向筹资人收取的平台管理费用；② 开发营销型。筹资人在建设阶段通过众筹平台进行众筹，募集资金用于项目建设但额度不是很高，项目完成后出资人可获得金融产品一定收益和优先选房权及优惠购房权，在融资基础上更具有营销推广意义；③ 定向开发型。筹资人在获得土地使用权之前进行众筹，要求合作单位具有一定数量的购房需求的员工，并基本支付全部购房款，筹资人以较大房价折扣作为出资人的收益，而筹资人主要获得管理收益；④ 营销活动型。筹资人在取得预售许可证后进行众筹，以单套或几套住房为标的，众筹金额低于住房市值较多，出资人投资额度一般要求很低，达到众筹金额后在出资人中以众筹金额起拍进行拍卖，中标者收益为拍卖成交价与市值的差价，而未中标的出资人的收益为分享众筹金额与拍卖成交价的差价，所有参与者均可获得收益，以便通过拍卖与高收益率等，促使尽量多的出资人参与，达到扩大影响和宣传推广项目的目的；⑤ 融资经营型。筹资人通过众筹平台进行众筹，出资人包括个人投资者和机构投资者，募集资金主要投向房地产经营性物业，出资人获得经营性物业的收益权，享受物业增值和物业收益双重回报，退出可通过RIETs上市方式，或者向第三方转让，或者到期由筹资人回购；⑥ 房地产众筹的其他模式，如P2P公司从事的房地产抵押贷款。

相对于国外房地产众筹的成熟模式，其建立了一系列严格的房地产众筹交易制度与交易结构，我国房地产众筹尚处于探索阶段，上述房地产众筹模式中，有的已经具备资产证券化与RIETs特征，有的则涉嫌违反相关政策法规，如涉嫌非法集资、涉嫌非法发行证券、涉嫌违反商品房预售规定等。2016年4月12日，《深圳市互联网金融协会关于停止开展房地产众筹业务的通知》要求全市各互联网金融企业全面停止开展房地产众筹业务，并进行自查自纠和业务清理工作。4月20日，广州金融业协会、广州互联网金融协会、广州市房地产中介协会联合发出《关于停止开展首付贷、众筹购房等金融业务的通知》。深圳、广州两个城市基于房地产众筹涉嫌违规违法、市场出现众筹炒楼、防范金融风险等多方面原因，叫停了房地产众筹业务。

房地产众筹从美国到中国，成为我国房地产领域新颖并值得研究探索的发展模式之一，我国目前尚无明确的法律法规和相关政策对其规范。在学习与实践中，中国房地产众筹正在探索自己的道路。2014年12月，中国证券业协会起草的《私募股权众筹融资管理办法（试行）（征求意见稿）》向社会公开征求意见。同时，国内房地产众筹企业开始借鉴美国Fundrise Income eREIT的模式和经验，创新中国本土化的eREITs房地产众筹。

3. 互联网房地产中介

房地产中介服务包括房地产咨询、房地产价格评估、房地产经纪等活动。在互联网技术应用创新成果与房地产行业融合过程中，房地产中介领域正在发生深刻的变化，突出表现在房地产经纪的变革中。房地产价格评估行业的平台建设较早，在国内外发展较成熟，并且有的已升级为估价业务互联网交易平台。房地产咨询业务在很多时候与房地产经纪业务融合在一起，此时具有协同发展特征。

近年来，房地产经纪行业在互联网+的过程中，发生着前所未有的变化，出现了一批引领潮流的房地产中介企业与相关企业，如贝壳找房、搜房、链家、房多多、爱屋吉屋、58同城与安居客、赶集网等。房地产经纪公司的购并、合作、上市及巨额融资不断出现，一些以前规模有限的公司迅速崛起成为对房地产市场有重要影响的大型房地产企业。究其原因有以下几个方面，一是我国房地产市场进入增量新房与存量二手房交易并重阶段，二手房交易量上升且比重逐渐加大，房地产经纪公司主要经营二手房租售等业务（有的也经营新房租售业务），经历较长时期的业务空间有限后，在二手房市场迎来发展契机并已初具规模，从增量市场向存量市场过渡，这也是发达国家的发展规律。二是房地产经纪公司拥有丰富的客户信息资源和房屋信息资源及从业经验等，为后续二手房租售业务发展及其衍生业务拓展可提供至关重要的支持。三是互联网技术及相关科技的发展使各类信息资源的大数据得以充分有效利用，可以较好地实现精准营销；同时通过建立互联网平台，进行线上线下互动并重新优化整合资源，形成具有时代特征的新业态及创新高效率的商业模式。四是资本市场及投资人的认可与支持，一些房地产经纪公司通过巨额融资和上市及扩张经营，成为大型房地产企业。

按照涉足互联网程度，可以将房地产经纪公司划分为传统房地产经纪公司和互联网房地产经纪公司，前者主要以门店方式分区域经营，后者则以互联网平台为基础进行经营，而目前的传统房地产经纪公司大部分都以不同方式不同程度触网。按照运用互联网的不同方式，互联网房地产经纪公司又可划分为三种类型。一是媒体电商型，其基本属性是媒体，收益主要来自广告收费；二是渠道电商型，其基本属性是商城空间提供者，通过整合分散的渠道（各种交易地点、交易方式、交易规模等）聚集交易各方在互联网平台进行交易相关活动；三是交易电商型，其基本属性是商城，通过汇集房源和客源并帮助对接，以及在互联网平台完成支付等交易活动，对于网上支付通常需要中国人民银行审批。

目前，互联网房地产经纪公司大多采用 O2O 电子商务模式，充分发挥移动互联网 APP 与 PC 网站的优势，并运用一二手房联动销售模式。从我国互联网房地产经纪公司的形成过程来看，大致有以下几种模式：一是线上互联网公司转型成为互联网房地产经纪公司。在保持较高访问量及信息量的基础上，进军二手房交易市场，从单一媒体信息平台拓展至媒体信息、房屋交易及金融服务等平台，采取降低中介费、直接对接客户等策略，并进行扩张发展。二是线下传统房地产经纪公司转型成为互联网房地产经纪公司。在拥有较强房源、客源及线下门店资源的基础上，建立或优化互联网平台，进行扩张发展，实现资产管理、交易服务、房产金融等方面全产业链服务。三是新成立的互联网房地产经纪公司。通过巨额融资与互联网思维，获得操作空间，采用线上接单、自建团队、不设线下门店（门店以分公司的形式分布于各商业大厦中）、低额佣金、高底薪等策略，同时进行扩张发展。四是新成立的互联网房地产经纪平台公司。通过巨额融资与互联网思维，采用互联网手段对房地产销售等进行整合，为开发企业、经纪公司、买房者和卖房者等，构建高效、多赢的房地产营销服务平台，进行扩张发展，类似淘宝模式。其他模式还广义地包括各种互联网房地产中介公司，如提供房地产信息服务（端口收费的广告模式或其他模式）的公司等。

基于市场变化等原因，我国互联网房地产经纪行业似乎进入"战国时代"，群雄并起，资本追逐，充满活力和创新，但同时存在诸多问题有待解决及诸多方面需要完善。从规范化与成熟化的角度，美国 MLS 运作机制值得借鉴。MLS 源自英文 Multiple Listing Service，意思是众多挂牌（房源）服务（系统），即房源共享系统，国内多翻译为多重上市服务，具体可以表示 MLS 组织机构、MLS 系统、MLS 机制或模式等。美国的 MLS 包括地方性 MLS、区域性 MLS 和全国性 MLS，地方性 MLS 可自主选择是否加入区域性 MLS，美国房地产经纪人协会（NAR）组织建立的 MLS 系统为美国最大的区域性 MLS 系统，也是美国唯一的全国性 MLS 系统。

通常，在 MLS 组织机构、系统及网络平台上，委托经纪人将获得房源挂牌（上市）在 MLS 网络平台上，并将产品分代理权及其报酬提供给其他成员经纪人，从而使各个经纪人的房源集中起来，加快不同经纪人的信息沟通，快速完成交易，在交易完成后，委托经纪人按照约定将卖方佣金在找到买主的销售经纪人和委托经纪人之间分配，MLS 将传统的客户与经纪人交易升级为互联网化高效的经纪人与经纪人之间的交易。其中，独权或独家代理机制和佣金分成机制具有重要作用，通过单向的独权或独家代理机制，委托经纪人愿意公开房源信息；通过佣金分成机制，其他经纪人愿意积极参与到某一交易中共同提供房地产服务，实现高效运作。需要说明的是，上述的单向是指只接受卖方或买方中一方的委托；独权是指具有排除其他人的权利，即在规定期限内无论谁出售房产（包括卖方），委托经纪人都获得全部佣金；独家是指具有排除其他代理的权利，但卖方自己出售房产，则无须支付佣金；另外，还有一种代理方式是开放式代理，即卖方同时委托多个经纪人出售房产并向成功出售者支付全部佣金，若卖方自己出售房产，则无须支付佣金；这几种代理方式的术语使用，在不同国家常常有所区别，应注意结合具体情况。

9.2.2 房地产管理的互联网化

房地产管理的互联网化主要包括了企业的房地产管理互联网化、政府主管部门的房地产管理互联网化和社区居民的房地产管理互联网化等。社区居民的房地产管理互联网化主要体现在智能家居和家庭安防的互联网化，以住宅为平台，利用综合布线技术、网络通信技术、自动控制技术、音视频技术等将家居生活有关的设施进行集成，构建高效的住宅设施与家庭日程事务的管理系统，提升家居安全性、便利性、舒适性、艺术性，实现环保节能的居住环境。政府主管部门的房地产管理互联网化主要体现在 PC 互联网网站建设和移动互联网的 APP 应用等方面，各级和各地房地产主管部门建立了日益完善的政府网站，实现了快速发布政策法规及相关信息、网上咨询、网上查询、商品房预售网签等；通过房地产行政主管部门的微信公众账号，实现快速发布资讯、办事指引、办理业务网上预约、房地产档案信息验证、业务办理情况进度查询等。对于企业的房地产管理互联网化，下面进行主要阐述。

区别于房地产经营的互联网化主要面向市场，房地产管理的互联网化则主要针对内部管理。实际上，经营与管理有多种理论与实践，"大经营"理论则经营包括管理，"小经营"理论则管理包括经营，以及"经营与管理等同"理论等，本书从狭义的对内或对外角度来分别阐述企业的房地产管理与经营互联网化，同时两者有一定程度的交叉与融合。

从发展进程上看，企业的房地产管理互联网化滞后于其经营互联网化，一方面由于在市场经济环境中，经营对企业兴衰存亡具有关键作用，即便"小经营"理论也认为，现代管理的重心在经营，经营的重点是决策；另一方面人们在"不知不觉"中进入互联网时代，也在"不知不觉"地将日常生活的互联网化融入企业管理的互联网化，如支付宝、滴滴出行，以及微信、QQ 群及网购等。因此，专门的企业房地产管理互联网化往往没有经营互联网化发展得快。但是，管理与经营作为企业运作的两大方面，相辅相成，缺一不可，管理的互联网化将使房地产企业实现再次跨越式发展。

在房地产管理的互联网化过程中，通过利用计算机信息技术及互联网技术等，可以构建房地产企业的"人、财、物、产、供、销"的信息管理系统，实现企业决策层、管理层、执行层等的信息共享与全方位沟通及互动，优化组织结构，"再造"业务流程，甚至打通企业价值链上下游，创造企业管理优势。目前，基于不同场景、不同应用范围的企业管理互联网服务及软件涵盖了企业资源计划系统（ERP）、协同办公管理系统（OA）、商务智能系统（BI）、知识管理与协同商务系统（KM&CC）、人力资源管理系统（HRM）、客户关系管理系统（CRM）、产品生命周期管理系统（PLM）、供应链管理系统（SCM）、企业资产管理系统（EAM）、售楼管理系统（HSM）、物业管理系统（PM）等。其中，ERP（Enterprise Resource Planning）是针对物资资源管理（物流）、人力资源管理（人流）、财务资源管理（财流）、信息资源管理（信息流）等集成一体化的企业管理软件，其首先是一种先进的管理思想与管理模式，软件则为信息技术化的载体，包括面向单体企业的 ERP 软件和面向集团企业的 ERP 软件，应用较广泛，随着近年云计算技术发展，其研发、应用及推广面临新的发展机遇。近年来，移动互联网发展迅速，移动化、碎片化的办公打破了工作时间和地点的局限，使企业管理效率大幅提高，管理软件厂商等 IT 企业纷纷推出基于应用管理系统的智能手机客户端及各种 APP。

随着微信的普及，企业内部将其应用于工作沟通等方面已颇为常见。2014 年 9 月，腾讯微信推出"企业号"，帮助企业实现互联网化。微信的公众平台上有三大账号体系，分别是订阅号、服务号和企业号。订阅号是发布信息的平台，服务号为提供服务的平台，而企业号则是企业等单位进行办公管理的平台。服务号和订阅号主要面向企业和组织服务外部的客户和用户，企业号则主要面向企业等单位的内部员工管理，以及企业内部的经营价值链的上下游的管理，可以对接企业业务系统，云服务的第三方开发商也可以到平台上一起做各个行业的产品应用。房地产企业通过接入微信企业号，可以开发"移动审批""移动报表"等移动化办公应用，解决业务审批手续烦琐、业务报表无法直观呈现等问题；同时通过第三方服务商（开发商）基于微信企业号的云 ERP 系统服务，实现房地产企业组织扁平化、工作分配、沟通协同及高效执行；以及实现安全性与便捷性等其他方面，例如，只有企业通讯录成员才能关注、群发消息次数不受限制等。

面对房地产市场的转型，个性化、定制化的房地产产品表现出竞争优势。通过应用大数据、互联网及移动互联网等新技术，可以精准刻画客户需求，并使客户参与到房地产产品设计中，完成个性化定制及签约，在别墅开发、住宅装修、购物中心开发、工业厂房开发等领域可能实现"先销售，后生产"的开发模式，提高客户满意度及市场竞争力。利用 VR 技术的带入感强，可使客户无专业障碍地融入空间，感受设计效果，提出意见，完善设计；也可以很好感受任意楼层的任意户型及装修菜单，以便选择房型及签约；同时设计师可以利用其沉浸性、交互性和想象性，发现设计不足及修正设计，提高规划设计的质量和效率。VR，源自英文 Virtual Reality，即虚拟现实，虚拟现实技术是利用计算机等设备建立人工构造的三维空间的虚拟世界，使用者通过智能可穿戴装置来获得融入虚拟世界的逼真的视觉、听觉、触觉等，从而获得身临其境的感受。另外，还有 AR（Augmented Reality），即增强现实技术，是在真实世界之上叠加三维虚拟对象，使真实世界和虚拟对象实时叠加到同一个画面或空间。通常，VR 是融入虚幻环境，多应用于娱乐；AR 是真实世界及其虚拟重现，多应用于实训。至于 MR（Mix Reality），即混合现实技术，则是包含了增强现实（AR）和增强虚拟（AV，Augmented Virtuality），将真实世界和虚拟世界混合在一起，产生新的可视化环境，是虚拟现实技术的进一步发展，功能更为强大，效果更为逼真。美国的不动产经纪人开始应用虚拟现实技术，通过随身携带的轻便虚拟现实设备，给客户形象地展示房地产的楼层、装饰、家居等，以及走进几年后才竣工的期房中。通过互联网及虚拟现实技术，不动产经纪人可以在纽约引导莫斯科的客户参观迈阿密的房地产，有效拓宽业务范围。国际房地产市场的高端市场表现出全球化，利用虚拟现实技术，将促进其远程销售；而对于普通房地产交易，虚拟现实技术则成为帮助销售的有力工具。目前，国内一些大型房地产企业开始应用 VR 技术于样板间，将虚拟样板间作为现实样板间的补充，并要求设计单位招聘 VR 人才，同时建立 VR 技术应用课题，开展进一步的应用研究与探索。

9.2.3 虚拟房地产的经营管理

在"第二人生"等虚拟世界里，用户的虚拟化身可以开发经营虚拟房地产，并通过虚拟货币与现实货币的兑换，实现真实收入。"第二人生"（Second Life）是美国旧金山的"林登实验室"开发的网络虚拟游戏及社交等体验平台。在这个虚拟的世界里，可以创建公司，购买土地并进行开发。通过建模工具可以种树，创建秀丽山水，设计各种风格的公园和广场，建造各种类型的房屋，然后将开发完成的虚拟房地产出售给许许多多的用户化身，当产生盈利时，通过兑换可以在真实世界产生收益。在真实世界里，通常也有对应的团队和公司，需要聘请电脑绘图人员、网络技术人员及销售人员等进行创造、经营和销售虚拟房地产。这样，就形成在虚拟世界与真实世界的跨界经营，在虚拟世界经营虚拟房地产，在真实世界涉及多元化经营。

"第二人生"的"进行更深层次的人生参与和生命体验"使其具备了 Web 3.0 的某些特征。比较而言，Web 1.0 的特征是聚合、联合、搜索，主要解决的是人对信息的需求；Web 2.0 的特征是参与、展示及信息互动，主要解决的是人与人之间的沟通、交往、互动等需求；Web 3.0 的特征有多种提法，如终端多样化、完全个性化、搜索智能化及深层次人生体验等，其是新生代的互联网系统，甚至可认为是能使互联网以新形式表现的各种技术体系。"第二人生"在网络虚拟游戏的基础上，让用户主动参与，深度体验各人的"第二次人生路"，并对应真实世界的生活、文化、经济、政治、教育及商务等进行全方位延伸，许多世界 500 强企业、媒体、政府及名人等已进驻"第二人生"。

在"第二人生"及国内外类似网站进行虚拟房地产开发与经营，实践上已产生了成功者，而大多数用户与玩家主要是进行不同"生活"的体验，对于虚拟房地产经营管理的跨界复杂性与规则体系有待进一步研究和探索。

9.3 新时期城市更新

9.3.1 城市更新的发展

房地产的发展与城市更新密切相关，其未来变化需要关注新时期城市更新。"城市更新"概念起源于第二次世界大战后的西方国家，很多国家的城市更新先进经验和做法值得学习和借鉴。我国城市更新在新中国成立后就进行了相关工作，包括北京龙须沟整治、上海棚户区改造、南京秦淮河改造等。改革开放后，我国对旧城改造进行了很多实践及理论研究，1984 年《城市规划条例》中指出"旧城区的改建，应当从城市的实际情况出发，遵循加强维护、合理利用、适当调整、逐步改造的原则，统一规划，有计划有步骤地实施"。2007 年的《物权法》规定"征收单位、个人的房屋及其他不动产，应当依法给予拆迁补偿，维护被征收人的合法权益；征收个人住宅的，还应当保障被征收人的居住条件"，规范了城市更新中的拆迁工作，后修订进《民法典》。2015 年，中央城市工作会议召开，提出要转变城市发展方式，完善城市治理体系，提高城市治理能力，着力解决城市病等突出问题，要加强城市设计，提倡城市修补。2017 年住建部出台文件《关于加强生态修复城市修补工作的指导意见》，提出开展生态修复、城市修补（统称"城市双修"）是治理"城市病"、改善人居环境的重要行动，是推动供给侧结构性改革、补足城市短板的客观需要，是城市转变发展方式的重要标志。

2019 年 12 月召开的中央经济工作会议首次正式使用"城市更新"概念，提出要加大城市困难群众住房保障工作，加强城市更新和存量住房改造提升，做好城镇老旧小区改造，大力发展租赁住房。2020 年 10 月，党的十九届五中全会通过《中共中央关于制定国民经济和社会发展第十四个五年规划和二〇三五年远景目标的建议》，提出实施城市更新行动，推进城市生态修复、功能完善工程，统筹城市规划、建设、管理，合理确定城市规模、人口密度、空间结构，促进大中小城市和小城镇协调发展。强化历史文化保护、塑造城市风貌，加强城镇老旧小区改造和社区建设，增强城市防洪排涝能力，建设海绵城市、韧性城市。2021 年 3 月党的十三届全国人民代表大会通过《中华人民共和国国民经济和社会发展第十四个五年规划和 2035 年远景目标纲要》，指出加快转变城市发展方式，统筹城市规划建设管理，实施城市更新行动，推动城市空间结构优化和品质提升。

2021 年 11 月，住建部《关于开展第一批城市更新试点工作的通知》决定在全国 21 个城市（区）开展第一批城市更新试点工作。各地积极探索、分类推进实施城市更新行动。2022 年 10 月，党的二十大报告明确，坚持人民城市人民建、人民城市为人民，提高城市规划、建设、治理水平，加快转变超大特大城市发展方式，实施城市更新行动，加强城市基础设施建设，打造宜居、韧性、智慧城市。2023 年 7 月，住建部发布《关于扎实有序推进城市更新工作的通知》，加强对地方城市更新工作的指导，总结推广城市更新实践中形成的好经验好做法，对进一步做好城市更新工作提出具体要求。2023 年 11 月，为发挥"多规合一"的改革优势，加强规划与土地政策融合，提高城市规划、建设、治理水平，支持城市更新，营造宜居韧性智慧城市，自然资源部发布《支持城市更新的规划与土地政策指引（2023 版）》。2024 年 4 月，财政部、住房和城乡建设部联合印发《关于开展城市更新示范工作的通知》，明确自 2024 年起，中央财政创新方式方法，支持部分城市开展城市更新示范工作。

9.3.2　城市更新的概念

城市更新是指对城市建成区内城市空间形态和城市功能的持续完善和优化调整，包括设施完善、功能优化、品质提升和历史保护等方面。城市更新行动是指以城市整体为对象，以新发展理念为引领，以城市体检评估为基础，以统筹城市规划建设管理为路径，顺应城市发展规律，推动城市高质量发展的综合性、系统性战略行动，是一个系统工程。

开展城市更新活动，主要聚焦城市地下管网更新改造、城市污水管网全覆盖样板区、市政基础设施补短板、老旧片区更新改造等城市更新重点工作，进一步完善城市功能、提升城市品质、改善人居环境，推动建立"好社区、好城区"，促进城市基础设施建设由"有没有"向"好不好"转变，着力解决好人民群众急难愁盼问题，推动城市高质量发展。

9.3.3　城市更新的主要实施内容

城市更新的主要实施内容包括以下方面。

1. 城市地下管网更新改造

根据城市燃气、供水、排水、供热等地下管网普查工作成果，确定地下管网功能属性、位置关系、运行安全状况等信息，建立地下管网老旧破损、风险隐患管理台账。建立完善城市地下管网设施建设协调机制，科学制定计划，按照先深后浅的原则，逐步对超过设计使用年限、材质落后、功能失效的城市地下管网进行更新改造，保障稳定供应，提升服务质量，满足使用需求。

2. 城市污水管网全覆盖样板区建设

以提升城市生活污水收集效能为核心，实施"源—厂—网—河"一体统筹的城市生活污水收集处理运行管理模式，建立管网排查、长效管理与考核评估机制；推进污水管网建设改造，综合采取清污分流、检查井和雨污管网混接错接改造、溢流污染控制等措施，持续推进污水管网补短板。组建排水管网专业运行维护企业，实行"厂网一体"专业化运行维护，推行排水监管进小区，整体提升城市生活污水收集处理效能。建立健全防止黑臭水体返黑返臭的工作机制，持续改善城市水环境。

3. 市政基础设施补短板

推进城市生命线工程建设，实现对城市燃气、桥梁、隧道、供排水、综合管廊等全覆盖。排查城市排水防涝设施薄弱环节，开展排水防涝工程体系建设专项评估，查找问题短板。全面落实海绵城市建设理念，建设"源头减排、管网排放、蓄排并举、超标应急"的城市排水防涝工程体系。对综合杆箱、物流设施等市政基础设施进行提升改造。推进城市生活垃圾分类提质增效。提升城市绿地服务功能，推进口袋公园建设和绿地开放共享，建设群众身边健身设施等。

4. 老旧片区更新改造

建立老旧片区体检发现问题、更新改造解决问题、评估更新改造效果、推动巩固提升的工作机制，开展老旧片区更新改造，完善老旧片区功能，完整城市风貌，为城市居民创造更加优良的人居环境。结合老旧片区更新改造，探索创新与业态升级改造、推进城市社区"嵌入式"服务设施建设工程，补齐"一老一小"等设施短板、无障碍环境建设和适老化改造等。

5. 健全工作机制模式

一是拟形成的城市更新统筹谋划的工作机制，围绕政府统筹、部门联动、城市体检评估、城市设计及建筑设计制度、城市管理统筹协调等方面；二是拟形成的城市更新可持续发展的模式，政府引导、市场运作、公众参与的可持续实施模式；三是拟建立的城市更新配套制度，在土地、规划、建设、产业、财税、金融等方面形成政策体系。

9.3.4　城市更新的绩效指标体系

根据财政部、住房和城乡建设部联合印发《关于开展城市更新示范工作的通知》，城市更新示范城市绩效指标体系主要包括以下内容。

1. 产出绩效

主要包括四个方面：

（1）城市地下管网更新改造　具体为：① 完成地下管网现状普查，摸清风险隐患，并建立数字化档案；② 城市燃气、供水、排水、污水、供热等地下管网改造任务量。

（2）城市污水管网建设　具体为：① 城市建成区已消除黑臭水体且不得返黑返臭；② 进水 BOD 浓度高于 100mg/L 的城市生活污水处理厂规模占比（不低于 90% 或比 2023 年提升不低于 15 个百分点）；③ 城市生活污水集中收集率（不低于 80% 或比 2023 年提升不少于 5 个百分点）；④ 城市主城区实行管网专业企业运行维护；⑤ 城市污水处理收费标准全面覆盖成本；⑥ 对排水户实行分级分类管理，重点排水户全面落实排水许可要求；⑦ 构建以污染物收集效能为导向的绩效考核体系和付费体系，对污水管网运维效果按效付费。

（3）市政基础设施补短板　具体为：① 城市易涝点消除比例；② 城市内涝防治标准（毫米/小时，或分片区描述重现期标准）；③ 城区地铁、下穿隧道、地下空间出入口等重要基础设施落实防淹防涝措施；④ 城市燃气、桥梁、隧道、供排水、综合管廊等城市生命线工程建设覆盖比例。

（4）老旧片区更新改造　具体为：① 完成改造的老旧片区数量、改造面积；② 居民小区二次供水设施由专业化企业接管并提供服务比例；③ 落实海绵城市建设理念改造的老旧片区数量；④ 推进城市社区"嵌入式"服务设施建设工程的社区数量；⑤ 补齐"一老一小"等设施短板、无障碍环境建设和适老化改造的社区数量。

2. 管理绩效

管理绩效主要包括五个方面：
1）城市更新统筹谋划的工作机制，具体为拟完成的立法或长效机制数量。
2）城市更新可持续发展的模式，具体为拟建立的制度文件。
3）绩效考核制度，具体为建立市政府对各区、各部门的绩效考核制度。
4）投融资机制，具体为拟制定的投融资机制。
5）拟建立的配套制度，具体为在土地、规划、建设、产业、财税、金融等方面拟形成的政策。

3. 资金绩效

资金绩效主要包括三个方面：
1）资金下达的及时性，具体为中央奖补资金及时下达到项目的比例。
2）资金的协同性，具体为地方按方案筹集资金，充分带动社会资金参与。
3）资金使用的有效性，具体为中央资金合规使用，有力支撑项目建设。

4. 效益绩效

效益绩效主要包括两个方面：
1）带动投资，具体为城市更新带动社会总投资倍数。
2）满意度，具体为公众对城市更新示范工作的满意度（不低于 90%）。

9.4　房地产发展新模式

9.4.1　房地产发展新模式的提出

2021 年中央经济工作会议上首次提出了"新模式"，会议指出，要坚持房子是用来住的、不是用来炒的定位，加强预期引导，探索新的发展模式，坚持租购并举，加快发展长租房市场，推进保障性住房建设，支持商品房市场更好满足购房者的合理住房需求，因城施策促进房地产业良性循环和健康发展。2022 年中央经济工作会议再次提及新发展模式，要求推动房地产业向新发展模式平稳过渡。2023 年中央经济工作会议第三次提及新发展模式时，要求"完善相关基础性制度，加快构建房地产发展新模式"。2024 年政府工作报告中提出，适应新型城镇化发展趋势和房地产市场供求关系变化，加快构建房地产发展新模式。2024 年党的二十届三中全会指出，加快建立租购并举的住房制度，加快构建房地产发展新模式。

近年来，党和国家的各层面重要会议多次强调房地产发展新模式，主管部门和相关部门大力推进，进行部署和实施，市场各方积极响应，有效促进了房地产市场平稳健康发展及行业高质量发展。

9.4.2 房地产发展新模式的提出背景、总体思路与主要方面

2024 年 7 月，《党的二十届三中全会〈决定〉学习辅导百问》就"如何理解加快构建房地产发展新模式"进行了权威解读，指出了房地产发展新模式的提出背景、总体思路与主要方面。

1. 提出背景

我国现行房地产发展模式是在 20 世纪 90 年代住房短缺的历史背景下逐步形成的。针对城镇住房严重短缺的实际，通过改革住房分配制度，出台土地、财税、金融等一系列支持政策，我国实现了从福利分房到主要通过市场解决住房问题的重大转变，房地产市场快速发展，住房供应规模快速增加，城镇人均住房建筑面积大幅增长，人民居住条件显著改善，住房"有没有"问题基本解决。推进各类保障性住房和棚改安置住房建设，建成了世界上最大的住房保障体系。房地产业及相关产业的发展，对保障和改善民生、支撑我国经济社会发展发挥了重要作用。同时在房地产市场快速扩张时期，也存在一些资金过度向房地产集中，部分房企"高负债、高杠杆、高周转"等问题。

近年来，随着经济社会持续发展以及新型城镇化深入推进，我国房地产市场供求关系发生重大变化，住房发展的主要矛盾已从总量短缺转为总量基本平衡、结构性供给不足，商品房交易结构中二手房占比提高、存量市场权重加大，城市间房地产市场进一步分化。从供给结构看，保障性住房供给相对不足，大城市房价高，新市民、青年人住房负担较重。从居民需求看，总体上从"有没有"向"好不好"转变，改善性住房需求增加，对提升居住品质的愿望更为强烈。从经营方式看，"高负债、高杠杆、高周转"模式存在风险隐患，亟须转型。从服务经济发展看，房地产对宏观经济的贡献方式从增量拉动为主转向存量带动为主，房地产业作为服务业的特征更加明显。这些都需要改变现行房地产发展模式，建立新的发展模式。

《中共中央关于进一步全面深化改革、推进中国式现代化的决定》提出："加快构建房地产发展新模式"这是适应我国房地产市场供求关系发生重大变化的新形势，着眼于破解房地产发展难题和防范风险、促进房地产市场平稳健康发展的治本之策。

2. 总体思路

加快构建房地产发展新模式，总体思路是以满足刚性和改善性需求为重点，按照政府保基本、市场满足多样化需求的原则，深化供给结构、经营方式、调控政策、监管机制等改

革,加快构建租购并举的住房制度,实现房地产市场平稳、健康、高质量发展。

3. 主要方面

加快构建房地产发展新模式,要进一步深化重点领域改革。主要包括以下方面。

(1)优化和完善供应体系　加大保障性住房建设和供给力度,提高保障性住房占住房总量的比例,提升保障性住房的质量品质及适配性,更好满足工薪群体刚性住房需求,推进解决好大城市新市民、青年人、农民工等群体住房困难的问题。支持城乡居民多样化改善性住房需求,鼓励房地产企业提高住房建设标准、加强智能科技应用、提升物业服务水平。持续推进"平急两用"公共基础设施建设和城中村改造。

(2)转变运营方式　改革房地产开发融资方式和商品房预售制度,有力有序推行商品房现房销售,加强预售资金监管、严格预售门槛。引导房地产企业逐步形成适度杠杆比例、合理负债水平和正常周转速度的发展机制。

(3)完善调控政策　完善城市规划、建设、治理机制。充分赋予各城市政府房地产市场调控自主权,因城施策,允许有关城市取消或调减住房限购政策、取消普通住宅和非普通住宅标准。加强住房与土地、金融资源联动,根据住房需求科学安排土地供应、配置金融资源,实现以人定房、以房定地、以房定钱,保持市场供需平衡、结构合理,防止大起大落。完善房地产税收制度。

(4)强化安全监管　从我国存量房屋规模大,一些房屋建成时间长、存在安全隐患的实际出发,研究建立房屋体检、房屋养老金、房屋保险等制度,形成房屋安全长效机制。

9.4.3　房地产发展新模式的推进与实践

房地产发展新模式是中国式现代化建设发展过程中实现住房和房地产领域高质量可持续发展的新要求,自2021年提出后,国家及各地开始大力推进和积极实践。

1. 一个理念、两项机制、三大工程与住房品质

国家在推进房地产发展新模式进程中,坚持"房住不炒"基本定位,具体提出一个理念、两项机制、三大工程与住房品质。

在理念上,"一个理念"就是指"努力让人民群众住上好房子"的理念。要始终坚持"房子是用来住的、不是用来炒的"定位,以满足刚性和改善性住房需求为重点,要完善"市场+保障"的住房供应体系,政府保障基本住房需求、市场满足多层次多样化住房需求,建立租购并举的住房制度,努力让人民群众住上好房子。好房子好在哪儿?就是要绿色、低碳、智能、安全,让群众住得健康,用得便捷,成本又低,放心又安心。

在机制上,"两项机制"就是新联动机制与全周期管理机制。一是建立"人、房、地、钱"要素联动的新机制,从要素资源科学配置入手,以人定房、以房定地、以房定钱,指导各地编制好住房发展规划。二是完善房屋从开发建设到维护使用的全生命周期管理机制。在供给方面,要改革完善商品房开发、融资、销售等基础性制度,有力有序推进现房销售。在使用方面,要加快建立房屋体检、房屋养老金、房屋保险等专项制度。

在实施上,有两个重点。"三大工程"就是规划建设保障性住房、城中村改造和"平急两用"公共基础设施建设。规划建设保障性住房,是完善住房制度和供应体系,重构市场和保障关系的重大改革,重点是拓展配售型保障性住房的新路子。"平急两用"公共基础设

施建设，是统筹发展和安全，提高城市韧性的重大举措，平时用得着、急时用得上。城中村改造，是解决群众急难愁盼问题的重大民生工程，重点是消除安全风险隐患，改善居住环境，促进产业转型升级，推动城市高质量发展。另一个重点是下力气建设好房子，也就是做好住房品质，引导建筑师精心设计好户型，鼓励企业研发好产品、好材料、好设备，多行业跨界协同，合力建造绿色、低碳、智能、安全的好房子，让群众住得健康，用得方便，安全放心。

2. 实施配售型保障性住房与收购存量商品房

2023年8月，国务院出台《关于规划建设保障性住房的指导意见》（国发〔2023〕14号），开启了新一轮保障房制度改革。原有的住房保障体系以公共租赁住房、保障性租赁住房为主体；现在的住房保障体系分为配租型和配售型，其中配租型包括公共租赁住房、保障性租赁住房，配售型保障性住房按保本微利原则配售，其中扎实推进配售型保障性住房成为今年住房保障工作重点。

配售型保障性住房指以家庭为单位，保障对象只能购买一套保障性住房。其主要保障好两类群体，一类是住房困难未得到解决、收入不高的工薪收入群体，另一类是城市需要引进的科技人员、教师、医护人员等。有条件的地方可以逐步覆盖其他群体。配售型保障性住房申购的具体条件按照地方政府的规划和要求，标准是根据申请人的家庭收入、住房、财产等因素按顺序配售，从困难的群体做起，逐步拓展范围。实施严格的封闭管理，严禁以任何方式，违法违规将新建的配售型保障性住房变更为商品住房流入市场。

近期，多个城市出台了保障性住房配套政策。各城市对配售型保障性住房的申请条件、定价方式和退出机制等均作了明确规定，形成了较为完善的政策体系。在保障性住房相关政策逐步完善的同时，各地陆续公布了当年的保障性住房筹集建设计划。

当前，我国配售型保障性住房扩面至全国各城市和县城，各市县有序开展收购已建成存量商品房用作保障性住房工作。各市县根据本地区房地产市场情况，综合考虑保障性住房实际需求、商品房市场库存水平等因素，按照"政府主导、市场化运作"的思路，自主决策、自愿参与。以需定购，摸清需求，摸排本地区保障性住房需求底数和已建成存量商品房情况，合理确定可用作保障性住房的商品房房源，提前确定保障性住房需求。

同时，国家要求各市县要坚持规范实施，防范各类风险，做到收购主体规范、收购过程规范、配售配租规范，做到收购的已建成存量商品房户型面积合适、价格合适、位置合适。要坚持用好金融支持政策，实现资金可平衡、项目可持续。收购已建成存量商品房用作保障性住房，有利于推动已建成存量商品房去库存、助力房地产市场健康发展，盘活存量资源加大保障性住房供给，配合保交房攻坚战和"白名单"机制，防范化解房地产风险。

3. 建设品质住房

随着科技进步和社会发展，人们对住房的需求逐渐提高，由对住房"有没有"的消费开始转向"好不好"的消费，更加追求和注重住房的品质。在房地产市场发展的新时期，各地纷纷致力"好房子"的建设和开发。

在市场监管与指导方面，各地相继出台建设技术导则及品质提升设计导则。对于"好房子"的建设开发，相关主管部门进行规划和指导。有些城市根据气候特点，提出在地下车库、大厅等区域设置除湿装备；针对普遍关注的住宅层高问题，提出层高不宜低于3.0

米，提高居住体验，以及提出住宅结构设计年限不宜低于 70 年，鼓励按照 100 年进行耐久性设计。还有城市在品质提升引导中，要求住宅分户墙应采用 240 毫米厚墙体，且应采用隔声良好的砌体材料及细部构造做法。通常，分户墙的隔声问题一直是住宅中常见的问题，如果为了节省材料成本，将墙体做薄，导致隔音变差，住户的生活私密将得不到保障，通过品质提升，更好地满足业主生活的私密性与居住舒适度。同时，在抓"好房子"建设方面，按照绿色、低碳、智能、安全的标准，做好户型设计、配套设施建设、公共服务供给，将保障性住房建成"好房子"，让群众能够住得健康，用得安全方便。

在"好房子"建设方面，各地不断推陈出新，表现出强劲的市场活力。近期，在新一代"好房子"探索中，第四代住宅受到市场关注，各地相关部门和开发企业展开了积极实践和项目建设。第四代住宅即立体生态住宅，各地有多种定义，例如，第四代住宅是将绿色生态理念注入城市建筑，通过平台立体绿化，形成户户有花园、家家有庭院的建筑模式，应用于 7 层及以上住宅建筑，主要建筑形式包括套内空中花园、公共绿化平台。从住宅代际对比看，第一代住宅的代表是茅草房，第二代住宅的代表是砖瓦房，第三代住宅的代表是电梯房，第四代住宅的代表就是"空中庭院房""城市森林花园建筑"。

在科技智能赋能方面，房地产企业与物业服务等企业开拓"物联网+"体系。物联网是在互联网实现"任何时间、任何地点与任何人连接"的基础上增加了"任何物体"，将信息互联的范围拓展到万事万物。在具体应用中，创造场景，例如业主给访客发送一个即时生成的二维码，客人就可以通过扫描二维码进入小区，不用再被查验身份；在线查看物业维修进度；远程集中管控停车场；扫一扫广告牌二维码查询广告收入去向；小区儿童乐园、停车场等公共空间摄像头实时监控等。同时，联合科技企业，实现能源管网的智能化、可再生能源的利用、建筑电气化和提高能效、实现低能耗建筑和降低碳负荷、对空气中的碳的捕集与利用等。在产品研发上，更加关注生活方式的研发及其软硬件的集成。在建造模式上，更加关注装配式、低碳、智慧建造、智能精装等。

在健康与养老方面，随着市场上对养老产品及服务的需求日益增长，我国养老与康养产业前景广阔。在"积极应对人口老龄化"和"健康中国"两大战略实施背景下，对康养的需求持续增加，并呈现低龄化、多样化、个性化的趋势。各地房地产企业、物业服务企业和产业链企业在推进康养产业高质量实践方面发展较快，具体表现为"地产+康养""物业+康养""金融+康养""科技+康养""旅居+康养"、共建"康养供应链"等方面，出现了多种多样的项目投资与建设、运营管理服务、创新模式等。

提升品质，让人民群众住上好房子，这是房地产发展新模式的重要内容，也是高质量发展的要求。在此背景下，各房地产相关企业进行探索和创新，聚集产品研发，力争实现突破，表现在户型设计、小区规划、服务配套等多个方面，努力提升自身的核心竞争力，加快产品迭代更新的步伐。这些企业根据产品理念和客户需求变化，在集团或区域层面进行了一系列产品战略的调整，再次重点布局产品力竞争赛道。

9.5 辩证与展望

走进科技发展的新时代，互联网化、物联网化、数字化、智能化正在融入房地产开发与经营的方方面面。为了使科技更好地服务于房地产行业，我们应该树立科学的辩证观点。

互联网以其分享、融创、协同、生态等特征，促进房地产市场升级转型及各产业共同繁荣，因此需要积极实施"互联网+"行动计划，包括互联网+社区服务、互联网+房地产众筹（规范化）、互联网+房地产营销及中介，还包括互联网+房地产+社交（社交公寓、长租公寓）、互联网+房地产+创业（众创空间、创客空间）、互联网+房地产设计、互联网+房地产产品生产、互联网+家装及互联网+休闲地产、互联网+旅游地产、互联网+养老社区、互联网+产业融合、互联网+房地产的绿色环保及节能减排等。与此同时，应理性地进行"互联网化"，在房地产互联网化的过程中，不应失去应有的理性分析与判断，并做好出现问题时的应对预案。随着互联网的普及和发展，互联网对于房地产企业逐渐成为像水电一样的不可或缺的基础设施，但应注意合理使用。例如前述中，基于移动互联网技术对碎片时间加以利用进行工作，一方面使相关业务得到及时处理而提高工作效率，另一方面，可能带来一定程度的分不清工作时间还是业余时间，对业余生活的质量带来影响，时间久了仍会影响工作效率，对此应有一个合理的度；对于互联网环境下的工作，其产生便捷与高效，但同时也应保留合理的面对面交流；对于虚拟世界的生活与工作，同样需要保持合理的度，不能过度而影响身心健康；在具体工作中，应正确认识和准确把握互联网与房地产各细分行业的关系，真正发挥互联网技术优势，不能做走形式的互联网化。基于互联网的物联网，实现万物互联，推进房地产行业产品更新迭代，可以提高生产效率和生活质量，促进经济发展，保障公共安全，但同时应处理好数据安全、隐私保护及系统集成等问题。数字化技术在高效降成本的基础上，以数字替代现实，从人力驱动到软件驱动，可以形成更高层面的创新优势，实现房地产开发与经营全产业链的数字化对其在新时期升级转型具有重要意义，但也应防止过分依赖，导致人们在面对现实问题时，缺乏应有的独立思考和解决问题的能力。智能化技术以其高效率、高准确性、高稳定性、自我创新和跨界融合，以及强大的自我学习与自我训练能力，创造超越多层级的全面技术革新，在多种场景形成降维打击，包括房地产行业及其他各行各业正在迎接这一次大变革的浪潮，影响深远，但是也不应忽略其高度依赖数据导致数据倾向性可能出现的问题、模型漏洞问题、以及可能影响就业结构等问题。在风起云涌的新时代，科学辩证地实施科技+房地产，将大力促进房地产业形成可持续发展的全新生态。

房地产企业的升级转型，一方面表现在科技赋能上，体现在规划设计、工程建设、物业管理等方面，在保障房与商品房领域，致力形成好品质的好房子。另一方面则表现在适度扩张基础上的金融创新。随着房地产市场的变化，为了改变原有的以开发销售为主的重资产运营模式，房地产企业积极向金融领域延伸，拓宽融资渠道，进行多元化布局，开启轻资产结合重资产合理比例的运营模式。房地产企业一方面参股、收购股份或成立金融机构及打造新的地产金融平台，另一方面，发行REITs、ABS等资产证券化产品，探索发展新路径。同时，在房地产运营上保持适度的杠杆比例、合理的负债水平和正常的周转速度。

展望未来，我国房地产业的发展将表现出以下特点：坚持"房住不炒"的定位，政府保障基本住房需求，市场满足多层次多样化住房需求，形成保障房体系和商品房体系，保障房在解决基本住房需求的基础上，商品房更好地实现市场化。同时，租购并举的住房制度将对市场产生深远的影响，住房品质将成为产品核心竞争力。各城市政府的房地产调控自主权进一步加大，因城施策、一城一策。以需定产的机制将更有效作用于房地产全产业链，全生命周期管理机制将促进产生很多新的细分行业和企业，三大工程的实施和推进将进一步促进房地产市场健康可持续发展。房地产市场，尤其是住宅市场，将从以开发销售的增量交易为主的特征，转为开发销售与二手房租售的存量和增量交易并存并逐渐转为存量带动为主的特征。在增量市场，房地产开发步入专业化、集约化、品质化发展阶段，包括个性化、定制化的房地产开发，绿色、生态、节能、环保的房地产开发，新型的产业房地产开发，新型的旅游、度假、休闲、娱乐、健身及养生等房地产开发，以及适度的购物中心开发、商业综合体开发、城市综合体开发、新城开发。在存量市场，房地产相关企业转型城市服务企业，提升管理，深耕社区服务，在不同规模层次及细分市场，探寻与完善服务模式与盈利模式。面对社区服务的广阔市场，需求客观存在，关键仍是如何务实创新及合作。在商业地产方面，无论增量开发，还是存量经营，通过资产证券化，以资产管理为核心的轻资产运营模式将取得重要发展。在大众房地产居住需求方面，刚性需求为主将逐步转变为改善性需求为主。在大众房地产投资方面，规范的证券化投资将成为主流方向，尤其是 REITs 及 eREITs。中国房地产在新的历史时期，面对市场变化，深化改革，把握时代发展机遇，建立新的发展模式，坚持高质量发展，不断进行创新实践，探索新质生产力，实施转型升级，促进人与自然和谐共生，将全面实现健康、高质量、可持续发展！

复习思考题

1. 房地产金融市场按市场层次、金融工具的期限、资金融通方式可以各自细分为哪些市场？
2. 什么是房地产信贷？简述房地产的抵押贷款、质押贷款、保证贷款，以及房地产的信用贷款。
3. 房地产信托是指什么？并试述房地产资金信托的含义。
4. 试述住房抵押贷款证券化的主要流程。
5. 按照不同投资方向，房地产投资信托基金可以分为哪些类型，并对各类型简要说明。
6. 房地产项目融资的特点有哪些？
7. 什么是社区O2O？
8. 什么是虚拟现实技术？试述虚拟现实技术在房地产经营管理中的应用。
9. 房地产发展新模式主要包括哪些方面？

参考文献

[1] 国家发展改革委，建设部. 建设项目经济评价方法与参数 [M]. 3 版. 北京：中国计划出版社，2006.

[2] 中华人民共和国建设部. 房地产开发项目经济评价方法 [M]. 北京：中国计划出版社，2000.

[3] 李明哲. 房地产开发项目经济评价案例 [M]. 北京：中国计划出版社，2002.

[4] 中华人民共和国住房和城乡建设部. 房地产业基本术语标准：JGJ/T 30—2015 [S]. 北京：中国建筑工业出版社，2015.

[5] 中华人民共和国住房和城乡建设部，中华人民共和国国家质量监督检验检疫总局. 建设工程项目管理规范：GB/T 50326—2017 [S]. 北京：中国建筑工业出版社，2017.

[6] 丁烈云. 房地产开发 [M]. 4 版. 北京：中国建筑工业出版社，2014.

[7] 谢经荣，吕萍，乔志敏. 房地产经济学 [M]. 3 版. 北京：中国人民大学出版社，2013.

[8] 潘蜀健. 房地产项目投资 [M]. 北京：中国建筑工业出版社，1999.

[9] 陈琳，潘蜀健. 房地产项目投资 [M]. 2 版. 北京：中国建筑工业出版社，2004.

[10] 中国房地产估价师与房地产经纪人学会. 房地产开发经营与管理（2021）[M]. 北京：中国建筑工业出版社，2021.

[11] 中国房地产估价师与房地产经纪人学会. 房地产估价理论与方法（2021）[M]. 北京：中国建筑工业出版社，2021.

[12] 周小平，熊志刚. 房地产开发与经营 [M]. 3 版. 北京：清华大学出版社，2022.